KB244057

# 한국의 정치사회적 저항담론과 민주주의 동학
## ─한국 민주주의와 사회운동의 동학 (4)

The Politico-Social Opposite Discourses and

Dynamics of Democracy in Korea

이 책은 성공회대학교 사회문화연구소가 한국학술진흥재단의 지원으로 수행하고 있는 1999년 중점연구소 지원과제 〈한국 자본주의의 발전과 사회구성의 변화〉 가운데, 제2 세부과제: 〈한국 민주주의의 구조와 동학: 정치사회 및 시민사회운동조직의 변화·담론·대안〉의 제2단계 연구인 〈한국의 정치사회적 담론 변화와 민주주의의 동학〉(KRF-2001-005-C20012)의 두 번째 연구 성과물입니다.

# 한국의 정치사회적 저항담론과 민주주의 동학
## ―한국 민주주의와 사회운동의 동학 (4)

The Politico-Social Opposite Discourses and

Dynamics of Democracy in Korea

조희연 편

# 차 례

# 80년대의 급진주의, 90년대의 도전,
# 2000년대의 저항담론

## (1)

이 책은 성공회대 사회문화연구원이 추진하고 있는 '한국사회 재인식' 시리즈의 여덟 번째 책에 해당되며, 한국학술진흥재단의 중점연구소 지원 연구프로젝트의 결과물이라고 할 수 있다. 총 6년간(1999년~2005년)에 걸쳐 진행되는 이 프로젝트 작업은 한국 자본주의 발전에 따르는 사회구성의 변화 탐색과 대안 모색을 대주제로 하여, 자본주의(제1 세부과제)·민주주의(제2 세부과제)·시민사회(제3 세부과제) 등 세 가지 세부 주제 영역으로 구성되어 있다.

이 가운데 우리는 '민주주의와 사회운동'이라는 주제 연구를 통해 한국현대사의 전개과정을 새로운 해석적 시각에서 재조명하는 일련의 작업을 수행해 왔다. 이러한 재조명의 작업은 여러 측면에서 진행되었는데, 그 작업의 일환으로 공동연구를 통해 『한국 민주주의와 사회운동의 동학』(2001년, 도서출판 나눔의집), 『국가폭력, 민주주의 투쟁, 그리고 희생』(2002년, 함께읽는책)이라는 두 권의 책을 출간한 바 있다. 아울러 '지배담론과 저항담론의 상호 작용'이라는 주제로 『한국의 정치사회적 지배담론과 민주주의 동학』(2003년, 함께읽는책)이라는 책을 출간하였으며, 이제 정치사회적 저항담론의 관점에서 한국현대사를 재조명하는 작업을 책으로 출간하게 되었다.

(2)

　현단계 한국사회의 저항—사회운동, 시민운동, 민중운동, 부문운동, 지역운동 등—은 전환의 과정에 놓여 있다. 나는 우리 사회가 다층적인 전환 속에 놓여 있다고 생각한다. 예컨대 국내적으로는 87년 6월 민주항쟁으로 성립한 이른바 '1987년 체제'가 또 다른 체제('2004년 체제'?)로 변화하고 있다. '보수의 의회독점'이 균열된 정치적 지형 속에서 이제 개혁세력이 다수자(多數者)적 지위를 갖는 맥락 속에 있다. 문민정부 이후 혹은 IMF 이후 국민의 정부 하에서 개방화정책이 전면적으로 실시되면서 '세계화된 경제'로 이행하고 있고, 그 결과 이른바 '신자유주의적 세계화'의 영향 하에서 저항운동의 성격도 변화하고 있다. 1999년 시애틀 투쟁 이후 '지구적 저항'이 확산되면서 한국의 사회운동도 점점 더 일국적 투쟁을 넘어 지구적 투쟁의 일부로 편제되어 가고 있다. 또한 개발독재에 적응하면서 살거나 또는 저항했던 구세대와는 다른 신세대, 즉 전혀 다른 감수성으로 무장한 젊은 세대들이 사회의 중심으로 나오면서 보수와 진보의 경계, 즉 저항의 경계도 변화하고 있다. 이런 점에서 볼 때, 우리는 저항과 그 일부로서의 저항담론을 재구성해야한다. 이러한 변화를 어떻게 해석할 것이며 이렇게 변화해 가는 대상에 어떻게 저항하고 운동할 것인가 하는 점이 바로 저항담론의 핵심적 내용이다.

　저항담론이라고 할 때는, 저항적 행위 혹은 사회운동을 하는 개인이나 집단들이 현실(지배 혹은 국가, 체제)을 규정하고 해석하는 조직화된 말 혹은 체계화된 언술을 의미한다. 저항하는 대상과 주체의 성격은 무엇인지, 저항의 의미는 무엇인지, 그리고 저항의 가장 효과적인 방법은 무엇인지를 체계적으로 해명하는 언술이 바로 저항담론이다. 80년대 사회구성체논쟁 같은 것도 대표적인 저항담론을 둘러싼 논쟁이라고 할 수 있다. 일반적으로 담론은 현실의 '해석적 틀' 혹은 '인지적 틀'의 역할을 하는데, 저항담론은 저항하는 대상(지배, 국가 혹은 체제)과 주체의 성격, 상황, 저항의 방법(전략 전술 등)에 대한 해석과 규정을 담고 있다. 저항담론은 이를 통해서 다중(多衆)을 인지적 공동체 혹은 해석적 공동체의 일부로 만들게 된다. 일반적으로 담론은 논리성을 내포하고 있으며 그 논리성에 의해서 설득력을 갖게 된다. 이 설득력에 의해서 다중은 저항을 정당한 것으로 인식하거나 저항세력의 일부로 설득적으로 포함된다. 어떤 점에서 현실의 사회운동이나 저항은 바로 이러한 담론투쟁의 과정이라고 할 수 있다. 인간의 삶은 바로 이러한 담론적 해석과정을 내포하고 있다고까지 이야기할 수 있다. 담론에 내포된 현실 해석의 설득력에 의해서 지배와 피지배의 경계, 순응적 대중과 저항적 대중의 경계는 부단히 변화하게 된다. 국내의 예를 들어보자. 한편에서는 정치개혁 등 국내의 개혁과제가 진전되면서도 다른 한편에서는 '20대 80사회'로 표현되는 국내적 양극화가 진행되고 있는 현 상황은 과연 일시적인가 항구적인가, 이러한 이중적 변화의 원인은 무엇인가, '민주화 이후의 민주주의'의 성격은 무엇이며 포스트—권위주의 시대의 국가 및 정부 정책의 성격은 어떻게 규정될 수 있는가. 바로 이러한 물음에 얼마나 설득력있게 응답하느냐에 지배와 저항의 경계는 부단히 변화하게 된다. 저항담론은 바로 이러한 물음들에 논리적으로 응답함으로써 현실운동의 구성적 일부로 작동하게 된다.

이러한 담론은 다양한 수준, 즉 보통 미시적 수준, 중범위적 수준, 거시적 수준 모두에서 구성될 수 있다. '파쇼', '식민지 또는 종속국가', '고비용 저효율 정치', '탄핵=민주주의 파괴' 등은 비록 수준은 다르지만 이러한 담론들의 예라고 할 수 있다. 현재도 다양한 형태와 수준의 저항이 전개되고 있고, 이러한 저항은 언제나 일정한 수준의 담론적 기초를 가지고 전개된다. 중요한 것은 이러한 담론이 고정불변적인 것이 아니라는 점이다. 담론은 지배나 저항의 내용, 지배와 저항의 관계, 지배와 저항의 물적 토대 등에 의해 부단히 변화하게 된다.

세계적인 수준에서도 서구의 68년 5월 혁명, 사회민주주의적 복지국가로부터 80년대 신보수주의시대로의 이행, 80년대 말~90년대 초 현존사회주의 국가들의 붕괴, 99년 시애틀 투쟁, 9.11테러와 반테러전쟁 등은 서구와 지구촌 저항이 변화하는 계기로 작용하였다. 이러한 변화들은 한국 사회운동의 저항의 성격에도 상당한 영향을 미쳤다. 담론은 특정한 역사적 맥락 속에서 의미를 갖는다. 그런 점에서 저항 혹은 사회운동이 변화함에 따라 저항담론 역시 부단히 변화하여 왔다고 볼 수 있고, 국내적·국제적 수준에서 나타나는 이러한 변화 속에서 지배와 상황에 대한 해석, 저항의 의미, 저항의 전략에 대한 다양한 언술적 논의가 나타나게 되고 우리는 이를 저항담론의 변화로 이해한다.

한국의 저항 및 저항담론의 역사에서 볼 때, 한국전쟁 이후 70년대까지의 시기와 80년대, 90년대는 상이한 성격을 갖는다. 2000년대의 한국사회는 바로 이러한 일련의 변화 속에 놓여있다고 할 수 있다. 현단계 저항과 저항담론을 바라보는 데 있어서, 70년대까지의 시기와는 달리 80년대가 몰고온 변화, 그리고—80년대의 변화를 뒤로 하고—90년대가 몰고온 변화를 이해하는 것은 각별한 의의를 갖는다(사실 80년대라고 할 때 엄밀하게 이야기하면 80년부터 87년까지의 시기를 의미한다. 그러나 노태우정부 시기는 과도기적 이행의 성격을 가지고, 저항의 관점에서 보면 80년대적 투쟁의 연속과 전환의 성격이 동시에 존재한다고 생각된다).

그렇다면 80년대는 과연 우리에게 무엇을 의미하는가. 나는 여러 의미 중에서 80년대의 저항이 갖는 중요한 두 가지 변화를 중시한다. 첫째, 해방 이후 30여 년의 역사 속에서 단절되고 억압되었던 급진주의의 부활이다. 즉 급진주의로 무장한 정치적·사회적 세력들이 출현하고 이들의 지적 무장의 담론인 급진주의적 저항담론이 확산되었던 시기가 바로 80년대였다. 최소한 1953년 체제의 성립 이후 억압되었던 한국의 급진주의의 정신이 살아난 것이었다.

한국전쟁 이후 70년대까지의 저항과 저항담론을 반공주의와 개발주의에 기댄 권위주의의 질곡이라고 규정한다면, 80년대는 바로 이러한 질곡으로부터 한국의 저항과 저항담론이 해방되는 시기라고 할 수 있다. 이러한 80년대는 80년 5월 광주의 외상(外傷)과 내흔(內痕) 속에서 시작되고 진행되었으며, 많은 지식인과 사회운동가들, 그리고 국민들에게 급진주의의 세례를 남겼다. 현재적 급진주의도 바로 80년대를 정신적 고향으로 갖고 있다고 해도 과언이 아닐 것이다. 나는 "60년대=소시민적·낭만적 운동의 단계, 70년대=민중주의적 운동단계, 80년대=혁명적 운동단계"라고 표현한 바 있는데, 이처럼 한국의 80년대는 70년대를 징검다리로 하는 이전 시기와는 질적으로 구분되는 저항담론의 시기였다. 80년대의 급진주의는 현실투쟁적 급진주의에서부터 맑스주의, 레닌주의, 사회주의, 반미적 급진주의, 모택동주의 등 다양한 얼굴을 가지고 있었다. 80년대 이전 시기까지 급진주의는 통일혁명당이나 남민전 같은 비합법적인 행위로 인식되었다. 그러나 이후 '신세대'들이 중심이 된 ML당 사건, 사노맹과 같은 좌익적 조직들도 출현하게 된다. 당시 학생운동 및 노동운동 참여자들 모두 적극적으로 토론했던 사회구성체 논쟁 같은 것도 바로 이 땅에 급진주의적 사고와 전략의 출현을 의미하였다. 80년대의 논쟁 속에는 급진주의적 관점에서 조망된, 정치사회와 시민사회의 관계, 시민사회의 성격, 지배의 성격, 남한의 지배와 미국관계, 국가와 계급의 관계, 민중의 구성, 중산층의 태도, 제도정당의 성격, 혁명적 전술과 개량적 전술 등 다양한 쟁점들이 존재하고 있었다.

이처럼 해방 이후 저항담론 혹은 사회운동담론의 역사에 있어서, 80년대는 '80년대 이전'과 '80년대 이후'를 가르는 중요한 시기로 자리매김하였다. 80년대의 정점인 1987년 6월 민주항쟁은 반공주의적 체제, 개발주의적 체제의 균열이면서, 그에 대응하는 저항담론의 혁명적 분출의 시기이다. 이 시기는 급진주의 혹은 변혁주의가 저항담론의 지배적인 경향성을 대표하고 있던 시기이다. 노태우정부 시기를 과도기로 한다면, 80년대는 그런 의미에서 1953년 체제와 1961년 체제의 혁명적 균열 속에서, 전후 최초로 급진주의가 저항담론의 지배적인 시기를 대표하고 있던 시기라고 할 수 있다.

둘째는 저항 자체의 대중화 및 국민화이다. 광주학살을 자행한 '도덕성이 부재한' 전두환 정권에 대항하면서 국민들은 저항의 공포를 극복하였고 저항을 생활화하게 된다. 국민들은 87년 6월 민주항쟁에서 정점에 이르는 반독재민주화 투쟁을 통해서 저항은 이제 국민적인 것이 되었다. 기본적으로 권위주의는 저항을 일부 '친북적인' '용공분자'들에 의해서 이루어지는 일탈

행위나 체제파괴적인 불순한 행위로 규정하고 물리적·법제적·이데올로기적 수단 등 일체의 수단을 동원하여 이를 억압하였다. 그러나 국민들은 87년 6월 민주항쟁에 이르는 투쟁을 통해서 권위주의를 극복하면서, 바로 이러한 저항에 대한 지배적 인식, 저항에 대해서 권위주의적으로 주입한 공포를 극복하게 되었다. 여기서 더 나아가 자신이나 자기집단의 이해를 요구하기 위하여 집단행동을 하는 것을 두려워하지 않게 되었으며, 동사무소나 파출소에 가서도 '주눅들지 않는' 태도, 즉 권력에 반하는 행위를 할 수 있는 근대적인 개인으로 탈바꿈하였다. 사실 오늘날 촛불시위에 대한 중고등학생들의 참여, 일산 러브호텔 반대운동과 같은 지역주민들의 저항, 미스코리아 선발에 대한 아주머니들의 반란은 바로 이러한 저항의 국민화를 반영하는 것이다.

　그런데 80년대로부터 2000년대에 이르기까지의 길은 '일직선적인' 경로로 되어 있지 않았다. 어떤 점에서 80년대와 2000년대의 사이에는 커다란 심연이 가로놓여 있었다. '광주'의 외상과 내혼 속에서 80년대가 시작되었다고 한다면, 90년대는 '모스크바'의 외상과 내상 속에서 시작되었다고 말할 수 있다. 90년대는 80년대의 유산의 하나(저항의 대중화)가 보다 확산되는 시기이면서, 동시에 80년대의 또 다른 유산(급진주의의 부활)이 도전을 받는 시기였다. 후자의 측면에서 보면, 80년대의 급진주의적 인식과 실천이 의문시되면서 새로운 급진주의적 요소들이 생성되는 시기였다. 80년대가 바로 2000년대로 '일직선적으로' 연결되지 못한 이유는 바로 90년대라는 거대한 도전이 자리하고 있고, 저항담론은 이를 충분히 내재화하지 못하였기 때문이다.

　그렇다면 저항담론의 측면에서 볼 때 90년대의 도전은 과연 무엇인가. 그것은 첫째, 현존사회주의 국가의 붕괴라는 도전이었다. 89년의 서독의 동독 통합, 90년 구소련의 붕괴, 동유럽의 시장경제로의 이행 등으로 상징되는 도전이 출현했던 시기였다. 80년대 급진주의는 현존사회주의라고 일정한 '대안'을 전제로 하여 운동하였다. 그러나 90년대는 이러한 전제로서의 대안이 허구였음을 현실로서 보여주었던 시기였다. 이 '전도된 전제'의 도전이 바로 90년대 저항과 저항담론에 주어졌다.

둘째, 87년 6월 민주항쟁 이후 진행되는 민주주의 이행 과정으로 80년대 급진주의의 저항대상과는 질적으로 다른 '민주적 지배' 혹은 '정상적인' 지배가 출현하게 되고, 이것이 80년대적 급진주의의 '국내적 전제'를 변화시켰다. 현존사회주의의 붕괴가 급진주의의 '실패'로 출현한 도전이라고 한다면, 국내적 민주화가 초래한 새로운 현실 변화는 급진주의의 '성공'으로 초래된 도전이라고 할 수 있다. 왜냐하면 급진주의적 저항을 일부로 하는 '성공적인' 민주항쟁으로 인해서 한국 사회가 권위주의 시대에서 민주주의 시대로 이행하게 되었기 때문이다. '전두환 파쇼체제'와 같이 급진주의자들과 저항적 국민들을 대거 거리로 내몰았던 상황과는 달리, 이제 '80년대적으로' 살지 않아도 되는 상황이 출현한 것이었다. 이 새로운 지배 하에서 저항은 어떻게 변화해야 하는가라는 도전이 제기되었다.

셋째, 80년대의 운동이 '전위적' 선도자들에 의해 주도되었다면, 이와는 달리 90년대에는 명실상부하게 '대중' 혹은 '다중'(多衆)이 등장하였다. 저항이 대중화되고 국민화되면서 다종다양한 주체들이 다양한 이슈를 둘러싸고 출현하게 된다. 정치경제적·생활세계적·문화적·중앙정치적 이슈뿐만 아니라 지방정치나 풀뿌리 민주주의 차원의 이슈들을 둘러싸고 다양한 수준의 저항이 나타나게 된다. 사실 '저항'이라는 표현에 포괄될 수 있느냐가 의문시될 수 있는, 다종다양한 자기표현 행위들이나 집단행동들도 나타나게 된다. 나아가 87년 6월 민주항쟁에 참여하였던 '넥타이부대'와 구별되는, '촛불을 든' 시민들이 등장한다. 여기서 저항과 저항담론은 바로 이러한 주체의 변화를 어떻게 반영할 것인가 하는 도전에 직면하게 되었다. 광주항쟁이 일어날 때 아직 태어나지도 않았던 세대들, 87년 6월 민주항쟁 당시 초등학교를 다니던 세대들, 80년대 급진주의적 투쟁이 한창일 때 저항의 공포를 가졌던 새로운 개인들과 집단들이 저항의 주체로 나아오는 상황은 분명 저항과 그 일부로서의 저항담론에 대해서 일대 도전으로 다가왔다.

넷째, 80년대가 주로 '일국적' 지배—파쇼이건 독재정권이건—를 대상으로 한 저항이었다고 한다면, 이제 세계화로 상징되는 변화가 저항의 조건을 변화시키게 되었다. 99년 시애틀 투쟁 이후 가속화된 반세계화투쟁은 이전과는 다른 저항의 지평을 열어주고 있으며, 세계화를 주도하는 세력의 입장에서는 회의 때마다 '천적(天敵)'처럼 따라다니는 반세계화 집회와 시위로 인해 골머리를 앓는 상황이 나타나게 되었다. 이전 시기의 저항에 민족주의적 지평만이 존재하고 있었다고 한다면, 이제 세계주의적 지평이 열리게 된 셈이다. 저항담론에 있어 새삼 국제주의의 부활을 알리는 논의들이 강화되고 있으며 글로벌 반전평화 국제행동이 '캘린더' 식으로 전개되는 수준에 이르게 되었다. 80년대의 논의들 자체도 모두 일국주의적인 전제 위에서 전개되었다고 한다면, 이제 세계주의적인 저항의 위상을 새롭게 조명해야 하는 도전이 제기되었다고 할 수 있다.

　90년대의 이러한 변화와 도전들은 이미 많은 새로운 '응전적' 저항들을 출현·확산시키고 있다. 그러나 이러한 도전들에 대응하여 저항담론의 재구성적 정식화라는 과제는 성공적으로 수행되지 못하였다. 새로운 변화와 도전들이 '체험'되고 있고 또 그것들에 대응하는 응전적 개별 실천들이 출현하고 있으나, 새로운 저항담론의 재구성은 성공적으로 이루어지지 못하고 있다. 그렇기 때문에 87년 6월 민주항쟁이 낳은 '저항의 국민화'의 유산은 오늘날 한국을 시민운동과 민중운동의 역동적인 나라로 만들고 있지만, 80년대의 급진주의는 여전히 80년대적인 것으로 남아 있다. 이런 점에서 우리가 살고 있는 2000년대는 바로 90년대의 새로운 도전들에 응전하면서 저항담론의 거시적인 재정립의 과제를 안고 있는 것이다. 여기서 중요한 것은 어떤 관점에서 저항담론을 사고하고 모색할 것인가 하는 점이다. 이런 점에서 80년대의 급진주의를 계승하는 입장에서는 80년대적 급진주의를 어떻게 2000년대적 급진주의로 부활시켜 낼 것인가 하는 고민이 필요하다. 이 책에서는 해방 이후 현재까지의 주요 저항담론에 대한 통사적 분석, 특별히 80년대의 급진주의 담론의 긍정적인 측면과 극복해야 할 점을 분석하고자 했다.

　주지하다시피 80년대를 경험한 세대들에게 있어서는 여전히 80년대가 '오래된 미래'가 되고 있다. 미래의 자양분이 될 요소들이 복합적으로 혼재하였던, 그리고 급진주의적 정신이 최초로 부활하여 저항담론의 지평을 확장시켰던 어떤 시대로만 고이 간직되고 있는 것이다. 그러나 단순히 80년대의 유산을 붙들어 안고 있다고 해서 그것이 현재적인 것이 되는 것은 아니다. 과거의 급진주의의 유산을 현재적 급진주의의 자산으로 전환하는 노력이 필요하다. 이러한 작업을 나는 포괄적으로 80년대 급진주의 유산의 '해석학적 재전유(再專有)'라고 표현하고 싶다. 이러한 작업이 진행되지 않는 한, 80년대는 여전히 박제화된 유산으로 존재할 수밖에 없게 된다. 이러한 해석학적 재전유의 과정은 먼저 80년대의 담론의 유산들을 '역사화'하고 '맥락화'(contextualization)하는 노력으로, 나아가서 90년대의 도전—이것은 새로운 맥락이 된다—에 응전하면서 80년대적 담론의 유산들을 보편적으로 독해(讀解)하는 과정으로 진행되어야 한다고 생각한다. 이러한 보편적 재해석의 과정을 통해서 현재적인 급진주의의 정신으로 재해석되어야 만이, 비로소 과거의 담론의 '유산'은 현재적인 저항담론의 '자산'이 될 수 있다.

　이러한 '해석학적 재전유'의 과정은 80년대를 급진주의의 시대로 기억하는 사람들에게도, 또 그 시대를 개혁자유주의적 정신의 보고(寶庫)로 기억하는 집단들에게도, 심지어 보수의 쇄신을 도모하고자 하는 사람에게도 필요할 것이다. 80년대의 급진주의적 유산을 계승하고자 하는 입장에서 그 시기를 돌이켜 보면, 80년대에 우리는 급진주의적 담론을 역사적 관점에서 바라보기보다는 만고불변의 보편적 진리로 설정하는 일종의 '종교근본주의'적 태도를 가지고 있었다고 생각된다. 그런 관점에서 본다면 이미 '진리'는 발견되었고, 이것을 설파하고 적용하는 것만이 실천과제로 남게 된다. 즉, 진리는 부단히 재해석되고 창조되어야 하는 것이 아니라—그것을 경험적으로 어떻게 실현할 것인가 하는—의지와 방법론의 차원으로 협애화되고 만다. 당시 운동담론으로서 중요한 지위를 가지고 있던 레닌주의적 혁명론의 경우에도 러시아혁명의 특수성과 한국혁명의 특수성에 대한 아무런 고민도 없었다고 생각된다. 기독교적인 의미에서의 '축자영감설(縮字靈感設)'적인 태도가 지배적이었다고나 할까, 어떤 점에서 과잉보편화되었다고 표현할 수 있다.

반대로 '그 많던 레닌'은 현재 찾아보기가 어렵다. 어떤 점에서 이제 레닌은 1900년대 초의 논의로, 1980년대 한 시기를 풍미했던 논의로만 존재한다. '과잉특수화'되었다고나 할까. 그러나 아무도 스스로를 레닌주의자로 명명하지 않는 상황 속에서도, 레닌주의의 '긍정적' 유산은 역사화와 재보편화의 과정을 통해서 해석학적으로 재전유될 수 있다고 생각한다. 80년대 급진주의적 저항담론의 두 가지 경향인 NL이나 PD도 현단계 사고와 실천 전략의 '경향성'으로만 존재할 뿐, 현재 그것은 정식화된 저항담론이나 대안담론으로 존재하지는 않는다. 80년대의 사회구성체적 규정으로 풍미하던 '신식민지국가독점자본주의론'은 90년대의 변화의 도전 속에서 재정립되거나 수정되거나 공식적으로 폐기되지 않고 그냥 망각 속으로 던져졌다. 이런 식으로 80년대 담론의 유산은 기억 저편의 한자락으로 박제화되어 버렸을 뿐, 현재적인 자산으로 전환하지 못하였다.

이처럼 80년대와 2000년대 사이에 커다란 심연이 존재하고 있는 상황에서, 저항의 주체들이 이를 '연속화'하려는 목적의식적인 노력은 여전히 의미를 갖는다. 이를 연속화하기 위해서 앞서 서술한 바와 같이 우리가 건너야 할 지점들이 많이 있다. 특별히 80년대와 2000년대의 사이에는 '대안의 실종'이라고 하는 거대한 심연이 존재하고 있다. 90년대가 마치 '자본의 질풍노도 시대'와 같이 진행되면서 이른바 'TINA(대안은 없다)증후군'이 지배적으로 존재하고 있었다고 한다면—비록 새로운 대안을 정식화된 형태로 제시할 수는 없지만—최소한 'TATA(무수한 대안이 존재한다)'적 인식과 실천이 확산되면서 이제 80년대 급진주의적 저항담론의 유산들도 재검토될 수 있는 여지가 생겨나고 있다. 한편에서는 '급진주의의 다원화 혹은 다양화'라고 부를 수 있는 현상들이 나타나고 있다. 80년대의 급진주의가 맑스주의적 급진주의로 일원화된 경향이 있었다고 한다면, 지난 시절 주류적 맑스주의에 의해 주변화되었던 새로운 급진주의(예컨대 트로츠키주의)의 부활, 무정부주의, 생태급진주의, 급진적 페미니즘 등 다양한 흐름들이 출현하고 있다. 이러한 흐름들은 90년대적 침잠의 시기를 거치면서 새로운 급진주의적 저항담론의 흐름들이 나타나고 있음을 의미한다.

(3)

이 책은 어떤 의미에서 80년대 저항담론의 유산을 90년대의 도전을 '뚫고' 2000년대의 저항담론의 자산으로 가져가기 위한 재검토의 일환이라고 할 수 있다. 물론 너무나 초보적이고 부족한 점이 많다는 전제 위에서 말이다. 민주주의, 파시즘, 자본주의, 현실사회주의, 미국과 북한, 변혁주체, 전선운동, 독자적 진보정치세력화 등을 주요 분석영역으로 하고 있는 이 책은 총 4부 9장으로 구성되어 있다.

먼저, 제1부 제1장 총론(조희연)에서는 '급진화'와 '대중화'의 긴장을 중심으로 저항담론의 변화와 분화에 관해 분석하고 있다. 필자는 인간사회의 체제적 불완전성과 결함은 사회구성원으로 하여금 여러 차원에서 기성의 질서에 대항하는 저항성과 행동주의적 역동성을 표출시키게 하는데, 이러한 저항성과 역동성을 어떻게 해석하고, 다양한 저항성과 역동성 간의 관계를 어떻게 파악할 것이며, 이것을 어떻게 실천적으로 담보할 것인가 하는 쟁점이 부단하게 제기된다고 말한다. 이 글은 이러한 저항성과 역동성에 대하여 맑스주의를 포함한 급진주의 · 진보주의의 인식이 어떻게 변화하여 왔는가, 또 각 시기의 사회적 모순에 대응하여 분출하는 저항성을 어떻게 총화할 것인가 하는 문제의식 속에서 한국에서 그것이 어떻게 변화하여 왔는가를 살펴봄으로써 현 시기 저항론적 인식을 보다 풍부하게 하는 것을 기본 목적으로 한다. 이를 위해 이 글은 먼저 서구의 일반적인 변혁론을 살펴본 뒤, 한국에서의 변혁론의 전개과정을 검토함으로써 변혁론의 발전과정에서 그리고 현재의 변혁론 상에 있어 쟁점이 무엇인지를 알아내고, 변혁론의 전개과정에서 어느 지점에서 저항 내부의 딜레마와 왜곡된 긴장과 갈등이 드러나는지를 급진화와 대중화라는 두 경향의 관계를 중심으로 분석하고 있다.

필자는 19세기 이래 정식화된 혁명적 맑스주의의 패러다임을 '노동자계급

—계급적대—국가중심형 혁명주의'의 패러다임이라고 할 때 네 가지 차원
의 쟁점, 즉 노동자계급 혹은 노동자정치세력이 외부의 '급진주의'에 어떤
태도를 취할 것인가, 국가중심형 혁명을 사고하느냐 아니면 비국가주의적
혁명을 사고할 것인가, 계급적대 중심이냐 아니면 계급적대 이외의 다양한
사회적 적대를 주목할 것인가, 일국적 급진주의인가 아니면 지구적 급진주
의인가 등의 쟁점이 있다고 본다. 바로 이러한 네 차원의 쟁점들을 둘러싸고
급진주의적적 저항담론의 전개 상에서는 두 가지 경향, 즉 변혁을 지향하는
주체들이 인식적으로나 실천적으로나 자신을 좀더 혁명화하려고 하며 동시
에 변혁세력 내부에서 혁명적 세력들의 헤게모니를 관철하여야 한다고 생각
하고 행동하는 '급진화'의 지향과, 혁명을 성공시키기 위해서는 더욱 많은
대중적 세력이 변혁운동에 참여하여야 하고, 이를 위해서는 많은 계급계층
및 사회세력과 연대하고 이를 투쟁전선에 포괄하여야 한다고 하는 대중화의
지향이 갈등하면서 공존해 왔다는 것이다.

　한편 이러한 일반론적 논의 위에서, 필자는 해방 이후 현대사의 전개과정
속에서 급진주의적 저항담론의 변화를 살펴보고 있다. 이 글에 따르면 80년
대 전반기는 맑스주의적 혁명주의가 급진주의 진영 내부에서 지배적이었으
며, 87년 6월 민주항쟁을 계기로 민주주의 이행이 본격화되면서 이전의 혁명
주의적 흐름은 약화되고 시민운동으로 상징되는 온건보수주의적 · 자유주
의적 중간층 운동이 출현하게 되었다. 또 87년 이전에는 노동자계급—계급
적대—국가 중심형 혁명주의가 지배적이었다고 한다면, 87년 이후에는 소수
자문제, 환경문제, 여성문제, 인권문제 등을 둘러싸고 비노동자계급-비계급
적대—비국가중심형 혁명주의 지향과는 구별되는 새로운 인식과 실천이 나
타난다고 말한다.

　필자는 급진주의적 저항사상은 특정한 역사적 형태에 고정되어 있는 것이
아니고 현실의 변화가 동반하는 새로운 상황에 대한 지적 · 실천적 응전의
형태로 변화해왔다고 주장한다. 즉 맑스주의적 혁명주의 입장에서는 현실변
화에 따른 새로운 도전을 맑스주의의 확장 및 혁신의 과제로, 비맑스주의적

급진주의의 입장에서는 새로운 저항담론의 정립노력이 중첩되면서 각 시기의 모순에 대응하는 인간해방의 실천은 지속되어 왔다는 것이다. 결론적으로 필자는 앞으로 한국의 저항운동과 저항담론이 서구의 일반적인 흐름의 영향을 받으면서 동시에 한국의 특수성을 일반화하여 서구 사회운동의 한계를 뛰어넘는 새로운 저항담론의 지평을 개척할지 여부는 한국 진보주의자들의 실천 여하에 달려있다는 것을 강조한다.

　제2부는 〈민주주의〉와 〈파시즘〉을 정치사회적 저항담론의 측면에서 다루고 있다. 민주주의를 다루고 있는 제2장(김정훈)은 피지배세력뿐만 아니라 지배세력까지도 왜 민주주의 담론을 활용할 수밖에 없었는가에 대한 물음에서 시작하여, 피지배세력은 민주주의라는 상징을 자신의 것을 만들기 위해 어떤 담론전략을 활용했으며 그것의 내용은 무엇인지를 살펴보고 있다. 특히 이 글은 한국사회의 다양한 집단 중 저항세력이 구성해낸 민주주의 담론을 추적하면서, 한국에서 민주주의는 이식된 것이 아니라 민족해방투쟁 과정을 통해 내재적으로 형성된 것이며, 한국 정치담론에서 가장 치열한 담론투쟁의 영역으로서 민주주의 담론은 지배세력의 담론과 피지배세력의 담론이 공존하는 헤게모니 담론의 성격을 갖게 되었음을 강조한다. 그리고 이러한 담론지형에서 저항세력들은 민주주의를 자신의 정당성의 원천으로 주장함과 동시에 지배세력의 민주주의와는 다른 민주주의, 즉 형식적 민주주의와 실질적 민주주의를 접합한 체제변혁적 담론을 추구했음을 밝히고 있다. 필자는 해방 이후에 민주주의가 지체된 것은 한국인들의 민주주의 능력이 부족했다기보다는 지배세력의 민주주의에 대한 지속적인 억압 및 왜곡의 결과로 인식될 수 있다고 하면서, 정치·경제·사회문화적 억압이 존재하는 한 민주주의는 여전히 피억압자 집단의 저항과 해방을 위한 논리로 기능해야 한다고 주장한다.

　제3장(이광일)은, 파시즘은 단지 과거의 문제가 아니기 때문에 그 본질과 기원과 양태에 대한 논의가 끊이지 않고 있으며, 한국에서 파시즘을 둘러싸

고 전개된 논의와 논쟁들을 분석하고 있다. 이 글은 파시즘의 일반적 특징을 이데올로기, 대중운동, 물적 기반 등 세 차원에서 접근한 뒤, 주요 관심사인 한국의 국가형태에 파시즘이라는 개념을 적용할 수 있는지 여부와 그 구체적 적용 대상의 규명을 둘러싸고 전개된 논쟁들, 그리고 가장 최근에 제기된 '우리 안의 파시즘'이 그 인식여부와 무관하게 냉전시대 '전체주의론'이 의도했던 정치적 효과를 어떤 논리로 재구성하며 그 내용을 공유하고 있는지에 대해 살펴보고 있다. 필자는 한국에서 파시즘이라는 개념은 과거 억압적 국가의 테러통치에 대한 비판의 도구로서 기능하였지만 권위주의나 군부독재 등의 용어를 대체할만한 수준은 아니었다는 점에서 파시즘론이 저항담론으로서 커다란 역할을 하지 못했다고 주장한다. 아울러 애초 파시즘이 주는 역사적 무게를 감당할 수 없었던 '우리 안의 파시즘'은 이제 '우리 안의 폭력' 정도로 이해되고 있다고 하면서, 이것은 인플레된 파시즘 개념이 제 자리를 찾아가고 있음을 의미한다고 말한다. 결론적으로 필자는 지금 '진정한 의미'의 파시즘 논의가 진보적 지식인들과 대중들의 시야에서 벗어나 있다 하더라도, 그것은 자본운동의 부침과 밀접한 연관을 맺고 있기에 지구적 수준의 자본운동과 불균등발전의 심화로 표현되는 지금, 신자유주의 세계화시대에 더욱 중요한 성찰적 의미를 함축하고 있다고 주장한다.

제3부는 정치사회적 저항담론의 관점에서 〈자본주의〉와 〈현실사회주의〉, 그리고 〈미국과 북한〉의 문제에 대해 다루고 있다. 제4장(허재영)은 한때 많은 사회과학도들이 참여하거나 관심을 가졌지만 지금은 거의 사장되다시피 한 논쟁 가운데 하나인 한국 자본주의 논쟁을 '방법론과 텍스트의 정치학'이라는 시각에서 살펴보고 있다. 이 글은 몇 년 동안 치열한 논쟁시기를 거친 후 1990년대에 접어들자마자 현실 사회주의의 붕괴, 일반민주주의 경향의 전면적인 대두, 사회민주주의를 포함한 다양한 사상적 조류의 등장 등등의 변화된 상황 속에서 성급한 마무리와 논의 자체의 실종으로 끝나버리고 만 자본주의 성격 논쟁에 대해, 당시에는 보기 힘들었던 측면들을 특히 방법론

에 초점을 맞춰 분명하게 보는 것을 목적으로 한다. 필자는 논쟁의 가장 중요한 쟁점으로, 한국 자본주의의 독점적 성격과 제국주의 국가—자본에의 종속을 이해하는 문제, 그리고 한국 자본주의의 역사를 통사적으로 재구성하는 문제와 분석과정에서 제기되는 방법론적인 문제를 꼽는다. 특히 이 글은 텍스트 곳곳에서 드러나는 전제와 가치들, 이론 '자체' 를 바라보는 전제들, 자본주의를 바라보는 입장 차이에 불구하고 공유하는 전제들 등등에 초점을 맞춰, 당시 논쟁 당사자들이 한편으로는 대립하면서도, 다른 한편으로는 암묵적으로 합의하는 측면을 보여주고 있다. 필자는 현실분석의 방법론과 관련해, 법칙에 대한 탐구, 보편성과 특수성, 분석의 추상성에 대해, 그리고 텍스트의 정치학과 관련해서는 과학과 비과학, 고전과 권위, 이론의 자기폐쇄성에 대해 살펴본 뒤, 결론적으로 독점과 종속의 문제는 지금 이곳에서 새로운 모습으로 영향력을 미치고 있기 때문에 종속과 독점이라는 변수가 현실에서 새롭게 변신하는 형태들을 탐구와 해명이 절실히 필요하다고 강하게 주장한다.

　제5장(김창진)은 "1980년 5월의 내적 충격이 현대 한국사회의 기반과 구조에 대한 전면적 성찰을 요구하고 그에 따른 실천적·이론적 투쟁을 불러왔다면, 1989년 베를린장벽의 붕괴에 뒤이은 1991년 모스크바에서 벌어진 사건은 한국 사회의 각 분야에서 10년간 진행된 사회적 투쟁들의 목적과 역사적 의미를 되묻는 근본적인 외적 충격이었다"고 말하면서, '하나의 인식론적 검토' 라는 부제 아래 '현실사회주의' 의 붕괴와 1980년대 한국 지식사회의 반응에 대해 살펴보고 있다. 이 글은 개별적으로 보면 아무런 인과적 고리도 찾을 수 없는 광주와 모스크바의 두 사건이 1980년대를 살았던, '진보진영' 의 자장(磁場)에 조금이라도 이끌렸던 사람들에게 깊은 외상을 남겼다는 전제 아래, 그 외상을 가져 온 충격과 남겨진 흔적들에 대해 회고하면서 사건들 자체에 대한 묘사와 분석이 아니라 그 사건들을 둘러싼 담론들의 구성 양상에 대한 평가와 그 인식론적 배경에 대한 검토를 통해 두 사건을 다루고 있다. '1980년대' 라는 사회적, 지적 상황 하에서 '현실사회주의' 의 개혁정책

과 그 종국적인 붕괴라는 사건이 한국의 진보적 지식사회에서 어떻게 인식되었는가를 개괄적으로 살펴보면서, 특히 필자가 관심을 갖는 문제는 한국의 진보적 지식사회, 더 넓게는 한국의 지적 풍토 일반에 내재된 '서구모델의 추수 경향'과 '역사주의의 빈곤'의 문제와 함께, 1980년대에 흔히 '사회변혁의 주체'로 상정되는 '인간'의 문제, 그 인간의 본질적 속성의 하나로서 '이성'의 문제였다. 이른바 거대담론과 그 담론구성의 주체이자 대상으로서 개별적 인간들의 사고와 행동양식에 대한 보다 현실적이고 동시에 성찰적인 접근 없이 이루어지는 어떤 '변혁'이나 '대안적 제도'도 근원적 한계를 가질 수밖에 없기 때문이다.

미국과 북한의 존재가 정치사회적 저항담론 형성에 어떤 영향을 미쳤는지를 구체적으로 분석하고 있는 제6장(전효관)은, '친북'이나 '반미'와 같은 단어는 사회적으로 허용되지 않는 단어였으며, 따라서 기존의 지배담론과 편차를 생산해 온 정치사회적 저항담론에서도 북한이나 미국에 대한 태도는 상당히 '함축적'으로 표현될 수밖에 없었다고 말한다. 이 글은 일차적으로 저항담론의 민족문제, 통일문제 인식이 지배적인 담론 속에서 어떻게 편차를 생산해왔는가를 다루고 있는데, 필자는 그것을 한국현대사 내의 불화를 서술하는 것이라고 말한다. 이 글은 통일/민족에 관한 담론 변화를 크게 세 가지 국면, 즉 형성기—분화기—해체기로 구분하여, 각 시기별로 객관적 조건, 주관적 조건, 저항담론의 패러다임, 주체 설정, 단기적 과제, 장기적 과제 설정 등의 차이를 규명하면서, 특히 저항담론의 유효성이 시험되고 있는 국면에서 지배담론과의 편차를 생산하기 위해 내적 성찰성을 확보하면서 새로운 논의들이 전개되어야 하는 지점을 확인하고 있다. 필자는 단순히 인식상의 문제를 넘어, 특히 이런 변화의 의미를 현 시점에서 어떻게 해석하고 또 실천적 기획으로 어떻게 연결시킬 것인가에 대한 고민을 심화할 것을 강조한다.

제4부는 〈정치사회적 저항담론과 변혁주체·전선운동·독자적 정치세력화〉에 대해 분석하고 있다. 노동계급운동을 중심으로 변혁주체 논쟁을 고찰

하고 있는 제7장(허상수)은, 누가 변혁주체론을 주장하였는가, 변혁주체는 누구인가, 변혁주체론의 생산과 변혁주체의 실천은 어떤 조응관계에 있었는가, 즉 무엇이 성취되었고 무엇을 잃게 되었는가, 논쟁과 투쟁은 조직 발전에 기여하였는가 등에 주목해야 한다고 하면서, 변혁주체의 형성과 관련하여 노동운동논쟁을 사례로 하여 이론의 생산과 실천과정에서의 논의를 검토하고 있다. 필자는 변혁주체 논쟁의 성과와 특징을, 아래로부터의 변화와 근본적인 변동을 추구하였다는 점, 변혁주체론의 대두를 통해 새로운 언어공동체를 구성하는 등 새로운 계급이 출현한 것, '민중적인 것' 과 '민족적인 것' 의 구별과 융합을 시도하면서 해방적, 평등주의적, 공동체주의적 발전 전망과 비전을 중시했다는 사실, '정상과학' 으로 해결하지 못하는 수수께끼 풀기에 도전하면서 새로운 패러다임을 모색하고 창조하려고 시도하려 한 점, 새로운 사회를 위한 그랜드 디자인은 사회운동, 즉 민중민족운동 영역내의 공동체에서 의제 설정자의 기능을 수행한 점 등을 꼽고 있다. 그러나 필자는 이러한 논쟁 과정에서 정세분석과 조직관, 인간본성, 현실 사회주의에 대한 이해에 많은 허점과 한계가 있었다고 지적하면서, 당시 논쟁 참여자들을 최초의 '과학적 사회주의자' 라기보다는 최후의 '공상적 사회주의자' 에 가까웠다고 말한다. 필자는 사회변혁은 지금 여기에 주어진 최악의 조건과 상황에서 최상의 것을 얻기 위해 최적의 길을 찾아 나서는 데서 비로소 시작되는 것이라고 하면서, 역사에 대한 체계적 해명과 인식은 현재의 문제를 해명하는 지적 틈새를 제공해 줄 것이라고 주장한다.

　'전선운동, 저항담론, 그리고 사회관계' 를 주제로 한 제8장(은수미)은 한국사회운동의 연대를 전선운동 및 담론구성 그리고 사회운동조직 관계 등에 대해 풍부한 자료를 통해 구체적으로 분석하고 있다. 지난 시기 한국 사회운동에서 소수자 혹은 억눌린 자의 저항과 이를 위한 '연대' (solidarity)는 동맹·블록·전선·연합 등의 다양한 이름으로 불렸던 사회운동을 가능하게 하였을 뿐만 아니라 그것의 가장 중요한 전제였다고 하면서, 이 글은 '전선(연합) 운동을 가능하게 하였던 사회운동의 연대는 약화되고 있는가' 라는 물

음에 대한 답을 1970년대부터 2000년대 초반까지의 전선 혹은 연합운동을
담론과의 관계 등 양 측면을 분석하여 찾고 있다. 이를 위해 필자는 각 시기
별 전선운동 담론의 특징을 살펴보고 거기에서 드러나는 연대의 원리와 기
제를 분석하면서, 시기별 전선운동의 담론을 구성하였던 사회조직 상호간의
연결망의 특징을 추적함으로써 연대의 패턴을 규명하고 있다. 그리고 전선
운동 담론의 역사적 변화 및 사회적 관계의 변화를 분석한 뒤, 이와 같은 변
화가 연대원리와 어떤 상호관계를 가지는지를, 즉 담론과 연결망을 통해 본
사회운동의 연대 원리의 변화가 어떻게 연대의 약화로 이어지는지를 해명하
고 있다. 결론적으로 필자는 기존의 연대가 약화되었다는 것이 아니라 새로
운 연대가 형성되고 있지 못하다는 점에서 분명히 위기라고 진단하면서, 분
명한 것은 기존의 연대원리가 무너진 자리에서 새로운 연대의 원리가 만들
어져야 한다는 점이며, 따라서 현재는 주체에서부터 원리와 목표에 이르기
까지 연대가 재구성되어야 하며 동시에 그것이 시민사회의 재구성, 민주주
의의 재구성으로까지 나아가야 한다고 주장한다.

'독자적 정치세력화' 저항담론과 합법 진보정당운동에 대해 분석하고 있
는 제9장(조현연)은 '금단·배제의 정치' 지형 하에서 진보정당운동의 역사
적 단절에 대해 살펴본 뒤, 1980년대 이후의 시기를 '합법 진보정당운동의
모색기—정치적 실험기—독자적 정립기' 로 구분, 저항담론의 정치와 관련한
주요 쟁점들을 분석하고 있다. 이 글의 기본 목적은 1980년대 이후 자유주의
정치세력과 민주연합파가 노동자와 민중의 독자적 정치세력화를 향한 실천
을 어떻게 위축, 좌절, 지체시켜 왔는지, 그리고 합법 진보정당운동이 자유주
의 정치세력과 민주연합파로부터 어떻게 분화하고 자립했는지를 담론정치
의 차원에서 분석하는 것이다. 이 글은 민주연합파의 '진보정당 무용론' 과
'진보정당 시기상조론', 1987년 이후 주요 대통령 선거와 국회의원 총선거
에서 민주연합파의 '범민주 단일후보' 전술, 특히 '비판적 지지' 론 등이 진
보정치세력화를 위한 정치적 실천에 미친 영향, 진보진영으로부터 이탈한
이른바 '재야 입당파' 의 정치적 선택과 행태가 진보정치세력화에 미친 부정

적 영향 등 세 가지 지점에 주목하면서, 민주연합파 및 재야 입당파가 구사해
온 담론정치와 정치적 행위가 그 의도와는 상관없이 결과적으로 보수 독점
의 정치적 결빙구조의 온존·강화 및 진보정치세력화의 좌절과 지체에 직접
적으로 영향을 주었다고 주장한다. 필자는 한국 민주주의 구성 내용과 관련
해 정당정치 혁신의 기본 방향은, 제도정치의 변형주의적 재편과 보수독점
의 정당정치를 극복해내면서, 특히 다양한 사회적 이해와 갈등을 반영하면
서 계급과의 단절을 극복한 새로운 정치를 어떻게 구현할 것인가 하는 점에
초점을 맞추어야 한다고 말한다. 2002년 16대 대선 결과 '진보정치 100만표
시대의 개막'은 정치적 균열을 보여주는 하나의 시대적 징표라고 할 수 있으
며, 따라서 남은 과제는 이러한 대안정치의 집합적 프로젝트를 강화시키고
확산시키는 것이라고 주장한다.

이전 책들과 마찬가지로 이 책 역시도 많은 분들의 정성과 노력이 담겨 있
다. 전체 연구프로젝트의 관리책임자인 성공회대 사회문화연구원 원장 유철
규 교수, 작업을 함께 진행한 공동연구진과 연구보조원들, 그리고 책을 출간
한 도서출판 〈함께읽는책〉 직원분들께도 감사의 말씀을 드린다. 특별히 지
배담론과 저항담론의 전체 연구작업을 독려하고 그 연구 성과가 이렇게 묵
직한 책으로 나오기까지 애써주신 조현연 박사님께 감사를 드린다.

아무쪼록 이 책을 포함하여 성공회대 사회문화연구원이 진행하고 있는
'한국사회 재인식' 시리즈가 새로운 시대 현실 속에서 한국 사회에 대한 의
미 있는 분석을 통해 한국 현대사를 더욱 풍부하게 재인식할 수 있는 토대와
대안적 패러다임의 실천적 모색을 위한 밑거름이 될 수 있기를 기대하며 글
을 맺는다.

2004년 6월 20일
서울 구로구 항동골에서 조희연

**제1부**

# 총 론

조희연

# 제1장
# 저항담론의 변화와 분화에 관한 연구
## ― '급진화' 와 '대중화' 의 긴장을 중심으로

"혁명은 반혁명을 혁명화한다"

(Revolution revolutionizes anti-revolution).

드 브레이

## 1. 문제 제기

인간사회의 체제적 불완전성과 결함은 사회구성원으로 하여금 여러 차원
에서 기성의 질서에 대항하는 저항성과 행동주의적 역동성을 표출하게 만
든다. 이것은 다양한 실천형태로 표출된다. 이러한 저항성과 역동성을 어떻
게 해석하고, 다양한 저항성과 역동성 간의 관계를 어떻게 파악할 것이며,
이것을 실천적으로 담보할 것인가 하는 쟁점이 부단히 제기되고 있다. 이러
한 저항성과 역동성에 대하여 맑스주의를 포함한 급진주의 · 진보주의의 인
식이 어떻게 변화해 왔으며, 그것이 한국에서 어떻게 변화해 왔는가를 살펴
봄으로써, 현 시기 저항론적 인식을 좀더 풍부하게 하고자 한다. 급진주의
적 저항담론이라는 것은 각 시기의 사회적 모순에 대응하여 분출하는 저항
성을 어떻게 총화할 것인가 하는 문제의식으로 나타난다고 생각한다. 이를
전제로 하여 필자는 역사적 시기와 이러한 저항성과 역동성의 변화에 따라
급진주의적 저항담론, 즉 변혁론이 어떻게 자기 변화 하는가를 분석하고자
한다.

이 글에서 분석하는 대상은 급진주의적 저항담론[1]으로 제한한다. 맑스주의는 그러한 급진주의적 저항담론의 대표적인 사상이라고 할 수 있다. 한 체제에 대한 국민들의 비판성은 이념적 성향에서 보면 다양한 스펙트럼을 보인다. 저항적 성격을 갖는 다양한 비급진주의적인 논의 혹은 자유주의적 논의들도 존재하고 있으나, 이 글에서는 맑스주의를 포함한 급진적·진보적 논의에 분석을 한정하고자 한다. 1980년대식 표현으로 하면 변혁론을 대상으로 한다는 것이다. 소재 자체가 급진적인 주제는 아니나, 예컨대 시민운동을 둘러싼 논의들은 저항담론의 소재 중 하나로 간주될 수 있다. 이 경우에도 단지 시민운동을 둘러싼 좌파적·급진적·진보적 진영의 논의를 대상으로 하고 있지, 보수적 논의나 자유주의 진영 내부의 논쟁은 다루지 않는다.

이 글은 먼저 변혁론의 발전과정에서 그리고 현재의 변혁론 상에 있어 쟁점이 무엇인가를 서구의 일반적인 변혁론과 한국에서의 변혁론의 전개과정을 검토하면서 드러내고자 한다. 현재—80년대 혁명적 시기에 비해 대중적 관심을 받는 것은 아니지만—변혁론은 시민사회운동 진영의 중요한 쟁점으로 존재하고 있고 특별히 사회주의 붕괴 이후에는 해결되지 않은 쟁점으로 존재하고 있다. 이 글의 목적은 바로 이러한 쟁점을 분석하여 드러내는 데 있다. 두 번째는 변혁론의 전개과정의 어느 지점에서 저항 자체의 딜레마와 왜곡, 갈등이 드러나는지를 분석하는 데 있다. 변혁론 상의 변화과정은 내부의 왜곡된 대립과 긴장, 갈등이 존재해온 과정이었다. 나는 이것을 급진화와 대

---

1) 지난 4년 동안 우리들은 한국현대사를 '민주주의와 사회운동의 역동적인 관계' 속에서 해명하기 위한 집단적인 작업을 해 왔고 그것이 이미 세 권의 책으로 출판되었다. 이 저항담론 분석은 이상과 같은 작업의 흐름 속에서 이해될 필요가 있다. 즉 1권과 2권에서는 민주주의와 사회운동의 변화를 주로 역사적·구조적 분석에 기초하여 해명하고 있는데, 1권에서는 '제도정치와 운동정치의 역동적인 상호관계'라는 측면에서 분석하였으며(조희연 편. 2001. 『민주주의와 사회운동의 동학』. 나눔의집), 2권에서는 국가폭력과 민주주의 투쟁이라는 관점에서 분석하였다(조희연 편. 2002. 『국가·민주주의 투쟁 그리고 희생』. 함께읽는책). 3권과 이 책에서는 담론분석에 기초하여 민주주의와 사회운동의 역동적인 관계를 해명하고 있다. 3권(조희연 편. 2003. 『한국의 정치사회적 지배담론과 민주주의 동학』. 함께읽는책)은 지배담론을 중심으로 분석하였고, 이 책에서는 저항담론을 중심으로 분석하고 있다.

중화의 두 경향의 관계를 중심으로 분석하고자 한다. 이 글에서는 대안을 제시하기보다는, 맑스주의를 포함한 급진주의적 저항담론에 대해서 제기되는 여러 도전과 변화를 시계열적으로 조망하고, 이러한 관점에서 한국의 저항담론 및 변혁론의 변화와 쟁점을 분석해 보고자 한다.

## 2. 저항담론의 쟁점과 '급진화'와 '대중화'의 두 가지 지향

19세기 말 이후 맑스주의가 변혁론의 '지배적인' 이론이 되고 그것이 볼쉐비키 혁명에 의해 '실천적인 성공사례'로 현실화한 이후, 급진주의적 저항담론은 특정한 형태로 논리화되었다. 그 핵심적인 내용은 노동자계급 중심형 혁명모델, 계급 적대 중심형 혁명모델, 국가 중심형 혁명모델─이하 '노동자계급-계급적대-국가중심형 혁명모델'이라고 표현한다─이라고 표현할 수 있다. 계급적대의 현실 체제로서의 자본주의 타파, 그러한 계급적대 체제의 정치적 재생산 기구인 국가를 혁명적으로 전복하는 것, 그러한 혁명적 전복의 중심주체로서의 노동자계급이라는 인식이 맑스주의적 혁명론의 중심내용이 되었다. 이러한 모델은 스탈린주의에 의해 교조적[2]으로 해석되고 소비에트 국가권력이 강제적으로 보증하는 논리로 독점화된 이후, 여타의 사고를 배제하는 폐쇄형 모델로 고착화되어갔다. 볼쉐비키 혁명을 포함하여

---

[2] 기독교의 역사에서 도그마화는 예수의 삶을 '역사화'하기보다는 부단히 '신화화'하고 예수에 의해 '진리'가 밝혀졌기 때문에 그 진리의 기록인 성서를 '일점일획'도 가감없이 믿고 암송하는 태도로 나타났다. 진실은 이미 '확정적'인 형태로 존재하므로 그것을 추동하고 적용하기만 하면 되는 어떤 태도 속에 언제나 도그마적 사고가 존재한다고 할 수 있다. 이런 점에서 맑스주의를 포함한 급진주의 내에서도 바로 이러한 도그마화를 둘러싼 내부의 정치사상적 투쟁이 존재해 왔다고 할 수 있다. 현실의 변화가 부여하는 새로운 과제 앞에서 급진주의의 '정신'을 관철하는 방식보다는, 이미 맑스가 표명한 바를 '진리'로 간주하고 맑스 이후 맑스주의자의 과제는 그것을 '적용'하는 문제로 바라보는 태도에 맑스주의적인 도그마가 존재한다고 할 수 있다. 이런 점에서 저항주체론의 역사도 도그마화의 위험을 뛰어넘어 변화하는 현실에 창조적으로 대응하기 위한 노력의 역사였다고 할 수 있다.

일체의 혁명이 특정한 맥락 속에서 출현한 '역사적' 모델임에도 불구하고 그것을 탈(脫)역사화한 보편 모델로 정식화하는 과정에서, 새로운 맥락이 배태시키는 저항성과 역동성을 개방적으로 개념화하고 자기화하지 못하였다. 그 결과 다양한 사회적 적대를 중심으로 하는 저항성과 역동성, 그것의 급진화라는 과제가 급진주의 패러다임 내에서 적절하게 다루어지지 못하였다고 생각된다. 일종의 저항담론의 '도그마화'라고 할 수 있다. "지배적인 형태의 맑스주의에서 당연시되었던 것들, 따라서 우리 역시 당연시했던 것들에 대해 근본적인 질문을 던지고 의문에 부치려고"(이진경 1997, 61) 하지 않고, 많은 경우 특정한 저항담론적 패러다임 자체를 고정된 것으로 생각하는 것에 도그마화가 개재하게 된다.

그러나 맑스주의를 포함한 급진주의의 역사는 이론적 측면과 실천적 측면 모두에서 부단한 자기 변화와 혁신의 과정이었다고 할 수 있다. 이 과정은 물론 대부분 현실 변화가 강제하는 것이었으며, 하나의 쟁취된 현실이 대립물로 전화하고 그 대립물을 새로운 투쟁과제로 하는 과정이었다고 할 수 있다. 이런 점에서 사회적 현실 변화에 따라 실천이론은 부단히 자기 변화와 혁신을 해왔으며—자체적이건 강제된 것이건—지금도 진행되고 있다.

이 글에서 다룰 쟁점을 분명하게 하기 위하여, 저항담론의 쟁점을 표 1.1과 같이 표현해 볼 수 있다. 표 1.1에서 보는 바와 같이 맑스주의를 포함한 급진주의적 사고 속에서는 주체, 대상, 이슈(모순), 투쟁의 지형이라는 측면에서, 노동자계급 중심주의, 국가중심형 혁명, 계급적대 중심주의, 국민국가적 투쟁을 상정하고 있었다고 본다. 이에 대항하여 비노동자계급적 저항성, 비국가주의적 저항성, 생활세계 혹은 비계급적대를 둘러싼 저항성, 지구적 차원의 투쟁을 어떻게 바라볼 것인가 하는 등의 이슈를 둘러싸고 쟁점들이 형성되어 왔다고 생각한다.

이러한 새로운 쟁점에 대하여 교조화된 흐름은 이전 논리의 '보수적' 고수나 기계적 적용의 문제로 바라보기도 하였고, 또 반대의 흐름에서는 보수주

[표 1.1] 저항담론의 쟁점과 도전의 성격

| | 맑스주의 등의 급진주의 | 새로운 도전들 |
|---|---|---|
| 주체 인식 | 노동자 계급 중심주의 | 비노동자계급적 저항성 |
| 투쟁 대상 인식 | 국가 중심형 혁명(계급적대의 재생산기구로서의 국가) | 비국가주의적 저항성 |
| 모순 및 적대 인식 | 계급적대(계급적대의 경제적 기초로서의 자본주의) | 생활세계의 쟁점들, 비계급적 · 초계급적 쟁점 |
| 투쟁지형 인식 | 국민국가 | 지구적 차원의 투쟁 |

의적 패러다임이나 자유주의적 패러다임으로 경도되어 버리는 경우가 있었다. 한 쪽이 좌편향이라고 한다면, 다른 한 쪽은 우편향이라고 할 수 있을 것이다. 이러한 여러 쟁점들은 신사회운동론에서도 제기된 바 있고 포스트맑스주의론을 통해서 제기된 바도 있으며 사회주의 붕괴 이후의 논쟁 속에서도 제기된 바 있다.

그런데 이러한 저항담론의 변화과정에서 두 가지 지향이 존재하고 있었다고 생각된다. 그 하나는 급진화(radicalization)의 지향이며, 다른 하나는 대중화(popularization)의 지향이다. 주체, 대상, 모순을 파악하는 전 차원에서 이러한 두 가지 경향이 현존하고 있었다. 급진화의 경향이란 변혁을 지향하는 주체들이—인식적으로나 실천적으로나—자신을 좀더 혁명화하려 하며, 동시에 저항세력 내부에서 혁명적 세력들의 헤게모니를 관철하여야 한다고 생각하고 행동하는 경향을 말한다. 이는 변혁세력 내부에서 혁명적 세력이 헤게모니를 견지하고 현실투쟁에서 혁명세력의 헤게모니를 관철하기 위하여 사상투쟁을 하고 현실투쟁을 하는 것으로 나타나게 된다. 반면에 대중화의 지향이란 혁명을 성공시키기 위해서는 더욱 많은 대중적 세력이 변혁운동에 참여하여야 하고 이를 위해서는 혁명적 헤게모니를 추구하는 자신과—이에 동의하지 않는—많은 계급계층과 사회세력과 연대하고 이를 투쟁전선에 포괄하여야 한다고 하는 사고의 경향을 말한다.

전자는 나—한글 표현을 위해 필자 대신에 사용한다—의 표현으로는 '동지가 아니면 적'이라고 하는 사고경향이며, 후자는 '적이 아니면 동지'라고 하는 사고경향을 말한다. 20세기 전반기의 변혁론의 흐름 속에서 볼 때 후술하는 바와 같이 전자는 '당의 볼쉐비키화'의 테제 같은 식으로 표현되었다고 한다면, 후자는 통일전선론과 같은 형태로 표현되었다고 할 수 있다. 엄밀하게 이야기하면 이 양자는 다른 차원으로 파악되어야 한다. 전자는 변혁주체 자신들의 자기인식의 문제이자 투쟁을 통한 헤게모니 구현의 문제이고, 후자는 자신들과 타자의 관계, 자신들과 다른 변혁그룹과의 관계의 문제이기 때문이다. 그러나 현실 속에서는 전자가 편향적이고 경직된 방식으로 적용될 때 현실 변화—지배의 변화를 포함한다—에 대응하는 후자의 문제의식을 질곡하거나 배제하는 것으로 나타나게 된다. 사실 1917년 러시아 볼쉐비키혁명 이후의 역사는, 국가와 자본 지배의 다양한 현실 속에서 제기되는 다양한 저항성과 역동성을 변혁운동에 포괄하지 못하고 교조적으로 전자를 후자에 기계적으로 대입하는 무수한 편향의 과정으로 점철되어 왔다고도 볼 수 있다. 전자를 후자에 기계적으로 대입하는 편향을 좌편향이라고 한다면, 전자를 후자에 해소해 버리는 경향을 우편향이라고 표현할 수 있다.

문제는 급진화의 문제의식을 견지하면서도, 변화하는 현실—특별히 지배의 현실—그리고 거기에서 제기되어 나오는 대중의 다양한 저항성과 역동성을 대중화의 관점에서 어떻게 포괄함으로써 변혁운동을 풍부화할 것인가 하는 것이라고 생각된다. 전자의 급진화의 문제의식은 사실 맑스로부터 레닌으로, 그리고 코민테른의 전 역사 속에서 지속적으로 관철되어 왔다고 생각된다. 거의 모든 좌익운동이나 공산주의, 사회주의 운동의 기본적인 시각은 전자에 두었다고 본다. 반대로 대중화의 문제의식도 급진주의적 저항담론 내에서 지속적으로 제기되어 왔다. "프랑스 노동자들은 중간 대중의 획득이 없이는 일보도 전진할 수 없다"(칼 맑스 1988, 42~43)라고 대중화의 필요성을 간명하게 표현한 맑스의 문제의식은 물론, 시민사회를 통해 부르주아 지배가 재생산되는 현실 속에서 프롤레타리아투쟁이 어떻게 '민족적-대중적' (national-popular) 투쟁으로 발전할 수 있을 것인가를 헤게모니 개념으로 고민하였던 그람시의 문제의식(A. Gramsci 1971 참조)으로도 나타났으며, 최근의 정세 속에서는 지구화에 대응하는 다중의 역동성(A. 네그리 외 2003 참조)을 제기하고 있는 네그리의 문제의식 등을 예로 들 수 있을 것이다.

  이렇게 본다면 변혁론 혹은 급진주의적 저항담론의 변화과정은 현실 변화 속에서 급진화와 대중화의 두 경향이 각축하면서 네 가지 변혁론 이슈들을 중심으로 한 논의가 변화 발전해 온 과정이라고 할 수 있다. 표 1.1에서 보는 바와 같이 지배와 투쟁의 현실 변화는 주체인식, 투쟁대상 인식, 모순 및 적대 인식, 투쟁지형 인식 등에서 변화를 촉발하는 과정이었는데, 이러한 여러 차원의 인식을 형성함에 있어 급진화와 대중화의 두 지향이 각축하면서 영향을 미쳤다고 생각한다. 중요한 것은 특정 시기의 저항은 자신의 목표―예컨대 독재 타도 혹은 사회주의 혁명―를 성취하면서 역설적으로 새로운 조건에 놓이게 되고 이러한 새로운 조건 속에서 급진화와 대중화를 새롭게 구현하려는 노력을 해야 한다는 것이다. 새로운 조건 속에서 새로운 구현노력이 없을 때 운동은 퇴조하거나 도그마화하게 됨으로써 역동성을 상실하게 된다. 그런 점에서 운동은 끊임없이 현실 변화―지배 변화를 일부로 포함―가 동반하는 도전 속에서 어떻게 부단히 자기급진화의 응전을 하느냐 혹은 대중화의 응전을 하느냐가 중요한 과제로 된다고 할 수 있다. 이 응전의 결과에 따라 새로운 현실 속에서 나타나는 대중의 저항성이 '구' 사회운동의 역동성 속에 포괄될 수도 있고 새로운 운동의 역동성으로 나타날 수도 있다고 생각된다.

## 3. 서구에서의 저항담론의 전개 및 그 쟁점 변화

저항담론은 저항의 대상이 되는 '지배'의 객관적 조건 변화와 저항운동의 양상에 따라서 변화하게 된다. 지배의 변화와 저항의 변화에 대응하는 저항담론의 변화는 시기별로 구분할 수 있다. 여기서는 급진주의적 저항담론, 즉 변혁론적 인식을 다음과 같은 몇 개의 시기로 나누어 서술한다.

### 1) 급진주의 내부에서의 맑스주의 저항담론의 지배화

먼저 18~19세기의 시기는 자본주의로의 이행과 그에 따른 다양한 형태의 저항이 출현하였고 이에 대응하여 다양한 저항이론들이 등장하였던 시기라고 할 수 있다. 특별히 공상적 사회주의에서부터 시작하여, 프루동주의, 라쌀레주의, 무정부주의, 생디칼리즘 등 다양한 급진주의적 저항사상이 출현하였고 각축하였다.[3] 한편에서는 맑스주의적인 혁명사상과 기타의 저항사상이 각축하였고, 다른 한편에서는 사회주의 내부에서 공상적 사회주의를 포함한 여타의 사회주의사상과 이른바 '과학적 사회주의'가 각축하였던 시기였다.

19세기 중후반을 거치면서 이처럼 다양한 저항사상이 각축하던 단계에서, 맑스주의가 급진주의적 저항담론 내부에서 지배적인 지위를 차지하는 단계로 점차 이행하게 된다. 특별히 초기 자본주의의 시기에는 극대이윤을 추구하는 자본운동이 아무런 '정치적' 제약 없이 전개되었고 그 결과 자본주의의 착취적 성격이 극단적으로 노정되었기 때문에, 그 자본주의를 과학적으로 분석하고 가장 혁명적인 저항전략을 제시화한 맑스주의적 혁명주의가 점차 급진주의 내부에서 지배적 지위를 획득해가게 된다. 이 과정에서 맑스가

---

3) 맑스가 공산당 선언에서 비판하고 있는 '봉건적 사회주의', '부르주아적 사회주의' 등을 볼 때, 급진주의적 저항담론 내부에서도 다양한 지향의 저항담론들이 존재하였음을 확인할 수 있다.

표방하고 있었던 노동자계급 중심형 혁명 및 계급적대 중심의 국가혁명전략
이 지배적인 급진주의적 저항담론으로 정착해가게 된다.

1917년 혁명은 이러한 맑스주의 저항담론이 실제적으로 성공한 경우로서,
이후 맑스주의 혁명사상은 레닌주의적인 볼쉐비키혁명 모델로 동일시되고
그것이 맑스주의 나아가 급진주의적 저항담론의 보편적 모델로서 전세계 저
항운동가들에게 수용된다. 1917년까지의 시기에는 급진주의 진영 내부에서
맑스주의적인 혁명사상과 기타의 혁명사상이 각축하고 있었다고 하면, 1917
년을 계기로 맑스—레닌주의적인 혁명사상이 지배적인 것으로 되었다고 할
수 있다. 이제 저항은 곧 혁명이 되며, 이 혁명은 곧 레닌주의적인 볼쉐비키
혁명 모델과 동일시되게 된다. 이제 혁명의 '보편' 모델이 존재하게 되며 혁
명은 '경험적 적용'의 문제로 인식되는 것이다. 19~20세기 초를 거치면서
맑스주의적 혁명주의가 급진주의 흐름 내부에 지배적인 것이 되었다고 하
면, 이제 레닌주의적 모델이 바로 그러한 맑스주의적 혁명주의의 유일무이
한 '현실적' 모델이 된다. 20세기 전반의 시기는 레닌주의적으로 정식화된
맑스주의적 혁명주의가 급진주의를 대표하던 시기였고, 바로 그것의 급진적
실현이 곧 높은 혁명성으로 인정되던 시기였다. 이러한 볼쉐비키 모델에서
저항세력은 혁명세력과 개량적인 비혁명세력으로 양분되며, 혁명을 위해서
는 노동자계급의 혁명화[4]와 혁명적 노동자계급을 대표하는 혁명적 정치세
력[5]의 강화와 집중이 중요하게 된다. 이러한 논리의 연장선 상에서, 저항세

---

4) 레닌은 다음과 같이 말한다(레닌 1991, 50). "계급투쟁에 대한 인식을 프롤레타리아트에 대
한 인식으로까지 확장하는 사람만이 마르크스주의라고 할 수 있다."
5) 레닌은 "대중의 성장은 확산되었다. 그러나 혁명가들은 그들의 '이론'에 있어서도 '활동'
에 있어서도 성장에 뒤쳐지고 있었다. 그들은 전체운동을 이끌 수 있는 견고하고 영속적인
조직을 성립시키지 못했다"라는 인식 하에서, 직업적 혁명가조직은 "경제주의자들의 원시
성과 기존 사회민주주의자들의 아마츄어리즘을 극복하고 노동대중들의 자연발생적인 조합
주의적 의식을 극복하도록 '외부에서' 사회민주주의적 의식을 주입"해야 한다고 말하고 있
다(V.I. Lenin, Selected Works 1, 178~185).

력 내부에서의 비혁명적 세력에 대한 공격이 중요한 실천과제로 설정된다.[6] 혁명은 노동자계급이 중심이 되어 노동자계급의 헤게모니 하에서 혁명적 제 계급의 '동맹'[7]의 문제가 된다. 물론 이러한 레닌주의는 일국적 저항사상이 었다고 할 수 있다. 레닌이 이야기한 '일국사회주의'는 소련이라는 한 국가 에서 사회주의 혁명이 불가피하다는 것을 이야기하는 논의이기도 하지만, 다른 의미에서 일국적 지평이라는 한계 위에서 전개되는 저항사상이라는 의 미로도 해석될 수 있다.

러시아혁명의 성공 이후에는 급진주의적 저항진영 내부에서 변화가 나타 난다. 지배적인 흐름으로서의 레닌주의적 맑스사상이 '유일무이한' 사상으 로 인식되고 기타의 사상들은 불철저하거나 개량주의적인, 때로는 분파주의 적인 사상으로 규정되어 비판의 대상이 되는 것이다. 러시아혁명 이전까지 는 '현실적 검증'을 거치지 않은 '급진적 혁명사상' 간의 각축이었던 데 반 하여, 러시아혁명 이후에는 현실적으로 검증된 '성공'한 혁명사상과 '탁상 공론적인' 혁명사상 간의 각축으로 재규정된다. 노동자계급-계급적대-국 가중심형[8] 혁명모델로서의 볼쉐비키 모델, 즉 러시아의 '공식적'인 저항담 론에 반하는 일체의 흐름들은 주변화되거나 비판의 대상이 된 것이다.[9] 또

---

6) 이후 서술하게 되는 80년대 한국저항진영 내에서의 '주요공격방향'과 구별되는 '주타방(주 요 타격타방)론'은 이런 의미를 갖는다.

7) 저항주체론에서는 두 가지 사고가 대립하면서 교차하였다고 생각된다. 하나는 자신의 이념 을 관철하고 다른 집단에도 그러한 이념을 강제하고자 하는 '주도성'의 사고와 다른 하나는 자신의 집단을 뛰어넘어 여타 집단을 자신의 운동에 끌어들여 다른 집단과의 공동전선을 형 성하려는 연대성의 사고가 그것이다. 전자는 피티(PT)헤게모니, 당의 볼쉐비키화, 계급 대 계 급 전술 등의 형태로 다양하게 표출되었으며, 후자는 동맹론, 통일전선, 연합전선, 반제민족 해방전선 등의 다양한 형태로 표출되었다고 할 수 있다.

8) 물론 여기서 국가중심형이라고 할 때 맑스주의적 사상이 국가권력 장악에만 집중되어 있었 던 것을 의미하지는 않는다. 맑스주의 내부에 '국가사멸론'의 사상이 있었음은 주지의 사실 이다. 단지 현실사회주의의 전개과정에 있어서는 국가의 소멸이 아니라 국가의 '사회주의' 적 강화로 나타났고 '소멸'의 전망은 완전히 소멸하였다고 할 수 있다.

9) 예컨대 대중의 창조적 주도권에 기반하여 인민대중과 당의 변증법적 통일, 비타협적인 민주 주의투쟁과 혁명의 통일을 강조하면서, 세계혁명의 부재로 인한 일국 사회주의 혁명의 왜곡

'당의 볼쉐비키화'[10]와 모든 개량적 사상과 투쟁하는 것은 전세계의 혁명진영이 공유하여야 하는 기본원리가 된다. 이런 점에서 맑스 당시로부터 1917년 러시아혁명까지의 급진주의적 저항담론의 지향은 기본적으로 급진화의 지향으로 규정할 수 있다. 즉 일체의 비혁명적 경향을 극복하면서 혁명주의를 관철시켜야 하며 저항세력 내부에서 혁명주의적 헤게모니를 관철시키려는 노력 속에서 비로소 혁명이 가능하다고 하는 지적 경향이 강력하게 존재하였다고 할 수 있다.

## 2) 볼쉐비키형 혁명모델의 현실적 성공과 통일전선론 부상의 저항담론적 의미

20세기 전반의 시기는 자본주의의 독점화와 제국주의화로 인하여 세계체제가 제국주의와 식민지로 양분되고 전세계적으로 제국주의에 의한 식민지의 착취와 억압이 전면화 되고 그러한 것이 쟁점화되는 시기가 된다. 20세기 전반 서구에서는 식민지 분할경쟁을 둘러싸고 후발자본주의 국가의 파시즘화 현상이 두드러지게 되며, 식민지에서는 민족해방투쟁이 고양된다. 서구에서는 좌파 내부에서 파시즘에 대한 위기의식이 고양되며 동시에 파시즘에 반대하는 비(非)좌파적 위기의식과 투쟁도 확산된다. 20세기 전반기는 한편에서는 레닌주의적으로 정식화된—볼쉐비키혁명 모델로—혁명적 맑스주의

___

문제나 노동자계급혁명 내에서의 여타 사회적 모순의 주변화 문제, 부르주아 사회 속에서 부르주아 형식을 이용해서 싸워야 하는 사회주의운동의 딜레마(이진경 1997, 290~292)를 제기하고자 하였던 로자 룩셈부르크(로자 룩셈부르크 2002a; 로자 룩셈부르크 2002b 참조)나 이론적·실천적 측면에서 세계혁명론의 문제의식을 견지하고자 하였던 트로츠키(레온 뜨로츠키 1995; 알렉스 캘리니코스 1994 참조)의 문제의식은 저항주체론의 흐름에서 주변화되었다. 이러한 '주변화된' 혁명론의 문제의식은 사회주의 붕괴 이후에 맑스주의를 포함한 급진주의 내부에서 다시 '시민권'을 얻게 된다고 보인다. 이것은 급진주의 혁명사상의 발전에 있어 대단히 역설적인 현상이라고 할 수 있다.

10) 이에 대해서는, "코민테른 제당의 볼쉐비키화에 대한 테제"(1925.4.4)와 백의 편집부(1988) 참조.

가 급진주의의 현실적인 모델로 확장되는 시기였으며, 다른 한편에서는 그렇게 레닌주의적으로 정식화된 모델과는 다른 '통일전선형' 혁명모델이 현실 모델로 성립해가는 시기였다고 할 수 있다. 즉 혁명적 맑스주의의 '현실' 형태는 볼쉐비키형 모델만이 유일하게 존재하던 상태에서 통일전선형 모델이 또 다른 모델로서 현실화되어가는 과정이었다는 것이다. 후자는 저항담론의 새로운 확장의 의미를 담고 있으며, 급진화의 문제의식으로만 혁명의 문제가 환원되는 것을 극복하고 지배 현실이 부여하는 새로운 저항성과 역동성을 대중화의 관점에서 담아내고자 하는 노력이었다고 할 수 있다. 이 시기에는 혁명이라는 말의 의미를 공유하면서, 그것의 현실화를 둘러싸고 혁명론의 변용과 확장이 나타났다고 할 수 있다.

노동자계급 중심의 혁명적 전략, 계급적대 체제로서 자본주의 극복, 그러한 계급적대의 재생산기구인 국가의 혁명적 전복 모델은 볼쉐비키혁명이 성공한 이후 1920~30년대를 거치면서 전세계 혁명운동의 지배적인 사상으로 수용되어갔다. 그런데 노동자계급을 중심으로 혁명적 제계급의 동맹이라는 사고를 깔고 있던 볼쉐비키적 혁명모델과는 다른 문제제기가 제기된 것은 제국주의의 지배하에 있는 식민지민족해방투쟁 과정에서였다. 외세에 반대하는 투쟁 속에서 노동자계급세력이 어떤 태도를 취할 것인가 하는 쟁점에서, 비록 비(非)혁명적인 계급계층이나 세력이라고 하더라도 '주요한 모순'에 대응하여 협력해야 한다는 현실적 과제가 제기된 것이다. 이러한 논의는 혁명을 단순히 혁명적 지향을 갖는 제계급과 제세력의 '동맹'이라는 모델로 사고하던 저항주체론에 변화를 야기하였다. 주된 모순을 중심으로 하여-혁명성에 있어-이질적인 제계급과 제세력이 하나의 연합전선을 형성한다는 논리, 즉 '통일전선론'적 사고는, 이런 식으로 러시아혁명과는 다른 맥락에서 자연스럽게 제기된다.[11] 이것은 노동자계급 중심형 혁명모델에서 노동자계급을 포함한 혁명적 제계급의 연합의 문제가 저항주체론 상에서 제기되는

---

11) 이에 대해서는, 민정구 편(1987) 참조.

것을 의미하였다.[12] 나아가 혁명의 핵심적인 이슈로서의 계급적대 외에 다양한 정치, 경제, 사회적 적대가 혁명의 동력일 수 있다고 하는 인식이 나타남을 의미한다. 구체적으로 반제(反帝)의 문제가 중요한 혁명의 동력으로 작동할 수 있다고 하는 인식이 반제민족해방운동 과정에서 제기된 것이다. 이 시기의 반제민족해방 통일전선의 논의는 기본적으로 볼쉐비키혁명론적인 사고를 중심에 놓으면서 다양한 계급 계층 및 세력들의 연합을 추구하는 방식으로서, 볼쉐비키적인 노선을 경험적으로 확장하는 의미를 담고 있었던 것 같다.

이러한 반제민족해방 운동과정에서의 논의는 혁명이 이루어지는 사회의 '후진성'에 기인하는 것이라고 볼 수 있었으나, 1930년대 중반 반파시즘 인민전선이 제기되면서, 혁명모델 상의 일반적인 논의로 수용되었다고 보인다. 반파시즘 인민전선론은 파시즘에 대항하는 통일전선론인데,[13] 이것은 비록 '수세기'의 전술이기는 하지만—계급적 입장이 같은 제계급 및 제세력의 연합의 문제가 아니라—계급적 입장이 다른 제계급과 제세력의 연합의 문제가 변혁론 상에 있어 일반적인 문제로 부상하게 됨을 의미한다. 1935년 코민테른 7차 당대회까지는 급진주의적 혁명그룹 내부에서, 기본적으로 '계급 대 계급 전술'로서 통일전선적 발상보다는, 당의 볼쉐비키화와 노동자계급적 인식을 제계급에 관철시키는 등 노동자계급 중심주의가 강조되고 있었다. 이 것은 자연스럽게 비혁명적인 제계급계층 및 중간세력에 대한 공격과 타격전략을 채택하는 것을 의미하였다. 그러나 반파시즘 인민전선의 대두 이후에는 이러한 '개량적 계급에 대한 타격전략'에 변화가 나타난다.

동구의 반파시즘 인민민주주의혁명론(PDR)과 중국의 반제반봉건 민주주의혁명론은 볼쉐비키적 혁명모델이 제계급계층의 연대에 기초한 혁명모델로 확장됨을, 나아가 자본주의적 계급적대만이 아니라 현실적인 주요 모순(반봉건 등)을 둘러싼 복합 적대(및 모순)에 조응하는 혁명모델로 확장됨을

---

12) 이러한 계급동맹에 대해서는, 모스크빈(1988) 참조.
13) 이에 대해서는, G. M. 디미트로프(1987) 참조.

보여주고 있다.[14] 볼쉐비키 혁명론이 기본적으로 노동자계급 중심주의적 혁명모델 및 계급적대 중심형 혁명모델을 전제하고 있었다면, 통일전선론은 파시즘에 반대하거나 혹은 제국주의에 반대하는 제계급계층의 연합과 복합적인 정치경제사회적 적대에 대응하는 혁명모델을 전제하는 것이었다.

이런 점에서 보면, 20세기 전반은 기본적으로는 맑스-레닌주의적 혁명주의 내부에서 프롤레타리아 헤게모니 및 그것의 볼쉐비키적 관철을 강조하는 흐름이 지배적이었다고 한다면, 볼쉐비키적 혁명모델이 역사화 혹은 상대화되면서 혁명모델 자체가 다양화되었다고 할 수 있다.

20세기 전반기의 저항담론을 평가해 보면, 급진주의적 저항담론 내부에서 맑스주의가 지배적으로 된 것과 그 볼쉐비키형 모델이 현실적으로 성공한 것은, 한편으로는 변혁세력 내부에서 급진화의 경향을 결정적으로 강화하는 결과를 가져왔으며 다른 한편으로는 이러한 급진화의 경향이 극단화됨으로써 대중화의 문제의식을 봉쇄하고 다양한 좌편향적 실천이 부상하는 결과를 가져왔다. 그 이전까지 반자본주의적 혁명 자체가 가능할 것인가 하는 회의론이 혁명주의자들의 인식과 실천을 제약하고 있었다면, 러시아 혁명은 이런 의미에서 전세계 혁명주의자들에게 인식과 실천의 '해방'을 준 사건으로 볼 수 있다. 그러나 드브레이가 언명한 것처럼 '혁명은 반혁명을 혁명화한다'는 명제를 염두에 둘 때, 볼쉐비키 혁명의 성공은 역설적으로 혁명을 저지하고자 하는 '반혁명' 체제를 혁신하게 되므로 이후의 혁명은 볼쉐비키 혁명의 적용으로 환원될 수 없는 독창성과 새로운 응전을 요구하는 것이었

---

14) 오토 브라운(1984) 참조. 흥미로운 것은, 이 책의 저자인 오토 브라운은 코민테른에 의해 중공당에 파견되어 중국 대장정에 참여하였던 서양인인데, 그의 영향력에 의해 관철된 코민테른의 노선이 정당했는가, 아니면 농업국가라는 중국의 특수성을 전제로 한 모택동의 농촌혁명노선이 옳았는가 하는 문제 사이의 갈등을 여기서 볼 수 있다. 모택동이 준의 회의를 계기로 공산당 내 실권을 장악하고, 게릴라전을 홍군의 주된 전략으로 채택하면서 중국식 혁명노선이 지배적으로 관철된다. 이를 통해 보편 모델의 추종노선과 특수한 현실에서 그 정신의 창조적 적용 노선의 갈등을 읽을 수 있다. 코민테른과 중국혁명 간의 관계에 대해서는, J. 디그레스 편(1988) 참조.

다고 할 수 있다. 그러나 볼쉐비키형 현실혁명의 성공은 이후의 혁명주의자의 과제를 '경직된 적용주의자' 로 만들어가고 있었다. 지배의 현실은 변화되어가고, 러시아적 현실로 환원되지 않는 복잡하고 다양한 현실의 저항성과 역동성을 저항담론이 담아내야 함에도 불구하고, 혁명의 문제가 '보편적 진리' 의 '적용' 의 문제로 왜소화되고 있었다.

'저항담론의 도그마화' 로 표현될 수 있는 이러한 현상은 20세기 전반기 반제국주의 투쟁 및 반파시즘 투쟁의 현실 속에서 극복되어 갔다. 이렇게 보면, 러시아 혁명 이후 20세기 전반기는 한편에서 '검증된' 혁명의 진리를 실천하려는 급진주의적 혁명주의자들의 실천이 이어진 시기이면서 다른 한편에서는 비(非)볼쉐비키혁명적 저항성과 역동성을 새로운 저항담론 속에서 이론화하고 실천화하는 노력이 이어지던 시기라고 적극적인 해석을 할 수 있다. 이런 점에서 동구와 중국의 혁명모델은—이미 볼쉐비키적 혁명모델의 기존정신은 관철되면서도—그것의 구체적인 형태는 상대화되는 것을 의미하였다. 구체적으로 저항주체와 관련하여, 혁명을 노동자계급 중심주의 관철의 문제에서 비노동자계급 및 비혁명적 제세력의 연합의 문제로, 나아가 저항이슈와 관련하여 자본주의적 계급적대 중심에서 현실의 복합적인 적대에 조응하는 혁명의 문제로 나아가는 시각의 확장을 동반하고 있었다.

통일전선론의 부상은 저항담론의 내재적 변화를 상징하는 것이었다. 즉 볼쉐비키형 일반 혁명모델의 경험적 적용의 문제로 인해 왜소화되어가던 저항담론의 문제의식을 현실 자체가 그 확장을 강요한 것이라고 해석해 볼 수 있다. 앞의 표현을 빌면, 급진화의 문제의식만이 도그마화된 혁명모델과 함께 강조되던 조건에서, 대중화의 문제의식이 부각되며 비러시아적 현실의 저항성과 역동성을 대중화의 관점에서 담아내고자 하는 적극적 노력이었다. 이는 반제민족해방운동 및 반파시즘 투쟁의 현실 자체가 볼쉐비키형 혁명모델로 담을 수 없는 대중들의 저항성과 역동성을 표출하고 있기 때문이다. 또한 이를 단순히 급진화의 문제의식에서만이 아니라 대중화의 문제의식에서 담아내려고 하는 과정에서 적극적으로 통일전선론이 발전한 것으로 볼 수 있다. 물론 통일전선론 내부에 이미 혁명적 헤게모니의 문제가 엄존하고 있었고 통일전선을 형성하지만 그것을 '전술' 적으로 파악하는 사고가 강력하게 존재한 것이 사실이다. 그런데 통일전선론이 정식화됨에 따라 여타 계급 계층이나 세력과의 연합의 문제는 단순히 '전술' 적 차원이 아니라 '전략' 적 차원의 문제로 새롭게 인식되고 있었다고 할 수 있다.

앞서 서술한 저항담론의 4가지 쟁점과 관련하여 2차 대전 이전의 변혁론의 흐름은 기본적으로 국민국가적 혁명 지형과 '국가' '혁명' 주의적 입장을 공유하면서도 저항주체와 모순 및 적대 인식에 있어서는 상이한 모델이 분화되는 과정이었다고 할 수 있다. 20세기 전반기에는 혁명의 대상이자 혁명의 궁극적인 실현의 장으로서 국가, 그리고 그 국가의 국민국가적 성격은 의문시되지 않았으며, 단지 식민지적 특수성과 파시즘적 특수성 속에서 저항주체와 모순을 인식할 때 대중화의 문제의식이 관철되어 나타난 것으로 해석할 수 있다.

### 3) 2차 대전 이후의 저항담론의 변화—'성공' 의 도전과 '응전의 실패'

2차 대전까지의 급진주의적 저항담론에 기초한 변혁세력의 실천은 이른바 '사회주의체제' 를 형성시키는 단계로까지 발전하였다. 서구에서는 사회민주당이나 노동당이 집권하였으며 동유럽에서는 공산당이 집권하였다. 그러나 바로 이러한 '성공' 이 저항운동을 새로운 조건 속에 위치하게 함으로써—급진화와 대중화의 지향을 새로운 조건 속에서 구현하려는 노력을 포함하여—새로운 응전의 과제를 부여하게 된다. 그러나 2차 대전 이후의 전과정은 '성공' 의 도전에 대해 급진주의적 저항담론과 실천의 '응전의 실패' 가 나타남으로써, 대중의 역동성은 '구' 사회운동이 아니라 '신' 사회운동으로 표출되며, 사회당 정권이나 공산당 정권 자체의 퇴조를 경험하게 된다고 평가된다.

　2차 대전 이후는 저항담론과 관련하여 크게 두 시기로 나누어볼 수 있다. 첫째는 2차 대전 이후부터 사회주의 붕괴까지의 시기이며, 둘째는 사회주의 붕괴 이후 지구화의 확산 시기라고 할 수 있다. 전자의 사회주의 붕괴는 후자인 지구화의 한 조건을 이룬다고 생각한다. 왜냐하면 지구화를 추동하는 것은 자본운동의 세계화인데,[15] 그동안 사회주의 체제의 존재가 자본운동이 침투하지 못하는 체제적·이데올로기적 장벽을 구성하고 있었기 때문이다.[16]

　2차 대전 이후의 시기는 급진주의적 저항담론의 역사에서 일정한 변화가 나타나는 시기이다. 2차 대전 이전에는 맑스주의적인 혁명주의가 급진주의 내부에서 지배적인 흐름으로 존재하였고 어떤 점에서는 그것의 ‘극단화’ 경쟁 및 맑스주의의 현실적 적용을 둘러싼 혁명론의 변용과 확장을 둘러싼 각축이 있었다고 한다면, 2차 대전 이후에는 ‘맑스주의적 혁명주의’와는 구분되는 급진주의적 흐름들이 분화되고 부각되는 시기라고 할 수 있다. 어떤 점에서 20세기 전반은 맑스주의적 혁명주의의 확산 속에서 포착되지 못하고 있던 비 ‘혁명적 맑스주의’적 저항성이 주목받게 된 시기라고 할 수 있다. 맑스주의적 혁명주의의 핵심적인 측면이 노동자계급－계급적대－국가중심형 혁명이라고 한다면, 이러한 여러 측면에서 다른 시각을 갖는 급진주의가 독자화되고 주목받았다고 할 수 있다. 포스트－‘맑스주의적 혁명주의’의 여러 사조들 중에는 2차 대전 이전과는 다른 의미에서의 ‘혁명’적 지향을 갖는 경우도 있고 비혁명주의적 지향을 갖는 경우도 있다. 2차 대전 이전까지는 혁명이라는 말의 내포적 의미를 공유하면서 혁명의 실현을 둘러싸고 저항운동 내부에서의 각축이 있었다고 한다면, 2차 대전 이후에는 ‘무엇이 혁명인가’에 대한 분화가 나타나게 된다는 점에서 급진주의적 저항담론의 ‘내재적 분

---

15) 자본운동의 탈영토화(de-territorialization)와 탈국민국가화는 세계화의 핵심적인 내용이다. 이에 대해서는, 아리프 덜릭(1998)과 조희연(2001a) 참조.

16) 물론 국가자본주의론적 입장에서는 이미 사회주의국가들이 자본주의세계체제의 일부로 편입되어 있었으며 그런 점에서 ‘국가자본주의’적 성격을 가지고 있다는 논의도 있다. 이런 견해를 확장하면, 사회주의 붕괴가 지구화를 촉진한 것이 아니라 지구화가 사회주의 붕괴를 촉진한 주요 요인이었다고 보게 된다(크리스 하먼 외 1995 참조).

화'의 시기라고 할 수 있다.

2차 대전 이후 사회주의 붕괴 시기까지, 서구에서 나타난 변화는 사회민주당의 집권당화와 그로 인한 노동자계급의 체제 내화, 소련 및 동유럽에서의 노동자계급의 체제 내 포섭과 수동화, 헝가리 사태 및 체코 사태 등을 둘러싼 공산주의 체제의 내적인 민족적 모순의 노정, 공산주의 체제의 정치적 경직화와 경제적 침체 등이 있다. 이러한 지배의 변화와 함께 6, 70년대 다양한 인권 및 민권운동, 소수자운동의 확산 및 1968년 5월 혁명으로 상징되는 비노동자계급적 저항주체의 확산, 반(反)권위주의, 반관료화를 지향하는 저항운동의 출현을 들 수 있다. 이러한 저항의 변화는, 첫째 저항에 있어서의 노동자 중심주의 모델, 둘째 계급적대로 환원되지 않는 생활세계의 다양한 이슈에 대한 저항성의 표출,[17] 셋째 '국가' 중심형 혁명모델에 대한 성찰과 비판이 나타나게 됨을 의미한다.[18] 이는 노동자계급, 자본주의, 국가에 대한 고정

---

17) 비계급문제라고 할 때, 그것은 계급적 관점을 갖는 것과는 무관할 것이다. 환경문제나 여성문제와 같은 것을 연상하면 되는데, 이러한 문제들은 계급문제로 환원될 수 없는 고유한 성격을 가진다. 그러나 이런 문제들이 계급문제와 무관한 것은 아니며 계급적 관점에서 분석될 수 없는 것도 아니다.

18) 이러한 전후의 저항주체론은 사회주의 붕괴 이후 포스트 맑스주의의 논리로 정식화되었다고 보인다. 포스트 맑스주의는 사회적인 총체성 개념의 부정과 기존 맑스주의의 노동자계급 중심성과 계급투쟁 중심성, 전면적 혁명을 통한 보편적 해방, 완벽한 통일적이고 동질적인 집합의지에 근거한 사회주의적 전망을 부정하고, 사회적 다원성과 비결정성의 수용을 통하여 급진적·다원적 민주주의를 기획함으로써 사회변혁을 수행해야 한다고 주장한다. 포스트 맑스주의에서는 전통적인 계급중심 모델의 비판, 프롤레타리아독재론 및 노동계급 헤게모니론 비판, 경제경정론적 사고, 사회구성체를 오로지 경제적 구성체로 보는 관점, 잠재적이거나 현재적인 적대들의 다양성을 계급적대로 환원하는 것 등이 맑스주의의 한계지점이라고 보고 있다. 포스트 맑스주의에 대해서는, 라크라우·무페(1990); 이병천(1992); 이병천·박형준 편(1992-1993) 참조. 한편 포스트 맑스주의에 대한 비판으로서는, 엘린 메익신즈 우드(1993) 참조. 여기서 우드는 포스트 맑스주의가 다음과 같은 주장을 한다는 점에서 맑스가 비판했던 '진정한 사회주의'(True Socialism)의 현대적인 모습이라고 비판하고 있다: 1) 노동자계급은 혁명적인 운동을 만들어내지 않았다. 2) 일반적으로 경제와 정치 사이에 어떤 필연적인 조응관계가 존재하지 않는다. 3) 노동자계급과 사회주의 사이에 필연적이거나 특권화된 관계가 존재하지 않는다. 그 결과 노동자계급은 사회주의에 어떤 근

된 관점을 전제로 하여 그것의 급진적 실현이라는 문제의식에서 나아가, 현실 변화가 요구하는 '대중화' 의 관점에서 저항성과 역동성을 새롭게 파악할 것을 요구하는 것이라고 할 수 있다.

이러한 각도에서 보면, 전후 저항운동의 발전은 단순히 계급운동을 중심으로 저항성을 파악하던 관점이 재검토 되는 과정이었다고 할 수 있다. 예컨대 여성, 흑인, 외국인 노동자, 실업자, 청년 등 소수자의 정체성과 인권에 대한 새로운 인식이 나타난다. 이것은 동시에 계급적대의 극복, 즉 계급해방의 문제로 환원되지 않는 생활세계의 다양한 이슈와 다양한 사회적 적대를 쟁점화하는 방향으로 나아가게 됨[19]을 의미한다. 1968년 5월 혁명을 분기점으로 하여, 계급문제로 환원되지 않는 다양한 사회적 이슈들이 그 자체로 '문제화' (problemitize)되고 그러한 이슈를 중심으로 비노동자계급들이 정치화 (politicize)한다. 구좌파적 사회운동과 구별되는 '신좌파적' 사회운동이 등장하게 되고, 계급해방의 과제로 환원되지 않는 다양한 해방의 과제들—소수자, 여성, 환경, 인권, 실업자, 청년의 문제 등—과 저항성이 주목받기 시작하였다는 것은 저항담론적 인식에 있어서 근본적인 변화가 나타난다는 것을 의미한다. 이제 계급혁명을 중심으로 집중화되어 파악되던 저항성의 새로운 인식과 새로운 저항성의 '급진적 전유' 가 새로유 과제로 부각되고 있음을

---

본적인 이해관계를 갖고 있지 않다. 4) 사회주의 운동의 형성은 원칙적으로 계급으로부터 독립된 것이며, 사회주의 정치는 경제적 조건으로부터 다소 자율적으로 구성될 수 있다. 5) 정치세력은 이데올로기적이고 정치적인 기반을 근거로 하여 구성되고 조직되며 계급적 연관이나 대립과 무관하게, 순수하게 이데올로기적이고 정치적인 계기에 의해 함께 묶일 수 있는 다양한 대중적 요소로 구성된다. 6) 사회주의를 위한 투쟁은 불평등과 억압의 여러 형태에 대한 다양한 저항을 함께 묶는 다원적인 민주주의투쟁으로 인식되어야 한다.

19) 이런 문제들은 저항운동의 궁극 목표가 일회적인 국가권력 탈취의 문제인가 하는 문제를 제기하게 한다. 저항의 최고의 형태로 자본주의 혁명을 사고하는 인식에 변화가 나타나면서, 다양한 저항을 그 자체로 존재론적으로 의미있는—이전에는 자본주의 혁명을 위한 '수단' 적인 것으로 파악되었다—것으로 인식하는 사고가 나타난 것이다. 사실 볼쉐비키혁명이나 중국혁명과 같은 형태를 최고의 저항형태로 파악하던 인식에서, 이제 생활세계에서의 다양한—혁명의 형태로 환원되지 않는—저항성이 그 자체로 주목받게 된다는 것이다.

의미하는 것이었다.[20]

　다음으로는 노동자계급을 대표하는 정치세력이 집권당이 되고 '국가' 의 행정적 · 기능적 담지자가 되면서 노동자계급의 '체제 내화' 와 함께 국가를 정점으로 하는 권위주의와 관료주의에 반대하는 저항성이 나타났다. 노동자계급의 전투적 투쟁에 힘입어 성립하였던 사회민주주의적 복지국가는 시민사회의 사생활과 개인생활에 대해서 국가의 통제적 · 관리적 침투를 확대하게 되고, 이는 새로운 비국가주의적인 '방어적' 저항성을 표출하게 만든다. 사회민주당까지 포함하여 고도로 합리화한 '후기자본주의' 의 질서가 시민사회를 '재봉건화' 하게 되며, 이러한 새로운 현실 자체가 급진주의적 관점에서 새로운 투쟁과제로 인식되었다.[21] 이러한 인식변화는 '국가' 주의적 혁명모델 자체를 성찰의 대상으로 끌어들이게 된다. 실제 1968년 5월 혁명이나 6, 70년대의 신사회운동 과정에서 나타나는 다양한 탈국가적 저항운동은 국가를 '대상으로 하는' 운동뿐만 아니라 국가 '로부터 해방' 되려는 운동지향들을 탄생시키게 된다.[22]

---

20) 여기서 우리는 알랭 리피에츠의 '변신' 을 상기할 수 있다. 그는 아직도 적색에서 녹색으로 변화하지 않은 동료들에게, '적색운동가' 에서 '녹색운동가' 로 변화할 것을 권유하고 있다. 그는 일종의 '정치적 생태주의' 운동을 주장하고 있는데, 그는 "우리가 폐기해야 할 체제를 노동운동은 자본주의라 부르고, 정치적 생태주의는 생산지상주의라 부른다. 생산력의 진보라는 지점에서 노동운동과 갈라서게 된다" 고 말하고 있다. 그는 노동운동이나 기존의 사회주의 운동이 '생산력을 통한 진보' 라는 관념에 빠져 있으면 인간에 의한 자연지배의 확장을 통해서 문제를 해결하려고 하는데 바로 여기에 한계가 있다고 말한다(박지현 · 허남혁 옮김. 2002 참조).

21) 물론 이러한 변화는 노동자계급 중심주의의 전면적인 부정을 의미하는 것은 아니라고 해석할 수도 있다. 비계급적 인식의 재평가는 자본주의의 건재와 그 지구화적 확장이라는 엄연한 현실, 그리고 그 현실 속에서 노동자계급의 중요성과 배치되는 것으로 인식되지 않을 수도 있다. 물론 서구의 노동자계급의 조직화와 제도화된 질서로의 편입은 이제 조직화된 노동자계급이 부단히 제도 외부로 배제되는 주변집단에 비해서 '특권적인' 집단이라고 비칠 수 있지만, 기본적으로 자본 중심의 질서를 따르는 자본주의 내에서 노동자계급의 피억압적 지위가 완전히 부정되는 것은 아니라는 점에서, 노동자계급의 저항성을 부정하는 것으로 읽힐 필요는 없을 것이다.

22) 탈(脫)국가혁명론적으로 지향하는 자율주의 운동은 당초 '자유로운 생산자들의 연합체' 라

20세기 후반의 시기는 단적으로 맑스-레닌주의적인 혁명주의와는 다른 '혁명주의' 혹은 급진주의가 출현하는 시기라고 할 수 있다. 맑스-레닌주의적인 혁명주의 입장에서는 이러한 새로운 급진주의를 어떻게 규정할 것이며 그것과 노동자계급적 혁명주의와의 관계는 어떠하여야 하는가 하는 도전적 과제를 안게 된 시기라고 할 수 있다.

### 4) 사회주의의 붕괴와 지구화의 도전

20세기 후반기에 지배와 저항의 객관적 조건을 변화시키는 것으로 사회주의 붕괴와 지구화의 진전을 들 수 있다. 사회주의의 붕괴는 1968년 5월 혁명에 잠재되어 있던 비국가주의적 혁명모델을 더욱 부각시켰고 레닌주의적으로 정식화한 노동자계급 중심주의, 국가전복전략, 볼쉐비키적 당 모델, 계급－생산－경제 패러다임에 대한 도전을 가져오게 된다.

사회주의체제의 붕괴는 전후에 일국적 차원에서 이미 나타나고 있었던 노동자계급 중심주의-계급적대 중심의 저항담론, 국가주의적 혁명모델의 저항에 대한 논의가 보다 일반화할 수 있는 현실적 근거를 제공하였다. 사회주의 붕괴 이전에는 2차 대전 이전의 맑스주의적 혁명주의 모델을 기본으로 하고 새로운 도전들—전후 신사회운동에서 나타나는 새로운 역동성, 비노동자계급적 저항성의 문제, 국가주의적 혁명관의 성찰 등—을 '특수한' 것으로 고민하는 방식으로 저항담론이 전개되었다면, 사회주의 붕괴 이후에는 혁명 자체의 의미, 2차 대전 이전에 전제하고 있었던 혁명모델의 보편 타당성의 문제 등 보다 본질적인 차원에서 논의가 전개되었다. 전후 신사회운동과 같

는 맑스의 사고를 적극적으로 평가하는 다양한 조류들로 존재하고 있었다. 이탈리아의 아우토노미아가 '자본으로부터의 자율' 을 추구하는 노동자들의 저항으로 나타났다고 하면 (윤수종 1996 참조), 네덜란드 등 북구에서 추구되는 자율주의 운동은 국가의 간섭이나 통제없이 자기 삶을 스스로 결정하는 '국가없는 공동체' 운동으로서의 성격을 지녔다고 생각된다. 이탈리아 아우토노미아운동의 이론가인 네그리는 자신의 논리를 지구적 차원으로 확장하고 있다(안토니오 네그리 외 2001 참조).

은 데서 보여지는 새로운 저항성과 역동성도 특수성의 관점에서가 아니라 일반적인 저항담론의 관점에서 재성찰하게 된다는 것이다. 프롤레타리아 독재가 현실 '독재' 국가로 전락한 역사를 되돌아 볼 때 과연 국가를 노동자계급이 장악하여 그것으로 국가를 소멸시키면서 계급 자체의 해방을 낳는 '가설' 이 유효한가 혹은 근원적으로 혁명이라는 것은 과연 무엇인가에 대한 논의를 불러일으켰다. 맑스주의가 저항담론의 지배적인 흐름으로 자리잡으면서 지속되어 왔던 계급적대–노동자계급 중심형–국가중심형 혁명모델에 대한 재성찰이 요구되고 이러한 논의는 포스트맑스주의, 더 나아가서는 포스트모더니즘과 같은 해체주의적인 지적 경향으로도 나타나게 된다. 무정부주의와 같은 사조처럼 기존의 지배적 흐름에 의해 '억압' 되어 왔던 논의들도 재성찰 및 재주목의 기회를 얻는다.

다음으로 20세기 후반의 급진주의적 저항담론에 대한 현실도전은 지구화 현상이라고 할 수 있다. 사회주의 붕괴가 저항담론에 있어서 기존의 급진주의적 저항담론의 내용을 본질적으로 재성찰하게 만든다면, 지구화는 기존의 저항담론이 전제했던 투쟁의 '지형' 자체를 재성찰하게 만든다고 볼 수 있다. 더 나아가서 지구화는 투쟁주체의 구성 자체를 재성찰하는 방식으로 저항담론의 내재적 재구성을 요구하고 있다고 생각된다. 지구화는 기존의 일국적 지형을 전제로 하여 구성되어 있던 급진주의적 저항담론을 급진화의 지향과 대중화의 지향을 관철해내면서 확장·재구성하는 과제로 제기된다. 즉 급진화의 관점에서 어떻게 지구화의 도전을 포착할 것인가 하는 과제와 대중화의 관점에서 지구화가 동반하는 새로운 저항성과 역동성을 어떻게 포착할 것인가 하는 과제로 제기된다는 것이다. 이런 의미에서 지구화는 급진주의적 저항담론이나 변혁세력에게 있어 쇠퇴냐 재부활이냐의 전혀 새로운 도전이라고 할 수 있다.

지구화는 두 가지 측면에서 기존의 저항성과 저항담론에 대해 성찰의 기회를 제공한다. 먼저, 지구화는 기존의 저항모델 혹은 혁명모델이 전제하고 있던 일국적 관점에 대하여 거대한 도전으로 나타난다. 즉 일국적 틀을 넘는 저항성의 연대와 저항주체의 문제이다. 지구화의 진전은 이제 기존의 저항모델을 일국적 모델로 한정하고, 지구화의 과정에서 저항주체는 어떻게 재구성되는가 하는 쟁점을 제기한다. 즉 지구적 차원의 저항(globality)과 지구적 저항주체에 대한 고민을 요구하는 것이다. 특별히 초국적 금융자본의 세계화를 포함하는 신자유주의적 세계화는 국가부문의 축소와 비정규직화를 포함한 노동시장의 유연화, 국제적 노동이동의 확산 등으로 인하여 저항주체의 형성이라는 점에서 현실적인 새로운 쟁점들을 제기한다. 이런 상황 속에서 1999년 11월 시애틀 투쟁과 같은 반세계화 시위는 지구적 수준에서 저항주체의 형성 문제를 구체적으로 사고하게 만들고 있다. 지배 자체가 지구화되고 있는 현실 속에서, 그리고 그 지구화가 신자유주의적 세계화의 형태로 진행됨으로써 기존의 저항주체에 변화를 몰고 오는 현실에서, 어떻게 지구화되는 자본의 지배에 저항할 것이며 그것에 공적 규제를 할 것인가 하는 점이 일국적 저항운동에게도 현실적인 쟁점이 되고 있다.[23] 저항주체와 관련해서도, 지구화시대의 급진주의적 저항주체의 외연은 어디인가, 다양한 저항주체들 간의 관계는 무엇인가 하는 문제가 제기된다. 네그리가 과거의 제국주의와 구별되는 '외부를 허용하지 않는' '제국'을 이야기하면서 그에 대응하는 다중(多衆, multitude)의 문제를 제기하는 것은 이런 논의의 연장선상에 있다고 할 수 있다. 다중의 문제의식은 기본적으로 지구화의 시대에 저항주체에 대해서 급진화의 지향을 견지하면서도 아래로부터의 대중의 다양한 역동성을 긍정하려고 한다는 점에서 대중화의 지향이 반영되고 있다고 해석된다.

둘째, 지구화는 국내적 차원에서도 저항주체의 범위를 변화시키는 방향으로 나타나게 된다. 저항주체론과 관련하여, 지구화는 이른바 '20 대 80 사회'[24]를 출현시키게 되기 때문에, 전통적 저항주체 설정의 문제를 고민하게 만

---

23) 반세계화의 논리에 대해서는, 조희연(2001a)와 조희연·진영종(2001) 참조.

24) 한스 피터 마르틴과 하랄트 슈만(1997)은 '20 대 80 사회'라는 표현과 '티티테인먼트(titty-tainment)'라는 말로 이러한 우울한 현실을 극명하게 표현하고 있다. 즉 세계는 점점 더 상층 20%와 하층 80%로 확연히 구별되는 상태로 이행하게 되며, 사회로부터 배척된 80%의

든다. 즉 자본운동의 범지구화를 전제로 하여 신자유주의적 성격을 띠면서 전개되는 지구화는 일국적 수준에서 더 많은 계급계층의 빈곤을 동반하게 된다. 이것은 기존에 성장의 수혜자이자 자본주의 안정화의 계층적 기반으로 인식되어 오던 중간층의 몰락을 동반한다는 것을 의미한다. 지구화는 급속한 산업구조조정을 동반하고 이전보다 높은 수준의 생력(省力)화를 동반하여 더 많은 사람들을 지구화에 대한 저항자로 만든다. 지구화는 노동자계급의 내적 구성 자체도 변화시키고 전통적인 노동자계급과 지구화 시대의 무산자의 경계를 변화시킨다. 지구화라는 새로운 물적 토대 하에서, 노동자계급의 존재조건 자체도 변화하고 나아가 중간층의 몰락을 통한 비노동자계급의 저항성의 확대 등의 현상이 나타나고, 이것은 기존에 일국적 차원에서 저항주체론이 확장되었던 것과는 다른 차원인 지구화라는 맥락에서 저항주체의 외연을 고민하여야 하는 상황을 초래하게 된다.

셋째, 지구화는 기존의 '국가' 주의적, 더 구체적으로 '민족' 국가주의적 혁명모델을 재성찰하는 계기로 작용한다. 지구화는 민족국가의 틀 내에서 억압되고 있던 저항성을 발현시키고, 이를 재성찰하는 계기로 작용하게 된다. 이는 일국적인 국민국가적 지형 내에서 '전제' 하고 있던 민족주의와 국가주의를 비판적으로 성찰한다는 점에서 급진화의 지향이 드러나는 것이라고 할 수 있다. 앞서 서술한 바와 같이 2차 대전 이후 활발하게 전개되어 오던 신사회운동이나 다양한 해방운동, 소수자운동들은 모두 일국적 틀을 전제로 한 저항운동이었다고 할 수 있다. 그러나 지구화는 이른바 '권위의 재분배'를 통하여 민족국가적 차원의 독점적 지위를 약화시키고 이러한 민족국가적 차원의 힘이 하위 민족국가적 차원과 지구적 차원으로 재분배되는 결과를 가져온다. 이것은 민족국가—민족주의적 관념이나 국가주의적 관념—에 의해 억압되어오던 많은 쟁점들을 새롭게 부각시키는 '공간'을 제공하게 된다고 할 수 있다. 기존에 민족국가성(性)이 근대성(modernity)의 중요한 구성요소였다고

사람들은 '기막힌 오락물과 적당한 먹거리의 절묘한 결합'을 통해서 구조적으로 좌절하면서도 기분 나쁘지 않게 위안받으면서 살게 된다는 것이다.

할 때 근대성 자체를—우파에서부터 좌파적 입장에 이르기까지—성찰해야
하는 과제가 생긴다. 예컨대 외국인 노동자의 문제는 단순히 외국인 노동자
에 대해서 내국인 대우를 해주는 문제를 넘어서서, 민족국가적 정체성이 어
떻게 노동자계급 간의 대립을 촉진하는가에 주목하게 한다. 민족국가의 재생
산을 가능하게 하는 민족주의와 국가주의가 어떻게 외국인 노동자를 별도의
범주로 인식시킴으로써 그러한 민족적 분리에 기초한 노동자계급의 차별적
범주화를 자본이 이용하는가에 대한 인식도 나타난다. 또한 기존의 토착적
정체성이나 한 민족국가 내 소수집단의 정체성은 주변적 정체성으로 파악되
면서 억압받는다. 그러나 이제 지구화의 맥락에서, 민족국가적 차원 자체가
가변적인 것으로 인식되는 상황에서 그러한 하위 민족국가적 차원의 정체성
과 저항성은 새로운 존재론적 재인식의 대상이 된다.[25] 이러한 점은 지구화
의 문제를 단순히 자본지배의 지구화로만 인식할 수 없는—물론 지구화의 지
배적인 측면이지만—급진적으로 전유하여야 할 복합적 현실로 인식하게 만
든다.[26] 지구화는 민족국가성을 근대성의 한 중요한 구성요소로 했던 근대성
자체가 갖는 억압성을 주목하게 만든다. 이러한 인식의 변화는 민족국가적
차원에 의해 억압되었고 주변화되었던 다양한 소수집단, 하위 민족국가적 운
동이 갖는 저항성을 부각시키게 되고, 여기서 저항담론은 지구화의 효과를
어떻게 내재화할 것인가 하는 새로운 과제를 부여받게 된다.

  이상의 논의에서 보듯이 사회주의 붕괴와 지구화의 새로운 현실은 20세기

---

25) 멕시코의 차파티스타 지방의 치아파 원주민 반란은 이것의 전형적인 사례를 보여준다. 더
   구나 그들의 봉기가 북미자유무역협정(NAFTA)의 발효일에 일어났다는 것도 대단히 상징
   적이다.

26) 이런 점에서 우드는 지구화의 탈신화화를 주장하고 있다(Ellen Meikisins Wood 1997 참조).
   그녀에 따르면 지구화는 자본의 일사불란한 음모적 기획에 의해 추동되는 것이 아니며, 지
   구화는 자본 간의 지구적 경쟁의 격화를 동반함으로써 다양한 모순과 갈등을 새롭게 촉진
   한다고 한다. 이러한 논의는 예컨대 "초국적 금융자본의 압도적인 운동에 의해서 진행되는
   신자유주의적 세계화에 의해 전세계 민중이 이전에 비해 더욱 억압당하고 있으므로 전세
   계 민중들이 단결하여 전지구적 투쟁을 해야 한다"고 하는 식의 일견 확장된 '급진적' 논
   의의 문제점, 즉 지구화 자체에 대한 또 다른 '물신화'된 인식을 넘어설 것을 요구한다.

[표 1.2] 시기별 저항담론의 쟁점과 변화

| | 지배의 객관적 조건 | 저항의 객관적 조건 | 저항주체 인식 |
|---|---|---|---|
| 19세기 | 초기 자본주의의 폭력적 성격 강하게 노출 | 다양한 사상적 조류의 각축 | 노동자계급 중심의 혁명모델 및 혁명적 공산주의 당에 의한 권력장악 모델과 여타의 모델의 경쟁. 급진주의 내부에서 맑스주의적 혁명주의가 점차 지배적인 모델이 되어감. |
| 19세기 후반~러시아혁명 | 자본주의의 독점화와 제국주의화. 1917년 러시아혁명. | 맑스주의가 지배적 혁명이론이 됨 | 러시아혁명의 성공을 통하여 맑스주의적 혁명주의의 '유일한' '현실' 모델로 볼쉐비키혁명이 설정됨. 노동자계급 중심 혁명론의 지배화(노동자계급 중심주의. 프롤레타리아 헤게모니 강조), 국가중심형 혁명론, 혁명의 목표로서의 계급적대의 극복. |
| 러시아혁명 이후 | 자본주의의 군국주의적 파시즘화. 식민지에서의 민족해방투쟁의 강화 | 맑스주의에 기초한 러시아혁명의 현실화. 식민지에서의 민족해방운동의 동력의 다양화 | 볼쉐비키혁명 모델(노동자계급·계급적대·국가중심형 혁명모델)의 일반화. 당의 볼쉐비키화. 레닌주의적으로 정식화된 맑스주의적 혁명주의가 급진주의를 대표함.<br>저항은 곧 혁명으로 인식됨. '계급 대 계급 전술'. 점차 반제민족해방운동을 중심으로 비노동자계급의 저항성, 비계급 문제의 이슈가 혁명에서 차지하는 중요성이 인식됨. |
| 파시즘 대두 이후 | 자본주의의 군국주의화 및 파시즘화 | 반파시즘 인민전선의 등장. 민족해방 통일전선의 등장. | 반파시즘 인민전선론의 등장. 식민지에서의 반제민족해방 통일전선론. 볼쉐비키형 혁명모델의 역사화와 상대화. 통일전선형 혁명모델의 등장. 비노동자계급의 저항성과 비계급적인 문제의 저항성이 혁명론에 내면화하게 됨. 혁명주의적인 흐름이 지배적이면서 그 내부에서 볼쉐비키형 모델과 통일전선형 모델의 분화. |
| 2차 대전 이후 | 사민당의 집권 당화와 포디즘 시대의 개막 | 1968년 5월 혁명. 다양한 반권위주의, 반관료화운동의 부상. 소련 체제의 문제점 노정. | 비혁명주의적 급진주의의 다양화. 국가주의적 혁명전략에 대한 도전. 구 좌파적 사회운동과 구별되는 신좌파적 사회운동의 등장. 비노동자계급의 저항성 주목. 계급해방의 과제로 환원되지 않는 다양한 해방의 과제와 저항성이 주목되기 시작(소수자, 인권, 여성, 환경 등). 맑스주의 입장에서는 계급적대로 환원되지 않는 새로운 저항성의 급진적 전유의 문제가 부각됨. |

계속

| | 지배의<br>객관적 조건 | 저항의<br>객관적 조건 | 저항주체 인식 |
|---|---|---|---|
| 사회주의 붕괴와 지구화의 진전 | 사회주의 붕괴. 신자유주의적 세계화의 진전 | 국가중심 모델의 의문시. '신자유주의적 세계화'와 그에 대한 저항의 출현. | 국가주의적 혁명전략의 전환. 지구화의 진전에 따르는 저항의 세계성의 문제 부각(일국적 저항주체 설정에 대한 도전). 지구화는 민족국가적 차원에 의해 억압된 소수자의 문제, 민족국가 하위(sub-national) 차원의 독자성과 저항성이 주목되게 됨. 민족과 국가에 의해 억압된 저항성의 재발견. 동시에 지구적 차원에서의 저항성과 그 연대 문제가 새롭게 고민됨. |

전반까지 급진주의적 저항진영에 지배적으로 존재해 왔던 고전적 저항담론의 변화와 확장을 요구한다. 이것은 노동자계급의 저항성과 비노동자계급의 저항성이 어떤 관계를 맺을 것인가, 다양한 사회적 이슈, 특별히 소수자적 이슈들과 계급적대를 중심으로 하는 고전적 저항담론의 관계는 어떻게 새롭게 재정식화되어야 하는가, 그동안 국가전복전략으로 인식되었던 저항담론은 어떻게 비국가주의적 저항담론과 연계되어야 하는가, 지구화라는 맥락에서 이제 일국적 저항성은 어떻게 지구적 저항성으로 연결되어야 하는가 등에 대한 고민을 요구하게 된다. 이상의 저항담론의 변화를 표로 도식화해 보면 표 1.2와 같다.

## 4. 한국에서 저항담론의 전개와 분화

이상에서 서구적 맥락에서의 급진주의적 저항담론, 특별히 맑스주의적 변혁론을 중심으로 살펴보면서 그 쟁점의 변화를 살펴보았다. 이제부터는 이를 기초로 한국에서 전개된 해방 이후의 저항담론의 변화과정을 살펴보자.

## 1) 1980년대 이전까지의 저항담론

한국 사회에서 저항주체론에 대한 인식은 권위주의체제와의 투쟁 속에서 변화해 왔다. 한국에서 근대적 급진주의와 급진주의세력은 1920년대 등장하기 시작한 이래 식민지 민족해방투쟁을 통하여 급속하게 성장해 왔다. 1945년 해방 되면서 민족국가의 성격을 둘러싸고 전면적인 투쟁기에 들어가 사회주의세력, 민족주의세력, 우익세력, 친일파 세력, 자유주의세력들은 전면적인 정치적·사회적 투쟁을 진행하게 된다. 이러한 투쟁은 국제전이 된 '내전'으로까지 발전하였으나 종결을 보지 못하고 남북한 분단체제로 귀결되었다. 이후 남한사회는 극우반공주의가 지배적인 '반공규율사회'[27)와 우익적 사회로 재편되었고 일체의 급진적인 세력들은 탄압과 배제의 대상이 되었다. 이런 가운데 극우반공주의적 인식이 지배적이었고 진보주의·급진주의적 운동론과 인식은 불법적인 것으로 탄압을 받았다.

해방공간에서 한국전쟁에 이르는 시기를 거친 후, 일제시대부터 확장되어 온 급진적인 인식—당시로서 사회주의적·공산주의적·급진 민족주의적 인식—은 좌파세력 및 급진세력의 소멸과 함께 공론의 공간에서 소멸되어 갔다. 당연히 저항담론에 대한 급진주의적 인식도 존재할 수 없었다. 잔존하는 급진적 세력들과 그들의 급진주의적 인식들은 각종 '반국가 단체'와 친북적 인식으로 규정되어 엄혹한 법적 처벌을 받았다. 한국전쟁 이후 이 땅에 사회주의자나 공산주의자는 공론의 공간에서는 완전히 추방되었다. 사회주의, 공산주의, 혁명, 급진주의와 관련된 각종 언술과 담론들은 친북적인 것으로 규정되어 가혹한 탄압을 받았다. 한국전쟁 이후 사회주의를 포함한 급진주의 세력들은 어렵게 자기방어적으로 생존하는 처지에 놓였다. 물론 이 시기에도 비공식적인 소그룹 내부에서 농업 협업화론을 제기한다든지 '잔류'

---

27) 조희연(1998a)의 1장 2절 참조. 한국전쟁과 분단 이후 남한 사회에서 일체의 저항적 세력들
　　이 무장해제되고 반공이 '의사합의' 처럼 간주되는 극우반공주의적 사회로 재편되었는데,
　　이러한 특징을 반공규율사회로 표현한다.

급진세력 내지는 진보적 민족주의세력들 간의 느슨한 네트워크 또는 교류가 존재하고 있었지만, 공식적이고 실천연관적인 사회운동론적 논의는 이루어지지 못하였다. 특별히 식민지 민족해방투쟁이나 독립투쟁 과정 속에서 '급진화' 됨으로써 형성된 이 땅의 '구' 좌익은 '단절' 의 역사에 들어가게 된다.

급진주의 · 진보주의 세력과 그들이 담지하는 저항담론은 박정희 독재정권과의 투쟁이 심화되는 1970년대 중후반에 이르러 출현하고 발전하기 시작하였다. 흥미로운 것은 극우반공주의 사회로 재편된 남한 사회에서 '신' 좌익은 1960년대 이후 독재체제와 대결하면서 새롭게 자생적으로 성장한다는 점이다. 나는 60년대 사회운동의 인식을 '소시민적' 인식의 단계, 70년대를 '민중주의' 적 인식의 단계, 80년대를 민중적 · 혁명적 인식의 단계로 구분하는데,[28] 70년대 초반까지는 장기집권 반대나 부정선거 반대 등의 '자유주의적' 슬로건을 가지고 저항운동이 전개되었고 1972년 유신체제라는 폭압적 정권이 등장하면서 이에 대응하는 저항담론 및 사회운동론적 인식이 심화되었다. 물론 70년대에 이르러 부분적으로 급진주의 · 진보주의 저항담론이 등장하게 되나, 이러한 논의가 급진주의적 저항담론이나 혁명론의 수준에 이르지는 않았다.

저항담론은 1972년 10월 유신이라고 하는 전체주의적 독재체제의 등장을 매개로 한 단계 심화되었다. 60년대 이후 개발독재의 모순에서 파생되어 나오는 각종 저항을 전체주의적 억압체제에 의해 탄압하게 되면서 역설적으로 이에 대항하는 저항세력들의 인식도 한단계 심화되게 된다. 70년대 중후반 '민중담론' 의 등장은 바로 이를 상징한다고 보여진다. 70년대 후반 등장하였던 민중론, 그 일부로서 민중사회학에서 보는 민중은 개발독재정권 하에서 정치적으로 억압받는 존재, 경제적으로 착취받는 존재, 문화적으로 소외된 존재로서 규정되는데,[29] 이때 민중은 개발독재의 착취 · 억압 · 소외에 의해 고통받는 대중을 의미하였다. 한국전쟁 이후 고서점에서도 자취를 감추

---

28) 이에 대해서는, 조희연(1989a) 참조.
29) 이에 대해서는, 한완상(1989) 참조.

었던 맑스, 레닌, 모택동이나 일본의 좌파서적들이 일부나마 유통되기 시작하고, 맑스주의와 관련된 저작들을 '신세대' 학생운동가들이 탐독하게 되는 것도 이 시기였다. 70년대 후반부터 출현하는 민중론의 다양한 형태들—민중사회학이나 민중신학, 분단사회학 등—은 60년대의 비혁명적 인식의 단계를 뛰어넘어 80년대의 혁명주의적 인식의 단계로 가는 과도기적 인식단계였다.[30] 독재정권에 대한 투쟁이 심화되면서 그에 따라 저항론적 인식 자체도 심화되어갔다. 그러나 이 시기의 민중론은 계급적 분석이나 혁명적 인식을 전제로 한 것은 아니었다. 일종의 '민중주의' 적 시각을 깔고 있었다고 할 수 있다.

## 2) 80년대 이후의 저항담론—급진화의 구현과 사회주의의 부활

광주민중항쟁을 거치면서 한국 사회에도 급진주의적 인식이 출현하게 된다. 나는 이를 '혁명적 민주주의' 인식단계라고 표현한다.[31] 앞 절에서 서술한 바와 같이, 19세기 자본주의 초기에 서구사회에는 다양한 급진주의 사상들이 존재하고 있었다가 19세기 중후반에 이르면서 급진주의 저항사상 내부에서 맑스주의가 지배적 지위를 점하게 되는데, 한국의 경우 반독재민주화운동이 심화되어 가면서 단절되었던 맑스주의가 복원되는 방식으로 저항사상이 급진화되어 간다.[32] 70년대까지는 맑스주의적인 인식과 패러다임은 '친북적인' 것으로 '금압' 의 대상이었기 때문에, 급진주의적 인식은 거의 부재하였다고 할 수 있다. 그러나 광주민중항쟁을 경험하면서 인식의 급진화가 나타나고 투쟁양식도 좀더 전투적으로 되었다. 이런 점에서 80년대 민주화운동 및 민중운동은 투쟁의 전투화와 이념의 혁명화가 특징이라고 할 수 있다. 학생운동 및 노동운동의 선진적 인자들을 중심으로 맑스주의적 패러

---

30) 이에 대해서는, 조희연 · 김동춘(1990)과 김진균 · 조희연(1990) 참조.

31) 이에 대해서는, 조희연(2001b) 참조.

32) 나는 이를 '복원적 태동' 이라고 표현한다. 이에 대해서는, 조희연(1989a) 참조.

다임이 대거 도입되고, 정치경제적 체제인식, 외세 인식 등에 있어서 맑스주의적인 패러다임이 광범위하게 도입되었다. 한국 사회에서는 일제시대로부터 발전된 혁명적 사상들이 한국전쟁을 거치면서 단절되고 그것이 80년대에 이르러 복원되는 과정을 밟았기 때문에, 혁명주의적 인식에도 복합적 상황이 조성되었다고 보인다.

80년대에 맑스주의를 포함한 급진주의적 세력과 그들이 담지하는 담론들이 부활었다는 하는 것은 한국전쟁을 기점으로 단절된 이 땅의 사회주의세력과 인식들이 부활하는 것을 의미하였다. 사실 극단적인 반공주의 하에서거의 '백색 테러리즘'에 가까운 탄압을 받던 사회주의세력은 생존 자체가불가능한 상황이었다. 식민지시대의 급진주의를 계승하는 구좌익은 연령적으로도 점차 소멸해가고, 전체주의적 독재체제에 저항하면서 새롭게 급진주의적 감수성과 인식을 획득한 일종의 신좌익들이 등장하게 된다. 그러나 80년대에는 사회주의나 공산주의, 맑스주의가 공론의 공간에서 자유롭게 소통될 수 있는 상황은 아니었기 때문에, 이러한 급진주의는 명확한 사회주의나맑스주의 용어로 표현되는 것은 아니었다. 하지만 1917년 볼쉐비키혁명 이후 급진주의적 저항담론에서 맑스주의가 지배적인 지위를 차지하였던 것처럼 80년대의 급진주의적 담론은 명확히 맑스주의, 레닌주의를 지향하는 흐름이 주류를 이루었다고 생각한다.

80년대의 급진주의적 저항담론은 NL(national liberation. 민족해방)적 인식과 PD(people's democracy. 민중민주주의)적 인식으로 표출되었다.[33] NL적인식은 서구의 역사에서 보면 혁명주의적 인식을 기반으로 반제통일전선을강조하는 인식의 흐름이라고 할 수 있으며, PD적 인식은 맑스-레닌주의 중심의 혁명적 인식의 흐름이라고 할 수 있다. 앞 절에서 서술한 바와 같이 급진주의적 저항사상 내부에서 맑스주의가 지배적인 흐름을 형성한 이후, 한

---

33) NL은 당시 NLPDR(national liberation people's democratic revolution)을 약칭한 것이었고
    PD는 PDR(people's democratic revolution)을 약칭한 것이었다. NL과 PD의 인식에 대한 자
    세한 논의는, 조희연(1989b) 참조.

편에서는 노동자계급 중심형 혁명과 계급적대 중심형 혁명을 강조하는 흐름이 존재하였으며, 또 한편에서는 반제민족해방운동 및 반파시즘 투쟁과정에서 농민층이나 제국주의적 지배에서 유래하는 급진적인 민족주의적 저항성을 포괄하고자 하는 통일전선론적 흐름이 존재하였다. 이런 점에서 보면, 80년대 중반 이후 NL적 인식은 후자의 흐름에 서 있었다고 할 수 있으며, 한국에서 PD는 동유럽형 혁명모델을 지칭하는 것이지만 노동자계급-계급적대 중심형 혁명모델을 강조하는 볼쉐비키적인 모델을 지향하는 경향이라고 규정할 수 있다.

   80년대 광주항쟁 이후 비합법적인 저항진영 내부논쟁의 성격을 띠고 전개되던 '사회구성체 논쟁' 혹은 혁명론 논쟁은 학생운동 및 학생운동 출신 노동운동가들 사이에서 전개되었다. 이것은 이후 학생운동 내부에서 자민투와 민민투의 형태로 표출되기에 이른다.[34] 80년대 초반 자민투와 민민투의 형태로 NL과 PD의 초기적 형태가 나타났던 시기에 이러한 저항담론은 비(非)혁명주의에 대응하는 혁명주의의 성격을 지니고 있었다고 할 수 있다. 80년대 초반의 CA는 레닌의 초기 모델, 특별히 1902년 당시 '우리는 무엇을 할 것인가'(What is to be done)의 모델을 전제로 하고 있었다. CA적 사고를 계승하는 80년대 중후반의 PD적 인식은 동유럽의 '인민민주주의혁명(PDR)론'을 전제로 하면서도 실제에 있어서는 한국적 레닌주의의 입장에서 저항주체론을 생각하고 있었다고 생각한다.[35] 반면에 NL적 사고는 반미주의적 혁명노선으로, 이는 '미제국주의'에 반대하는 민족통일전선을 강조하는 노선의 성격을 띠고 있는데, 이는 중국의 반제반봉건 민주주의혁명론의 모델을 배경으로 한다고 보이며 이러한 반제반봉건 민주주의혁명론의 한 하위형태로

---

34) 이에 대해서는, 강신철 외(1988); 일송정 편집부(1988); 일송정 편집부 편(1988); 김용기 · 박승옥 편(1989) 참조.

35) PD론적 사고 속에서는 이런 점에서 노동자계급의 헤게모니 관철이라는 문제의식과 반파쇼 통일전선이라는 문제의식이 긴장을 일으키면 존재하고 있었다고 생각된다. 한국의 PD론은 전자의 문제의식이 지배적으로 관철되고 있었다는 특징을 가지고 있었다.

서 북한식 모델을 전제했다고 보인다.

80년대의 변혁론적 논쟁의 내용을 보게 되면, 앞서 서술한 20세기 전반기의 변혁론적 흐름이 고스란히 체현되어 나타남을 알 수 있다. 여기서는 특별히 저항주체를 보는 시각이 80년대 급진주의적 저항담론에서 어떻게 구체화되고 있었는지를 보기로 하자.

80년에는 주로 변혁운동의 '동력'이라는 문제로 제기되고 논의되었는데, 이 논의들을 보면 20세기 전반기 변혁론의 시각이 그대로 드러남을 알 수 있다. 먼저 80년대 NL론에서는 한국 사회변혁의 성격을 '반제민족해방운동'으로 파악하고 그것의 근거로서 식민지반봉건사회론 혹은 식민지반자본주의론을 제시하였다. NL은 모순과 적대의 성격을 지칭하는 것으로서 한국 사회구성체의 성격을 '식민지반봉건사회론'—후에는 식민지반자본주의론—으로 파악하고 있다. 기본적으로 중국 모택동주의에서 드러나는 반제반봉건 민주주의혁명론의 견지에 서 있는데, 한국 사회에서의 사회계급적 제관계—여타 '착취사회'에서와 동일하게—가 '자주성을 유린하는 계급'과 '자주성을 유린당하는 계급' 사이의 역동적인 대치관계로 나타난다고 보는 것이다. 여기서 "한국에서 자주성을 유린하는 세력은 미국과 그와 결탁한 매판 자본가, 친미적인 지주, 반동관료들이며, 자주성을 유린당하는 세력은 노동자, 농민, 청년학생, 지식인, 도시 소자산계급, 애국적인 민족자본가와 애국적인 군인"(대동 편집부 1988, 163)이다. 여기서 대립의 주된 측면은 미국과 한국민중 간의 관계에 있으며, 부차적인 대립관계는 미국의 예속세력인 매판자본가, 친미자주, 반동관료들과 민중 사이의 관계에 설정(대동 편집부 1988, 163~4)된다고 본다.

제국주의에 반대하고 봉건적 지배질서에 저항하는 저항 주체들의 경우 내부적 위상은 상이하다고 파악하고 있는데, 노동자계급과 농민은 한국 사회의 기본계급이며 따라서 변혁운동에 있어 기본역량이 되고, 그 내부에서도 노동자계급이 영도(지도)계급으로서의 위치를 갖는다. 특징적인 것은 청년학생을 한국 사회변혁의 주력군으로 설정하고 있다는 것이다. 그렇게 보면,

노동자계급, 농민, 청년학생이 기본역량이 되고, 여기에 지식인, 도시 소자산
계급, 애국적 민족자본가, 애국적 군인, 양심적 종교인 등 다양한 계급계층
및 사회집단이 보조역량을 구성한다. 이상의 변혁운동의 동력 구성에서 드
러나듯이, 한국 사회 변혁의 동력은 몇몇 계급·계층에만 국한되는 것이 아
니라, 민중해방운동의 일반적 성격에서 비롯되어 대단히 광범위한 계급·계
층·집단을 포괄하고 있다(대동 편집부 1988, 177~83). 기본적으로 NL의 사
고는 볼쉐비키혁명 이후 노동자계급 주체론적 사고를 계승하면서도 반제 통
일전선론적 사고에 기초하여—계급적 지위의 차이에도 불구하고—민족주
의적 동력을 가지고 반제투쟁에 호의적인 제계급계층을 망라하고자 하는 사
고를 보이고 있다. 저항담론 상의 두 가지 경향이라고 할 수 있는 급진화와
대중화 중에서 대중화의 경향이 강하게 표현된다고 평가할 수 있다. 특별히
'적이 아니면 동지' 라고 하는 사고가 극단적일 만큼 강력하게 표현되었다고
생각된다. 이러한 대중화를 중시하는 흐름이 80년대 투쟁노선과 관련하여서
는 '대중노선' 으로 표현된다.[36]

이러한 NL적 사고와는 반대로, CA(그리고 이후의 PD론)는 기본적으로 20
세기 전반기의 레닌주의적인 볼쉐비키혁명관을 비교적 전형적으로 구현하
는 방식으로 자기 저항담론을 구성했다고 보인다. 80년대 초반의 CA논의가
PD적 사고를 대표한다고 하면, 80년대 후반에는 보다 정식화된 PD적 사고
가 학계PD그룹에 의해 정식화된 바 있다.[37]

여기서는 CA적 사고를 구체적으로 살펴본다. 먼저 한국 사회는 기본적으
로 자본주의적 생산양식이 지배하는 사회가 되었고, 그 계급적 표현으로서
한국 사회의 계급은 크게 프롤레타리아트와 부르조아지로 분해되어 가고 있

---

36) 대중노선은 모택동의 유명한 비유, 즉 '당과 인민의 관계' 를 '물과 물고기' 로 비유한 사고
    와 유사하며, 또한 북한의 사회주의건설과정에서의 군중노선과의 유사성도 생각해 볼 수
    있다.
37) 당시 학계 PD의 논리는 다양한 형태로 표현되었는데, 이에 대해서는 이진경(1988); 윤소영
    (1988); 서관모(1988); 이성형(1988); 이병천·윤소영(1988) 참조.

고, 낡은 봉건제적 생산관계는 해체되어 있다. 그렇지만 프롤레타리아트와 부르조아지 사이에 아직은 광범위하게 잔존하고 있는 쁘띠부르조아지가 한국 사회의 계급투쟁의 조건과 변혁의 성격과 임무를 고도로 복잡하게 만들고 있다는 것이다. 이런 상황을 이들은 '신식민지 국가독점자본주의' 라는 사회구성체론적 규정을 통해서 분석하고 있는데, 이에 따르면 기본적으로 한국 사회가 제국주의에 대한 종속적 상황이기는 하지만 기본적으로 자본주의의 고도 단계인 국가독점자본주의단계에 도달하여 자본주의적 모순을 중심으로 계급적대가 편제되어 있다고 본다. 이러한 편제를 분석하기 위하여, 이른바 '3정치세력 정립론' 을 제기하고 있다.

이는 CA를 거쳐 80년대 후반의 PD론에서도 기본적으로 계승되었다고 판단된다. 이에 따르면 한국 사회는 반동부르주아지(RB. reactionary bourgeoisie)와 혁명적 민중진영이 기본대립세력으로 존재하고 그 중간에 개량적인 '자유주의적 부르주아지(LB. liberal bourgeoisie)가 존재한다는 것이다. 여기서 반동부르주아지 진영은 독점부르주아지를 중심으로 하여 국가권력을 장악하고 있는 군부세력이나 반동관료들로 구성된다. 독점부르주아지는 제국주의의 신식민지적 지배하에서 그에 순응하여 자본축적을 행하는 자본가계급으로서, 민중에 대한 초과착취에 의존하여 축적기반의 취약성을 보완하고 있는데, 바로 여기서 민중에 대한 폭압적 지배 필요성이 존재하고 그 결과 독점부르주아지는 반동관료 및 군부세력으로 구성되는 반동권력과 결탁한다는 것이다.

반대로 혁명진영의 중심에는 프롤레타리아계급이 존재한다. 당면 변혁운동에서 프롤레타리아트의 견실한 동맹세력으로는 도시와 농촌의 쁘띠부르조아지와 반프롤레타리아트가 있다. 농촌의 쁘띠 부르주아지와 반프롤레타리아트는 소농·빈농 내지 소작농의 형태로 존재한다.

그리고 이러한 반동적 지배진영과 혁명적 저항진영 사이에 '개량' 적 성격을 갖는 자유주의적 부르주아지가 존재한다. 이는 경제적으로는 비독점부르주아지를 중심으로 하고 정치적으로는 자유주의적인 반독재 야당세력을 중심으로 하고 있다. 비독점부르주아지의 경우 독점부르주아지의 상대적으로 높은 생산력 수준과 원료·기술·시장의 독점 등으로 인하여 자본축적의 기회가 제한되고 물질의 위협을 받게 되므로, 자신의 몰락을 피하고 그나마 생존할 수 있는 길로서 독점자본에 예속된 하청계열기업이 되는 편을 택하는 방식으로 현존체제에 안주한다. 반독재운동에 참여하고 있는 자유주의적 야당세력은 반동부르주아지진영에 저항하기는 하나 기본적으로 혁명적 민중진영과 동맹하지는 않는 이중성이 있다고 본다.

이상과 같은 분석을 앞의 NL적 분석과 비교해 볼 때 일차적으로 부각되는 점은, '(신식민지국가독점)자본주의의 전개에 따른 계급분화의 진전'을 출발점으로 하여 분석하고 있으며, 부르조아지와 프롤레타리아트간의 계급적 대립을 중심에 놓고 있는 점이다. 여기서 우리는 러시아혁명 이후 혁명의 보편 모델로 상정된 '노동자계급-계급적대-국가 중심형 혁명모델'이 전형적으로 나타나고 있음을 알 수 있다. 이들은 비록 실천적으로 충분히 담보된 것은 아니지만 '철의 규율'을 지닌 직업적 혁명가들의 조직으로서 볼쉐비키적 전위조직을 상정하고 있었으며, 모든 개량적 사상과 세력과의 투쟁을 강조하는 '계급 대 계급' 사고를 전면화했다고 보인다. 기본적으로 80년대의 NL은 변혁론에 접근함에 있어 다양한 대중동력을 어떻게 결합할 것인가 하는 대중화의 관점에서 접근하고 있고, CA 및 PD는 어떻게 혁명적 관점을 견지하며 저항투쟁 내부에서 혁명적 헤게모니를 관철할 것인가 하는 급진화 관점에서 접근함을 알 수 있다.

서구에서 혁명적 맑스주의의 현실형태로서 레닌주의적 볼쉐비키 모델이 유일하게 존재하던 상태에서 20세기 전반을 거치면서 통일전선형 모델이 현실형태로서 분화되었던 데 반하여, 80년대 한국에서는 이 두 가지 모델이 NL과 PD라고 하는 경쟁하는 두 혁명주의 그룹으로 분화되고 그 각각의 혁명모델로서 수용되고 공유된 차이점을 발견할 수 있다. 앞서 서구 변혁론의 역사에서 서술한 것처럼 러시아 혁명 이후 볼쉐비키형 혁명모델이 일반화되면서도 식민지 혁명투쟁의 특수성을 반영하여 반제민족통일전선이 계승적 관점에서 제기되었던 것을 감안한다면, 80년대 한국 사회에서는 이 두 가지 흐름이 대립적으로 공존하는 것을 알 수 있다. 이는 반제민족해방론적 변혁론에 기초하여 실제 혁명에 성공한 중국과 북한의 입장이 한편에서 투영된 반면, 전체주의적 개발독재에 저항하면서 자생적으로 성장한 신좌익이 볼쉐비키형 혁명모델을 '학습' 하고 이를 수용하면서 자신의 변혁론적 입장을 정식화했기 때문으로 보인다. 급진화의 지향과 대중화의 지향이 선택의 문제가 아니라고 할 때, 80년대 남한의 두 가지 급진주의적 저항담론은 각각 급진화와 대중화의 지향을 제기하고 양자가 변혁운동 내에서 긴장을 유지하면서 존재하도록 했다고 생각한다.

80년대의 급진주의적 저항담론의 흐름을 보면, '역사에는 비약이 없다' 는 것을 실감한다. 1945년 한국전쟁 이후 남한에 저항적 사회운동은 존재하였지만 식민지 시기로부터 성장해 온 사회주의적 전통이나 급진주의적 전통으로부터는 단절되어 있었다. 그래서 이들 전후 사회운동이 전체주의적 독재와 투쟁하면서 자생적으로 급진주의적인 자기인식을 형성하여, 예컨대 스스로 레닌주의자로 자기정체성을 획득하게 되었더라도 그 레닌주의적 인식은 20세기 전후반기를 통해서 풍부화하거나 변용된 어떤 것이 아니라 레닌의 초기저작을 '암송' 하는 수준에 있었다는 것이다. 또한 NL적 인식도 남한의 개발독재와 천민적 자본주의에 대해 투쟁하는 과정에서 획득한 급진주의적 지혜가 체현된 어떤 것이기보다는 모택동주의적 혹은 북한 식의 민족해방론적 변혁론을 '적용' 하는 방향을 지향했다고 할 수 있다. 어떤 점에서 1980년대 한국의 사회주의자와 급진주의자는 그 단절의 역사 때문에 더욱 고전적인 형태의 초기 레닌적 노선과 모택동주의 노선—그 민족적 관철로서의 북한의 남조선혁명노선—으로 부활하였다고 볼 수 있다.

그런데 80년대 초반에서부터 87년까지의 급진주의적 저항담론과 실천은 전체적으로 보면 사회주의운동이나 변혁운동의 '단절의 역사' 를 극복하고 '급진화' 의 과제를 성공적으로 실현했다고 생각된다. 비록 그것이 단절의 역사만큼 '원론적 모습' 을 띠고 있었다고 하더라도 급진주의적 저항담론과 실천은 87년 6월 항쟁의 주요동력으로 작용할 수 있었으며 변혁적 지향들을 내재화할 수 있었다. 물론 80년대에 부활한 이 땅의 혁명주의자와 사회주의자, 급진주의자들에 대한 진정한 도전은 그들이―자신들의 희생을 통해서― 성취한 민주주의를 통해서 예비하고 있었다.

### 3) 1987년 이후 민주주의 이행과정에서의 저항담론의 분화와 시민운동의 도전

1987년 6월 항쟁은 위와 같은 혁명주의적 흐름이 주도적으로 참여하였던 반독재 민주화투쟁의 정점이었다. 6월 민주항쟁은 독재정권을 퇴진시킴으로써 권위주의 시대에서 민주주의시대로 이행하는 분기점이 된다. 6월 민주항쟁은 한편에서는 혁명주의적 인식을 갖는 급진적 민중운동이 일정하게 대중화되면서 기존의 비합법적·반(半)합법적 상태를 벗어나 반합법적·합법적 상태로 전환하는 계기가 되고, 다른 한편에서는 민주주의적 공간의 확장에 따라 비혁명주의적 인식과 주체론이 등장·확산되는 계기도 된다. 1987년 이전에는 혁명주의적 세력들이 반독재 투쟁의 주요한 동력을 형성하고 있었기 때문에 비혁명주의적 세력 및 인식이 광범하게 존재하고 있었음에도 불구하고 혁명주의적 인식이 도덕적 정당성을 갖는 것으로 투영되는 지적·사상적 분위기가 존재했다. 그러나 1987년 이후에는 이러한 지형이 변화한다. 1987년 6월 민주항쟁이 6.29선언에 의해서 중단되고 12월 대선에서 반독재 민주화운동을 구성하던 급진주의적 민중운동진영과 온건제도정치세력의 분리, 후자의 분열 등을 계기로, '위로부터의 보수적 민주화'가 지배적인 경로로 나아간다. 이러한 흐름은 위와 같은 지적 경향성을 더욱 강화하였다.

나의 문제의식에서 보면, 한국의 급진주의적 저항담론과 세력은 민주주의 이행―혹은 민주주의의 부활―이 가져오는 새로운 조건에 응전하면서 어떻게 급진화와 대중화의 지향을 관철할 것인가 하는 과제에 직면하였다고 생각한다. 전체주의적 독재상황이 아니라―비록 불완전하지만―민주주의 이행과정에서 제기되는 다양한 저항성과 역동성을 어떻게 급진화하고 동시에 대중화할 것인가 하는 전혀 새로운 과제에 직면하였다는 것이다.

앞서 서술한 대로 20세기 전반 서구 급진주의의 역사는 맑스주의적 혁명주의가 지배적이면서 그 내부에서 전형적인 노동자계급 주도의 계급혁명을 추구하는 흐름과 통일전선론적 혁명을 추구하는 흐름으로 대별되고 있었다. 또한 20세기 후반은 그러한 맑스주의적 혁명주의로부터 구분되는 급진주의적 흐름들이 대두한 시기였다. 어떤 점에서 6월 민주항쟁 이후 한국 사회가 본격적인 민주주의 이행국면으로 전환되면서 1987년 이전 반독재 투쟁과정에서의 '맑스주의적 혁명주의'의 흐름이 약화되면서 다양한 비혁명주의적 흐름이나 1987년 이전의 혁명주의와는 구별되는 다양한 급진주의가 출현했다고 말할 수 있다.

이런 점에서 6월 민주항쟁은 혁명주의적 지향이 지배적이었던 급진주의적 반독재 민주화운동의 정점을 상징하면서 동시에 비혁명주의적 세력과 인식이 독립적으로 출현 · 확산되는 계기라고 할 수 있다.[38] 이것을 상징하는 사건이 바로 시민운동의 출현이라고 할 수 있다. 여기서 비혁명주의라고 할 때는 두 가지 의미가 동시에 있다고 할 수 있다. 첫째는 자유주의적 인식과 온건진보주의적 인식이 출현했다는 것이며, 둘째는 노동자계급 중심주의 · 노동적대 중심주의적 혁명주의와는 다른 급진주의 · 진보주의적 인식과 실천이 출현한다는 것이다. 이것은 서구에서 2차 대전 이후 신사회운동의 출현이 상징하는 의미에 대응하는 것이라고 할 수 있다. 그런데 신사회운동이 비록 2차 대전 이전의 고전적 모델—노동자계급 · 계급적대 · 국가중심형 혁명모델—로부터의 이탈이기는 하지만 그것은 비혁명주의적 급진주의를 강하게 내포하고 있었던 데 반하여 한국의 시민운동은—특별히 80년대 후반—비혁명주의적 온건보수주의 혹은 자유주의의 성격을 강하게 띠었다는 점에서 차이를 발견할 수 있다.

---

38) 이에 대해서는, 조희연(2002b); 조희연(2001c) 참조.

이러한 변화는 1987년 6월 민주항쟁이 동반하는 민주주의의 출현 및 그 확장에 기인하는 것이라고 할 수 있다. 기본적으로 과거의 독재체제가 자율적인 정치적·사회(운동)적 공간을 불법화함으로써 일체의 민주주의적 투쟁이 비합법적이고 전투적인—그 과정에서 혁명화된—반독재 민주화운동의 형태를 취하지 않을 수 없었다고 한다면, 새롭게 출현한 민주주의체제—비록 불완전하고 투쟁을 통해서 확장되어 가는 것임에도 불구하고—는 일정한 수준의 정치적·사회(운동)적 활동을 합법적이고 제도화된 공간에서 전개할 수 있으며 이 민주주의적 공간을 활용하면서 확장된 권리투쟁이 가능한 체제라고 할 수 있었다. 그래서 1987년 이전과 같은 전투성과 급진성이 상대적으로 완화될 수 있는 조건이 생기게 된다. 역설적인 것은, 민주주의가 사회운동—혁명주의적 사회운동을 포함하여—에 의해 쟁취된 것임에도 불구하고 이 쟁취된 민주주의는 사회운동에 역으로 영향을—혁명주의의 약화 등—미치게 된다는 것이다.[39]

1987년 이전에는 급진주의가 맑스주의적 혁명주의—물론 그 내부에서는 NL과 PD의 분화가 있지만—와 거의 동일시될 수 있었다. 그러나 이제는 민주주의적 공간에서 급진주의 혹은 진보주의는 곧 맑스주의적 혁명주의적인 것만을 의미하는 것은 아니게 되었다. 민주주의적 공간 내에서 온건보수주의·자유주의적 인식과 실천이 독자적으로 분화되어 나타나게 된 것이다. 이른바 시민운동 같은 것을 예로 들 수 있다. 다음으로는 NL이나 PD적 혁명주의로 환원되지 않는 생활세계의 다양한 이슈를 중심으로 하는 급진주의가 출현하게 된다. 물론 1987년 이후에도 여전히 강고하게 존재하는 우리 사회의 반공주의는 이러한 급진주의의 지적·실천적 표출을 제약하고 있기는 하지만, 페미니즘적 급진주의, 생태주의적 급진주의, 자율주의적 급진주의 등 다양한 형태의 비 '맑스주의적 혁명주의'가 출현하게 된다.

이런 점에서 1987년 이전에는 20세기 전반기의 서구처럼 노동자계급—계

---

39) 이러한 정치변동과 사회운동의 역설적인 관계에 대해서는 Cho, Hee-Yeon(2000) 참조.

급적대-국가 중심형 혁명주의가 지배적이었다고 한다면, 1987년 이후에는 소수자문제, 환경문제, 여성문제, 인권문제 등을 둘러싸고 비노동자계급-비계급적대-비국가중심형 인식과 실천이 나타나게 된다고 할 수 있다. 물론 여기에는 이러한 인식과 실천이 새로운 급진주의로 가느냐 아니면 자유주의나 체제내화된 온건보수주의적 경향을 드러내느냐를 둘러싼 각축이 존재한다. 예컨대 생태주의 진영 내부에서도 맑스주의적 급진주의뿐만 아니라 비맑스주의적 급진주의가 출현하는가 하면 온건보수주의, 자유주의적, 생태관리주의적 입장들이 분화되어 존재하게 된다. 이것은 과거의 '맑스주의적 혁명주의' 적 입장에서 보면, 비노동자계급이나 비계급적대를 둘러싸고 출현하는 대중의 새로운 역동성을 어떻게 급진적으로 전유할 것인가 하는 문제라고 할 수 있다.

1987년 이전 전투적·혁명적 반독재로 표출되었던 급진주의적 흐름은 이제 다양한 형태로 분화되어 표출되게 된다. 주체 상으로는 비노동자계급, 이슈 상으로는 비계급적대를 둘러싸고 민주주의적 공간에서 새롭게 출현하는 대중의 저항성은 1987년 이후 일차적으로는 자유주의적이고 온건진보주의적인 성격을 띠면서 출현하였다. 초기 시민운동의 경우는 온건보수주의나 자유주의와 같은 비혁명주의적 입장에서 비노동자계급, 비계급적대, 비국가중심적 운동을 전개하는 운동형태라고 할 수 있었다. 시민운동은 종합적 시민운동에 의해 과잉대표되고 있었기 때문에, 권력감시나 시장감시가 주된 시민운동 영역으로 인식되었으나, 시민운동의 발전과정 속에서 다양한 시민적 주체가 참여하고, 계급적대가 아닌 다양한 사회적 적대와 이슈들을 둘러싼 운동들이 분화하게 되며, 비국가주의적 운동론적 인식도 내재되어 있다고 할 수 있다. 물론 시민운동적 경향이 모두 보수적·자유주의적 경향으로 환원될 수 있는 것은 아니다. 90년대를 거치면서 이러한 초기 보수적·자유주의적 시민운동과 함께, 비노동자계급의 저항성과 비계급적대를 둘러싸고 표출되는 저항성을 급진적으로 전유하기 위한 새로운 노력들도 출현하게 된다. 진보적 시민운동의 출현 등 이른바 시민운동의 다원화와 다양화 속에 이러한 흐름도 존재하게 된다.

이 시기의 저항담론을 시민운동 내부의 논의에 기대어 검토해 보자. 과거의 민중과 대비되어 시민운동이 전제하는 시민이 누구인가 하는 것은 저항담론의 인식변화에 대해 시사하는 바가 크다. 80년대 후반 시민운동이 부각되었을 때 초기 시민운동은 과거의 민중운동과 자신을 차별화하는 방식으로 자신의 정체성을 규정하였다. 즉 과거의 민중운동이 노동자, 농민, 빈민 등의 기층계급을 중심으로 전개되는 운동이었다고 하면 시민운동은 중간층 혹은 중산층이나 일반 국민들을 기반으로 전개되는 운동이라는 것이었다. 또한 민중운동이 급진적 지향을 가지고 전투적 투쟁양식을 채택하는 데 반하여 시민운동은 보다 온건한 지향을 가지면서 제도적 수단, 특별히 법적 수단을 이용하여 '체제 내적'으로 활동하는 운동이라는 것이다.[40] 이러한 시민운동의 초기 정체성에 비추어볼 때 개발독재에 의해 억압·착취·소외되는 저항적인 계급적 대중을 의미하는 민중과 달리, 시민은 새롭게 확립된 민주주의적 조건에 의존하면서 그것을 확장하고 자신의 권리를 확보하고자 하는 온건지향—합리적 보수주의 혹은 자유주의—의 다수 국민을 지칭하는 것이라고 할 수 있다.[41]

이렇게 본다면 시민운동은 이념적으로는 합리적 보수주의나 자유주의적 성격을 띠면서, 계급계층적으로는 중간층에 기반한 운동이라고 할 수 있다. 이러한 시민운동의 출현은 중간층의 정치적 지향을 결정하는 데 중요한 영향을 미치게 된다. 민주주의 이행으로 인하여 이미 급진적·전투적 민중운동과 거리를 두고자 하는 중간층의 정치적 지향을 표현하였다고도 할 수 있

---

40) 초기 시민운동의 성격에 대해서는, 서경석(1992); Cho, Hee-Yeon and Park Won-soon(2002) 참조.

41) 80년대 후반의 시민운동은 한편에서는 민주주의체제의 출현으로 인하여 보다 온건한 사회운동을 선호하게 된 중간층의 지향과 목소리를 반영하는 것임과 동시에, 다른 한편에서는 대중들의 역동성과 요구를 '시민운동적' 방식으로 동원하고 표출하도록 하는 매개적 역할을 하는 운동이었다고 할 수 있다.

지만, 다른 한편에서는 중간층의 정치적 지향을 새롭게 '구성'하는 것이었다고 할 수 있다.[42] 저항주체론의 입장에서 보면 개발독재 하에서는 중간층의 정치적 태도는 초기에는 개발독재체제를 지지하는 보수적 입장을 보이다가, 70년대 말 이후 점차 반독재 민주화운동과 자신을 동일시하면서 80년대 초중반 이후 급진적 · 전투적 반독재 민주화운동과 연합하는 방식으로 자신을 표출하였다고 할 수 있었다. 어떤 점에서 반독재적 지향으로 변화해 가는 중간층이 전투적 · 급진적 반독재 민주화운동에 지지를 보내는 식으로 결합되었다고 할 수 있다. 그러나 1987년 이후 이러한 중간층의 급진주의적 지향은 주변화되고 온건보수주의 내지는 자유주의적 지향으로 재구성되게 되었다고 할 수 있다. 이렇게 볼 때, 초기 시민운동의 출현은 급진적 · 전투적 반독재 민주화운동과 구별되는 방식으로 중간층의 정치적 · 사회적 비판성이 동원되고 표출되는 것을 의미하였다. 어떤 점에서 전투적 · 급진적 민중운동과 중간층의 분리를 상징하는 사건이었다고 할 수 있다.

이것은 80년대의 혁명주의적 지향에 대응하여 민주주의이행과정에서 비혁명주의가 부각되는 것을 의미하였다.[43] 그러나 1987년 이전까지의 '맑스

---

42) 시민운동이라는 것은 '선험적인 실체'로 존재하는 것이 아니라, 시민운동의 외연과 그 정체성은 구성되는 것이다. 시민운동이라고 포괄되는 개별 운동형태들은 이전 시기부터 존재해 왔다. 그러나 그것이 1987년 이후의 지형 속에서 독특한 성격의 운동으로 부상되었고 어떤 점에서 민중운동과 구별되는 자유주의적 정체성을 갖는 시민운동으로 '구성'되었다고 할 수 있다. 여기서 구성이라고 하는 것은 무엇이 시민운동인가, 시민운동에 포괄되는 운동은 어떤 형태인가 하는 것이 선험적으로 결정되어 있는 것이 아니라는 점이다. 이런 '구성의 관점'에서 볼 때 초기 시민운동은 80년대의 전투적 · 급진적 지향의 민중운동과 구별되는 제도적 조건을 활용하면서 자유주의적 지향을 갖는 새로운 사회운동으로 구성되었다고 할 수 있다. 이러한 구성에는 80년대 후반 초기 시민운동의 초동주체들의 이념적 지향과 전략적 선택이 매개적으로 작용하게 된다.

43) 구체적으로 이것은 민중담론의 주변화와 시민운동 혹은 시민사회 담론의 부상으로 나타났다(조희연 1998b 참조). 이러한 비변혁주의적인 경로의 부상에 대한 '정통' 맑스주의적 입장에서의 비판과 이를 둘러싼 논쟁이 있었던 바, 이에 대해서는 유팔무 · 김호기 편(1995)의 2부 참조. 한국의 민주주의 이행이 대단히 급진적인 것이 아니고 '위로부터의 보수적 민주화'이었다는 점을 고려할 때, 한국의 혁명주의의 뿌리가 대단히 깊지 않다는 것을 반증

주의적 혁명주의'의 퇴조가 다양한 형태의 비혁명주의적 급진주의의 출현으로 이어진 것은 아니었다. 80년대 후반~90년대 초반의 정세 속에서는 맑스주의적 혁명주의를 대체하는 상이한 급진주의나 혁명주의가 등장한 것이 아니라, 어떤 점에서 급진주의의 퇴조적 성격이 나타난 것이다. 이런 점에서 80년대 말~90년대 초의 시민운동의 경향은 저항담론 속에 긴장을 유지하면서 존재하여야 하는 두 가지 경향 중에서―급진화의 지향을 낙인화하면서―대중화의 경향을 '속류적'으로 확장하는 것이었다고 생각된다. 또한 이 쟁점을 변혁진영의 입장에서 보면, 온건보수주의·자유주의적 시민운동의 부상은 변혁진영 자체가 새롭게 출현한 이른바 '시민사회'적 영역을 '급진화'하려는 적극적인 개입전략을 구사하지 못하였기 때문이라고 할 수 있다.[44]

그러나 90년대 초반을 지나면서 시민운동의 다원화와 다양화[45]이 촉진되면서 이러한 초기의 보수적·자유주의적 정체성으로만 환원될 수 없는 다양한 시민운동들이 출현한다. 초기 시민운동의 보수적 정체성에만 갇혀있지 않는 시민들의 역동성이 보다 다양한 스펙트럼을 지니면서 표출된다는 것을 의미하였다.[46] 비록 한편에서는 보수적 정체성을 갖는 시민운동에 의해 시민들의 역동성이 '과잉대표'되고 있었지만, 점차 시민운동은 앞서 비노동자 계급들이 비계급적대적 이슈를 중심으로 전개하는 다양한 운동이며 대중들

---

하는 것이기도 하다.

44) 이에 대해서는 조희연(1998b)의 5장 참조.

45) 87년 이전 독재 시기에는 한편에서 저항운동이 급진화되면서 동시에 반독재라는 시대적 과제를 중심으로 '구심력적 심화'를 경험하였다고 하면, 87년 이후에는 저항운동이 분화되고 다양화된다는 점에서 '원심력적 분화' 현상이 있다고 표현하고 있다(조희연 2001d, 295~302).

46) 보수적 정체성 일색의 시민운동의 정체성이 다양화하게 되는 데는 다음과 같은 요인들이 작용하였다. 노태우 정부가 주도하는 '위로부터의 보수화'의 문제점이 노정되면서 다시금 '대결적' 사회운동이 활성화될 수 있는 분위기가 형성되었다는 점, 노동운동을 비롯한 계급운동의 정치적·조직적 성장과 그것의 이데올로기적인 '급진화' 효과가 나타났다는 점, 시민운동 영역에의 진보적 개입의 필요성에 대한 인식이 생겨나고 참여가 나타나게 되었다는 점 등을 들 수 있다(조희연 2001c 참조).

의 역동성이 표출되는 한 형태로 인식된다.

어떤 점에서 민주주의적 공간의 출현 및 그러한 민주주의적 공간의 확장에 힘입어, 과거 개발독재 하에서 억압되었던 대중들의 다양한 정치경제사회적 권리투쟁이 가능하게 되고 그 결과 대중들의 저항성과 역동성이 굳이 전투적 형태가 아닌 온건한 형태로 표출되었는데, 이러한 대중들의 저항성과 역동성이 초기시민운동에 의해 온건보수주의 혹은 자유주의적 성격으로 '구성' 되었다가, 90년대 중반 이후 새로운 성격을 갖는 형태로 표출되었다고 해석할 수 있다. 90년대 중반 이후의 시민운동의 정체성의 분화는 온건진보주의적 정체성으로도 나타나고 부분적으로 급진주의적 정체성으로도 표출되었다고 보인다. 비록 80년대의 맑스주의적 혁명주의와 같은 형태로 표출되지는 않으나 소수이지만 여러 형태의 급진주의적 저항성으로 표출되었다는 것이다.

변혁론적 관점 혹은 저항담론의 관점에서 보면 이러한 시민운동의 분화와 다양화는, 계급계층적으로는 중간층의 역동성, 이슈 상으로는 비계급적대, 주체 상으로는 비노동자계급의 문제를 어떻게 파악할 것인가 하는 문제라고 할 수 있다. 만일 1987년 이전과 같은 급진주의적 저항담론의 시각에서만 보면, 1987년 이후의 상황에서 급진적ㆍ전투적 저항성은 오직 사회운동의 급진분파, 기층민중의 급진적 분파에서만 찾을 수 있는 것이 된다. 그러나 저항성을 보다 확장된 관점에서 보면 시민운동의 형태로 표출되는 대중들의 저항성과 역동성―비록 그것이 온건한 것이라고 하더라도―을 어떻게 포괄할 것인가 하는 문제가 된다. 파시즘적 독재의 상황은 급진주의 진영 내부에서 맑스주의적 혁명주의를 강화하고 그 결과 급진주의 진영 내부에서 맑스주의적 혁명주의가 뿌리내리는 계기가 되었으나, 87년 이후 민주주의이행국면에서 비혁명적 상황 속에서 급진주의를 각인하고 실현하여야 하는 상황에 직면하게 된 것이다. 시민운동의 형태로 표출되는 중간층의 정치적ㆍ사회적 태도를 어떻게 급진화할 것인가, 나아가 중간층의 급진주의를 어떻게 포괄할 것인가 하는 문제를 제기한다는 것이다. 서구의 변혁세력들이 20세기 후반기에 직면하였던 쟁점을 다른 맥락에서 1987년 이후 한국의 변혁세력들이 직면하고 있는 셈이다.

시민운동의 부상에 대하여 급진주의 진영은 다양한 형태의 비판을 제기하였다. 시민운동의 대표적 사례라고 할 수 있는 소액주주운동이나 다양한 형태의 권력감시운동, 재벌개혁운동 등에 대해서 그것이 자본주의 체제 자체를 균열시키는 운동이 아니며 오히려 그것을 합리화하고 체제 내적 운동이라고 비판하였다.[47] 미국식 운동의 모델을 따르면서 시장 '관리주의' 적 입장으로 경도됨으로써, 체제의 합리화와 선진화에 기여하지만 그것이 자본주의적 시장 질서 자체의 근본적인 재편으로는 이어지지 못한다는 비판이 제기되었다. 정치개혁운동의 대표적인 사례로서 인식되는 낙천낙선운동에 대해서도 그것이 기성정당의 인적 쇄신에 기여하였을 뿐, 기성정당의 이데올로기적 폐쇄성이나 부패구조를 근본적으로 척결하는 데 이르지 못하였으며 진보정당의 제도정치권 진출에 기여하지도 못하였다는 비판도 제기되었다. 이러한 비판들은 대체로 '맑스주의적 혁명주의' 혹은 급진주의의 입장에서 시민운동이 갖는 온건보수주의 혹은 자유주의적 성격을 비판하는 것이었다.

시민운동에 대한 이러한 '외재적' 비판과 함께, 이른바 시민운동 영역에서 급진주의적 경향이 출현 · 확대되기도 하였다. 인권운동영역에서의 급진주의적 지향, 환경운동에서의 급진주의적 지향, 생태근본주의적 관점, 생태운동과 결합된 무정부주의의 흐름, 생태공동체운동, 급진주의적 페미니즘운동 등 다양한 영역에서 급진주의가 출현하기도 하였다. 특별히 기존의 대변형(advocacy) 운동이나 권력감시형 운동이 기성질서와 성장주의적 가치를 공유하고 거대기구화하여 관료주의적 병폐를 노정한다는 비판적 관점에서, 보다 근본주의적 관점에서 생활가치를 전환하고 근본적인 문화적 · 의식적 · 생활적 전환이 필요함을 역설하게 된다. 이런 점에서 보면, 1987년 이후의 시

---

47) 대표적인 글로, 정종권(2001) 참조. 여기서 정종권은 시민운동이 자유주의 운동, 관리주의 운동, 미국적 모델을 지향하는 운동, 비(非)신사회운동으로서의 성격을 가지고 있다고 비판하고 있다.

민운동은 맑스주의적 혁명주의와 구별되는 비혁명주의적 운동의 정체성을 가지고 출발하였으나 다원화와 분화가 진전되면서 그 내부에서 비노동자계급―계급적대―국가중심주의적 혁명주의 지향과는 구별되는 급진주의적 지향이 공존하고 있는 것으로 보인다.

현재까지 시민운동의 내부지향을 종합적으로 보면, 비급진주의적인 자유주의적 지향이 지배적이었다고 평가할 수 있다. 급진화와 대중화의 두 가지 경향이 각축하는 변혁론 내부에서 혁명진영이 급진화의 경향으로 경직화됨으로써 대중화의 문제의식이 주변화되었다고 한다면, 80년대 말~90년대의 시민운동 내부에서는 '자유주의적인 의미'에서의 대중화의 문제의식만 존재하지 급진화의 문제의식은 대단히 주변화되어 있다고 평가할 수 있다.[48]

## 4) 사회주의 붕괴 이후의 저항담론의 분화―비(非)맑스주의적 급진주의의 등장

1990년대 중반~2000년대 초반의 현 시기는 이러한 경향이 사회주의 붕괴 이후 보다 강화되면서 다른 한편에서 지구화의 도전에 따른 새로운 역동성이 나타나는 시기라고 할 수 있다. 사회주의 붕괴는 한국의 지적·사상적 차원에도 큰 영향을 끼쳤으며, 저항담론을 생각해보는 데도 영향을 미쳤다. 사회주의 붕괴는 서구에서도 그러했던 것처럼 비혁명주의적 인식의 출현, 비노동자계급적 급진주의의 정당화, 비계급적대적 이슈의 독자적 지위에 대한 재인식 등을 가져온다. 사회주의 붕괴는 1987년 이전 한국 사회운동을 지배

---

48) 이런 점에서 90년대 시민운동의 지형에서 참여연대는 독특한 성격을 지니고 있었다. 즉 자유주의적 성격이 지배적인 시민운동진영과 80년대적 급진주의를 계승하는 민중운동의 중간에서 친민중운동적 시민운동으로서의 성격이 있었다고 생각한다. 그러나 2000년 낙천낙선운동의 성공적 진행으로 시민운동의 대표적인 단체로 자리잡아 가면서 한국 국가와 지배의 '자유민주주의적 정상화'(조희연 2003 참조)를 촉진하고 그 합리화를 추동하는 데 안주하는, 그리하여 이전에 비해 훨씬 더 자유주의적인―물론 진보적 성격이 공존하고 있지만―성격이 지배적인 시민운동의 범주에 안착하여 가는 것으로 평가된다.

하고 있었던 혁명주의적 흐름에 일정한 충격을 동반한다. 이는 맑스—레닌주의적 혁명주의의 성격을 띠고 있던 PD적 인식에도 도전을 주었으며, 또한 민족적 사회주의의 한 형태로서의 북한 사회주의가 사회주의 일반의 정치경제적 문제점을 공유하고 있음이 드러나면서, NL적 혁명주의에 대한 도전도 나타나게 되었다.

또한 사회주의 붕괴의 여파는, 그동안 노동운동을 중심으로 하는 혁명주의적 모델 속에서 '가리워져 있던'(overshadowed) 새로운 이슈들과 새로운 집단들의 저항성이 주목을 받게 된다. 소수자운동, 외국인 노동자운동, 여성운동, 환경운동, 지역운동, 협동조합운동 등 다양한 운동들이 새롭게 주목받는 계기로 작용하였다. 급진성이라는 것은 이전의 구도에서는 좌우의 구도로 설정되어 있었다. 주로 자본주의 체제에 대한 혁명적 접근 여부를 떠나서 설정되는 정치적 좌우 구분에서부터, 이제는 급진성·진보성의 차원이 다차원적으로 설정되는 양상이 나타나게 되었다. 급진주의적 저항담론의 '다차원화'라고 표현할 수 있는 현상이 등장한 것이다. 예컨대 페미니즘과 생태주의 등이 하나의 독자적인 차원으로 설정된다. 또 환경운동 같은 경우 급진성의 잣대 자체가 다른 차원에서 설정된다. 생태주의적 입장에서 급진주의는 환경관리주의적 입장에 대립하여 생태근본주의적 입장으로도 표출된다. 입장에 따라서는 "상호연결된 자연계에 초자연적 차원을 부여함으로써 신비주의에 유사생태학적 면모를 더하는 이론으로서 반문명적인 경향을 넘어, 인간성 자체를 부인"한다고 비판받는 생태신비주의와 "'고귀한 야만'이라는 신화를 만들어 토착민을 천사처럼 고결하고 모범적인 행동과 사고를 지닌 초월적 존재가 되도록 몰아붙이는" 원시주의적 경향을 급진주의적인 것으로 평가하기도 하고, 이를 비판하는 사회생태주의적 입장을 급진주의적인 것으로 평가하기도 한다.[49] 이런 점에서 급진성의 차원이 '독점화' 할 수 없게 되며 급진성의

---

49) 머레이 북친(2002)은 사회생태론 속에서, 사회의 지배구조를 타파하여야만 인간과 자연의 올바른 관계를 회복할 수 있는 취지에서, 이성이나 계몽, 과학 자체를 부정하면서 생태신비주의나 원시주의 찬양으로 가는 '신비주의적' 혹은 '반인간주의적' —북친의 표현에 따른

차원 자체가 복합적인 것으로 된다.

노동자계급 중심의 계급적대 운동 모델—비록 그것이 갖는 중심성을 인정한다고 하더라도—에 직접적으로 포괄되지 못하는 이슈와 운동들이 다양하게 존재하는 상황으로 변화하면서, 모든 문제의 궁극적인 해결로서의 보편적 혁명모델이 아니라, '복합적 적대에 기초한 복합적 해방운동'의 관점에서 접근할 필요가 강화되었다. 이제 계급적대와 노동자계급이 보편적 해방의 담지자가 되느냐 하는 쟁점보다는, 상이한 적대들 간의 관계는 무엇인지, 노동자계급과 기타의 계급계층의 상호관계는 무엇인지가 쟁점이 되었다. 물론 혁명적 맑스주의의 입장에서는 이러한 다양한 적대를 어떻게 계급적대에 대결하는 운동과 관련시킬 것인가, 다양한 적대에 대응하는 운동을 급진화시킬 것인가 하는 점이 쟁점으로 제기된다.

지적 차원에서 각종 포스트 주의, 그 일부로서의 포스트 맑스주의, 무정부주의, 공동체주의 등 비맑스주의적 저항사상들도 나타났다는 점도 지적할 수 있다. 권력을 단순히 체제적 억압으로만 보는 시각을 넘어서서, 생활세계 속에서 인간과 인간 간에 내재하는 권력관계, 그 권력재생산에 있어서의 지식의 관계 등을 분석하는 푸코의 이론은 이런 점에서 새로운 생활세계의 저항성을 급진적으로 인식하는 계기를 제공하기도 하였다. 포스트 맑스주의 논의들은 기존의 신사회운동의 개별 실천 속에서 제기되고 있던 논의들을 '맑스주의적'인 총론적인 저항담론으로 제기하고 있다는 점에서 여타의 이론과는 다른 문제를 제기하고 있었다.

한국에서도 90년 무렵 포스트 맑스주의적 입장[50]이 제기되고 이를 둘러싼 논쟁이 벌어졌다. 이 논쟁은 80년대의 PD적 혁명주의의 입장에서 포스트 맑스주의의 논의를 비판하는 방식으로 이루어졌다. 여기서 흥미로운 것은 PD

---

다면—생태환경주의의 여러 조류를 비판하고 있다.

50) 한국의 포스트맑스주의의 논리에 대해서는, 이병천(1992); 이병천(1991); 이병천(1993) 참조. 한편 시민사회론과 관련하여 포스트맑스주의적 사고를 정리하고 있는 글로는 박형준(1993) 참조.

적 혁명주의의 입장에 선 윤소영 교수는 알튀세리안적 시각에서 기존의 맑스주의적 이론과 실천의 지배적 형태가 변화되어야 함을 주장하고 있다는 점이다. 이제 사회주의 붕괴로 맑스주의적 이론과 실천의 한 사이클이 종결된 마당에, 기존의 맑스주의적 이론과 실천의 모순을 극복하는 혁신이 필요함을 주장하고 있다. 그는 맑스주의적 실천의 지배적 형태인 노동조합과 당을 재검토하고, 맑스주의적 이론의 지배적 형태인 교조화된 맑스주의를 재검토할 것을 제안하고 있다.[51] 후자의 입장은 PD적 혁명주의를 계승하면서 사회주의 붕괴가 던져주는 도전에 응전하고자 하는 입장으로 볼 수 있다면, 한국의 포스트 맑스주의 입장은 기존의 맑스주의가 전제하고 있었던 '노동자계급-계급적대-국가중심형 혁명론'에 대한 총체적인 재점검을 '맑스주의'의 이름으로 제기하는 입장이라고 할 수 있다.

2002년 상반기, '최보은-김규항 논쟁'은 상이한 적대와 상이한 주체를 상정하고 있는 여성운동과 급진주의적 입장이 대립할 수 있는 지점을 잘 보여주었다. '박근혜를 대선 후보로 지지해야 하느냐'는 쟁점으로 촉발된 이 논쟁 속에서, 우리는 고전적인 혁명주의적 급진주의와 여성주의적 입장[52]이 대립할 수 있는 지점을 보게 된다. 환경주의적 입장과 노동운동의 입장이 대립되는 사례도 많이 있었다. 동아매립지 계획의 파기를 요구하는 환경단체의 입장과 그것으로 실직하게 되는 노동자들의 이해가 대립되는 사례도 있었다. 발전노조의 민영화를 둘러싸고 민영화를 환경적 관점에서 찬성하는 환경운동의 입장[53]과 공공성의 박탈이라는 점에서 또한 노동자들의 계급적 이행의 관점에서 민영화를 반대하는 노동운동의 대립도 있었다. 이러한 사례들은 상이한 차원의 운동적 실천 과정에서 대립적인 사안이 발생할 수 있음을 보여준다. 이것은 민주주의이행이라는 맥락 그리고 사회주의 붕괴라는

---

51) 이에 대해서는, 윤소영(1992) 참조.

52) 물론 최보은의 경우는 박근혜 지지라는 의미에서 정치적으로는 보수주의적 입장이 여성주의적 시각에서 정당화될 수 있느냐는 문제로 제기된 것이다.

53) 이 입장은 추후 조정되어 민영화 찬성론에서 후퇴하게 된다.

맥락 속에서 급진주의가 갖는 내적 도전이라고 할 수 있다. 물론 현실에서는 똑같은 급진주의 간의 갈등이라기보다는 비노동 '자유주의' 대 노동 급진주의의 성격을 띤 경우가 많기는 하지만, 진보의 여러 차원 간의 갈등과 긴장이 존재한다는 점에서, 맑스주의적 혁명주의가 급진주의를 지배하였던 80년대 전반과는 구별된다.

## 5) 지구화의 도전과 응전—급진화와 대중화의 새로운 맥락

지구화는—앞서 서술한 바와 같이 서구에서 그러했던 것처럼—기본적으로 과거의 일국적 혁명주의에서 지구적 차원을 고민하는 계기로 나타났다. 지구화는 기존의 저항모델 혹은 혁명모델이 전제하고 있던 일국적 관점을 어떻게 넘어설 것인가 하는 문제로 나타난다. 이것은 변혁의 차원이 국민국가냐 지구적 차원이냐의 문제를 넘어서서, 지구화는 급진주의적 저항담론이나 변혁세력에게 있어 쇠퇴냐 재부활이냐하는 전혀 새로운 도전이라고 할 수 있다. 사회운동들이 현실 변화를 동반하는 새로운 도전 속에서 자기급진화의 응전을 어떻게 할 것인가, 대중화의 응전을 어떻게 할 것인가, 그리고 그것을 저항담론과 실천 속에 어떻게 담아낼 것인가 하는 것은 운동의 쇠퇴와 부활을 결정하는 중요한 문제라고 할 수 있다. 그런 점에서 지구화는 급진주의적 저항담론과 실천에게 급진화와 대중화의 새로운 맥락이라고 할 수 있다.

개별 사회에서 이러한 지구화에 반대하는 저항성은 다양한 쟁점을 중심으로 표출되듯이, 한국의 저항운동에 대해서도 지구화는 많은 쟁점을 제기하고 그러한 쟁점 속에서 한국의 저항운동 스스로 지구적 저항의 쟁점에 맞닥뜨리게 된다. 첫째 지구화로 인하여 개별 국민국가의 정책이 신자유주의적인 성격을 띠게 되고 그것이 민중들의 삶에 파괴적 결과를 가져옴으로써 신자유주의적 정책에 반대하는 투쟁이 출현·확대된다. 한국에서 신자유주의 반대투쟁은 여타의 사회와 달리 대단히 제한되고 점진적으로 고양되는 과정을 밟았다. 이는 한국에서 민주주의 이행과 지구화가 동시에 진행되고 전자가 후자에 대한 급진적 비판을 제약하게 되기 때문이라고 보인다.[54] 한국에서 지구화의 도전은 자본진영의 요구에 의해서 정부의 경제정책이 '국제경쟁력 강화'를 촉진하기 위한 이른바 '신자유주의적' 정책으로 구체화되는 방식으로 나타났다. 문민정부 하에서 '세계화'는 국정지표가 되고 나아가 핵심적인 지배담론화하였다. 지구화에 의해 규정되는 이러한 신자유주의적 경제정책의 기조는 1997년 IMF경제위기를 겪으면서—물론 생산적 사회복지정책과 결합되면서—외자유치 및 금융시장의 개방화 등으로 더욱 가속화되었다. 이처럼 문민정부와 국민정부를 거치면서 이러한 개방화와 세계화 정책에 대한 저항이 확산되었다. 문민정부와 국민정부를 거치면서 나타난 이러한 신자유주의적인 방향으로의 정책변화는 거대한 지구적 흐름의 일부로서, 전세계적인 '신자유주의적 세계화'에 의해 규정되는 범지구적 현상이라는 점에서 한국 저항운동 내부에서도 지구화의 문제가 주요한 저항의제로 부상해 가게 된다.

보다 구체적으로 한국저항운동에 있어 지구화의 문제는 문민정부 하에서 UR협상 반대투쟁 및 WTO 반대투쟁, 노동법 개정 반대투쟁, 국민정부 하에서의 민영화 및 개방화 정책 반대투쟁 등의 계기를 통해서 의제화되는 과정을 밟았다고 할 수 있다. 특별히 외환위기를 극복하는 과정에서 이루어진 구조조정 및 노동시장 유연화 정책, 민영화 및 시장의 대외개방 등은 비정규직 노동자의 비율이 60%에 이르는 새로운 현실을 가져왔으며, 외국인 노동자가 50만에 이르는 현실로 나타났다.

---

54) 필자는 이를 민주화가 정치적 자유(주의)화와 경제적 자유(주의)화의 동시적 진행과정이기 때문이라고 본다. 1987년 이후 민주주의 이행과정에서 사회운동, 특별히 시민운동이 정치적 자유화—국가에 의한 시민사회의 통제 약화 혹은 국가 민주화—를 긍정적으로 보는 과정에서 경제적 자유화 자체의 부정적인 측면을 간과하는 것으로 나타난다—예컨대 공기업의 민영화에 대해서 그것이 과거의 관치주의를 극복한다는 점에서 시민운동진영은 국민정부 초기에 긍정적인 입장을 가지고 있었다. 그러나 이것이 탈공공화를 가져온다는 점을 간과하는 것을 들 수 있다(조희연 2002a 참조).

이처럼 지구화가 이전의 노동계급의 국내적 조건마저도 무력화시키면서 노동대중의 다수를 비정규직화하는 조건 속에서, 새로운 투쟁전선이 신자유주의 반대투쟁전선으로 설정되어야 한다는 인식이 강화되었다. 여기에는 이전의 지배체제에 포섭되어 있었던 중간층이 몰락한다는 인식도 크게 작용하였다. 한국의 경우 IMF체제 하에서 이전의 중간층이 대대적으로 몰락하고, 고용형태가 유연화되면서 비정규직의 비중이 급속하게 증대되었는데, 한국에서 '20 대 80 사회' 담론은 바로 이러한 상황을 상징한다고 생각하며, 그것이 저항진영의 대표적인 논의로 수용되었다.[55]

앞서 서술한 바와 같이 민주주의 이행은 87년 이전의 혁명주의적 급진주의를 약화시키게 되는데, 신자유주의적 지구화는 반대로 지구화에 대항하는 급진주의적 인식—부분적으로—을 강화·확산시키는 결과를 가져온다. 이렇게 본다면 민주화는 한편에서 혁명주의적 급진주의를 약화시키면서 저항의 체제내화를 촉진하지만, 다른 한편에서 지구화의 파괴적 결과에 대항하는 새로운 급진주의의 부상을 가져온다는 점에서 이중적인 효과를 미친다고 할 수 있다. 1999년 시애틀 투쟁을 시발로 하여, 다보스, 워싱턴, 제노아, 예테보리, 프라하 등 WTO 관련회의나 IMF 등 국제금융기구의 회의가 열리는 곳에서는 어김없이 반세계화 투쟁이 전개되었고 이러한 영향 하에서 ASEM 정상회담 기간에 국내에서도 반세계화 투쟁이 조직되기도 하였다. 이런 속에서 90년대 이후 범지구적인 반세계화투쟁의 일부를 이루는 신자유주의 반대투쟁 및 민영화 반대투쟁이 급진주의적인 민중진영에 의해서 쟁점화되기 시작하였고,[56] 이것이 사회운동의 공유된 인식으로 자리잡게 되었다고 보인다.

그러나 국내에서의 반(反)세계화 투쟁이나 반(反)신자유주의 투쟁은 역설

---

55) 민주노동당 내부에서 신자유주의적 세계화의 파괴적 결과는 단지 '20 대 80 사회' 로 현상화하는 것이 아니라, 한국에서는 더욱 비참하게 '5 대 95 사회', 잘해야 '10 대 90 사회' 로 현상화한다고 주장한 황광우의 논의를 둘러싼 흥미로운 논쟁이 있었다(http://www.kdlp.org).

56) 세계화를 둘러싼 사회운동 내부의 논쟁에 대해서는, 이창근(2001) 참조.

적으로 민주화의 억제적 효과로 인하여 급진주의적 경향보다는 다분히 방어
적이고 수세적인 공공성 옹호 투쟁 혹은 공공성 담론으로 나타나고 있다. 아
르헨티나에서 외환위기 때, IMF에 반대하는 대규모 폭동과 급진주의적 저항
이 나타났던 것과 비교한다면, 1997년 말 경제위기 이후 한국에서는 '금 모
으기 운동'과 같은 '국가위기를 계기로 한 시민사회의 동원'이 나타났고
IMF체제 하에서의 반신자유주의 투쟁이 대단히 온건한 형태로 나타난 것은
한국의 비혁명주의적 지형을 보여주는 것이라고 할 수 있다. 한국에서 국제
경쟁력 강화정책이나 개방화정책 등 신자유주의적 정책이 60년대 이래의 최
초의 민선민간정부, 즉 문민정부나 혹은 50년만의 최초의 야당정권인 국민
정부에 추진됨으로써 신자유주의정책에 대한 정치적 저항의 희석되어 나타
나는 현상이라고 할 수 있다. 이러한 특수한 조건은 지구화의 파괴적 결과에
대항하는 저항운동의 급진화를 제약한다는 것이다. 60%에 이르는 노동력의
비정규직화와 소득분배구조의 악화에도 불구하고, 1987년 이전과 같은 급진
주의적 경향이 노동운동의 일부에 국한되는 것은 이른바 '저강도 민주주의'
라는 전략이 한국에서 최대의 효과를 발휘하고 있음을 보여준다.

둘째, 지구화가 가져오는 새로운 쟁점, 국내적·국제적 쟁점에 대한 투쟁
을 통해서 지구화에 맞닥뜨린다. 국제적 쟁점과 관련하여, 지구 온난화 등 말
그대로 지구적 쟁점이 등장하고 이에 대응하는 지구적 연대가 형성·확대된
다. 중국의 사막화 현상은 한국에 황사 현상이라는 형태로 환경위기를 촉발
하게 되고 이러한 새로운 현상은 이미 초국민국가적 연대의 필요성을 각인
시켰다고 보인다. 또한 9.11테러 이후 부시의 반테러전쟁과 그로 인한 일종
의 '글로벌 공안정국'은 범지구적인 평화운동과 그 연대의 필요성을 강화시
킨다. 9.11테러 이후 미국의 공격적 군사주의에 기반하여 전지구적으로 진행
된 반테러전쟁을 반대하기 위한 국내 여성운동들의 반전평화운동, 국내 시
민·민중단체들의 반전평화운동은 평화 이슈를 둘러싼 초국민국가적 연대
의 가능성과 필요성을 상기시킨다.

여기서 특별히 중요한 것은 단지 '국제연대'의 차원을 넘어, 점차 '실재

(real)' 화 되어가고 있는 지구촌의 공통의제에 대해서 어떻게 초국민국가적으로 대응할 것인가 하는 문제에 한국의 저항운동이 직면하고 있고 응전하고 있다는 것이다. 비록 지구적 질서는 완결적으로 형성되어 있지 않지만, 기존의 국민국가적 질서체제만으로는 현존하는 지구촌적 문제들을 관리하고 조정할 수 없다는 것은 분명하기 때문에, 이런 점에서 지구적 체제의 형성에 급진적으로 개입하고 이것을 공론화하여야 할 필요성이 커지고 있다. 돌이켜 보면 사회주의 붕괴의 충격으로 시작한 90년대는, 거칠 것 없는 자본의 시대 또는 지구적 자유시장의 시대를 향한 질주가 특징이라고 할 수 있다. 복지, 노동권, 시민권, 인권 등의 이름으로 시장과 자본운동에 가해졌던 각종 제약들은 국제경쟁력이라는 이름으로 해체되고 지구적 단일시장으로 향하는 무한경쟁만이 앞다투어 전개되었다. 참담한 사회주의 붕괴의 체험 속에서 이제 '더 이상 대안은 없다' 라고 하는 이른바 '티나' (TINA. There is no alternative)적 세계관이 압도하였다. 그러나 90년대가 끝나갈 무렵, 그리고 새천년이 시작하는 즈음, 바로 90년대적 흐름에 대한 지구촌 시민사회의 반역이 시작되었던 것 같다. WTO 각료회의에 대응하는 1999년 11월 시애틀투쟁과 2000년 9.11사건은 성격은 다르지만 바로 90년대적 세계화에 대한 상징적인 반격의 성격을 띤다. 시애틀투쟁을 시발로 하여, 세계화를 시장의 입장에서 주도하는 각종 국제회의와 정상회담에서는 세계화의 파괴적인 경제적 측면에 대항하여 대대적인 저항이 표출되었다. 다른 한편에서 9.11사건과 그에 뒤이은 반테러전쟁 및 이라크전은 세계화의 모순에 대응하는 시민사회운동에 '반전평화' 의 화두를 던졌다. 광주항쟁 이후 권력의 폭력적 성격이 적나라하게 노정됨으로써 아래로부터의 투쟁이 한 단계 발전하였던 것처럼, 정작 반테러전쟁과 이라크전은 시장적 세계화를 주도하는 미국의 '군사주의' 적 성격을 적나라하게 노정함으로써 반세계화운동이 반전평화운동적 성격을 강화하면서 한 단계 비약하도록 만든다. 바로 이러한 지구촌 시민사회의 변화 속에서, 이제 '대안은 무수히 많다' 라고 하는 이른바 '타타' (TATA. There are thousands of alternatives)적 세계관이 확산되기 시작하였으며, '대

안적 세계는 가능하다' 고 하는 자신감 어린 목소리들도 분출되기 시작하였다. 이런 점에서 대안의 제도적 질서 자체를 쟁점화하고 대응하려는 노력이 중요해진다.

여기서 지구적 질서의 급진적인 민주적 재구축—글로벌 민주주의 문제라고 표현할 수 있겠다—의 문제가 제기된다. 예컨대 현재의 국제적 분쟁이나 갈등을 관리하는 체제로서의 UN의 제도적 질서는 어떻게 재편되어야 하는가, 현재와 같은 국내적·국제적 양극화를 촉진하면서 민중들의 삶에 파괴적인 결과를 가져오고 있는 초국적 금융질서와 WTO질서는 어떻게 보완되어야 하는가, 기존의 국민국가적 질서와—형성과정에 있는—글로벌 가버넌스 질서의 경계와 관계는 어떻게 재구조화되어야 하는가, 국민국가적 질서에서 민주주의가 보편가치였던 것처럼 글로벌 민주주의 공동체를 수립하기 위해서는 어떠한 정당성 체계와 어떠한 분배체계와 어떠한 윤리체계를 형성하여야 하는가, 반세계화운동으로 표현되는 지구촌 시민사회의 요구가 표현되고 수렴되는 글로벌 가버넌스체제의 형식과 내용은 어떠하여야 하는가 등 많은 쟁점들이 제기되고 있고, 이러한 쟁점들을 둘러싸고 지구촌의 여러 운동에 대한 관심들이 커지고 있으며, 한국의 사회운동들도 이전에 비해 더욱 더 폭넓은 관심을 보이고 있다. 2004년 1월 16일에서 21일까지 인도 뭄바이에서 열린 제4회 세계사회포럼에는 한국에서 400명이 참가할 정도로 적극적인 모습을 보이고 있으며, 반전평화운동 같은 경우 한국이 지구적 차원에서도 대단히 적극적인 나라가 되어가고 있다. 한국이 적극적으로 참여하고 있는 '지구적 차원의 부시 낙선운동' 같은 경우는 지구촌 실재화에 대응하여 지구촌 시민사회가 일국의 정치사회에 개입하려는 시도라고 평가할 수 있다.[57] 1999년 한국의 금융노련이 IMF 지원국 중 최초로 서울지방법원에 IMF에 대한 손해배상청구소송을 제기한 바 있었다. "IMF는 한국의 상황을 고려

---

57) 개인적으로 참여하고 있는 '부시낙선운동' 같은 경우는 지구촌 시민사회가 미국이라는 패권적 국민국가의 정치사회에 적극적으로 개입하려는 범지구적 정치운동의 성격을 띤다고 할 수 있다. 자세한 내용은 조희연(2004) 참조.

하지 않은 정책을 관철해 고금리로 인한 정상기업의 부도, 신용경색, 수입개방 강요, 노동시장을 자본의 이해대로 개편, 알짜 공기업과 은행 헐값매각 등 한국국민에게 막대한 피해를 입혔다" 라는 논지에서 이루어진 제소는 1999년 대구라운드에서 관심을 끌었으며, IMF에 대한 국제적 비판과 저항 속에서 주목을 받은 바 있다. 지구화에 대항하는 운동의 과정에서 일국적 운동들은 개별 국민국가 의제의 지구화, 지구적 의제의 국내화와 함께 지구적 의제 자체의 설정 및 개입을 요구받게 되었다. 이런 문제에 대한 인식의 전환이 한국에서도 부분적으로 드러나고 있고 이는 저항담론의 확장의 계기로 작용하고 있다.

나아가 범지구적 성격을 갖는 국내적 쟁점과 관련하여 다양한 쟁점들이 형성되는데, 특별히 외국인 노동자의 문제는 중요성을 갖는다. 한국에서는 외국인 산업연수생 제도의 철폐와 고용허가제 도입 등이 저항운동의 현안이 되고 이 이슈를 둘러싸고 시민·노동·종교 단체의 광범한 연대가 나타났다. 이 과정에서 단순히 외국인 노동자의 인권을 보장하기 위한 운동 차원뿐만 아니라 '초국민국가적 시민권' 의 문제도 제기되었다. 자본이동의 지구화가 저임금과 값싼 노동조건을 추구하는 자본의 국제적 이동에 기인한다고하면, 노동력의 초국경적 이동은 높은 임금을 추구하는 노동의 국제적 이동에서 기인하는 것이라고 할 수 있다. 전자에 대해서는 국민국가가 무제한적인 자유를 허용함으로써 적극적으로 유치하는 반면에, 후자에 대해서는 국내 노동자와 외국인 노동자의 이중적 기준 적용을 통해서 국내 자본의 착취와 수탈을 가속화하고 있다. 국민국가의 이러한 이중적 태도는 지구화 시대의 일반적 현상이며 한국의 경우도 예외는 아니다. 한국에서도 '내국인과 동일한 노동3권' 을 보장하기 위한 투쟁이 구호로서 존재하고 있으나, 현실에서는 의제화되지 못하고 있다고 할 수 있다.

피억압 민족으로서의 오랜 경험, 동질적인 민족으로서 생활해온 오랜 경험은 한국의 저항운동에 있어 일국적 시각을 뛰어넘는 지구적 시각이 대단히 '예외적인' 것으로 인식하게 만들고 있는 것이 사실이다. 이런 인식의 한계 속에서, 실천적 차원에서 지구적 연대를 위한 노력은 대단히 미약하게 전개되고 있다고 할 수 있다. 외국인 노동자 운동 역시도 외국인 노동자의 문제를 약자의 불이익을 극복하는 차원의 운동으로 전개되고 있고 민족국가의 한계를 넘는 차원에서 접근되지 않는다고 보인다. 외국인 노동자에게 국내 노동자와 동일한 시민권과 노동조건을 제공하는 것은 일국적 투쟁을 통해서 쟁취될 수 없는 것이고 지구적 저항연대를 통하여 지구적 자본주의 질서 자체를 변화시킴으로써 가능하다고 할 때, 한국저항운동은 외국인 노동자문제에 응전하는 과정에서 지구적 투쟁의 중요성과 지구적 투쟁에서의 급진주의의 가능성을 체득해가고 있다고 보인다. 현존하는 외국인 노동자 문제와 관련된 투쟁은 일국적 저항으로 완결될 수 없는 초국민국가적 투쟁의 차원을 부단히 일국적 저항에 인입하고 있다고 하겠다.

그러나 다행스러운 것은, IMF나 WTO체제 문제 등 글로벌 가버넌스 체제의 쟁점화를 포함하여 '실재' 화되는 지구적 차원을 전제로 한 지구적 행위의 필요성을 절감한 한국의 급진주의적 세력들이 초기부터 신자유주의적 세계화에 적극적으로 응전하는 노력들을 행해왔고, 그 결과 이런 영역에서 상대적으로 '독점' 적인 지위를 가지고 있다고 평가할 수 있다.

셋째, 지구화는 기존의 민족국가적 질서를 상대화하는 효과를 가져오기 때문에, 지구화의 급진적 효과를 현실화하기 위한 인식과 실천들이 전개되고 있다. 앞서 서술하였듯이, 지구화는 자본운동의 세계화로 인한 지구촌의 시장주의적 통합을 가속화하는데, 이러한 지구적 통합과정—비록 여러 차원에서 불균등하게 전개되고 여러 차원 간의 부정합(disjuncture)과 균열을 내포하고 있지만[58]—은 다른 한편에서 민족국가적 질서의 해체적 잠재력을 극대화시킨다. 사실 근대 민족국가는 중앙집중적인 국민국가에 지역자치적·하위민족적 요소들을 융해하면서 동시에 그것들을 억압하는 성격을 지니고 있었다. 정치경제사회생활의 전 차원에서 근대 국민국가는 표준적인 질서에

---

58) 이에 대해서는, 데이비드 헬드(1991) 참조.

반하는 행위와 요소, 문화들을 억압하는 체제였다. 그러나 이른바 '권위의 재분배' 현상으로 인하여 민족국가적 권한과 권위는 지구적 차원과 지역적 차원으로 재분배된다. 이러한 현상은 민족국가적 장악력과 통제력을 약화시 키는 결과를 가져오고 이는 민족국가적 통제 속에서 억압되고 있던 요소들 이 '해방' 될 수 있는 계기를 갖게 된다. 이런 점에서 저항운동은 지구화가 가 져오는 민족국가적 질서의 해체적 잠재력을 급진화하려는 적극적인 인식과 실천을 요구받는다고 할 수 있다.

이와 관련하여 한국 사회의 강한 민족주의 · 국가주의적 인식의 해체적 약 화를 위한 문제들이 제기된 바 있다. 『당대비평』을 중심으로 전개되는 '우리 안의 파시즘론' 혹은 일상적 파시즘론59)은 한편에서는 내부의 계급적 · 정치 적 억압의 문제를 넘어서서, 생활세계 속에 내재화된 다양한 억압과 차별, 그 내면화된 기제들을 쟁점화하고 있으며, 다른 한편에서는 이런 생활세계적 억압의 한 중요한 기제로서의 민족주의와 국가주의적 경향을 쟁점화하고 있 다. 이러한 두 가지 논의는 지구화 시대 급진주의적 저항담론의 확장지점을 적절히 쟁점화한다고 생각한다. 문부식의 〈조선일보〉 인터뷰 및 기고 등에 서 보여지는 바와 같은 '문부식의 정치적 투항' 에 대한 비판과는 별개로, 급 진주의적 저항담론이 이러한 쟁점들을 내재화하는 것이 중요하다고 생각한 다. 일상적 파시즘론은 더 나아가 급진주의적 저항운동 진영이 갖고 있는 교 조주의적 경향, 근본주의적 경향, 저항폭력을 용인하는 경향을 비판함으로 써 그동안 저항운동의 내재적 문제점을 쟁점화하였다. 이는 정치적 파시즘 에 대한 투쟁에서 혁명적 입장을 가졌던 저항세력의 '파시즘적 경향' 을 지 적한다는 점에서, 정치적 급진주의의 '보수성' 자체가 쟁점화되고 있다고 할 수 있다. 운동의 대상만이 아니라 운동 자체를 쟁점화하는 것 역시도 급진 주의의 성찰의 대상이 확장됨을 보여준다고 생각한다.60) 지구화로 인하여 인권이나 평화와 같은 보편적 가치가 확산되도록 하고, 기존의 민족주의나

---

59) 이에 대해서는, 임지현 외(2000) 참조.

60) 일상적 파시즘론의 여러 측면 중 문부식(2002)이 제기한 여러 쟁점 가운데, 동의대 사태 관

국가주의에 대한 해체적 담론을 제기하고 실천하는 것이야말로, 지구화가 내포하는 진보적 잠재력을 급진적으로 전유하려는 노력이라고 볼 수 있고, 이는 지구화라는 맥락 속에서 대중화의 문제의식만이 아니라 급진화의 문제 의식을 관철하려는 노력이라고 평가할 수 있다.

한국은 그동안 피억압 민족으로 존재하여 왔고 그런 점에서 한국의 민족 주의는 저항적 민족주의로서의 성격을 가지고 있었다. 이것은 그 자체가 억 압적 요소를 내포하지 않고 자구적 성격이 강하기 때문에, 문제될 소지가 적 었다. 그러나 한국이 준(準) '제국주의' 적 지위에 올라서게 됨으로써 이제 한 국의 민족주의와 국가주의가 역으로 억압적 성격을 가질 수 있는 가능성을 갖게 되었다.[61] 이런 점에서 한국의 저항운동은 국가주의와 민족주의에 의 존하던 단계에서 그것을 비판하고 성찰하는 단계로 이행하고 있다고 할 수 있다. 이제 저항운동은 지구화가 부여하는 민족주의와 국가주의에 대한 재 성찰 가능성을 현실화함으로써, 그동안 일국적 운동 속에서 억압받고 주변 화되고 있던 대중들의 초국민국가적 역동성을 발현시키고 현실화시켜야 하 는 과제를 안게 되었다. 물론 이런 측면에서 한국의 급진주의는 한계를 가지 고 있다고 할 수 있지만, 부분적으로 이러한 논의들이 저항운동 내부에서 공 론화되어 가고 있다.[62]

---

런자들의 민주화유공자 인정과 관련하여, 그것은 운동 자체의 폭력성을 성찰하지 못하는 것이며, 국가민주화 과정에서 이루어지는 과거청산―그 한 예로서 민주화운동 관련자들의 국가적 유공자 인정―이 '운동의 국가화' 를 촉진함으로써 역설적으로 국가주의적 요소를 강화한다는 것, 사회운동 자체가 국가주의적 관념들을 무비판적인 전제로 수용하고 있다 는 지적이 폭넓은 쟁점이 된 바 있다. 이를 둘러싼 다양한 논쟁들에 대해서는, 조희연 (2002b); 조정환(2002a); 김진석(2002) 참조.

61) 지구화가 가져오는 민족주의 · 국가주의적 인식의 도전은 한국에서는 상대적으로 크게 문 제시되지 않는다고 보인다. 2002년 6월 월드컵에서 나타난 '붉은 악마' 현상은 한국에서 민족주의적 집단의식이 강하게 존재하고 있음을 보여준다. 그리고 국가주의적 인식 자체 도 강하게 존재하고 있음을 보여준다. 이에 대한 성찰로는 정진웅 외(2002) 참조.

62) 지구화 시대 진보적 사회운동에 있어 민족주의는 어떤 의미를 가지는가 하는 문제를 둘러 싸고 쟁점이 존재한다. 어떤 점에서 국민국가적 진보주의자들이 지구화의 쟁점들에 대응

이러한 일상적 파시즘론과는 별도로, 자율주의(autonomia) 흐름[63]은 지구화의 조건 속에서 비국가주의적 급진주의의 성격을 띠고 있다고 생각된다. 네그리의 논의에 대한 한국적 수용형태로 전개되는 이러한 논의는, 기존의 국가주의적 혁명주의, 노동자계급—계급적대 중심의 혁명주의와는 구별되는, 자율주의적 급진주의를 상징하고 있다고 생각된다. 네그리의 논의는 한국에서, 한편에서는 국가주의적 혁명모델을 넘는 급진주의적 자율주의 모델로서, 다른 한편에서는 지구화에 대응하는 범지구적 저항주체론으로 나타났다고 보인다.[64] 처음 자율주의의 문제의식은 생산의 영역에 한정되어 있는 기존의 맑스주의적 논의를 급진적으로 확장하고자 하는 문제의식을 담고 있었으며 이것은 사회적 노동자론 등으로 나타났다. 후에 『제국』을 통하여 네그리의 논의가 지구적 저항의 문제의식으로 확장된다고 보인다. 제국시대의 저항주체로서 다중(多衆, multitude)의 주목도 이런 맥락이라고 할 수 있다.[65]

---

하면서 글로벌리스트와 민족주의자로 분화하는 경향도 볼 수 있다. 2003년 4월 경, SK글로벌이 유동성 위기에 몰렸을 때, 외국계 펀드인 소버린 자산운용이 자회사인 크레스트증권을 통해 1천 5백억 원을 들여 SK(주) 지분 14.99%를 사들여 최대주주가 되어 경영권 논란이 일었다. 당시 재벌들에 대해서 재벌개혁의 일환으로 경영의 투명성을 압박하고 있던 참여연대 경제개혁센터에 대해서 대안연대회의가 참여연대의 경제민주화운동이 투명성과 같은 이른바 '글로벌 스탠다드'를 무비판적으로 대기업 개혁의 기준으로 강제함으로써, 초국적 자본에 대한 한국 경제의 지배에 기여한다는 비판을 제기하였다. 이에 대하여 장하성 교수가 민족적 좌파가 국수주의적 입장에서 재벌을 옹호하고 있다는 반론을 제기하고 대안연대회의가 다시 반박함으로써 논쟁이 확산된 바 있다. 참여연대의 경제개혁운동 전반에 대해서는, 조희연 · 홍일표 · 김정훈(2003) 참조.

63) 최근 〈자율평론〉 등을 중심으로 자율주의적 맑스주의의 논의를 소개하거나, 탈국가혁명론적인 자율주의 논의들을 제기하고 있는 것도 이러한 흐름의 대표적인 것으로 생각된다. 이에 대해서는, 해리 클리버(2002); 조정환(2002b) 등 참조.

64) 전자의 경우에는 자율평론 등의 운동으로 나타난다고 보이며, 후자와 관련해서는 네그리의 『제국』의 논리의 확산을 들 수 있다. 조정환의 『아우또노미아—다중의 자율을 향한 네그리』는 네그리에 대한 해설서적 형식을 띠지만, 자율적 맑스주의의 한국적 가능성을 보여주는 책이라 할 수 있겠다.

65) 네그리의 '다중'(multitude)에 대한 논의는 지구적 자본주의시대에 초국민국가적 저항주체론의 제기라는 점에서 의미가 큰데, 과거 종속이론에 대한 맑스주의의 비판에서도 쟁점

한국에서 비국가주의적 저항담론의 성격을 띠는 자율주의적 급진주의의 흐름—물론 현재로서 이러한 논의들은 저항담론적 '인식'의 차원에서 제기되고, '실천'의 차원에서 담지되지 않고 있지만—은 1987년 이전의 '노동자계급-계급적대-국가중심형 혁명주의'와는 구별되는 급진주의가 한국에서도 쟁점화되고 확산되는 것을 의미한다고 볼 수 있다.


## 5. 요약 및 맺음말

나는 이 글에서 저항담론의 관점에서 급진주의적 논의의 흐름을 살펴보았다. 19세기 이래 정식화된 혁명적 맑스주의의 패러다임을 '노동자계급-계급적대-국가중심형 혁명주의'의 패러다임이라고 할 때, 다음과 같은 네 가지 차원의 쟁점이 혼재되어 있다고 생각한다.

첫째는 노동자계급 혹은 노동자정치세력이 외부의 '급진주의'—그것을 급진화시켜야 한다고 하건 급진적 잠재력이 있다고 보건간에—에 어떤 태도를 취할 것인가 하는 쟁점이다. 물론 여기에는 노동자계급 중심주의를 견지하는 입장과 그렇지 않은 입장이 있을 수 있다. 둘째, 국가중심형 혁명을 사고하느냐 아니면 비국가주의적 혁명을 사고할 것인가 하는 쟁점이다. 셋째, 계급적대 중심이냐 아니면 계급적대 이외의 다양한 사회적 적대를 주목할 것인가 하는 쟁점이다. 넷째, 일국적 급진주의와 지구적 급진주의의 쟁점이 있을 수 있다.

이러한 네 차원의 쟁점들을 둘러싸고 급진주의적 저항담론의 전개 상에서는 두 가지 경향, 즉 변혁을 지향하는 주체들이 인식적으로나 실천적으로나 자신을 좀더 혁명화하려고 하며 동시에 변혁세력 내부에서 혁명적 세력들의

---

화된 것 같이, 국민국가적 차원에서 적용되던 잉여가치의 법칙이 무엇을 매개로 초국민국가적 '제국'에 적용될 수 있을 것인가 하는 이슈가 향후의 해결과제로 존재한다(R. H. 칠코트 1984 참조).

헤게모니를 관철하여야 한다고 생각하고 행동하는 '급진화' 의 지향과, 혁명을 성공시키기 위해서는 더욱 많은 대중적 세력이 변혁운동에 참여하여야 하고 이를 위해서는 많은 계급계층 및 사회세력과 연대하고 이를 투쟁전선에 포괄하여야 한다고 하는 대중화의 지향이 갈등하면서 공존하여 왔다. 이렇게 본다면 변혁론 혹은 급진주의적 저항담론의 변화과정은 현실변화 속에서 급진화와 대중화의 두 경향이 각축하면서 네 가지 변혁론 이슈들을 중심으로 한 논의가 변화 발전해 온 과정이었다고 표현할 수 있다. 중요한 것은 특정 시기의 운동은 자신의 목표―예컨대 독재 타도 혹은 사회주의 혁명―를 성취하면서 역설적으로 새로운 조건에 놓이게 되고, 이러한 새로운 조건 속에서 급진화와 대중화를 새롭게 구현하려는 노력을 해야 한다는 것이다. 새로운 조건 속에서 새롭게 급진화와 대중화를 구현하려는 노력이 없을 때 운동은 퇴조하거나 도그마화함으로써 역동성을 상실한다.

이런 점을 전제로 할 때, 서구에서 급진주의적 저항담론은 새로운 도전을 맞으면서 부단한 혁신과 재정식화를 요구받아 왔다고 할 수 있다. 저항담론 혹은 변혁론에 대하여, 다양한 입장들이 경쟁하던 19세기 초중반의 시기를 거쳐 맑스주의가 저항담론에 있어 지배적인 흐름을 차지하게 되면서, 저항의 최고의 형태는 '노동자계급' 을 중심으로 한 '국가' 중심형 '계급' 혁명으로 인식되었다고 할 수 있다. 러시아 혁명의 성공 이후, 이러한 '노동자-계급적대-국가 중심형' 혁명모델은 일반적 모델로 인식되었고, 단지 그러한 변혁론의 틀 내에서 노동자계급의 주도성을 강조하느냐 아니면 제계급계층과의 통일전선을 강조하느냐의 두 가지 흐름으로 분화되어 나타났다. 반제민족해방운동과 반파시즘 인민전선의 등장은 노동자계급-계급적대 중심의 혁명모델에서 비노동자계급과 비계급적대를 중심으로 하는 저항성을 혁명이 포괄하여야 한다는 문제의식을 혁명론 내부에서 수용한 것이라고 할 수 있다. 동유럽에서의 반파시즘 인민민주주의혁명과 중국에서의 반제반봉건 민주주의혁명론은 이전의 볼쉐비키형 혁명모델을 상대화시키면서 '노동자계급-계급적대' 중심형 혁명모델을 확장하는 계기로 작용하게 된다.

　20세기 전반기의 저항담론을 평가하면, 급진주의적 저항담론 내부에서 맑스주의의 지배화와 그 볼쉐비키형 혁명의 성공은 한편에서는 급진화의 경향을 변혁세력 내부에서 결정적으로 강화시키는 결과를 가져왔으며, 다른 한편에서는 이러한 급진화의 경향을 극단화함으로써 대중화의 문제의식을 봉쇄하고 다양한 좌편향적 실천하게 되었다. 볼쉐비키혁명론의 지배화 속에서도 제국주의적 지배의 조건과 파시즘의 등장이라는 조건 속에서 통일전선론이 부상하는 것은, 저항담론의 내재적 변화를 상징하는 것으로 적극적으로 해석할 수 있다. 즉 볼쉐비키형 일반 혁명모델의 경험적 적용의 문제로 왜소화되어가던 저항담론의 문제의식을 대중화의 관점에서 확장한 것이라고 해석할 수 있다. 이러한 차이에도 불구하고, 2차 대전 이전의 변혁론의 흐름은 기본적으로 국민국가적 혁명 지형과 ‘국가’ ‘혁명’ 주의적 입장을 공유하는 상태에 있었다고 평가할 수 있다.

　2차 대전까지의 급진주의적 저항담론에 기초한 변혁세력의 실천은 서유럽에서의 사회민주당이나 노동당의 집권, 동유럽에서의 공산당의 집권을 포함한 ‘사회주의체제’의 형성을 성취하는 단계로까지 ‘성공’하였다. 그러나 바로 이러한 ‘성공’이 저항운동을 새로운 조건 속에 위치시킴으로써―급진화와 대중화의 지향을 새로운 조건 속에서 구현하려는 노력을 포함하여―새로운 응전을 해야 하는 과제를 부여하게 된다. 그러나 2차 대전 이후의 전과정은 ‘성공’의 도전에 대하여 급진주의적 저항담론과 실천이 ‘응전에 실패’함으로써, 대중의 역동성은 ‘구’ 사회운동이 아니라 ‘신’ 사회운동으로 표출되게 되며, 사회당 정권이나 공산당 정권 자체의 퇴조를 경험하였다고 평가할 수 있다.

　저항담론과 실천의 견지에서 보면, 2차 대전은 한편에서 이러한 20세기 전반의 저항담론에 기초한 혁명이 성공하면서 일국 사회주의가 사회주의체제로 전환하는 계기가 됨과 아울러 다른 한편에서는 이러한 고전적인 저항담론에 새로운 성찰과 도전이 나타나는 계기였다고 할 수 있다. 즉 계급적대가 아닌 다양한 비계급적 이슈들을 둘러싸고 다양한 저항성이 표출되고 동시에 노동자계급뿐만 아니라 제계급계층을 중심으로 저항성이 표출되면서, 기존의 저항담론이 재정식화될 필요가 제기된 것이다. 2차 대전 이후 노동자계급을 근거로 한—비록 '개량적' 사회민주주의 흐름을 대표하는 것이라고 할지라도—사회민주당이 집권당이 되고 그 집권당이 자본주의적 '국가'의 행정적·기능적 담지주체가 되면서, 국가적·사회적 권위주의와 관료주의에 의해 억압되고 있었던 다양한 저항성들이 비국가주의적 혁명의 전망을 가지면서 비노동자계급, 비계급적대를 중심으로 다양하게 표출되게 된다. 2차 대전 이후의 과정을 종합한다면, 2차 대전 이전까지의 투쟁을 통해서 자신들이 성취한 새로운 조건 속에서 새롭게 자기 급진화와 대중화를 성취하여야 함에도 불구하고 이러한 응전을 하지 못함으로써, 대중의 역동성은 '구' 사회운동이 아니라 '신' 사회운동으로 표출되며, 사회당 정권이나 공산당 정권 자체의 퇴조를 경험하게 된다.

20세기 말에 나타난 사회주의 붕괴와 지구화의 현실은 기존의 저항주체론의 재정식화의 과제를 더욱 부각시킨다. 사회주의 붕괴는 2차 대전 이후 전개되어온 비국가주의적·비노동자계급적·비계급적대적 저항성을 포괄하는 형태로 기존의 저항담론이 어떻게 재정식화되어야 하는가를 시급한 과제로 드러내었다고 할 수 있다. 또한 지구화의 새로운 현실은 한편에서는 이러한 비국가주의적·비노동계급적·비계급적대적 저항성을 더욱 부각시키면서, 다른 한편에서는 기존의 저항담론의 일국적 한계를 뛰어넘어 지배의 지구화에 대응하는 저항의 지구화를 실현하여야 하는 과제를 제기하였다고 할 수 있다. 이런 의미에서 지구화는 급진주의적 저항담론이나 변혁세력에게 있어 쇠퇴냐 재부활이냐의 전혀 새로운 도전이라고 할 수 있다.


이러한 일반론적 논의 위에서, 나는 해방 이후 현대사의 전개과정 속에서 급진주의적 저항담론의 변화를 살펴보았다. 한국에서는 극우반공주의적 조건이 지배적이던 50년대에 진보주의와 급진주의의 전통은 소멸한 상태에 있었다. 한국에서 그나마 급진주의·진보주의적 저항담론이 부활·확대되는 것은 박정희 독재정권과의 투쟁과정 속에서였다. 80년대의 혁명적 인식단계로 가는 과도기로서의 70년대에 민중사회학이나 민중신학 등의 형태로 일종의 '민중주의'적인 저항담론이 출현하기 시작하였다. 80년 광주민중항쟁을 거친 후, 한국에서는 맑스주의적 혁명주의가 등장하기 시작하였다. 서구에서 노동자계급 중심의 계급혁명을 지향하는 볼쉐비키적 혁명모델이 지배적인 모델로 정착한 이후 반제민족해방운동 및 반파시즘운동의 경험이 반영되면서 통일전선론적 혁명모델이 중국과 동유럽에서 현실화되었던 데 반하여, 한국에서는 전자의 흐름에 조응하는 PD적 혁명주의와 후자의 흐름에 조응하는 NL적 혁명주의가 '경쟁적으로' 출현하였다고 할 수 있다. 기본적으로 80년대의 NL은 변혁론을 접근함에 있어 다양한 대중동력을 어떻게 결합할 것인가 하는 대중화의 관점에서 접근하고 CA 및 PD는 어떻게 혁명적 관점을 견지하며 저항투쟁 내부에서 혁명적 헤게모니를 관철할 것인가 하는 급진화의 관점에서 접근함을 알 수 있다. 급진화의 지향과 대중화의 지향이 선택의 문제가 아니라고 할 때, 80년대 남한의 두 가지 급진주의적 저항담론은 급진화와 대중화의 지향을 각각 제기하고 양자가 변혁운동 내에서 긴장한 채로 존재하게 만들었다고 생각된다. 전체적으로 80년대 초반에서부터 87년까지의 급진주의적 저항담론과 실천은 사회주의운동이나 변혁운동의 '단절의 역사'를 극복하고 '급진화'의 과제를 성공적으로 실현하였다고 생각된다. 비록 그것이 단절의 역사만큼 '원론적 모습'을 띠고 있었다고 하더라도 급진주의적 저항담론과 실천은 1987년 6월 항쟁의 주요동력으로 작용할 수 있었으며 변혁적 지향들을 내재화할 수 있었다.

80년대에 부활한 이 땅의 혁명주의자와 사회주의자, 급진주의자들에게 진정한 도전을 그들이—자신들의 희생을 통해서—성취한 민주주의를 통해서 예비되고 있었다. 1987년 6월 민주항쟁으로 한국 사회가 독재의 시대에서 민주주의 시대로 이행하면서, 한국의 급진주의적 저항담론과 세력은 전체주의적 독재상황이 아니라—비록 불완전하지만—민주주의 이행과정에서 제기되는 다양한 저항성과 역동성을 어떻게 급진화하고 동시에 대중화할 것인가 하는 전혀 새로운 과제에 직면하게 되었다.

80년대 전반기가 맑스주의적 혁명주의가 급진주의 진영 내부에서 지배적이었던 데 반하여, 1987년 6월 민주항쟁을 계기로 민주주의이행이 본격화되면서 이전의 혁명주의적 흐름은 약화되고 시민운동으로 상징되는 온건보수주의적·자유주의적 중간층 운동이 출현했다. 한국의 시민운동은 서구의 신사회운동과 동일시되는데, 신사회운동이 비록 2차 대전 이전의 고전적 모델―노동자계급·계급적대·국가중심형 혁명모델―로부터의 이탈이기는 하지만 그것은 비혁명주의적 급진주의를 강하게 내포하고 있었던 데 반하여 한국의 시민운동은 비혁명주의적 온건보수주의 혹은 자유주의의 성격을 강하게 띠었다는 점에서 차이를 발견할 수 있다. 1987년 이후의 정치적 변화는 급진주의적 저항담론에 대해서, 급진화와 대중화의 문제의식을 구현하여 민주주의 이행과정에서 제기되는 대중의 저항성과 역동성을 포괄해야 하는 어려운 과제를 동반하였다고 생각된다. 급진화와 대중화의 두 가지 경향이 각축하는 변혁론 내부에서 혁명진영이 급진화의 경향으로 경직화됨으로써 대중화의 문제의식이 주변화되었다고 한다면, 80년대 말―90년대의 시민운동 내부에서는 '자유주의적인 의미에서의' 대중화의 문제의식만 존재하지 급진화의 문제의식은 대단히 주변화되어 있다고 평가할 수 있다. 그러나 90년대 이후 시민운동이 다양화되고 분화되면서 초기의 정체성과는 구별되는 온건진보주의적 경향 및 급진주의적 경향들도 출현하였다.

1987년 이전에는 노동자계급―계급적대―국가 중심형 혁명주의가 지배적이었다고 한다면, 87년 이후에는 소수자문제, 환경문제, 여성문제, 인권문제 등을 둘러싸고 비노동자계급―비계급적대―비국가 중심형 혁명주의 지향과는 구별되는 새로운 인식과 실천이 나타나게 된다. 이러한 시민운동적 흐름에 대하여 80년대의 혁명적 급진주의를 계승하는 흐름에서는 그 개량주의적 성격, 이데올로기적 보수성, 체제 내적 성격 및 체제합리화적 기능 등에 대하여 비판을 제기하였다. 이러한 비판이 외재적인 비판이라고 한다면, 시민운동이 쟁점화하고 있는 이슈들을 중심으로 새롭게 급진주의적 경향들도 출현하기 시작하였다.

  사회주의 붕괴 이후 이러한 사회운동의 분화경향은 더욱 확대되고 지적 정당화를 동반한다. 지적 차원에서 각종 포스트 주의, 그 일부로서의 포스트 맑스주의, 무정부주의, 공동체주의 등 비맑스주의적 저항사상들도 나타나게 된다. 특별히 포스트 맑스주의는 고전적인 혁명주의가 상정하고 있었던 노동자계급-계급적대-국가 중심형 혁명모델의 전환을 '맑스주의' 의 이름으로 제기하게 된다. 한국에서의 포스트 맑스주의논쟁은 이러한 포스트 맑스주의적 입장에 대한 혁명적 맑스주의 입장에서 비판이 제기되는 형태로 전개되었다. 저항운동 내부에서 고전적인 혁명주의적 급진주의와 구별되는 다양한 급진주의적 경향들이 출현하면서, 급진주의의 다양한 차원 간에 논쟁과 갈등도 나타난다. 또한, 환경단체와 노동단체의 대립, 시민운동과 노동운동의 대립 등의 형태로 나타난다. 물론 현실에서는 똑같은 급진주의 간의 갈등이라기보다는 비노동 '자유주의' 대 노동 '급진주의' 의 성격을 띤 경우가 많기는 하지만, 진보의 여러 차원 간의 갈등과 긴장이 존재한다는 점에서, 맑스주의적 혁명주의가 급진주의를 지배하였던 80년대 전반과는 구별된다.

  90년대 현실화되기 시작한 지구화의 영향은 여러 차원에서 한국의 급진주의에도 영향을 미쳤다. 먼저 지구화의 영향으로 한국의 '민선민간정부' 의 신자유주의적 정책—민영화 및 외환시장 개방 등—이 추구되면서 고용의 유연화, 소득분배구조의 약화 등을 매개로 하여 이른바 '20 대 80 사회' 가 출현하고, 그 결과 지구화의 이러한 파괴적 결과에 대항하는 반신자유주의투쟁 혹은 반세계화투쟁이 저항운동의 중요한 영역으로 부각된다. 한국 내에서의 반세계화투쟁이나 반신자유주의 투쟁은 역설적으로 민주화의 억제적 효과로 인하여 급진주의적 경향보다는 다분히 방어적이고 수세적인 공공성 옹호 투쟁 혹은 공공성 담론으로 나타나고 있다. 60%에 이르는 노동력의 비정규직화와 소득분배구조의 약화에도 불구하고, 1987년 이전과 같은 급진주의적 경향이 노동운동의 일부에 국한되는 것은 이른바 '저강도 민주주의' 라는 전략이 한국에서 최대의 효과를 발휘하고 있음을 보여준다.

둘째, 지구화는 지구온난화 현상과 같은 범지구적 쟁점에, 국내적으로는 외국인 노동자 문제와 같은 범지구적인 국내적 쟁점에 직면하게 만들고 있다. 그러나 피억압 민족으로서의 오랜 경험, 동질적인 민족으로서 생활해 온 오랜 경험은 한국의 저항운동에 있어 일국적 시각을 뛰어넘어 지구적 시각이 대단히 '예외적인' 것으로 인식되게 만들고 있다. 그럼에도 불구하고 IMF나 WTO체제 문제 등 글로벌 가버넌스 체제의 쟁점화를 포함하여 '실재'화되어가는 지구적 차원을 전제로 한 지구적 행위의 필요성을 절감한 한국의 급진주의적 세력들은, 일찍부터 신자유주의적 세계화에 적극적으로 응전하는 노력들을 해왔다.

마지막으로 지구화는 기존의 민족국가적 질서를 상대화하는 효과를 가져오기 때문에, 지구화의 급진적 효과를 현실화하기 위한 과제가 급진주의 진영에 부과된다고 할 수 있다. 저항운동은 지구화가 가져오는 민족국가적 질서의 해체적 잠재력을 급진화하려는 적극적인 인식과 실천을 요구받고 있다고 하겠다. 특히 이와 관련하여 한국의 민족주의와 국가주의적 인식을 뛰어넘는 과제가 운동 내부에서 제기되고 있으며, 네그리 논의의 수용 등을 통하여 비국가주의적인 급진주의와 지구화시대의 지구적 저항주체의 문제들이 저항진영 내부에서 의제화되어 가고 있다고 생각된다. 최근 지구화로 인하여 인권이나 평화와 같은 보편적 가치가 확산되도록 하고, 기존의 민족주의나 국가주의에 대한 해체적 담론을 제기하고 실천하는 것이야말로, 지구화가 내포하는 진보적 잠재력을 급진적으로 전유하려는 노력이라고 볼 수 있다. 또한, 이는 지구화라는 맥락 속에서 대중화의 문제의식만이 아니라 급진화의 문제의식을 관철하려는 노력이라고 평가할 수 있다.

급진주의적 저항사상은 특정한 역사적 형태에 고정되어 있는 것이 아니고 현실의 변화가 동반하는 새로운 상황에 대한 지적·실천적 응전의 형태로 변화해왔다고 할 수 있다. 맑스주의적 혁명주의 입장에서는 현실변화에 따른 새로운 도전을 맑스주의의 확장 및 혁신의 과제로, 비맑스주의적 급진주의의 입장에서는 새로운 저항담론의 정립노력이 중첩되면서, 각 시기의 모순에 대응하는 인간해방의 실천은 지속되어 왔다고 할 수 있다.

이상에서 본 바와 같이 한국의 급진주의의 흐름을 저항담론의 관점에서 살펴보면, 서구적 맥락에서 전개되어온 저항담론의 쟁점들이 한국 사회에서도 투영되고 있음을 알 수 있다. 한국의 저항운동은 이처럼 한편에서 서구적 일반성의 프리즘에 영향받으면서 동시에 한국적 특수성에 대한 급진주의적 응전을 통해서 발전해가고 있다. 앞으로 한국의 저항담론이 서구의 일반적인 흐름의 영향을 받으면서 동시에 한국의 특수성을 일반화함으로써 서구 사회운동의 한계를 뛰어넘는 새로운 저항담론의 지평을 개척할 지는 한국 진보주의자들의 실천 여하에 달려있다.

# | 참고문헌 |


강신철 외. 1988. 『80년대 학생운동사』. 형성사.

김용기 · 박승옥 편. 1989. 『한국노동운동논쟁사: 80년대를 중심으로』. 현장문학사.

김진균 · 조희연. 1990. "해방 이후 한국인문사회과학사의 비판적 재검토: 학문적 종속과 민족적 · 민중적 학문의 전개". 김진균 · 조희연 편. 『한국사회론』. 한울.

김진석. 2002. "위험한 근본주의에 빠진 일상적 파시즘론과 비폭력주의". 『사회비평』. 가을호.

대동 편집부. 1988. 『민족과 경제』. 대동.

문부식. 2002. 『잃어버린 기억을 찾아서: 광기의 시대를 생각함』. 삼인.

민정구 편. 1987. 『통일전선론』. 백산서당.

박지현 · 허남혁 옮김. 2002. 『녹색희망』. 이후.

박형준. 1993. "시민사회론의 복원과 비판적 재구성". 이병천 · 박형준 편. 『마르크스주의의 위기와 포스트마르크스주의(2)』. 의암.

백의 편집부 편역. 1988. 『코민테른과 통일전선: 코민테른 주요문건집』. 백의.

서경석. 1992. "경실련 3년의 평가와 반성". 『월간 사회평론』. 8월호.

서관모. 1988. "식민지반봉건사회론과 신식민지국가독점자본주의론의 계급분석". 『현실과 과학』. 2집.

유팔무 · 김정훈 편. 2001. 『시민사회와 시민운동(2)』. 한울.

유팔무 · 김호기 편. 1995. 『시민사회와 시민운동』. 한울.

윤소영. 1988. "식민지반봉건사회론과 신식민지국가독점자본주의론". 『현실과 과학』. 2집.

윤소영. 1992. "한국에서의 '맑스주의의 위기' 와 한국사회성격논쟁". 『월간 사회평론』. 8월호.

윤수종. 1996. "이탈리아의 아우토노미아 운동". 『이론』. 14호. 봄호.

이병천. 1991. "맑스 역사관의 재검토". 『사회경제평론』. 제4호.

이병천. 1992. "포스트 맑스주의와 한국사회". 『월간 사회평론』. 9 · 10월호.

이병천. 1993. "세세사적 근대와 한국의 근대". 『세계의 문학』. 가을호.

이병천 · 박형준 편. 『마르크스주의의 위기와 포스트 마르크스주의 1-3권』. 1992-1993.

이병천 · 윤소영. 1988. "전후 한국경제학 연구의 동향과 과제". 학술단체협의회 편. 『80년대 한국인문사회과학의 현단계와 전망』. 역사비평사.

이성형. 1988. "신식민지파시즘론". 『현실과 과학』. 2집.

이진경. 1988. "일반적 위기와 국가독점자본주의에 관한 논쟁". 『현실과 과학』. 2집.

이진경. 1997. 『맑스주의와 근대성: 주체생산의 역사이론을 위하여』. 문화과학사.

이창근. 2001. "신자유주의 세계화와 국제 사회운동 세력의 대응전략 논쟁". 조희연 편. 『NGO가이드』. 한겨레신문사.

일송정 편집부 편. 1988. 『정치노선』. 일송정.

일송정 편집부. 1988. 『학생운동 논쟁사』. 일송정.

임지현 외. 2000. 『우리 안의 파시즘』. 삼인.

정진웅 외. 2002. "(특집) 흘러 넘침과 비어 있음: 대한민국, 2002년 6월의 기억". 『당대비평』. 가을호. 20호.

정종권. 2001. "시민운동에 대한 비판적 평가". 유팔무 · 김정훈 편. 2001. 『시민사회와 시민운동(2)』. 한울.

조정환. 2002a. "활력의 윤리와 폭력". 『경제와 사회』. 55호. 가을호.

조정환. 2002b. 『21세기 스파르타쿠스』. 갈무리.

조정환. 2003. 『아우또노미아─다중의 자율을 향한 네그리』. 갈무리.

조희연 편. 2001. 『한국 민주주의와 사회운동의 동학』. 나눔의집.

조희연 편. 2002. 『국가·민주주의투쟁 그리고 희생』. 함께읽는책.

조희연 편. 2003. 『한국의 정치사회적 지배담론과 민주주의의 동학』. 함께읽는책.

조희연. 1989a. "80년대 사회운동과 사회구성체논쟁". 박현채·조희연 편. 『한국사회구성체논쟁 (1)』. 한울.

조희연. 1989b. "현단계 사회구성체논쟁의 구도와 쟁점에 관한 연구". 박현채·조희연 편. 『한국사회구성체논쟁(2)』. 한울.

조희연. 1998a. 『한국의 국가·민주주의·정치변동』. 당대.

조희연. 1998b. 『한국의 민주주의와 사회운동』. 당대.

조희연. 2001a. "신자유주의·세계화·대안행동". 조희연 편. 『NGO가이드』. 한겨레신문사.

조희연. 2001b. "5·18과 80년대 사회운동". 광주광역시 5·18사료편찬위원회. 『5·18민중항쟁사』. 고령.

조희연. 2001c, "종합적 시민운동의 구조적 성격과 변화전망에 관한 연구", 유팔무·김정훈 편. 『시민사회와 시민운동(2)』, 한울.

조희연. 2001d. "한국의 민주주의와 사회운동의 전개". 조희연 편. 『NGO가이드』. 한겨레신문사.

조희연. 2002a. "정치적 자유화의 축복과 경제적 자유화의 재앙". 『시민과 세계』. 2호.

조희연. 2002b. "87년 6월 민주항쟁과 시민운동". 민주화운동기념사업회 부설 민주주의연구소. 『기억과 전망』. 1호.

조희연. 2002c. "'과잉' 과거청산인가 '과소' 과거청산인가". 『경제와 사회』. 55호. 가을호.

조희연. 2003. "국가의 정상화에 대응하는 사회운동의 급진화". 『시민과 세계』. 4호.

조희연. 2004. "'무장한 세계화'에 대항하는 반세계화·반전평화운동과 부시낙선운동". 『시민과 세계』. 5호.

조희연·김동춘. 1990. "80년대 비판적 사회이론의 전개와 '민족, 민중사회학'. 한국사회학회 편. 『한국사회의 비판적 인식』. 나남.

조희연·진영종. 2001. "반세계화 행동주의의 논리". 『동향과 전망』. 49호. 여름호.

조희연·홍일표·김정훈 2003. 『정부·기업 정책형성과정에서 NGO의 역할: 참여연대 경제민주화운동 사례를 중심으로』. 한국행정연구원.

한완상. 1989. 『민중과 지식인』. 정우사.

G. M. 디미트로프. 김대건 편역. 1987. 『통일전선연구: 반파시즘 통일전선에 대하여』. 거름.

J. 디그레스 편. 윤석인 옮김. 1988. 『코민테른과 중국혁명』. 논장.

R. H. 칠코트. 염홍철 옮김. 1984. 『종속이론과 정통마르크스주의』. 한울.

데이비드 헬드. 1991. "민주주의, 민족국가, 그리고 지구촌". 한상진 편저. 『마르크스주의와 민주주의』. 사회문화연구소.

라크라우 무페. 김성기 옮김. 1990. 『사회변혁과 헤게모니』. 터.

레닌. 강철민 옮김. 1991.『국가와 혁명』. 새날.

레온 뜨로츠키. 1995.『배반된 혁명』. 갈무리.

로자 룩셈부르크. 김경미 · 송병헌 옮김. 2002.『사회개혁이냐 혁명이냐』. 책세상.

로자 룩셈부르크. 풀무질 편집부 옮김. 2002.『룩셈부르크주의 - 로자 룩셈부르크 정치저작집』 풀무질.

머레이 북친. 구승회 옮김. 2002.『휴머니즘의 옹호』. 민음사.

모스크빈. 이상인 옮김. 1988.『계급동맹론』. 돌베개.

아리프 덜릭. 1998.『전지구적 자본주의에 눈뜨기』. 창작과 비평사.

안토니오 네그리 · 마이클 하트. 윤수종 옮김. 2001.『제국』. 이학사.

알렉스 캘리니코스. 1994.『트로츠키주의의 역사』. 백의.

엘린 메익신즈 우드. 손호철 편역. 1993.『계급으로부터의 후퇴』. 창작과 비평사.

오토 브라운. 1984.『중국혁명과 대장정』. 일월서각.

칼 맑스. 태백 편집부 옮김. 1988.『프랑스혁명 연구(1): 프랑스 내전』. 태백.

크리스 하먼 · 마이클 헤인즈. 이원영 편역. 1995.『소련의 해체와 그 이후의 동유럽』. 갈무리.

한스 피터 마르틴 · 하랄트 슈만. 1997.『세계화의 덫: 민주주의와 삶의 질에 대한 공격』. 영림카디널.

해리 클리버. 이택진 옮김. 2002. "자율주의적 맑스주의".『자율평론』. 2호.


"코민테른 제당의 볼쉐비키화에 대한 테제"(1925.4.4).


Cho, Hee-Yeon and Park Won-soon. 2002. "Democratic Reform and Civic Movements in South Korea". *Joint U.S.-Korea Academic Studies*. Vol. 12.

Cho, Hee-Yeon. 2000. "Democratic Transition and Social Movement Change in South Korea" *SungKongHoe Univerisity Nonchong*. No. 15.

Ellen Meikisins Wood. 1997. "A Reply to A. Sivanandan". *Monthly Review*. 47(9). February.

Gramsci, A. 1971. *Selections from the Prison Notebooks*. London. Lawrence and Wishart. 이상훈 옮김. 1999.『그람시의 옥중수고 (1): 정치편』. 거름.

Lenin, V.I. *Selected Works*. 1.

제 2 부

# 정치사회적 저항담론과
# 민주주의 · 파시즘

김정훈

## 1. 문제 제기

해방 이후 지금까지 한국 사회에서 민주주의는 최고의 가치 중 하나였다. 민주주의의 실질적 내용이 무엇이었던 간에 한국 사회의 구성원들은 민주주의라는 가치를 부정하지는 않았다. 그러나 많은 사람들이 인정하듯 한국 사회는 1987년에 이르러서야 비로소 민주화 과정에 진입했다. 다시 말해서 1987년 이후에야 한국 사회에서 민주주의는 실질적으로 실천될 수 있었다.

민주주의가 해방 이후 지속적인 헤게모니 담론이었다는 사실과 그것이 때늦게 1987년 이후에나 그것도 많은 한계를 가진 채 실현되고 있다는 사실은 이율배반적이다. 민주주의가 헤게모니 담론이었다면 그것은 해방 이후에 즉각 실천되었어야 하기 때문이다. 이 문제를 해결하기 위해 많은 학자들은 우리의 민주주의를 '주어진 민주주의' 로 해석했다. 민주주의가 주어졌기 때문에 그 이상과 실천 사이에 괴리가 발생했고, 결국 지체와 현재의 혼돈이 나타났다는 것이다. 이러한 주장에 따르면, 한국 민주주의의 미성숙은 민주주의를 받아들일 능력이 되지 않는 국민들에 기인하는 것이다.

이러한 해석은 해방 이전에, 다시 말해서 미국이 진주하기 이전에 한반도에 민주주의 담론이 존재하지 않았거나, 또는 존재했어도 대중적이지 않았던 것이라는 점을 전제로 한다. 따라서 이러한 해석은 왜 왕정국가에서 식민지화된 나라가 왕정복고가 아닌 공화국 성립으로 나아갔는지, 또한 민주주의 담론 및 그것에 대한 경험이 일천한 나라의 저항세력들이 왜 그토록 지속적이고 강력한 투쟁을 할 수 있었는지에 대해서 제대로 설명하지 못한다. 결국 이러한 해석은 지금 여기에서 나타나고 있는 민주주의 지체의 원인이 무엇인지를 해명하지 못한다.

전세계적 관점에서 볼 때 민주주의는 서구의 산물이고, 비서구 사회에서 민주주의는 서구 근대의 확산과정의 산물이다(Therborn 1995). 따라서 한국의 민주주의는 인과론적이고, 원초적인 서구의 민주주의와는 달리 목적론적이고 파생적이다(강정인 2002). 그러나 한국의 민주주의가 목적론적이고 파생적이라고 해서, 한국의 민주주의가 지속적인 복사의 과정이며 끊임없는 지체의 과정이어야 할 필연성은 없다. 문제는 한국 민주주의의 발전이 한반도의 주민들에 의해 의식적, 목적론적으로 추구된 것인지, 아니면 그것이 주어진 것인지 하는 점이다.[1] 따라서 한국의 민주주의 담론을 파악하기 위해서는 한반도의 주민들이 언제, 어떻게 민주주의를 재현했는가를 파악하는 데서 시작되어야 한다.

왜 한반도의 주민들은 다양한 서구의 가치 및 제도들 중에서 민주주의를 가장 중요한 가치의 하나로 선택했으며, 그것을 실현하려고 했는가? 왜 민주

---

1) 강정인은 한국의 근대화를 서구적 이상태와 비교하여 파행, 왜곡, 일탈로 규정하는 일반적 해석을 자기비하적인 서구중심주의로 비판한다. 이러한 주장은 민주주의 담론 역시 서구중심주의, 오리엔탈리즘에 경도되어 있음을 인식하게 한다는 점에서 많은 함의를 준다. 그러나 한국의 민주주의가 '원초적이고 내적인 정당성보다는 파생적이고 빌려온 정당성' 에 의존해 있기 때문에 한국의 자유민주주의는 '차용된 문화양식' 이고, '빌려온 정당성(borrowed or unearned legitimacy)' 이라는 주장은 동의하기 힘들다. 오히려 문제는 왜 민주주의가 정당성의 원천이 되었는가 하는 점이다. 다시 말해서 한반도에 사는 주민들이 왜 민주주의를 목적론화하였는가 하는 점이 중요하다. 이런 의미에서 강정인의 논의는, 정당성을 인정하고 부여하는 현실적 주체를 고려하지 못한다는 점에서 한계를 가지고 있다.

주의를 바라지 않는 사람들조차 민주주의라는 기표를 활용해야만 했는가?
그리고 한반도의 다양한 주민들은 어떤 민주주의를 재현했는가? 한국에서의
민주주의를 고민하기 위해서는 먼저 이것이 고민되어야 한다. 한국의 민주
주의는 서구적 모범을 단순 반복한 것이 아니라 '한국적 민주주의' 혹은 '민
중적 민주주의'에서 보여지듯이 여기에 사는 사람들에 의해 선택되고 재현
된 민주주의이기 때문이다.

이 글은 민주주의를 재현한 다양한 주체 중 저항세력이 재현한 민주주의
담론을 살펴보고자 한다. 지배세력들이 기득권을 유지하기 위해 민주주의
담론을 이용하여 민주주의의 실현을 가로막았다면, 피지배세력들은 민주주
의를 실현하기 위해 지배층의 민주주의 담론과는 다른 민주주의 담론을 구
성했다. 이 글은 한국 사회의 다양한 집단 중 저항세력이 구성해낸 민주주의
담론을 추적한다. 이것은 무엇보다 왜 한국에서는 민주주의 담론이 헤게모
니 담론이 되었는가, 다시 말해서 피지배세력뿐만 아니라 지배세력까지도
왜 민주주의 담론을 활용할 수밖에 없었는가에 대한 물음에서 시작하여 피
지배세력은 민주주의라는 상징을 자신의 것을 만들기 위해 어떤 담론전략을
활용했으며, 그것의 내용은 무엇인지를 살피려는 것이다.

민주주의 담론은 순수하게 저항담론이 아니었다. 해방 이후 한반도에 존
재했던 어느 정권도 민주주의를 거부한 적이 없다는 사실은 민주주의가 단
순히 저항담론이 아니라는 점을 명확히 보여준다. 해방 직후부터 한국의 지
배세력과 저항세력들은 민주주의를 자신의 것으로 만들기 위해 다양한 담론
전략을 사용했으며, 지배세력은 언제나 민주주의를 자신의 담론과 접합하였
다. 따라서 저항담론으로서의 민주주의 담론을 추적하기 위해서는 민주주의
라는 기표와 접합된 기의를 명확히 포착할 필요가 있다. 한국에서 민주주의
는 시기에 따라, 또한 그것을 사용하는 주체에 따라 다양한 의미접합을 이루
었기 때문이다.

이 글은 무엇보다 한국에서 민주주의 담론이 해방기부터 헤게모니 담론이
었음을 주장한다. 따라서 한국에서 민주주의는 이식된 것이 아니라 민족해방

투쟁과정을 통해 내재적으로 형성된 것이라고 주장한다. 이러한 민주주의가 분단정권의 성립과정을 통해 왜곡되면서 민주주의는 지배담론임과 동시에 저항담론으로서의 성격을 갖게 된다. 즉 민주주의 담론은 지배세력의 담론과 피지배세력의 담론이 공존하는 헤게모니 담론의 성격을 갖게 된다. 따라서 민주주의는 한국 정치담론에서 가장 치열한 담론투쟁의 영역이었다. 그렇기 때문에 한국의 저항세력들은 민주주의를 자신의 정당성의 원천으로 주장하면서 또한 지배세력의 민주주의와는 다른 민주주의를 추구했던 것이다. 이 글은 1987년까지 저항담론으로서의 민주주의담론의 역사적 전개를 살펴봄으로써 한국의 정치사회적 저항담론으로서의 민주주의 담론이 체제 내적 담론이면서 동시에 체제변혁적 담론으로서 작동하였음을 주장할 것이다.


## 2. 민족의 이름으로 선택된 가치로서의 민주주의


한국에 자본주의가 이식된 것인 만큼 한국의 민주주의 역시 이식된 민주주의라는 점은 부정할 수 없을 것이다. 자본주의가 그러한 것처럼 민주주의 역시 서구에서 발전된 것이라는 점에서 한국뿐 아니라 서구를 제외한 모든 국가에서 민주주의는 이식된 것이라 할 수 있다. 그러나 이식성을 인정한다고 하더라도, 두 가지 문제가 남는다. 먼저, 그것이 언제 이식되었느냐의 문제, 다음으로 이식성이 자발적 획득의 과정이었느냐 아니면 주어진 것이냐 하는 점이 그것이다. 흔히 주장되듯이 한국 민주주의가 해방기에 이식되었다면, '이식된 민주주의' 라는 주장은 타당하다. 그러나 민주주의가 해방 이전에 유입되었다면, 미국에 의한 이식이라는 인식은 부적절한 인식이 될 것이다. 다음으로 만약 한국의 민주주의가 한반도의 주민에 의해 자발적으로 획득된 것이라면 민주주의는 여러 난관에도 불구하고 내적 동력에 의해 실현되는 과정을 겪었을 것이고, 주어진 것이라면 한국의 민주주의는 처음부터 왜곡되고 파행적인 형태를 겪었을 것이다.

우리 역사에서 공화주의 이념[2]이 공식화되는 것은 3.1운동 이후이다.[3] 3.1운동 이전에도 대한광복회나 조선국민회가 공화주의를 표방하기도 하였으나 3.1운동 이후에 나타난 정부수립계획, 즉 서울과 블라디보스톡, 그리고 상해에서 나타난 임시정부 수립계획 모두는 공화주의 운동으로 추진되었다. 따라서 각 흐름이 통일된 상해임시정부는 당연히 공화주의 정부를 채택하였다. 상해 임시정부는 헌법에 '대한민국의 주권은 대한 인민 전체에 재함'이라 명시하고, 종교의 자유, 재산보유와 영업의 자유, 언론 · 저작 · 출판 · 집회 · 결사의 자유, 서신비밀 · 거주 · 이동의 자유를 규정하는 한편, 선거권 · 피선거권 및 입법부 · 행정부에의 청원권, 재판소송권 등을 제정하여 공화국 헌법의 기본적인 요건을 충실히 갖추고 있었다(강만길 1982).[4]

상해 임시정부 시기부터 명확해진 공화주의적 사고는 시간이 지나면서 국민주권적 사고를 보다 확고히 하게 되고, 일제 말기에 이르면 자유주의적 기본권에 사회적 기본권도 포함하여 간다. 형식적 민주주의에 실질적 민주주의가 결합된 형태가 나타나는 것이다.

강만길(1982)에 따르면, 식민지 말기에 접어든 1930년대 후반기에 이르면 만주에서의 공산주의 운동은 부르주아 계급 및 종교단체와의 협력을 모색하게 됨으로써 적어도 '노동계급독재'는 부정하는 방향으로 나아가고 있었다. 다른 한편 중국지방 독립운동전선에서는 좌익노선인 '조선독립동맹'과 우

---

2) 달(1999, 34~35)에 따르면, 민주주의와 공화국이라는 개념은 역사적으로 볼 때 다른 종류의 민중정부를 의미하는 것이 아니다. 혼란을 낳는 두 단어는 다만 자신들을 낳은 언어들(그리스어와 라틴어)의 차이를 반영할 뿐이다.

3) 정치적 공화주의는 3.1운동 이전에는 대중적 이념이 아니었으나 3.1운동을 통하여 급속하게 전민족적 강령으로 제기되고 조선인 사이에서 전사회적으로 합의된 것으로 보인다(윤해동 1999).

4) 이 당시의 공화주의가 주권재민의 사상에 철저히 입각해 있었는지에 대해서는 이견이 있다. 윤해동(1999)에 따르면 이 당시에는 대한제국 황제의 무능에 대한 대응이라는 형태로 공화주의가 인식됨으로써 전체주의에 대한 반사적인 성격이 강했다고 한다. 그는 이것을 '민족'주권적 공화주의라 명명한다.

익노선인 임시정부의 노선이 모두 보통·비밀 선거를 통한 민주공화국의 건설을 지향하고, 경제정책과 사회정책에서는 사회주의 체제를 채택한 일종의 민주사회주의 체제를 지향하고 있었다.[5]

한국의 민주주의가 이식된 민주주의라는 주장은 한국의 민주주의는 해방기에 미국에 의해 '주어진 민주주의' 라는 인식에 근거한다. 해방 당시 한반도의 주민들은 민주주의를 향유할 능력이 없었고 민주주의는 미국에 의해 주어진 것이며, 따라서 한국의 민주주의는 독재와 저항이라는 수많은 우여곡절을 겪을 수밖에 없었다는 것이 이식된 민주주의론의 핵심이다. 그러나 위에서 살펴보았듯이 한반도의 주민들은 민주주의를 미국의 진주 이전에 자발적으로 선택했다. 한국 민주주의는 일제 식민시기에 이미 내재화, 목적론화되었던 것이다.

이러한 해석에 따를 때, 이식된 민주주의론이 해명하지 못하는 문제, 즉 해방국면에서 왜 민주주의 담론이 헤게모니 담론이 되었는지, 그리고 왜 한국에서는 그토록 지속적인 저항이 가능할 수 있었는지, 그리고 다른 제3세계 식민지 독립국가와 비교하여 이른 시간 안에 민주주의를 달성할 수 있었는지에 대해 적절한 해답을 제시할 수 있다. 적어도 담론적으로 볼 때 한국의 민주주의는 해방 이전에 헤게모니화되었으며, 해방 이후의 과정은 이러한 민주주의가 왜곡되어나가는 과정으로 파악하는 것이 보다 정확한 것으로 보

---

5) 좌파연합체인 '조선민족전선연맹' 과 우파연합체인 '한국광복운동단체연합회' 가 합쳐 이루어진 연합전선조직 '전국연합진선협회' 의 김원봉과 김구가 발표한 정강은 다음과 같다. 1. 일본제국주의의 통치를 전복하여 조선민족의 자주독립국가를 건설한다. 2. 봉건세력 및 일체의 반혁명세력을 숙청하여 민주공화제를 건설한다. 3. 국내에 있는 일본제국주의자의 공·사 재산 및 매국적 친일파의 일체 재산을 몰수한다. 4. 공업·운수·은행 및 기타 산업 부분에 있어서 국가적 위기가 있을 경우는 각 기업을 국유로 한다. 5. 토지는 농민에게 분배해주며 토지의 일체 매매를 금지한다. 6. 노동시간을 감소하고 노동에 관한 각 종업원은 보험사업을 실시한다. 7. 부녀의 정치·경제·사회상의 권리 및 지위를 남녀 같이한다. 8. 국민은 언론·출판·집회·결사·신앙의 자유를 향유한다. 9. 국민의 의무교육과 직업교육을 국가의 경비로 실시한다. 10. 자유·평등·상부상조의 원칙에 기초하여 인류평화와 행복을 촉진한다. 이 정강은 조선독립동맹의 정강과 대동소이하다(강만길 1982).

인다.[6]

## 3. 한국전쟁과 민주주의 담론의 저항담론화

1945년 해방은 한국 사회에 감동만큼이나 강렬한 담론투쟁의 장을 열었다. 근대 민족주의는 독립국가, 민주화, 산업화의 세 과제를 완성하는 것을 의미하는 것이지만, 이것에 이르는 길은 나라마다, 그것을 추구하는 주체마다 다양하다고 할 수 있다. 따라서 독립국가, 민주화, 산업화라는 민족주의의 과제는 단지 기표 혹은 상징으로 존재할 뿐, 이것에 구체적으로 어떤 내용이 접합될지는 상징투쟁을 통해 결정될 수밖에 없다. 이런 의미에서 해방은 민족주의의 실현임과 동시에 새로운 상징투쟁의 시작이었다.

상징투쟁은 세력투쟁이다. 따라서 상징투쟁은 당연히 시민사회의 폭발의 결과였다. 일제에 의해 억압되었던 민족해방운동세력, 즉 신국가건설운동 세력들은 새로운 국가의 건설을 위해 이념에 따라 이합집산했으며, 이들의 다양한 움직임은 새로운 국가의 건설, 민주화, 산업화를 어떤 방식으로 이루어질 것인가를 둘러싼 것이었다.

해방기의 모든 사회세력들이 민주주의라는 기표를 둘러싼 투쟁에 돌입했다는 점에서, 민주주의 담론은 해방국면의 저항담론이 아니라 헤게모니 담론이었다. 해방국면에 이르면 한반도에서 민주주의는 이식된 담론이기보다는 주류화된 담론이었고, 이런 의미에서 목적론적 성격을 갖게 된다. 따라서 해방국면의 각 사회세력에게 문제는 민주주의를 수용하느냐 아니냐가 아니라, 그것에 어떤 의미를 접합할 것인가로 집중된다고 할 수 있다.

운동을 통해 확립되어 식민지시기 동안 발전된 민주공화제의 이념은 해방

---

6) 이런 의미에서 남한 민주주의의 파행성은 미국의 범위가 만든 '조숙한 민주주의'(최장집 1996, 20~23)에 의한 것이 아니라, 반공이라는 미국의 범위에 포박된 지배세력의 억압에 의한 것으로 이해되어야 한다.

국면에 이르면 대중적으로 정착하게 된다. 이는 해방 이후 최초의 조직인 건준이 발표한 선언 및 강령에서 잘 나타난다. 건준은 당면 임무를 '완전한 독립' 과 '진정한 민주주의의 확립' 으로 규정한다.

> 그런데 차제 우리의 당면과제는 완전독립과 진정한 민주주의의 확립을 위하여 노력하는 데 있다. 일시적으로 국제세력이 우리들을 지배할 것이다. 그것은 우리의 민주주의적 요구를 도와줄지언정 방해하지는 않을 것이다. 봉건적 잔재를 일소하고 자유발전의 길을 열기 위한 모든 진보적 투쟁은 전국적으로 전개되고 있고, 진보적 민주주의세력은 통일전선의 결성을 갈망하고 있나니 이러한 사회적 요구에 의하여 우리의 건국준비위원회는 결성된 것이다(정태영 1995, 55~56).[7]

위의 인용문은 민주주의를 우리의 요구로, 그리고 국제세력을 '우리의 민주주의적 요구를 도와주는 세력' 으로 규정하고 있다. 이러한 사실은 적어도 담론적으로는, 민주주의가 미국에 의해 주어진 것이 아니라 내재적 요구임을 명확히 보여주고 있다. 또한 강령[8]에서 알 수 있듯이 민주주의의 내용 또한 '정치적 사회적 기본 요구를 실현' 하는 것으로 규정함으로써 식민지시기의 신국가 건설론과 일치하고 있음을 알 수 있다.

민주주의가 이 시기에 헤게모니 담론이었다는 사실은 건준이 주장했던 '진보적 민주주의' 의 반대편에 있었던 이승만에 의해서도 확인된다. 이승만은 자신의 권력욕을 위해 친일파와 손잡으면서 친일부역자의 처단에 반대했었고, 헌법제정시에는 보통선거권의 확대를 저지함으로써 반민주적 성격을 보여주었다(서중석 1996, 33). 그럼에도 불구하고 이승만은 정치적 담론전략

---

7) 건준이 1945년 8월 25일에 발표한 '선언' .

8) 강령은 3항으로 이루어졌다. 1. 우리는 완전한 독립국가의 건설을 기함. 2. 우리는 전민족의 정치적 사회적 기본요구를 실현할 수 있는 민주주의정권의 수립을 기함. 3. 우리는 일시적 과도기에 있어서 국내질서를 자주적으로 유지하며 대중생활의 확보를 기함(정태영 1995, 56).

을 구사할 때는 민주주의를 거부하지 않았으며, 민주주의를 새롭게 형성된 전통으로까지 주장하였다. 민주주의가 당시의 헤게모니 담론이었다는 점은 그의 건국기념사에서 명확하게 나타난다.

> 우리를 압박하는 사람들은 유래로 저의 나라의 전제정치를 고집하였으므로 우리의 민주주의를 주장하는 마음이 더욱 굳어져서 속으로 민주제도를 배워 우리끼리 진행하는 사회나 정치상 모든 일에는 서양민주국에서 행하는 방식을 모범하여 자래로 우리의 공화적 사상과 수단을 은근히 발전하여 왔으므로 실로 뿌리가 깊이 박혔던 것입니다. 공화주의가 삼십년 동안에 뿌리를 깊이 박고 지금 결실이 되는 것이므로 굳게 서 있을 것을 믿습니다(김광섭 1950, 22. 『대한민국 정부수립과 우리의 각오』 1948. 8. 15).

위에서 알 수 있듯이 이승만조차 민주주의가 3.1운동 이후에 우리 민족에 정착하여 해방기에는 대중적 가치가 되었음을 주장하고 있다. 이승만은 취임사에서도 "우리 애국남녀가… 직책을 다한 연고…국회성립이 또한 완전 무결한 민주주의제도로 성립"(공보처 1953, 2~3)[9] 되었다고 주장할 정도로 민주적 가치를 중시하는 담론전략을 구사한다. 따라서 그는 민주주의적 가치를 왜곡하기 위해 민주주의라는 기표에 새로운 기의를 접합시키게 되고, 그것은 일민주의로 표현되는 국가주의와 반공주의를 접합한 국가주의적 반공민주주의라 할 수 있다. "일민주의가 민주주의에 유일한 토대"(김광섭 1950, 135)[10]라는 주장은 이를 잘 보여준다.[11]

---

9) 대통령 취임사, 1948년 7월 24일.

10) 이승만의 글인 "일민주의 정신과 국민운동".

11) 이승만의 일민주의는 일제시대 민족주의의 특징의 하나인 유기체적 민족주의(윤해동 1999, 40~41)에 입각해 있다. 이것은 개화파가 사회진화론을 받아들였다는 사실(박찬승 1996)에 기인하는 것으로 보인다. 『일민주의개술』에서 "하나가 밑처 되지 못한 바 있으면 하나를 만들어야 하고 하나를 만드는데 장애가 있으면 이를 제거해야 한다. 누구던지 독자의 일념이 일어날 때 이 하나에 위반되는 바 있거든 버리라. 이 일념에서 민족이 깨진다. 항

해방 이후에 한반도의 모든 운동세력에게 있어 민주주의는 헤게모니 담론이었을 뿐 아니라 그 내용에서도 실질적인 민주주의를 포함한 것이었다. 당시의 민주주의 담론이 토지의 국유화 원칙 및 토지분배의 원칙을 담고 있다는 점, 그리고 가장 보수적인 한민당조차 토지개혁을 무시할 수 없었던 점 등은 형식적 민주주의를 넘어 실질적 민주주의를 지향하고 있다는 사실을 명확히 보여준다. 이는 해방 이후의 이념지형이 민족해방투쟁을 통해 역사적으로 형성된 좌익반쪽지형이었기 때문에 가능한 일이었다(손호철 1990).

해방국면에서 민주주의가 헤게모니 담론이었다는 사실, 그리고 민주주의를 둘러싼 담론투쟁이 있었다는 사실은 향후 한국 정치발전 및 정치담론의 전개에 있어 중요한 의미를 갖는다. 먼저, 해방국면에서 민주주의가 헤게모니 담론이었다는 사실은 다음의 두 가지 의미를 갖고 있다. 첫째, 해방시기에 이르면 한국에서 민주주의 담론은 내적 동력을 갖는다는 점이다. 앞에서도 언급했듯이 민주공화제는 해방시기에 이미 상식이 되어 버렸고, 따라서 당시에 보통선거 실시는 이미 상식이 되어버렸기 때문에 미군정이나 극우세력이 설사 보통선거를 실시하고 싶은 의향이 없더라고 그렇게 되기는 어려웠다(서중석 1996, 29~34). 이는 5.10선거, 그리고 5.30선거에서 진보세력이 상당한 영향력을 행사했었고, 시민사회는 진보적이었다는 사실(강정구 1993; 서중석 1996)을 통해 확인할 수 있다.

둘째, 민주주의가 헤게모니 담론이었다는 사실은 한국 민주주의에 구조적 영향을 미친다. 민주주의를 발전시키는 결정적인 사건이 서구에서 보통선거권의 부여였다면, 대부분의 비서구국가들에서는 공정하고 경쟁적인 선거라 할 수 있다(강정인 2002). 한국역사에서도 공정/부정 선거는 민주/반민주의

---

여 분열을 가지고 일체에 더하려 말라. 알라 헤치면 죽고 뭉치면 산다"(이승만 1949, 10)는 그의 주장은 이것을 잘 보여준다. 그러나 일민주의라는 사상 자체가 구호의 수준을 넘어 지배이데올로기로서 얼마나 영향력을 가졌는지는 불분명하다(서중석 1998, 17). 흥미로운 점은 이 책의 발문에서 "우리 민족도 우리의 실정에 맞는 주의"를 가져야 한다는 윤병구의 주장으로, 이는 박정희식 한국적 민주주의를 연상시킨다.

균열을 가르는 중요한 요소였다. 그러나 민주주의가 민족해방투쟁을 통해 형성되었기 때문에, 한국에서는 보통선거권과 야당을 허용할 수밖에 없었다. 공정/부정선거 시비, 즉 민주/반민주의 대립을 지속적으로 활성화할 수 있는 한국적 파시즘의 성격으로 인해 한국 민주주의는 특유의 역동성을 형성할 수 있었던 것이다(서중석 1996, 34).[12]

다음으로, 좌우 모두가 민주주의를 둘러싼 상징투쟁에 돌입했다는 사실은 한국에서 민주주의가 지배담론뿐 아니라 저항담론으로 활용되었음을 의미한다. 해방국면에서의 좌우 간의 극심한 대립은 사실상 민주주의의 내용을 규정하려는 싸움이었으며, 이 과정에서 이승만식 민주주의 대 진보적 민주주의 간의 투쟁이 나타났던 것이다. 이는 모스크바 삼상회의 결정에 따른 신탁통치에 대한 찬반논쟁이 '민주주의 노선'과 '민족자결노선' 간의 대립으로 나타나면서 좌파가 민주주의를, 우파가 민족주의를 선점하는 방식으로 나타났고(정해구 1994), 이 과정을 통해 우파가 민족주의와 반공주의를 민주주의와 접합함으로써 공세화하는 형태로 나타나게 되었다. 이 과정에서 물리적 탄압과 담론전략을 통해 이승만 정권은 자리를 잡게 되었던 것이다(김정훈 1999; 2000).

선거가 독재정권의 정당성을 승인하는 요식행위로 전락하거나, 유권자들이 이른바 준봉(遵奉)투표 같은 것을 하게 된 것은 반공규율사회[13]로 자리잡으면서부터였다. 정치적 대항세력들이 무자비한 탄압을 당하고 대항담론들이 원천봉쇄되면서, 유권자들은 정치적 대안을 잃어버리게 되고 정치적 수동성을 갖게 된 것이다.

반공규율사회 형성의 결정적 계기는 한국전쟁이었다(김정훈 · 조희연

---

12) 이러한 사실은 한국 민주주의의 왜곡을 유교전통이라는 문화적 전통에서 찾거나, 경제발전의 미성숙에서 찾는 주장들이 재고되어야 함을 의미한다.

13) 반공규율사회란 "'내전'의 독특한 역사적 경험으로 반공이데올로기가 일종의 가상적인 국민적 의사합의(pseudo-consensus)로 내재화된 동질적인 '극우공동체'를 지칭한다(조희연 1998, 8). 반공규율사회의 담론적 전개에 관해서는 김정훈 · 조희연(2003) 참조.

2003). 한국 전쟁 중에 행해진 5.30선거에서도 전체의석의 2/3를 무소속이 차지할 정도로 한국전쟁 전에는 자유로운 투표가 이루어졌지만, 한국 전쟁 이후에는 이러한 선거지형이 급속히 변화하게 된다. 그러나 반공규율사회의 형성에도 불구하고 저항세력은 지속적으로 영향력을 행사했다. 특히 조봉암의 진보당은 저항세력의 뿌리, 다시 말해서 민주주의의 뿌리가 공고함을 보여주는 사례다.

조봉암은 1956년 5월 15일 제3대 대통령 선거에서 216만 표를 얻었다. 3대 대통령 선거에서 조봉암이 선전할 수 있었던 것은 유력한 야당 후보였던 신익희의 급사 때문이었다는 점은 부정할 수 없을 것이다. 그러나 조봉암의 선전에서 주목해야 할 점은 조봉암이 사회민주주의적 선거공약[14]을 명확히 제시하고 선거에 임했다는 것이다. 조봉암이 사회민주주의적 성격을 명확히 보여주는 선거공약을 제시하고도 그만한 득표를 하였다는 사실은 조봉암의 득표가 단순히 우연의 결과만이 아님을 보여준다. 또한 이승만이 조봉암을 법살(法殺)한 것은 조봉암의 국민적 호소력이 지대했음을 반증하는 것이기도 하다. 이는 해방기 저항세력 및 그들의 민주주의 담론이 반공규율사회의 억압에도 불구하고 지속적으로 영향을 미치고 있음을 의미한다. 3대 대통령 선거 한달 후에 창당한 진보당의 강령에서도 사회민주주의적 성격이 뚜렷이 드러나고 있다.

---

14) 다음의 선거공약에서 특히 6, 7, 8항은 사회민주주의적 성격을 명확히 보여주고 있다. 1. 진보세력이 주도권을 장악하여 유엔보장하에 민주방식에 의한 평화통일을 성취한다. 2. 외교를 쇄신하고 집단안전보장의 확립에 의하여 국방문제를 해결하고 군비부담을 경감한다. 3. 집권자가 국민 앞에 책임지는 정치체제를 확립한다. 4. 서민생활에 대해서 정부가 가지고 있는 유해무익한 간섭, 허가제도를 일소한다. 5. 행정기구를 대폭 감소시키고 공무원의 생활을 완전히 보장한다. 6. 종래의 대중적 수탈정책을 폐지하고 생산·분배·소비에 걸친 종합적인 연차계획경제를 수립하여 법령화한다. 7. 농촌고리채를 일정기간 지불유예케 하고 현물세를 폐지하고 자율적인 농민협동조합을 조직한다. 8. 노동자의 자유로운 단결권과 단체교섭권을 보장한다. 9. 상이군경 유족 등의 생활을 국가적으로 보장한다. 10. 교육의 완전한 국가보장제를 실시하고 학제를 개혁하여 연안을 단축한다(정태영 1995, 434).

 한국의 정치사회적 저항담론과 민주주의 동학

1. 우리는 원자력혁명이 재래할 새로운 시대의 출현에 대응하여 사상과 제도의 선구적 창도로써 세계 평화와 인류복지의 달성을 기한다.

2. 우리는 공산독재는 물론 자본가와 부패분자의 독재도 이를 배격하고 진정한 민주주의 체제의 확립하여 책임있는 혁신정치의 실현을 기한다.

3. 우리는 생산분배의 합리적 계획으로 민족자본의 육성과 농민·노동자, 모든 문화인 및 봉급생활자의 생활권을 확보하여 조국의 부흥번영을 기한다.

4. 우리는 안으로 민주세력의 대동단결을 추진하고 밖으로 민주우방과 긴밀히 제휴하여 민주세력이 결정적 승리를 얻을 수 있는 평화적 방식에 의한 조국 통일의 실현을 기한다.

5. 우리는 교육체계를 혁신하여 점진적으로 국가보장제를 수립하고 민족적 새 문화의 창조로써 세계문화에의 기여를 기한다(정태영 1995, 464).

위의 강령에서 알 수 있듯이 진보당은 해방기의 실질적 민주주의와 형식적 민주주의의 통합, 즉 사회민주주의를 명확히 선언하고 있다. 이는 진보당의 강령 전문에서 보다 명확히 확인되는 바, 전문은 "민주주의를 배반하고 인간의 자유와 존엄성을 무시 유린하는 소비에트 공산주의는 진정한 의미의 사회적 민주주의와는 상용할 수 없는 성질의 것임이 틀림없다"고 주장하고 있다.

한국전쟁을 통해 반공규율사회가 형성되자, 이승만은 1951년 자유당 창당, 1952년 7월 발췌개헌안 통과, 8월 2대 대통령선거에서 재선, 1954년 '사사오입개헌'을 통해 한국 민주주의를 본격적으로 왜곡했다. 2대, 3대 대통령 선거의 압승이 보여주듯이 선거는 부정선거로 얼룩졌고, 가장 위험한 정적이었던 조봉암은 간첩으로 몰아 법살하였다. 이러한 억압에도 불구하고, 해방 이전에 내재화된 민주주의에 대한 열망은 지속적으로 분출되었고, 4.19는 내재화된 민주주의가 다시 한번 폭발한 것으로 이해될 수 있다.

## 4. 민주주의의 한국화 대 한국의 민주화

위에서 언급했듯이 한국의 민주주의는 해방 이전에 내재화되었기 때문에
저항세력에게는 '민주주의의 한국화' 보다는 '한국의 민주화' 가 관건이었
다. 따라서 저항세력에게 민주주의는 왜곡된 것으로 인식될 수 있었다. 여기
서 흥미로운 점은 저항세력이 '한국의 민주화' 라는 담론을 사용했다면, 지
배세력은 '민주주의의 한국화' 라는 담론을 사용했다는 점이다. 박정희가 사
용했던 5.16시기의 '민족적 민주주의', 그리고 유신시기의 '한국적 민주주
의' 담론은 지배세력이 한국의 민주화보다는 민주주의의 한국화라는 담론
을 사용했음을 보여준다. 지배세력은 민족주의 담론에 기반해 '민주주의 =
서구' 라는 등식을 만들어 내고, 이를 통해 민주주의의 왜곡을 정당화하였던
것이다(김정훈 1999). 따라서 박정희의 통치기간, 보다 넓게는 군사독재시기
동안의 핵심적인 균열로 인식되는 민주/반민주의 대립구조는 한국의 민주화
/민주주의의 한국화의 대립구도로 인식될 수 있고, 이는 민주주의라는 헤게
모니 담론을 자기 것으로 만들기 위한 저항세력과 지배세력 간의 치열한 상
징투쟁으로 이해할 수 있다.

박정희 정권기는 사회구조적 변동과 저항세력의 인적 단절이 일어났던 시
기였다. 1960년대 이후 급속한 산업화, 도시화가 진행되면서 경제구조, 사회
구조 전반에 급격한 변화가 나타나게 되고, 이는 새로운 균열구조의 형성을
통한 새로운 사회운동세력의 등장을 형성하는 것이었다. 다음으로 1960년대
를 기점으로 사회운동의 인적 단절이 일어난다. 1960년대 초반 박정희에 의
해 혁신세력들이 일거에 체포되면서, 그때까지 사회운동을 이끌어왔던 혁신
세력, 즉 사회민주주의세력은 인구학적 수명과 함께 종말을 고하게 된다.[15]
그러나 민족해방투쟁과의 단절이 한국 민주주의 담론의 단절을 의미하는 것

---

15) 물론 잔존세력들이 지속적으로 민주화를 위한 투쟁에 헌신했지만, 그것은 어디까지나 개
    인적 차원에서 이루어진 것 일뿐 사회민주주의라는 깃발은 내려지게 된다. 5.16 이후 혁신
    세력의 역정에 관해서는 정태영(1992) 참조.

은 아니었다. 혁신세력의 종말로 인해 일시적으로 형식적 민주주의 세력이 저항세력의 주축이 되지만, 70년대를 넘어서면서 이 자생적인 운동세력은 민족해방운동 시기의 민주주의 담론을 새로운 방식으로 복원된다. 즉 민중 담론이 형성됨으로써 한국 민주주의 담론은 과거와 연관되지만 새로운 담론을 형성하게 되는 것이다.

반공규율사회의 형성은 모든 정치적 논쟁이 반공친미라는 미국의 범위[16] 내에서만 허용될 수 있음을 의미한다. 따라서 4.19는 민주/반민주의 대립구조에서 저항세력이 승리한 것이었지만, 그것은 어디까지나 미국의 범위 내에서 이루어진 것이었다. 4.19 이후의 열린 공간은 미국의 범위를 넘어서려는 다양한 시도들을 낳았고, 이러한 시도는 항일운동에 뿌리를 둔 좌파 1세대, 즉 혁신세력에게는 마지막 기회를 주었다.

1960년 5월 12일 진보당, 민련, 근민당, 민혁당, 민족주의민주사회당, 한독당, 민사당 등 혁신세력들은 가칭 사회대중당을 발기하였다. 이들은 발기 취지문에서 "새로이 탄생할 대동적 혁신정당은 4월 민주혁명의 완수와 국토통일의 실현과 민주적 복지국가의 건설이라는 역사적 대과업을 옳게 담당, 완수할 수 있고 또 대행하게 될 농민 · 근로자 · 노동인텔리 · 중소상공업자 및 양심적 자본가 등을 사회적 기반으로 하는 광범한 근로민중의 국민대중적 혁신정당이 아니면 안 된다"고 주장하면서, "보수양당제도를 거부 배격하는 한편 보수혁신양당제도의 조속한 확립을 위하여 분투할 것"을 선언했다.

사회대중당 창준위는 당시의 혁신계가 총결집한 정당으로 7.29선거에서 233개 민의원 선거구에 121명, 참의원 선거에는 7명의 공천후보를 출마시켰다. 이 선거에서 사회대중당 창준위를 포함한 혁신계는 참의원 6석, 민의원 4석, 그리고 전 투표수의 6%에 그쳐 참패를 맛보게 된다. 그리고 5.16 이후 박

---

16) 미국의 범위(american boundary)는 남한의 분단국가는 반공국가이되 최소한 민주주의체제를 갖추어야 한다는 이중의 의미가 있다. 즉 분단국가의 최소한의 안정이라는 하한선과 민주주의의 최소한의 유지라는 상한선 사이의 정치적 공간을 말한다. 이 범위의 본질적인 한계선은 반공체제를 안정적으로 유지해야 한다는 하한선이다(최장집 1996, 22).

정희 정권의 탄압으로 인해 역사 속으로 사라졌다.[17]

민족해방운동 세대에 의해 이루어진 혁신운동은 박정희의 탄압과 인구학적 한계에 의해 사라지게 되지만, 민족해방기부터 이어져온 정신은 지속적으로 이어진다. 이러한 민족적 민주주의담론의 지속은 1960년대 최대의 대중운동이었던 6.3 한일회담 반대투쟁[18]에서 명확히 나타난다.

민족사는 바야흐로 위대한 결단을 요구하는 전환기에 섰다. 4월 항쟁의 참다운 가치성은 반외세 · 반매판 · 반봉건에 있으며 민족 민주의 참된 길로 나아가기 위한 도정이었으나 5월 군부 '쿠데타'는 이러한 민족 민주이념에 대한 전면적인 도전이었으며 노골적인 대중탄압의 시작이었다…민족적 민주주의는 수렵적 정보정치를 합리화하기 위한 행상적 탈춤으로 변장됐고 굶주린 대중의 감각적 해방을 위한 독화(毒花)의 미소를 띠었다(김삼웅 1984, 41).[19]

위의 인용문에서 알 수 있듯이 민족과 민주는 저항세력의 최고의 이념이

---

17) 당시 혁신계가 비록 6%의 득표율밖에 기록하지 못했지만, 이것을 1987년 민주화 이후 진보진영의 득표율과 비교해 보면 상당한 성공으로 볼 수 있다. 이는 우리에게 두 가지 시사점을 준다. 먼저, 흔히 4.19 때보다 1987년 이후의 국민들의 민주주의 의식이 더 높다고 생각하지만 과연 그러한지에 대한 의문이 든다. 이는 한국의 민주주의가 주어진 민주주의이기 때문에 문제인 것이 아니라 억압, 왜곡되었기 때문에 문제라는 점을 보여준다. 다음으로, 반공규율사회의 완성이 박정희 때에 이르러 완성되었다는 점을 명확히 보여준다. 대략 30여 년의 시차를 두고 나타난 선거의 결과를 볼 때, 그 30년 사이 한국 사회의 반공규율화가 상당히 진전되었음을 알 수 있다. 반공규율사회의 역사적 전개에 있어 박정희 시기의 역할에 관해서는 김정훈 · 조희연(2003) 참조.
18) 1960년대 최대의 대중운동이었던 6.3투쟁은 단순히 대일 외교문제에 대한 저항만이 아니었다. 4대 의혹사건, 정치 및 학원 사찰, 민정이양 및 박정희의 불출마 번복, 정치자금의 남용, 대일 저자세 외교와 경제불안 등 박정희 정권에 대한 총체적 불만이 표출된 사건이었다. 또한 이 투쟁은 5.16 이후 박정희에 대한 평가와 학생운동의 노선에 대한 일련의 논쟁을 통해 어느 정도 전열을 가다듬은 학생운동이 5.16 세력에 대한 전면전이라는 성격도 갖고 있었다(박태순 · 김동춘 1991, 6장).
19) 한일굴욕회담 반대 학생총연합회. "민족적 민주주의를 장례한다." 1964년 5월 20일.

었고, 이러한 관점은 한국 민주주의 저항담론에서 지속적으로 나타나는 현상이다.

5.16 쿠데타 세력과 저항세력의 전면전이었던 6.3투쟁이 무력으로 진압된 후 저항세력은 상당한 잠복기를 가지게 된다. 오랜 잠복기를 가진 대중적 저항운동은 1967년 제7대 국회의원 선거에서의 부정선거에 항의하는 6.8 부정선거 항의투쟁을 통해 기지개를 켜더니 1969년의 3선 개헌반대투쟁, 그리고 반유신투쟁에 이르러 절정에 이른다.[20] 그러나 이 당시의 민주주의 저항담론은 자유민주주의의 회복이라는 점에 초점이 맞춰졌다. 이는 당시의 상황이 민주/반민주의 균열구도가 전면화되었던 데도 기인하지만, 혁신계의 몰락 이후 운동의 주도권이 새로운 세대에게 넘어갔기 때문이다.[21] 따라서 이 시기는 저항담론의 역사에서 민주주의 담론의 협소화가 일어난 시기로 규정될 수 있다.

이러한 민주주의 담론의 협소화는 유신체제에 의해 민주주의의 환상이 완전히 깨지고 나서 나타난 최초의 저항인 1973년 10월 2일에 있었던 서울대학교 문리대 시위[22]에서도 나타난다.

---

20) 대중적 정치투쟁과는 별개로 과거의 운동과 연계가 있는 운동도 지속적으로 벌어졌다. 인민혁명당, 통일혁명당, 남조선해방전략당 등은 학생운동출신세력과 구 좌익의 결합에 의하여 맑스-레닌주의당을 건설하려는 시도로 이해될 수 있다. 이 시기의 비합법 전위조직운동에 관해서는 조희연(1993) 참조. 또한 이러한 투쟁과 함께 산업화의 결과로 나타나는 다양한 생존권 투쟁이 나타나게 되면서 군사정권은 위기에 처하게 된다. 1970년 와우 아파트 붕괴사건, 71년 6월 국립의료원 인턴 파업, 71년 7월 사법부 파동, 71년 8월 10일 광주대단지 사건, 71년 8월 서울대 교수 및 지방 국립대 교수들의 '자주선언', 71년 9월 서울대 부속병원 등 종합병원 인턴, 레지던트 파업, 71년 9월 15일 파월노동자 KAL 빌딩 습격사건 등 다양한 영역에서의 생존권 운동들이 나타났다.

21) 이후 1980년대까지는 친미반공자본주의체제를 근본적으로 비판하지 않는 '비판적 자유주의' 혹은 '자유주의 좌파'(이광일 2001, 183)세력에 의해 운동이 주도된다.

22) 이 시위를 계기로 반유신민주화운동은 '개헌청원 100만인 서명운동'으로 이어져 1974년 1월에 이르면 서명자가 30만 명에 이르게 된다. 이에 대해 군사정권은 서명을 금지하는 것을 내용으로 하는 '긴급조치 1호'를 발동하고, 1974년 4월 민청학련 및 인민혁명당 재건 위원회(2차 인혁당)사건을 발표함으로써 학생운동세력을 학원에서 추방하려 한다. 또한 같

학우여, 자유와 정의 그리고 진리는 대학의 생명이다. 오늘 우리는 너무도 비통하고 참담한 조국의 현실을 직시하며 사회에 만연된 무기력과 좌절감, 불의의 권력에 비굴하게 목숨을 구걸한 모든 패배주의, 투항주의, 무사안일주의와 모근 굴종의 자기기만을 단호히 걷어치우고 의연하게 악과 불의에 항거하여 이 땅에 정의, 자유, 그리고 진리를 기어이 실현하려는 역사적인 민주투쟁의 첫 봉화에 불을 붙인다.……우리의 투쟁은 더없이 뜨거운 정의의 불꽃이며 더없이 고귀한 민족생존의 활로이다(김삼웅 1984, 167).[23]

위 선언문은 한국 저항민주주의의 기본 담론구조인 민족과 민주의 결합을 유지하고 있다. 그러나 자유, 정의, 민주투쟁 등의 단어에서 알 수 있듯이 양심에 대한 호소 및 형식적 민주주의에 대한 호소 이상을 넘어서지 못하고 있다. 이는 새로운 세대의 인식이 과거와 단절되어 있다는 점을 단적으로 보여준다.

1970년대에 이르게 되면, 1960년대의 급속한 산업화에 기인한 문제들이 발생하게 되면서 이를 기반으로 하는 사회운동세력이 형성된다.[24] 1970년대 민주화담론이 민중담론과 접합되는 데는 무엇보다 작업조건 개선과 노동조합 결성의 자유를 외치며 분신한 '전태일의 분신'이 있었다. 전태일의 분신

---

은 해 월남 패망 이후 반공규율사회를 더욱 강화하려는 목적으로 '긴급조치 9호'를 선포한다. 긴급조치 9호는 이전의 대통령 긴급조치를 집약한 것으로 국민의 기본권을 완전히 봉쇄한 것은 물론 유신체제에 대한 규범적 논의 자체를 금지시킨 것이었다. 이로 인해 반유신운동은 일시적으로 소강상태에 빠지지만 학생운동세력은 1978년 6월 광화문 시위에서 보여주듯이 전투성을 곧 회복하여 선도적인 투쟁에 나서게 되고, 이는 1979년 부마항쟁에 이르러 군사정권을 붕괴시키는 수준에 이르게 된다.

23) 서울대학교 문리대 선언문. "양심의 명령에 분연히 일어서라".

24) 조희연에 따르면(1993, 113), 전국민주청년학생총연맹(민청학련)에 이르러 변혁적 사회운동의 새로운 인적 연속성이 시작된다. 민청학련 세대들 중 상당수는 출옥 후 재야 민주화운동에 투신함으로써 민주화 운동의 기반을 확충하고, 1970년대 후반 노동, 학생, 재야 운동 등의 각 부문운동을 유기적으로 연결하는 연결고리 역할을 한다. 특히 이들은 노동, 농민 운동 등 기층민중운동에 투신함으로써 민중운동적 성격을 확실히 한다.

자체는 근로기준법의 준수라는 소극적 주장에 불과한 것이었지만, 이를 계기로 사회운동세력들은 새롭게 형성된 노동자 세력의 비참한 삶을 인식하게 되고 동시에 그들의 무한한 잠재력에 주목하게 된다.

이러한 인식을 바탕으로 해서 학생운동세력 내에서는 소위 '현장론'이 발생하게 되고, 교회세력들은 도시산업선교회, 카톨릭노동청년회, 기독청년회 등을 통해 노동자, 도시빈민 등 민중의 구체적인 생존권 문제로까지 점차 확장시켜 나간다. 이러한 민중운동세력의 성장은 1977년 이후로 민중의 자발적인 생존권 투쟁을 발생시키고, 1978년 동일방직사건, 1979년 4월의 크리스찬아카데미사건을 낳게 되는 것이다.

이러한 운동의 변화와 인식의 변화는 다음의 선언문에서 명확히 볼 수 있다.

한민족이 2차 대전 후 초강대국 외세에 의해 분단된 위에, 반민중적 집단은 분단을 고착화시켜 분단시대의 특권과 이익을 향유해 왔다. 그들은 냉전논리를 무기로 민중적 자유와 권리를 말살하고, 민주제도를 거부해 왔다. 그들은 민족 간의 긴장과 불신을 고조시켜 한반도와 아시아의 평화를 위협하고, 민중의 인간으로서의 권리와 민족으로서의 열망을 폭력으로 유린해 왔다.……우리는 민중의 창의와 참여가 보장되는 민주주의의 회복만이 민족, 민주, 평화의 3.1정신을 선양할 수 있는 길임을 선포한다(김삼웅 1984, 309~310).[25]

'민중의 인간으로서의 권리와 민족으로서의 열망', '민중의 창의와 참여가 보장되는 민주주의의 회복'이라는 표현에서 알 수 있듯이, 1970년대 말에 이르면 기존의 민족과 민주에 민중이 접합되어 새로운 담론이 형성됨을 알 수 있다. 특히 민중담론의 형성은 민족과 민주의 주체를 명확히 했다는 점에서, 해방 이전의 민주주의 담론을 복원한다는 의미와 함께 1980년대 이후 민주주의 담론의 변화를 예감케 해준다는 점에서 중요한 의미를 갖는다. 이 시

---

25) 민주주의와 통일을 위한 국민연합 의장 윤보선 · 함석헌 · 김대중. "민주구국선언-3 · 1 운동 60주년에 즈음한". 1979년 3월 1일.

기까지 민중담론은 명확한 사회과학적 논리를 갖지는 못했지만, 그 주체를 명확히 부각시켰다는 점에서 향후 민주주의 운동의 핵심적인 인식을 확보했다고 할 수 있다.

1970년대에 발명된 민중 담론은 광주민중항쟁을 겪으면서 급진화된다.[26] 광주민중항쟁으로 인해 운동진영은 '운동의 과학화와 과학의 운동화' 라는 기치 아래 혁명적 맑스주의를 급속히 채택하였다. 소비에트 맑스주의에서 주체사상까지 다양한 스펙트럼을 보이기는 하지만 혁명을 통한 민주변혁전략은 무자비한 탄압에 직면했던 당시의 운동세력들에게는 선택이기보다는 강요된 것이라 할 수 있다.[27]

이러한 사회 각 부문의 대중운동의 발전[28]과 함께 혁명적 변혁운동의 담론 역시 발전되어 간다. 1986년에 이르면 한국 사회의 모순구조에 대한 통일적

---

26) 조희연(1998b, 265~267)에 따르면, 80년대 사회운동은 광주항쟁을 통해 다음과 같은 인식을 얻었다. ① 광주항쟁은 지배권력의 폭력성을 극명하게 드러내어 사회운동이 극복해야 할 대상의 본질에 대한 과학적 인식을 가능하게 하였다. ② 지배권력의 본질에 대한 과학적 인식은 그와 대결하는 사회운동이 변혁운동이라는 성격을 정립하게 하는 중요한 계기가 되었다. ③ 민중의 투쟁을 올바른 방향성 속에서 지도할 수 있는 목적의식적인 전위세력 및 선도조직의 필요성, 자연발생적이고 고립분산적인 봉기·투쟁의 통일적 지도의 필요성에 대한 인식이 생기게 되었다. ④ 패배를 되풀이하지 않기 위해서는 노동계급 등 주력군의 성장과 그들의 정치적 진출이 가속화될 필요가 있고 이에 집중적인 역량이 투여되어야 한다. ⑤ 한국 사회의 근본적 변화를 위해서는 '반외세 자주화 역량'이 확보되어야 한다는 점이다.

27) 그러나 이러한 민주화담론의 급진화, 즉 맑시즘화는 민주주의를 제한하는 효과도 갖는다. 다시 말해서 1980년대를 지나면서 저항세력의 민주화담론은 형식적 민주주의를 무시하고, 실질적 민주주의에만 경도되는 한계를 보인다.

28) 1980년대는 1970년대식 억압 정책 자체의 유효성이 약화되면서 저항의 전국화, 저항의 심화, 사회운동의 구심력적 심화가 나타난 시기(조희연 1998a, 132)라고 할 수 있다. 1980년대 초반 광주항쟁의 패배와 기존 조직의 해체에 의해 잠복기 및 침체기에 들어갔던 사회운동 세력들은 1983년, 군사정권의 소위 '유화정책'에 따른 '유화국면'의 도래와 함께 기지개를 켜기 시작한다. 유화정책으로 인해 상대적으로 넓어진 활동공간에서 각 부문운동은 대중적 기반을 확충하고 이에 적합한 조직을 만들어가기 시작한다. 이러한 노력의 성과로 나타난 것이 85년 3월 민주통일민중운동연합(민통련)이다. 민통련은 20여개 사회운동 단체가

인식에 기초한 총체적 변혁론이 제출되면서 변혁운동은 사상투쟁에 돌입하게 된다. 사회구성체논쟁을 중심으로 이루어진 사상투쟁의 전개는 첫째, 한국 사회변혁의 구체적 성격으로 민족해방운동에 대한 인식이 확대되었다는 점, 둘째, '대중에 기반하여 대중과 더불어 사업을 전개' 하는 '대중노선에 대한 강조와 그것의 실천적 적용' 을 위한 노력이 확대되었다는 점, 셋째, 변혁운동의 발전경로에 대한 논의를 심화시키는 계기가 되었다는 점에서 혁명운동적 성격을 명확히 보여주었다(조희연 1998b, 272~274).

이렇게 한국의 사회운동이 혁명운동화되면서, 1980년대는 새로운 역전이 나타난다. 형식적 민주주의는 낡은 담론으로 취급되고 실질적 민주주의만이 진정한 민주주의로 인식된 것이다. 이는 같은 맑시즘 계열인 사회민주주의에 대한 평가에서 여실히 나타난다. 이 시기에 이르면 사회민주주의는 개량주의적, 기회주의적 사상으로 운동진영 내에서 낙인찍힌다. 혁명적 맑스주의를 받아들인 저항세력들에게 의회주의적 노선의 사회민주주의가 현실적으로 불가능한 사상일 뿐 아니라 오히려 혁명적 발전을 가로막는 사상으로 인식되었다는 사실은 당시의 정세에 비추어 볼 때 당연한 귀결이라 할 수 있다. 그러나 이렇게 형식적 민주주의를 낮게 평가했기 때문에 저항세력은 민주화 이후 형식적 민주주의의 발전에 발빠르게 대처하지 못하는 한계를 갖게 된다.


## 5. 새로운 민주주의


위에서 1987년까지 저항담론으로서의 민주주의 담론의 역사적 변화와 성격을 살펴보았다. 앞에서 살펴본 것처럼 한국에서 민주주의 담론은 주어진 담론이 아니라 민족해방투쟁을 통해 내적으로 형성된 담론이었다. 따라서

가입된 '협의체' 적 수준의 '연대조직' 이었으나 그 이전까지의 연대수준을 넘은 '전국적 공개운동조직' 이었다는 점에서 사회운동의 조직적 발전이라는 중요한 의미를 갖는다.

해방 이후에 나타난 민주주의가 지체된 것은 한국인들의 민주주의 능력이 부족했다기보다는 지배세력의 민주주의에 대한 지속적인 억압 및 왜곡의 결과로 인식될 수 있다.

헤게모니 담론이었던 민주주의는 지배세력에 의한 억압 및 왜곡이 시작되면서 저항담론으로 기능하였다. 저항세력들이 민주/반민주의 구도 속에서 활용한 민주주의 담론은 민족해방운동의 전통에서 형성되었던 민주주의 담론, 즉 형식적 민주주의와 실질적 민주주의를 접합한 담론이었다. 물론 시기적으로 한 측면이 강조되기도 하였지만, 저항담론으로서의 민주주의 담론은 형식적 민주주의와 실질적 민주주의의 접합이라는 성격을 갖고 있다.

1987년 민주화 이후 한국에서 민주주의는 공고화하는 과정을 밟고 있다. 민주적 정권교체를 민주화의 한 기준으로 잡는다면 김대중 정권 이후 한국에서 민주주의는 정착되었다고 할 수 있다. 그러나 민주주의가 공고화되었다고 해서 저항담론으로서의 민주주의의 효력이 다한 것은 아니다. 그것은 무엇보다 민주화가 되었음에도 불구하고 과거의 지배세력들이 여전히 정치, 경제, 사회적 기득권 구조를 유지하고 있기 때문이다.

1990년대 이후에도 민주주의는 여전히 저항담론의 중요한 요소로 활용되고 있다. 시민운동과 민중운동으로 대표되는 1990년대 이후의 사회운동은 거칠게 말하면 시민운동이 형식적 민주주의를 심화시키는 역할을, 민중운동이 실질적 민주주의를 심화시키는 역할을 한다는 점에서 해방 이후 한국 저항민주주의의 특징을 지속적으로 유지하고 있다. 또한 현재의 사회운동이 근대 대의제 민주주의의 한계를 극복하려는 다양한 담론들을 포함하고 있다는 점을 볼 때, 민주주의 담론은 여전히 저항담론으로서의 역할을 부여받고 있을 뿐 아니라 역으로 저항세력의 민주주의 담론은 풍부해지고 있다.

1970년대에 발명된 민중 개념은 민족해방운동의 전통을 역사적 경험을 통해 복원한 개념으로, '정치적, 경제적, 사회적 피억압자 집단'을 지칭한다. 1980년대 이후 민중 개념은 그 풍부함을 많이 상실했지만, '비동시성의 동시성'이 관철되는 한국 사회의 특성을 볼 때 새롭게 복원될 필요성이 있다. 민주화 이후에도 기득권 구조가 해체되지 않고 있고, 나아가 과거에는 무시되었던 새로운 억압이 밝혀지고 있는 현 시점에서, 민중 개념은 모든 억압을 세밀히 포착하면서 피억압자들 간의 연대를 형성하기 위한 개념으로 새롭게 구성되어야 한다. 이런 민중 개념의 관점에서 한국 사회를 진단한다면, 현재 한국에서 민중의 민주주의는 제대로 실행되지 않고 있음을 알 수 있다. 그리고 정치, 경제, 사회문화적 억압이 존재하는 한 민주주의는 여전히 피억압자 집단의 저항과 해방을 위한 논리로 기능해야 함을 알 수 있다.

## | 참고문헌 |

강만길. 1982. "독립운동과정의 민족국가건설론". 송건호 · 강만길 편. 『한국민족주의론 I』. 창작과비
　　　평사.

강정구. 1993. "미국과 한국전쟁". 『역사비평』. 여름호.

겔너, 어네스트. 1983. 이재석 옮김 1988. 『민족과 민족주의』. 예하.

고정휴. 1995. "독립운동기 이승만의 외교노선과 제국주의". 『역사비평』. 겨울호.

공보실. 1956. 『대통령 이승만박사 담화집 제 2집』.

공보실. 1959. 『우리 대통령 이승만박사』.

공보처. 1953. 『대통령이승만박사담화집』.

국사편찬위원회 편. 1968. 『자료 대한민국사 1』.

김광섭 편. 1950. 『이대통령 훈화록』. 중앙문화협회.

김기성. 1996. "한국정치의 이항대립 구조와 정치담론의 상관성—이항대립적 담론실천에 대한 비판".
　　　연세대학교 대학원 정치학과 박사학위논문.

김동춘. 1997. 『분단과 한국사회』. 역사비평사.

김동춘. 1994. "국제화와 한국민족주의". 『역사비평』. 겨울호.

김삼웅 편. 1984. 『민족 민주 민중선언』. 일월서각.

김수진. 1999. "한국정치 균열구조의 전개와 담합정당체제". 『역사비평』. 겨울호.

김정훈. 1999. "남북한 지배담론의 민족주의 비교연구—역사적 전개와 동질이형성". 연세대학교 대학
　　　원 사회학과 박사학위 논문.

김정훈. 2000. "시민사회의 두 얼굴: 무책임 사회와 진보적 공론영역". 학술단체협의회 편. 『전환시대
　　　의 한국사회—21세기 진보, 지성, 대안』. 세명서관.

김정훈 · 조희연. 2003. "지배담론으로서의 반공주의와 그 변화— '반공규율사회' 의 변화를 중심으
　　　로". 조희연 편. 『한국의 정치사회적 지배담론과 민주주의 동학』. 함께읽는 책.

노중선. 1992. "4월 혁명기 혁신정당, 왜 좌절하였나". 『역사비평』. 봄호.

달, 로버트. 1999. 『민주주의』. 동명사.

박명림. 1996. 『한국전쟁의 발발과 기원 I, II』. 나남출판.

박찬승. 1996. "한말 · 일제시기 사회진화론의 성격과 영향". 『역사비평』. 봄호.

박태순 · 김동춘. 1991. 『1960년대의 사회운동』. 까치.

백학순. 1999. "국가형성전쟁으로서의 한국전쟁". 세종연구소.

서중석. 1983. "이승만과 한국민족주의". 송건호 · 강만길 편. 『한국민족주의론 II』. 창작과비평사.

서중석. 1991. 『한국현대민족운동연구—해방후 민족국가 건설운동과 통일전선』. 역사비평사.

서중석. 1995. "이승만과 북진통일". 『역사비평』. 여름호.

서중석. 1996. 『한국현대민족운동연구 2』. 역사비평사.

서중석. 1998. "이승만정권 초기 일민주의와 파시즘". 역사문제연구소 편. 『1950년대 남북한의 선택과
　　　굴절』. 역사비평사.

손호철. 1998. "한국 '진보정당' 실험 비교연구—4 · 19혁명과 6월항쟁 이후 '민주화' 기를 중심으로".

한국정치학회 춘계학술회의 발표문.

손호철. 1990. "한국전쟁과 이데올로기 지형—국가, 지배연합, 이데올로기". 『한국과 국제정치』. 6(2).

손호철. 1995. 『해방 50년의 한국정치』. 새길.

송남헌 외. 1995. "대담: 고초로 점철된 혁신계 50년". 『역사비평』. 봄호.

오창엽. 1999. "진보정당운동의 역사와 이념". 『동향과 전망』. 43호.

올리버, 로버트 T. 1982. 『이승만비록』. 한국문화출판사.

유재일. 1992. "한국전쟁과 반공이데올로기의 정착". 『역사비평』. 봄호.

윤해동. 1999. "한국 민족주의의 근대성 비판". 『역사문제연구소 1999 심포지엄 자료집』.

이광일. 2001. "개발독재 시기의 국가-제도정치의 성격과 변화". 조희연 편. 『한국 민주주의와 사회운
　　　동의 동학』. 나눔의집.

이승만. 1949. 『일민주의개술』. 일민주의보급회.

이승만. 1958. 『애국애족의 길』. 신문학회.

이완범. 1999. "경제개발5개년 계획의 입안과 미국의 역할". 한국정신문화연구원 편. 『1960년대의 사
　　　회변동』. 백산서당.

이완범. 1983. "한반도 신탁통치문제". 『해방전후사의 인식 3』. 한길사.

임지현. 1999. 『민족주의는 반역이다』. 소나무.

전상인. 1994. "스카치폴의 혁명, 틸리의 전쟁, 그리고 한국의 국가 II". 『연세사회학』 12.

정영태. 1992. "일제말 미군정기 반공이데올로기의 형성". 『역사비평』. 봄호.

정태영. 1992. "5·16쿠데타 이후 혁신세력은 어떻게 존재하였나". 『역사비평』. 봄호.

정태영. 1995. 『한국 사회민주주의 정당사』. 세명서관.

정해구. 1994. "미군정기 이데올로기 갈등과 반공주의". 역사문제연구소 편. 『한국정치의 지배이데올
　　　로기와 대항이데올로기』. 역사비평사.

정해구. 1996. "분단과 이승만: 1945-1948". 『역사비평』. 봄호.

조혜정·김수행. 1998. "반공·반제 규율사회의 문화·권력". 『통일연구』. 2(2).

조희연. 1993. 『현대 한국 사회운동과 조직』. 한울.

조희연. 1998a. 『한국의 국가·민주주의·사회변동』. 당대.

조희연. 1998b. 『한국의 민주주의와 사회운동』. 당대.

최장집. 1996. 『한국민주주의의 조건과 전망』. 나남.


Therborn, G. 1995. *European Modernity and Beyond—The Trajectory of European Societies, 1945-2000.*
　　　London: Sage Publications.

# 제 3 장

# 저항담론과 파시즘논쟁
## ― '파쇼' 에서 '우리 안의 파시즘' 까지

이광일

## 1. 들어가는 말

파시즘하면 나치의 유태인 학살, 침략전쟁, 극단적인 폭력의 행사 등이 떠오른다. 하지만 이런 의미에서의 이미지는 지금도 세계 도처에서 흔히 발견할 수 있다. 인도네시아 정부군의 아체(Ache)에 대한 공격은 고립된 많은 민간인들의 무차별 살상으로 귀결되고 있다. 하지만 아체의 외침은 공허한 메아리가 되고 있다. 최신 병기들을 동원한 미국의 아프가니스탄에 대한 공격, 이라크 점령 등은 학살, 전쟁, 폭력의 잔혹함을 보여준다. 한국의 유신체제, 1980년 광주는 우리에게 '파시즘' 이 결코 다른 지역의 문제가 아니라는 점을 확연히 시사해 준다.

파시즘은 단지 과거의 문제가 아니다. 바로 그렇기 때문에 그 본질, 기원, 양태에 대한 논의가 끊이지 않고 있다. 그럼에도 불구하고 파시즘이라는 용어나 개념은 쉽게 사용되지 않는다. 이것은 파시즘이 보여주는 극단성이 매우 예외적이기 때문이기도 하지만, 다른 한편 다음과 같이 파시즘을 역사적 에피소드 정도로 보는 시각의 반영이기도 하다.

> 1922–23년에 이탈리아 파시스트정당에서 출발해……유럽 전역에 '파시스트'
> 정당이 출현하는 1930년에 이르면 무르익게 되고……전쟁의 패배와 독재자 두
> 명의 죽음과 더불어 끝난다.(hugh trevor-roper 1981, 19; 네오클레우스 2002, 15
> 에서 재인용)

이러한 발상은 파시즘을 둘러싸고 형성됐던 어려운 쟁점들을 쉽게 해결해
주지만, 파시즘 연구를 수동화, 화석화시킨다. 한국의 경우는 대표적이다. 오
랫동안 '파시스트적 지배구조' 속에 있었으면서도 그에 대한 관심과 연구가
희소하다는 것은 역설적이다.[1] 진보당사건을 통한 조봉암의 죽임과 2차 인
혁당 관련자들에 대한 전격적인 사형집행, 그리고 1980년 광주에서의 학살
(genocide)은 이러한 구조를 상징적으로 보여주는 것이다. 물론 파쇼, 파시
스트, 파시즘 등의 용어가 사용되지 않았던 것은 아니다. 하지만 그것은 대개
관형적, 서술적으로 사용되어 왔으며, 그것도 주로 '사회운동'에서 대중에
호소하기 위한 필요 때문에 차용되었다.

지금까지 사용된 대강의 용례를 보면 국가권력의 폭력을 비판하기 위한
서술적인 용법으로, 국가형태를 규정하기 위한 개념으로, 그리고 최근 '일상
의 파시즘'에서 보이듯 사회운동 진영 내의 폭력적 심성의 내재화를 지칭하
는 용어로 사용되어 왔다. 이 가운데 '일상의 파시즘'은 운동주체들에게 구
조화된 '심성'(mentality)을 문제시한다는 점에서, 국가권력을 대상으로 한
이전의 개념 규정과는 상이한 측면을 보인다. 이 발상은 '근대성에 내재된
특징으로서의 파시즘적 심성'이라는 보다 포괄적 논의가 필요하다. 하지만
'우리 안의 파시즘'은 자본주의의 특정한 발전단계의 위기 상황 아래에서
나타나는 파시즘의 역사특수성을 간과하고 그 개념을 무차별 사용함으로써,

---

1) 한국에서 파시즘 연구 수준은 매우 일천하다. 몇 편의 석사학위논문, 뒤에서 다룰 1980년대
　후반에 전개된 신식파시즘논쟁 등이 거의 전부이다. 이들 연구 또한 한국 사회를 대상으로
　한 것이라기보다 주로 서구 파시즘의 역사적인 등장 과정, 고전적 파시즘론을 한국 사회에
　적용할 수 있는지 여부를 둘러싸고 전개된 것이 대부분이다.

애초 파시즘 논의가 지니고 있던 저항담론으로서의 의미를 오히려 훼손시키는 데 일조했다는 비판을 받기도 하였다(이광일 2002 참조).

이 글은 이와 같은 흐름들에 주목하면서 한국에서 파시즘을 둘러싸고 전개된 논의들을 살펴보고자 한다. 무엇보다 한국의 국가형태에 파시즘이라는 개념을 적용할 수 있는지 여부와 그 구체적 적용 대상의 규명을 둘러싸고 전개된 논의, 논쟁들이 이 글의 중요한 관심사가 될 것이다. 또한 가장 최근에 제기된 '우리 안의 파시즘'이 그 인식 여부와 무관하게 냉전시대 '전체주의론'이 의도했던 정치적 효과를 어떤 논리로 재구성하며 그 내용을 공유하고 있는지 살펴보는 것도 그에 버금가는 사안이다.


## 2. 냉전, 전체주의론에 가려진 파시즘론

일반적으로 독일의 나찌즘, 이탈리아 파시즘, 그리고 일본의 군국주의는 '파시스트체제'라고 불린다. 물론 이들 용어의 기원, 그 역사적 실체들은 상이하지만, 그것이 보여주는 몇 가지 특징은 이들을 하나의 큰 범주로 묶는 것을 가능케 한다. 그 외적인 특징은 정치적 기본 자유의 전면 폐지, 행정국가의 권한 극대화, 그리고 그것의 총화인 주권자, 인민의 자기결정권을 완전히 박탈하는 것이다.

해방 이후 한국에서도 파쇼, 파시즘 등의 용어는 자주 쓰였다. 조선공산당의 '8월 테제'에는 당시 좌파의 대미 인식이 나타나 있는데, 거기에는 미국을 2차 세계대전의 주축국인 파시스트국가들과 비교하여 '민주주의국가'로 규정하고 있다(김남식 1984 참조). 이러한 규정은 한국전쟁 이후 전쟁 실패의 책임과 관련, 박헌영의 숙청을 정당화하는 하나의 이유가 되기도 하였다. 즉 애초 제국주의적이며 '파쇼적'이었던 미국에 대한 잘못된 성격규정 때문에 적절한 전략과 전술을 구사할 수 없었고, 이러한 '우편향'이 결국 전쟁으로 이어지면서 '변혁운동'의 실패로 귀결되었다는 것이다. 1980년대 사회구성체 논쟁에서 상부구조의 주요 부분으로 전개된 파시즘 논쟁도 이와 유사한 문제 제기에 직면했었다. 이처럼 파시즘이라는 개념규정은 현실의 운동과 밀접한 연관을 맺고 있기에 서술적으로 사용하는 것은 한계를 지닐 수밖에 없다. 그리고 더욱 중요한 것은 논쟁 자체가 아니라 이러한 개념이 대중의 삶과 매우 밀접한 연관을 지니고 있다는 사실이다. 이것은 파시즘으로의 규정 여부에 따라 그에 저항하는 운동의 내용과 형식이 달라지며 이에 따라 대중의 삶의 방향 또한 달라짐을 의미한다.

하지만 한국전쟁 이후 한국에서 파시즘 논의는 거의 이루어지지 않았다. 왜냐하면 이 개념의 역사는 서구의 진보적인 '좌파운동,' 특히 코민테른의 반파시즘 통일전선, 인민전선운동의 경험과 밀접한 연관을 지니고 있는데, 반공규율화된 한국 사회에서 이들 발상의 공공연한 수용은 논의 주체들의 존재 자체를 불투명하게 만들 수 있었기 때문이다.

그런데 이와 관련, 주목해야 할 것은 '전체주의론'이 바로 이 공백을 대체했다는 것이다. 냉전체제의 산물인 이 연구는 파시즘에 대한 연구가 변용되어 구(舊)소비에트공화국을 포함한 동구국가들의 정치적 특징들을 연구하고자 한 것이었으나 결국 파시즘 논의를 변형시키는 효과를 가져왔다. 이 연구는 프리드리히(Carl J. Friedrich), 브레진스키(Z. K. Brzezinski) 등에 의하여 시도되었다. 이들은 전체주의를 근대정치의 특수한 형태로 규정하며 하나의 모델로 설정하고자 하였으며, 전체주의적 독재를 다음과 같은 특징을 지닌 것으로 규정하였다.

첫째, 인류의 완벽하고 최종적인 사회를 제시하고, 기존 사회를 과격하게 배척하며, 세계정복을 계획하는 공적(公的) 이데올로기

둘째, 권력을 독점하고 있는 국가관료제에 입각하거나 국가관료제와 융합된 과두적이고도 위계적(位階的)인 대중정당의 존재

셋째, 사회·국가 및 정당을 통제하는 비밀경찰의 존재

넷째, 여론의 조작을 위한 모든 매스미디어의 독점

　　다섯째, 무장된 저항의 가능성을 배제하는 무기의 독점,

　　여섯째, 경제의 중앙집권적인 통제는 물론, 모든 경제단체와 결사들의 관료주의적인 획일화로의 편성(Friedrich, Brzezinski 1965; 샤피로 1983 참조).


　　이들은 현대 기술의 발달을 통해 통제의 전체성이 확보되고 있는 정치체제를 전체주의 정치체제라고 봄으로써, 전통적 절대군주의 지배나 전제정치체제 또는 권위주의 등의 지배형태와 구별하였다.

　　하지만 중요한 것은 1920~30년대 파시즘을 지칭하는 것으로 쓰였던 이 개념의 변용이다. 애초 전체주의는 이탈리아 무솔리니정권, 독일 히틀러정권을 지칭하는 것이었으나 전후 그 대상이 확장되었다(샤피로 1983, 3~5). 파시즘과 이른바 '공산주의국가' ―특히 스탈린체제―가 지니는 각각의 역사적 특수성이 간과되면서, 전체주의는 이른바 '공산주의국가'들의 특징을 드러내주는 정태적 개념으로 고착되었다. 특히 반공산주의 발상으로서의 전체주의론은 냉전이 분단을 매개로 전형화한 한국 사회에서는 더욱 강하게 뿌리내렸다. 파시스트 지배는 반공산주의에 의해 가려진다. 2차 세계대전 이후 '파시즘'이 사라진 마당에 이제 남아 있는 것은 사실상 '공산주의 독재'뿐이기 때문이다. 이렇게 하여 어제의 적인 파시즘에 대한 투쟁은 보다 위험하고 교활한 공산주의에 대한 투쟁으로 전환되었다. 즉 파시즘과 공산주의를 동일시하는 데 지대한 이데올로기적 역할을 했던 전체주의론은 반파쇼투쟁을 반공투쟁으로 전환시킨 일등공신이 되었다(키친 1988, 46).

　　현대 테크놀로지의 발달로 인해 작동가능하게 된 대중지배기제들에 대한 주목은 그것이 기반하고 있는 사회관계들의 간과 내지 외면으로 나타났다. 이후 전체주의론은 체제의 상이한 역사적 작동메카니즘에 대한 관심을 배면으로 밀어내면서 '수렴론'의 근거가 되었다. 수렴론은 '후기 산업사회론,' '이데올로기의 종언' 등과 교호하면서 '전체주의론'의 탈역사성을 이어 나갔다. 사실 인류의 완벽하고 최종적인 사회의 제시, 비밀경찰의 존재, 매스미디어의 독점, 경제의 중앙통제 등은 '사회주의국가들'에 정형화되어 있는

특징들로 보였다. 특히 조직적인 테러를 통해 유지되는 전체주의는 다원성을 부정하는 것으로 '열린 사회의 적'이었다. 따라서 구소련은 물론, 동구권은 이러한 비판으로부터 자유스러울 수 없게 되었다.

하지만 파시즘과 전체주의는 그것이 기반하고 있는 사회관계들 자체가 달랐다. 이들에 대한 규범적 판단은 접어두더라도 파시즘은 제국주의 단계의 자본주의 사회관계 위에서 발생한 것인 반면, '공산주의'는 그러한 사회관계의 전복—이른바 혁명—위에서 출현한 것이기 때문이다. 이러한 관계를 무시하는 경우, 과연 이 각각의 지배양태가 어떤 사회세력에 의해, 무엇을 목표로, 왜 발생하게 되었는가에 대해 동태적으로 이해하고 논의할 수 있는 역사적 근거는 애초부터 사라진다. 호르크하이머(M. Horkheimer)는 전체주의론을 비판하며 자본주의에 대해 논의하지 않는 사람들은 파시즘이라는 주제에 대해 침묵해야만 한다고 하였으며, 풀란차스(N. Poulantzas)는 이를 정정하여 파시즘이라는 주제에 대해 침묵을 지켜야 할 사람은 제국주의에 대해 논의하지 않는 사람들이라고 언급한 바 있다(Poulantzas 1979, 17). 이러한 우려는 역설적으로 이미 전체주의론 연구의 대표주자들인 프리드리히와 브레진스키의 연구에 부분적으로 함축되어 있다.

> 전체주의는 혁명의 체계이다. 그것은 경제적, 사회적 그리고 문화적 수준에서 결정적으로 혁명화하기 위해 기존 정치질서를 파괴하고자 하는 혁명이다. 그것은 폭력을 띤, 전체적 변화를 수행하려는 결정이다. …… 테러는 이 정권이 그 성격을 상실하고 아마도 그의 권력을 상실하지 않고 정권의 전 목표를 달성하고 항구적인 혁명을 유지하려는 기본적인 방법으로 되고 있다. 따라서 전체주의적 폭력을 광범위하게 이해한다면, 그것은 전체주의체제의 사활에 관계되는 신경이다(Friedrich, Brzezinski 1965, 161~63 참조).

즉 위에서 지적하는, '전체주의적 테러'가 체제유지의 사활을 좌우하는 신경이 된 변화, 이른바 '혁명정부의 전체주의화'에 대한 제도적 변질이라는

'전체주의론' 연구자들의 관심에 대한 적실한 해답 또한 그것의 역사특수성에 근거할 때만이 의미 있는 답이 나올 수 있다.[2] 제도의 기저에서 작동하는 모순과 적대, 갈등에 주목하지 않으면 이에 대한 해답은 '음모론'의 영역에서 도출할 수밖에 없으며 그 의미 또한 매우 제한적일 수밖에 없다.

하나의 예로 위에서 프리드리히가 전체주의의 첫째 특징으로 제기한 사안은 파시즘에는 전혀 해당되지 않는다. 파시즘은 말로만 떠들 뿐, 현존 체제에 대해 체계적 비판을 하지 않았을 뿐만 아니라 사회, 경제구조의 철저한 변화의 지침도 제시하지 않았다. 공산혁명이 경제적, 정치적 질서의 급진적 변화로 귀결되었다면, 파쇼정권은 사적 소유와 교환을 전혀 문제삼지 않았으며 실제로 파쇼정권은 부르주아국가를 새로운 파쇼지도국가로 대체함으로써 사적 소유를 강화했다(키친 1988, 53~54 참조). 수단의 유사성이 내용의 차별성을 가릴 수는 없다. 수단이 목적을 대체할 수는 없다.

이처럼 양자가 드러내 보이는 역사특수성을 고려하지 않을 경우, 거기에는 정태적이고 현상적인 공통의 특징들만이 부각되고, 그 결과 파시즘과 공산독재 모두가 전체주의라는 대중선동적이고 탈역사적인 동어반복만이 지속될 뿐이다. 중요한 것은 이 이론을 공산주의 사회에 적용할 수 있는가 여부에 있는 것이 아니라, 이 이론이 과연 파시즘을 설명하는 데 적절한 것인지 여부에 있다.


## 3. 파시즘의 특징

### 1) 이데올로기

파시스트 이데올로기에 대해서는 많은 연구가 있으나 명료하게 정리된 것

---

2) 테러가 전체주의의 작동의 본질적 기제임을 밝힌 대표적 논의로는 Hannah Arendt (1979) 참조.

은 없다. 그 이유는 이것이 일반 원리에 근거해 있다기보다 (대중)운동의 과정과 집권 중에 기존의 여러 이데올로기를 접합시켜 활용하기 때문이다. 이런 맥락에서 파시즘의 이데올로기는 한마디로 절충적(eclectic)이다.

가장 포괄적이고 철학적인 것은 반합리주의(anti-rationalism)이다. 이것은 서구철학의 오랜 발상과 전통을 부정하는 것으로 반계몽주의로 표현된다(네오클레우스 2002 참조). 인간존재의 유지와 그들 사이의 관계에서 이성을 불신하고, 비합리적(irrational)이며 감정적인(emotional) 요인들을 강조한다. 사회심리적 수준에서 파시즘은 대중심리에 의존하는 광신적이며, 독단적인 측면을 드러내 보이기도 한다.

그렇다고 하여 파시즘이 대중의 힘을 믿는 것은 아니다. 파시즘은 철저하게 엘리트주의에 기반해 있으며, 이런 측면에서 대중들의 자기결정을 강조하는 민주주의를 정면으로 비판한다(미셸 1979, 34). 인종주의는 바로 이러한 발상이 극단적으로 타나난 경우이다. 즉 파시즘은 인간불평등을 불가역적인 원리로 확신한다. 나아가 파시즘은 단순한 정치제도라기보다 생활양식으로서 모든 인간관계에 있어서의 자율성을 박탈한다. 즉 정치적이든 아니든 파시즘은 사회의 자율적이고 생동적인 세포를 막아버리고자 한다.

그런데 이러한 외견상의 절충에도 불구하고 파시즘은 반공산주의, 반노동운동을 핵심으로 한다. 물론 초기에는 반자본주의를 동시에 내세우지만, 그것은 내부 투쟁 과정에서 점차 폐기된다. 그리고 이것은 노동운동에 대한 전면적 공세로 나타난다(Togliatti 1976 참조). 그리고 이를 위해 민족주의와 국가주의가 강조된다. 민족주의, 그것의 정치적 표현인 민족통합은 적대를 종식시킨다는 측면에서만 수용된다. 독일 '제3제국'이 자본주의와 사회주의 사이에서 추구한 '제3의 길'은 민족이라는 가치를 회복해 프롤레타리아트를 통합함으로써 달성되며, 프롤레타리아트가 민족의 일부가 됨으로써 확립된다(네오클레우스 2002, 82). 파시즘의 목표는 '민족을 위한 사회주의'를 통해 공산주의를 저지하는 것이다.

다른 한편 이탈리아에서 전형화된 조합주의국가(corporate state)는 국가가 자본과 노동 사이의 갈등을 조정하고 중재하는 것으로 설정되지만, 거기에서 노동은 국가의 배타적 지위를 인정하는 차원에서만 존재가 가능하다. 파시즘은 상이한 이해와 갈등, 적대가 존재해 왔다는 것을 부정하지 않지만, 그것이 국가의 통제 아래 협력적 이해관계의 체계로 존재해야 한다고 본다. 즉 파시즘 국가의 외부에는 그 아무 것도 존재할 수 없으며, '존재하지 않는다.'

(이탈리아) 코포라티즘은 모든 민주적인 자유들이 청산되었을 때, 노동자들이 더 이상 그들의 대표성을 가질 수 없게 되었을 때, 모든 정당들이 파괴되고 노동조합의 자유, 언론·집회의 자유가 청산되었을 때, 그리고 스스로 의사를 표현할 모든 가능성이 제거된 후에야 비로소 조직된다. 이것들은 코포라티즘의 정치적 전제이다. 코포라티즘은 정치독재체제인 파시즘의 존재 없이는, 또한 이런 독재권을 행사하기 위한 도구인 파시스트당의 존재 없이는 인식될 수 없다(Togliatti 1976, 97).

## 2) 대중운동

대중운동은 파시즘 논의에서 가장 중요한 쟁점이다. 그 이유는 나치(Nazi)나 이탈리아 파시즘의 등장과 집권에서 대중운동이 중요한 사회정치적 기반으로 작용하였기 때문이다. 따라서 이런 입장을 수용한 논의들은 대중운동이 없으면 파시즘으로 규정할 수 없다는 주장들을 펴곤 한다(Poulantzas 1979 참조).

흔히 대중운동은 특정한 계급이나 계층에 한정된 사회운동이 아니라, 다양한 계급·계층에 속하는 사람들이 특정한 목표 하에 모여 전개하는 운동이라고 규정된다. 그것은 계급적·계층적 이해, 사상, 신조, 정치적 입장의 차이를 '초월' 하여 광범위한 사람들이 특정한 사회정치적 목표를 향해 전개하는 운동이므로, 그 목표의 주변에 이들을 접합시킬 수 있는, 시멘트의 기능을 하는 요소들이 필요하다. 그 요소는 물질적인 것일 수도 있고 다양한 이데올로기들일 수도 있다. 바로 이러한 맥락에서 파시즘체제에서 그것의 물질적 재생산 기반, '절충적 이데올로기' 는 핵심적이다.

하지만 대중운동의 이러한 외적 특징에 매몰되어 그것을 파시즘체제의 본질적 요소로 보는 순간, 중요한 문제가 발생된다. 이러한 인식은 파시즘의 계급적 본질규정 문제와 긴장을 불러일으키는데, 파시즘이 대중운동의 결과이며 대중의 지지를 받은 '합의독재' 라는 주장으로까지 확장되면, 그 긴장은 더욱 커진다. 뒤에서 살펴보겠지만 파시즘을 대중권력으로 이해하는 발상은 결국 그 정치적, 역사적 책임의 상당 부분을 이들 대중에게 귀결시키게 된다. 이에 비례하여 파시즘과 자본주의 간의 밀접한 연관관계는 부정된다.

사실 대중운동은 파시즘의 등장과정에서 중요한 역할을 했다. 국가주의적, 권위주의적, 민족주의적 경향을 지닌, 하지만 항상 몰락의 위협에 처하였던 중산계층과 농민, 거기에 전쟁에서 돌아온 병사, 하급 장교, 경제 위기를 노동조합의 책임으로 돌리는 담론에 동화된 실업자 등은 파시즘의 대중적 기초를 이루었다. 특히 경제적 몰락의 상황에서 자신의 소유재산에 집착하고 있던, 하지만 자신이 희생되는 것을 두려워하여 일체의 계급투쟁을 기피했던 중산층은 '계급을 초월한 국가' 의 출현을 꿈꾸었다. 이들은 조국의 운명을 자신의 운명과 동일시하였으며, 따라서 파시즘의 선동에 가장 민감하게 반응하였다(미셸 1979, 23). 또한 독점자본가와 정치적 보수파, 민족적 영광을 꿈꾸는 군부 등 지배블럭도 이들 파시스트들이 내세우는 목표, 즉 계급투쟁의 배격, 강대한 조국의 건설, 군비 확장과 군국주의적 국가 건설, 경제 발전 등에 동의하였다. 이들은 과거의 민족적 영광을 기억해 냈다. 독일의 경우, 이러한 영광으로의 복귀를 막는 것이 오히려 바이마르공화국과 같은 취약한 민주공화제라고 생각하였다. 이들에게 민주주의는 민족과 국가의 쇠퇴를 가져온 위기의 진원지였다. 독일의 나찌청년단, 나치스학생동맹, 나치스돌격대(SA), 이탈리아의 갈색셔츠단 등의 조직은 이러한 발상을 구현하는 대중적 전위 역할을 하였다.

그럼에도 불구하고 파시즘을 대중권력으로 보는 발상의 기저에는 대중을 경원시하는 강한 엘리트주의가 깔려 있다. 이들에게는 합리적으로 보이는 개인들조차도 군중이 되는 순간, 그가 누구인지를 불문하고 그 우두머리를 따르는 들쥐와 같다. 르봉의 '군중' 개념이 함의하듯, 이러한 발상 속에서는 혁명조차도 지도자들의 사주를 받은 폭도들의 소행일 뿐이다(G. 르페브르 1983, 19). 대중은 언제나 '강력한 권위 앞에서 비굴하게 고개를 숙일' 준비가 되어 있다. 파시즘은 이미지와 감정을 자극하는 절충적 이데올로기를 통해 바로 이러한 대중들을 자신에게 기울어지도록 한다.

이처럼 대중이 파시즘의 지지기반이었다면, 한발 더 나아가 합의독재의 한 축이었다면, 과연 그들에게 파시즘은 어떤 존재였는지를 밝히는 것은 매우 중요하다. 파시즘의 집권과정에서 대중(운동)은 중요한 역할을 하였음에도 불구하고, 그 메커니즘 속에서 자신들의 이해와 의지를 관철시킬 수 없었다. 대중은 파시즘의 '도구'였다. 파시즘은 '피지배자와 지배자의 동일성'이라는 민주주의의 원리로부터 가장 멀리 나아간 체제였다. 바로 이렇기 때문에 그것을 파악하지 못한 채, 파시즘을 지지한 대중의 고통은 자업자득이라는 비판이 가능하다.

그런데 이 문제는 파시즘의 본질 및 성격 규정과 관련하여, 대중운동의 존재 여부가 파시즘으로의 전화를 담보하는, 혹은 파시즘을 규정하는 필수 요소인가라는 근본 물음을 우회할 수 없게 한다. 파시즘을 유럽적 현상으로, 즉 제1, 2차 세계대전 사이에, 그것도 1919~39년에 나타난 특유한 현상으로 좁게 규정하면(Nolte 1965 참조), 유럽 이외의 현상인 일본의 군부파시즘, 1970년대 이후 남부유럽과 라틴아메리카의 독재형태들을 파시즘으로 규정하는 것은 애초 배제된다. 따라서 놀테와 같은 입장을 따르면, 이 질문은 아주 쉽게 해결된다. 하지만 이러한 발상은 파시즘의 본질, 다양하게 나타나는 그것의 역사적 형태에 대한 확장된 논의를 가로막는다.

### 3) 물적 기반

파시즘의 물적 기반에 대한 논의는 주로 좌파진영에서 이루어졌다. 이것은 좌파가 맑스주의의 영향 하에 있었다는 측면에서 자연스러운 것이었다. 특히 나치즘, 파시즘의 등장과 관련, 코민테른 내에서 이루어진 논의는 하나의 중요한 흐름을 형성하였다. 파시즘을 둘러싼 논의는 경제주의, 좌편향의 침투로 '사회파시즘'과 같은 오류로 나타나기도 하였지만(동녘 편집부 1989 참조), 결국 파시즘은 인민전선 논의로 나아가면서 다음과 같이 규정되었다.

파시즘은 금융자본의 가장 반동적이며, 가장 배외주의적이며, 가장 제국주의적인 분파의 공공연한 테러독재이다(디미트로프 1987, 82).

이들에게 파시즘의 출현은 독점자본주의(제국주의) 시대에 심화된 불균등발전과 맞물려 일반화된 정치적 반동화의 극단적 표현으로 이해되었다(Poulantzas 1979, 17~24 참조). 그것은 선택 가능한 정책이 아니며 단순한 정권 교체가 아니다. 또한 그것은 소수의 엘리트들이 하부의 기술 관료를 동원, 관리·지배하는 체제라 할 수 없다. 이런 맥락에서 파시즘의 권력 장악은 하나의 부르주아정부와 다른 부르주아정부 사이의 일상적인 교체가 아니라, 부르주아 계급의 지배형태 가운데 하나인 부르주아민주주의와 또 하나의 국가 형태인 공공연한 테러독재와의 교체이다(디미트로프 1987, 83).

이 규정은 파시즘의 물적 기반, 그 정치적 목표를 정확하게 지적해준다. 이것은 전체주의론과 달리 파시즘이 자본주의 발전의 산물임을 분명히 해준다. 하지만 이 규정을 수용하더라도 여전히 해결해야 할 과제는 남는다. 즉 파시즘은 자본주의가 고도로 발전한 서구의 파시스트국가에게만 적용될 수 있기 때문에, 서구 이외의 자본주의에 근거한 '폭압적 국가'를 파시즘으로 규정하는 것은 적절치 못하다는 것이다. 이 경우, 탈식민지사회에서 나타나는 '공개적 독재'를 파시즘으로 규정하는 것은 더욱 난망하다.

하지만 좌파의 발상에서도 파시즘의 종별성은 부정되지 않았는데, 아래와 같은 통찰은 이를 이해하는 데 효과적이다.

이 지역(라틴아메리카)에서 나타난 파시즘의 특유성은 무엇보다도 이 나라들의 파시즘이 예를 들어 이탈리아의 파시즘과는 달리 주로 대중운동을 통해 국가 정부형태로 관철된 것이 아니고 그와 반대로 위로부터 이룩된 정부형태라는 것이다(하케탈 1987, 393).

이미 디미트로프도 "파시즘에 대한 어떠한 일반적인 규정이 그 자체로는 아무리 옳다하더라도 개개의 나라와 다양한 단계에 있는 파시즘 발전의 독특한 점들과 파시스트독재의 다양한 형태를 구체적으로 연구하고 고려할 필요가 없어지는 것은 아니다"고 지적한 바 있다(디미트로프 1987, 164). 이것은 동유럽, 라틴아메리카 등 자본주의의 상이한 발전단계에서 나타날 수 있는 다양한 형태의 파시즘에 대한 주목을 가능케 한다. 물론 파시즘은 독점자본주의의 산물인 만큼 그로부터 완전히 분리될 수는 없다.

하지만 중요한 것은 독점자본주의 이후 오늘에 이르기까지 국제화(internationalization), 지구화(globalization)된 자본운동은 탈식민지사회에서 새로운 형태의 파시즘이 등장할 수 있는 가능성을 제고시킨다는 점이다. 즉 지구적 성격을 구체화하는 자본 운동의 심화 확대, 그에 따른 불균등 발전의 가속화는 자본주의 세계체제에서 이들 탈식민지사회가 점하는 종속적 위상의 변화 가능성을 열어 놓는데, 이것은 이들 사회에서 나타나는 '파시스트 지배형태'의 물적 기초, 사회정치적 지지 기반, 그 성격을 이해하는 데 핵심적이다.

## 3. 한국에서의 파시즘 논의

한국에서의 파시즘 논의는 두 가지 수준에서 고려되어야 한다. 첫째, 파시즘 논의 그 자체가 있었는가 라는 점, 둘째, 과연 한국에서 파시즘이라고 규정할 수 있는 실체가 존재하였는가 라는 점이 그것이다.

전자와 관련하여 가장 일반적이고 단순한 경우는 파쇼, 파시스트, 파시즘 등의 개념이 서술적으로 사용되는 경우이다. 이러한 용법은 국가의 폭력성에 대한 반응으로, 파시즘의 극단적 폭압성을 비유하기 위해 사용하는 경우이다. 이승만 정권의 부산정치파동, 5.16쿠데타 이후 군정의 정치행태, 유신 체제, 그리고 '5공화국' 등 '군부독재'에 대한 비판은 이러한 개념에 의지하는 경우가 많았다.

실제 현실의 사회관계 속에서 파시즘이라는 용어가 의미 있게 사용된 것은 5.16쿠데타 이후 군정의 민정이양 선언, 쿠데타 핵심의 정치참여 번의(飜意) 등과 관련하여 제기된 다음과 같은 비판에 나타나 있다.

> 무엇보다 우리의 최대 관심사는 국민의 따스한 신뢰감과 동의를 얻어 새 민주 정부가 탄생하는 일이며 국민으로부터 정권을 탈취하려고 한다는 인상은 아예 주지말기를 바라는 것이다. 유형무형의 비정상적인 수단에 의한 정권장악을 인습화하여 평화로운 정권교체의 자유를 침해한다면, 파시즘에의 파국이 남아 있을 뿐이다. …… 힘에 의한 정치의 악몽에서 하루바삐 깨어 의회민주정치의 정도를 열어주기를 혁명당국에 충고한다(『사상계』. 1963. 2. 참조).

물론 여기에서의 파시즘 개념 또한 그것의 물적 기반, 계급적 성격, 대중운동 등을 고려한 것은 아니다. 그것은 흔히 사용하는 독재보다 강한 표현일 뿐이다. 하지만 이 규정은 이후에 살펴보겠지만 의도하지 않은 결과, 즉 6.3항쟁 이후 국가권력의 파쇼화 경향에 대한 우려를 적실하게 표현하고 있다. 그 경향은 정치적으로 의회주의에 대한 부정으로 나타나는데, 그것은 급속히 진전된 자본주의 산업화 과정에서의 계급, 계층 사이의 적대, 갈등과 맞물려 있다.

하지만 이 개념은 더 이상 발전되지 않았다. 이른바 한일회담반대투쟁으로 불리는 6.3항쟁과 이후 정치적 반동화의 과정을 거치며 유신체제가 들어서지만, 이 체제의 성격에 대한 논의 또한 흔히 사용되는 독재라는 용어로 표현되었다. 1971년 대통령선거에서 신민당의 대통령후보 김대중이 공화당 후보 박정희가 집권하면 총통제로 갈 것이라고 경고하였다. 총통제는 곧 파시즘을 연상시키는 것이지만, 이것 또한 1인 장기집권에 초점을 맞춘 것으로 파시즘 논의에 근거한 것은 아니었다.

1970년대 사회운동은 이른바 사회비판적 자유주의자들이 주도권을 행사하였다. 이들의 기본적인 발상은 사회 내의 갈등의 존재는 인정하지만, 계급적 패러다임을 취하지는 않았다. 이들은 기본적으로 '국가 대 시민사회'라는 자유주의적 발상 속에서 시민사회의 자율성을 회복하는 운동에 역점을 두었으며, 그 정치적 핵심은 제도의 수준에서 절차적 민주주의를 이룩하는 것이었다. 이들에게 파시즘은 자유주의의 실패로 인해 초래된 것 이상이 아니다. 따라서 자본주의 사회의 모순에서 그 뿌리를 찾고자 하였던 파시즘에 관한 또 다른 발상은 여전히 시민권을 지니지 못하였다. 다만 비합법 운동에서 이 개념은 수용되었는데, 70년대 말 남조선민족해방전선(남민전)의 한국 사회와 국가권력에 대한 아래의 인식은 대표적이다.

현 단계 한국 사회의 역사적 성격은 신식민지사회이다. 따라서 우리 사회의 제반 모순을 파생시키는 기본적인 모순관계는 미·일의 외세와 신식민지 예속화의 한국 민중 간의 모순이다. 미·일 외세의 신식민지적 지배란 피지배 민족 내에 그들과 이해가 일치하는 매판세력을 부식하고 그를 통해 자신의 목적을 은폐하면서 지배·수탈하는 것이다.……민중을 국내적, 직접적으로 억압, 수탈하는 제 매판세력의 총수가 현정권이다. 따라서 현정권의 성격은 매판적(반민족적), 파쇼적(반민주적)일 수밖에 없다. 이에 사회적 제모순의 고리가 현 군사독재정

권과 민중 간의 모순으로 되고, 이것이 우리 사회의 주요한 모순이 된다(세계 편
집부 1986, 220).

우리 사회의 제 문제를 낳는 근원적인 모순은 제국주의의 신식민지적 지배이
다. 군사독재체제와 민중 간의 모순은 여기서 파생되어 나오는 것이다. 그러나
현재의 사회운동역량과 민중의 조직적, 의식적 성장 정도를 감안해 볼 때 역량을
집중해야 할 전략, 전술상의 중심과제(고리)는 반파쇼, 반유신의 민주연합운동이
다(안병용 1990에서 재인용).

하지만 '전위'를 지향한 이 비합법 조직의 발상에서조차도 파시즘의 성격,
그것의 물적 기초에 대한 논의는 불투명하였다. 물론 신식민지 수탈구조로
인해 정치적 반동이 강화될 수밖에 없음을 지적하고 있기는 하나 그것과 한
국 사회의 내적인 자본주의 발전단계와의 관계는 명료하게 제시되지 않았
다. 따라서 유신체제를 파시즘으로 규정하기는 하였으나 그 내용은 아래의
인용에서 확인할 수 있듯 주로 '반동적 폭력'이라는 내용과 연결되어 있었
으며 '테러독재'에 관심이 집중되어 있었다.

우리 싸움의 성격은 반민족적이고 반민주적이며 비인간적인 지배층의 폭력에
대하여 민족 주체적이고 민주적이며 인간적인 민중의 반폭력을 의미한다.……우
리의 상황을 규정하는 것이 극도의 반동적 폭력으로 구성된 군사파쇼체제라면
이에 대응하는 것은 혁명적 반폭력이 있을 뿐이다. 진정한 평화를 원하는 만큼 폭
력은 불가피하며……우리 나라의 현재 상황으로 보아 파쇼체제에 결정적 타격을
가할 수 있는 반폭력의 방법은 폭발적 민중봉기다(안병용 1990에서 재인용).

파시즘이라는 개념이 운동의 정치와 밀접한 관련을 맺으며 저항담론으로
의미를 지니게 된 계기는 1980년 광주민중항쟁을 거치면서이다. 이 시기의
개념 또한 여전히 폭력성과 밀접하게 연관되어 있었지만, 그 이전과는 상이

한 사회정치적 분위기 속에서 수용되었다. 무엇보다 지식인, 대중이 극단적 형태의 국가폭력을 직·간접적으로 경험하게 되었다는 점은 특기할 만하다. 물론 한국전쟁의 와중에는 내부적으로 더 가공할 폭력이 행사되었다. 하지만 그것은 냉전과 이데올로기적 대결상황의 반영으로 인식되었고, 따라서 그것에 대한 증오와 혐오도 전쟁을 일으킨 외부의 적(북한, 공산주의)에 모아졌다. 따라서 그 폭력은 전체주의론에서 말하는 테러독재의 맥락에서 이해되었다.

하지만 1980년 5월의 경우는 달랐다. 경험의 수준에서 볼 때, 그것은 불편부당하지는 않지만, 그래도 일국 내 구성원의 존재를 지켜줄 것이라 믿었던 국가—이른바 '우리나라'—에 의해 행사된 공개적, 극단적 폭력이라는 점에서 차별성을 지니고 있었다. 그럼에도 불구하고 이 투쟁의 주체들은 자신들의 투쟁을 '공산주의'와 연결시킨 지배이데올로기가 영향력 있는 담론으로 작동하는 상황 때문에 자기의 행위를 합리화하기 위한 어떠한 수단도 없었는데, 이런 상황은 이들에게 더욱 고통이 되었다(서영채 1998 참조). 따라서 과거 권력을 비판할 때 사용하던 권위주의, 군부독재라는 개념을 5공화국에 적용하는 것은 이 체제의 성격을 온전히 드러내지 못한다는 점에서 매력적이지 못했다.

이런 상황에 더하여 맑스주의를 포함한 사회비판적 논의와 발상들이 본격적으로 소개되면서 국가권력의 정치적 반동화를 과학적으로 이해하기 위한 개념적 도구로서의 파시즘 또한 광범위하게 수용되었다. 이것은 이론적으로도 매우 중요한 의미를 지니는데, 그 이전까지 '전체주의론'과 같은 발상이 지배하며 불균등하게 진행된 파시즘 논의에 균열을 만들었기 때문이다. 맑스주의 국가론이 소개되면서 이전에 풍미하던 자유주의(다원주의) 국가론은 주요한 비판의 대상이 되었다. 국가는 자기 동력을 갖고 스스로 작동하는 것이 아니라, 사회와의 관계 속에서 그 성격과 위상이 재구성되는 것으로 인식되었다. 특히 비합법 서클 수준에 머물렀던 급진 사회변혁운동의 흐름이 반공개적으로 자신을 드러내고, 그 와중에 사회구성체논쟁이 본격적으로 진행되면서 이러한 논의는 더욱 탄력을 받게 되었다. 자본주의 세계체제에서 차지하는 한국자본주의의 위상, 발전단계, 그리고 그에 조응하는 상부구조로서의 국가형태 등이 주요한 논쟁점으로 부각되었고 이 위에서 사회변혁운동의 전략, 전술이 모색되었다.

하지만 사회운동권과 진보적 지식인들 사이에 전개된 사회구성체논쟁이 식민지반봉건사회론(이하 식반론)과 신식민지(종속적) 국가독점자본주의론(이하 신식국독자론)으로 대별되어 나타남으로써 이들 논의 또한 단일하게 전개되지 않았다. 따라서 이들에게 파시즘은 상이한 개념으로 수용되었다.

식반론은 무엇보다 어떤 국가가 농업사회적 구조를 지니고 있다고 하더라도 그들 국가가 외국 독점자본의 이해를 대변하고 테러적 권력행사와 진보적 사회운동의 불법화라는 두 개의 다른 기준을 충족시키면 파시즘으로 규정할 수 있다는 논리를 폈다(유청 1989 참조).

파시즘은 원래 독점자본을 물질적 기반으로 하는 정치양태로써 그것은 정치영역에서 집중적으로 표출된다. 독점자본의 가장 반동적이고, 퇴폐적이며 침략적인 세력의 공공연한 테러, 폭력독재, 제국주의의 반동적이고 신경질적인 철권통치, 대외침략체제가 바로 파시즘인 것이다.……그러나 여기에서 분명히 해야 할 점은 한국파시즘의 본질적 특징은 독일이나 이탈리아, 일본의 파시즘과 같이 자체의 물질적 기초로부터 탄생한 내인적이고 본래적인 파시즘이 아니라 미국의 침략적 요구에 의해 위로부터 부식된 변태적인 파시즘이며 미국에 종속되고 그 정치, 경제, 군사력에 의거하고 있는 예속파시즘이라는 것이다. 미국은 민족자주성을 고수하고 민주주의를 실현하기 위한 한국 민중의 투쟁역량이 강한 상황에서 파쇼통치만이 한국지배의 첩경이라 간주하고 파쇼적 군정에 의해 이승만 경찰파쇼정권, 박정희-전두환 군사파쇼정권을 연이어 조작하고 이를 막후에서 조종하면서 자기를 대신해 민족민주역량을 파쇼적 방법으로 가혹하게 탄압하도록 사주했던 것이다(대동 편집부 1988, 151).

이 발상은 파시즘의 일국 내 물적 기반과 그것의 변화 문제를 주변화시키고 제국주의의 지배에만 주목함으로써 테러적 권력행사방식을 차용하는 모든 국가를 파시즘으로 보았다. 그 결과 '신식민지 = 파시즘'의 논리로 나아감으로써 자본주의 국가들의 형태변화를 살피기 위한 파시즘 논의는 의미가 반감되었다. 애초 한국자본주의가 제국주의의 침략으로 인해 자본주의 세계체제에 강제적으로 포섭되기는 하였다. 그렇지만 한국 자본주의는 60년대 이후 급속히 진행된 산업화를 통해 내적인 성장을 이룩하였는데, 이것은 '식민지반봉건사회'를 '식민지반자본주의'로 대체함으로써 해소될 수 있는, 그런 성질의 것이 아니었다. 물론 아래에서 보이듯 식반론이 외견상 모든 변화 자체를 배제하는 것은 아니다.

요컨대 식민지자본주의사회라는 개념은 식민지반봉건사회 일반에서와 약간의 차이를 가지는 한국에서의 일련의 정치, 경제적 제 관계의 변화를 반영하는 개념이라고 할 수 있다. 다시 말하면 한국 사회는 식민지 종속국들이 가지는 식민지반봉건사회의 일반적 속성을 그대로 가지고 있지만 미국의 강점 이래 변화된 일련의 변화들을 보다 정확히 반영하여 식민지반자본주의사회라고 개념을 규정하는 것이다(대동 편집부 1988 참조).

그렇지만 '식민지반자본주의'라는 개념은 여전히 식민지반봉건사회를 그 본질로 한다. 즉 그것은 내용적으로 식민지 반봉건사회의 하위범주로 설정되었다. 이러한 발상은 외적 요인의 규정성에 과도히 주목함으로써 그 인정 여부와 무관하게 내적인 자본주의 발전을 부정하는, 일종의 '정체성론'을 그 핵심에 담게 된다. 따라서 파시즘의 물적 기반을 다루는 경우, 자본주의 발전 단계, 세계체제에서의 위상 변화 등은 중요하지 않다. 다만 제국주의 종주국과, 현지 '마름'의 이해를 위계적으로 대변하기 위해 요구되는 반동적, 억압적 테러가 주관심사다. 그 결과 이승만 정권, 박정희 정권에 상이한 관형어가 붙기는 하나 모두 파시즘으로 규정됨으로써 그 외연의 확장과 더불어 파시즘의 고유한 역사 특수성은 희미해진다. 파시즘이라는 개념이 부정되지는 않지만, 본질적으로 그것은 테러 지배의 대용어에 불과할 뿐이다.

이런 맥락에서 파시즘론이 자본주의 국가형태론 차원에서 본격적으로 논의된 것은 신식국독자론에서이다. 기본적으로 이 발상은 코민테른 내에서 전개된 파시즘 논쟁과 디미트로프테제를 수용하면서 재구성되었다. 따라서 이 발상에는 몇 가지 넘어야 할 문제가 수반될 수밖에 없었다.

우선, 파시즘을 "금융자본의 가장 반동적이며, 가장 배외주의적이며, 가장 제국주의적인 분파의 공공연한 테러독재" 로 규정할 경우, 이 개념을 한국에 적용할 수 있는가라는 문제가 제기된다. 여기에는 식민지 종속형 자본주의 발전경로를 따라 나아가는 한국 자본주의가 파시즘의 물적 기반인 독점자본주의 단계에 이미 진입해 있는지 여부, 혹은 그것으로의 전화가능성 여부에 대한 강한 회의가 자리잡고 있었다. 즉 한국 자본주의의 미성숙성—이것은 다우클라드성, 반봉건성, 정체성 등으로 표현되었다—이 지적되었다.

그런데 오히려 이러한 문제제기는 후발 및 후후발 사회에서 보이는 자본주의 발전의 특수한 경로들을 고려하지 않은 채, 서구(특히 영국)자본주의 발전의 길을 모범으로 상정하고 이것과 비교하여 한국자본주의의 반(半)봉건성, 정체성 등의 문제를 과도하게 부각시킨다는 비판에 직면하였다. 반봉건성, 정체성을 운위하는 논의들은 탈식민지사회의 자본주의 발전과 관련, 서구(영국)와 상이한 발전의 양태들이 존재할 수 있다는 것 자체를 선험적으로 부정하는 것이었다.

이미 자본주의 세계체제의 수직적 분업구조에 깊숙이 포섭된 한국자본주의는 종속형 자본주의 발전 경로를 걸으며 독점자본의 지배력을 급속히 제고시켰고, 사회관계 또한 노자관계를 중심으로 재편성되고 있었다. 이것은 탈식민지 사회 일반의 자본주의가 서구 독점자본에 규정되어 다우클라드성, 봉건성을 온존, 강화시키는 방향으로 나아가기보다 지구적 수준에서 진행되는 자본의 운동과 맞물리며 심화된 불균등 발전으로 인해 그 내적 분화가 가속화되고 있는 현실을 반영하는 것이었다. 즉 선진자본주의사회의 특징이 발전의 평준화(리더인 미국에의 접근)로 나타나는 것에 비해, 탈식민지사회들의 특징은 분화의 심화—NICs와 같은 앞선 국가와 그 나머지 국가들 사이의 격차 확대—로 표현되었다(프리마코프 1989 참조).

탈식민지 사회의 분화는 이른바 미국과 같은 헤게모니국가들의 수동혁명적 조치들에 의해 더욱 촉진되었다. 자본주의의 일반적 위기의 심화, 반제운동의 고양으로 신식민지 지배전략이 균열을 보이자 과학기술혁명의 진전에 힘입은 선진 제국주의국가들은 정치군사적 중요성 등을 고려, 선택된 국가들에서 자신의 동맹 세력을 강화시키고자 이들을 새로운 분업체계로 끌어들이고자 하였다(포포프 1988, 210~218). 왈러스타인의 표현을 빈다면, '초대에 의한 상승'인데, 냉전체제의 전방위에 포진되어 있던 한국 사회가 대표적이다. 이런 맥락에서 중국이 아니라 인도가 사회주의 혁명을 했다면, 대만이 아니라 스리랑카가 '경제적 기적을 이루었을 것'이라는 지적은 매우 함축적이다(라몬 그로스포구엘 1998, 197~198).

바로 이러한 분화와 상이한 발전경로에 대한 고려는 파시즘에 대한 고전적 규정의 재구성을 필요로 하였으며, 이것은 독일이나 이탈리아 이외의 지역에서 다양하게 나타났던 파시즘체제로부터 그 역사적 근거를 수혈할 수 있었다. 그 결과 탈식민지 사회의 파시즘은 다음과 같은 종별성을 지닌 것으로 규정되었다.

파시즘은 자본주의의 역사특수적 한 단계인 독점자본주의에 조응하는 국가의 한 형태로 나타나며, 후발후진형 자본주의의 경우 개량화의 큰 원천인 식민지초과 이윤을 확보할 수 없는 조건에서 기존 국가독점자본주의 경향을 재편, 강화하거나 반봉건성을 잔존시킨 독점자본의 발전과정에서 성장한 조숙한 독점체를 근거로 독점자본주의로 성장, 전화시키기 위한 공개적 독재체제이다(한국정치연구회 1989, 16).

여기서 한 가지 고려해야 할 것은 위의 규정에서 보이듯 후발자본주의사회의 경우 위로부터의 자본주의의 길을 걸으며 세계시장의 분할에 참여할 수 있었으나, 후발후진형 자본주의국가의 경우 위로부터 자본주의의 길을 걷기 이전에 제국주의의 식민지화 대상이었다는 점에서 차별성을 보인다는 점이다. 이와 같은 차별성은 레닌의 제국주의 지표와 관련, 그것을 충족시킬 수 없는 탈식민지사회—한국 사회—를 독점자본주의로 규정하는 것이 가능한가라는 문제제기로 이어졌는데, 이에 대한 대응은 그 지표들을 분해함으로써 가능했다(이진경 1988 참조).

파시즘으로 적용할 수 없는 또 다른 이유로 제기된 것은 한국에 파시스트 정당 혹은 대중운동이 존재하지 않는다는 점이다. 즉 독일, 이탈리아의 경험이 보여주듯이 파시스트 이데올로기를 통한 대중동원과 중산층 등 광범위한 지지기반이 없었기 때문에, 한국의 국가를 파시즘으로 규정할 수 없다는 것이다(최장집 1989 참조). 이것은 파시즘의 물적 기초나 계급적 기반은 차치하고, 대중운동이 없다면 파시즘으로 볼 수 없다는 전통적 논쟁점의 재생이라 할 수 있다.

하지만 대중운동 유무가 파시즘의 본질을 규정하는 것은 아니다. 왜냐하면 대중운동은 파시즘체제가 등장하는 과정에서 나타나는 사회정치적 기반의 문제이며, 이것은 각 나라가 처한 주객관적 조건에 따라 상이할 수밖에 없기 때문이다. 식민지를 경험했던 대부분의 사회는 자본주의 세계체제에서 점하는 주변적, 종속적 위상 때문에 대중의 지지를 재생산해 낼 수 있는 물적, 이데올로기적 기반을 확보하는 것이 어렵다(브리오네스·카푸토 1987, 409). 이것은 70년대 라틴아메리카에서 민중주의정권의 붕괴와 함께 군부파시즘이 등장하는 하나의 원인이기도 하다. 또한 이들 사회는 대중의 '집단적 감수성'에 호소할 수 있는 세계사적 차원에서의 민족적 영광을 누린 적도, 제국주의간 헤게모니 경쟁이라는 역사적 경험을 한 적도 거의 없다. 이것은 이들 사회에서 빈번하게 발생하는 반대중적 군부쿠데타, 그리고 이들 군부가 서구에서의 파시스트정당이나, 대중운동을 대체하게 되는 이유를 강하게 시사해 준다.

한국 사회의 경우, 전쟁과 분단을 겪으며 뿌리내린 '반공규율화된 사회구조'는 (대중)운동을 필요로 하지 않아도 될 만큼 이미 대중의 자발적 혹은 비자발적인 지지를 국가 속에 모으는 강력한 기반이었다. 적과 동지의 구분을 정치의 핵심으로 하는 이 구조 속에서 반공체체에 도전하는 일체의 개인적, 집단적 도전은 자기 존재 자체를 스스로 부정하는 위협행위이기 때문이다. 바로 이것이 파시즘의 등장 이전, 바이마르 공화국으로 표현된 사민당의 집권을 이미 경험한 독일과의 중요한 차이라 할 수 있다.[3]

다른 한편 파시즘 개념의 적용을 둘러싼 이러한 논쟁은 그 구체적 대상을 설정하는 것과 맞물려 있었다. 즉 한국 사회에 파시즘이 존재했다면, 그것을 매개로 독점자본주의로 성장, 전화된 시기는 언제인가라는 질문이 그것이다. 이 문제에 대해서는 식반론이 관심을 가지지 않았기 때문에 신식국독자론 내부에서만 상이한 견해들로 제출되었다.

하지만 신식국독자론의 주장 내에서도 독점자본주의로의 성장, 전화, 그것을 매개한 파시즘체제의 등장을 본격적으로 검토한 논의는 희소하다. 다만 일반적인 윤곽을 제시하는 정도인데, 독점자본주위로의 이행 및 의회주의의 관철 여부와 관련하여 5.16군사쿠데타 이후를 파시즘체제로 보는 견해, 유신체제의 등장으로 파시즘체제가 구성되었다고 보는 견해 등으로 대별할 수 있다.[4]

먼저, 5.16쿠데타 이후 파시즘체제가 등장했다는 주장은 논쟁의 초기에 주로 나타났다. 물론 이러한 발상은 5, 60년대 한국 자본주의의 성격 규정, 위상 문제와 밀접한 연관이 있었다.

우선, 종속파시즘의 물적 기반과 관련하여 1950년대에 삼백산업을 중심으

---

3) 이와 관련, 독일의 경우 1918년 사회민주당이 국내에서 헤게모니세력으로 인정받았으나 그 책임을 회피함으로써 이후 독일혁명의 비극을 초래했다는 홉스바움(1984, 74)의 균형 있는 지적은 파시즘의 등장과 관련하여 음미할 만하다.

4) 전자의 대표적 견해로는 이정로(1988); 한국정치연구회(1989); 송주명(1989) 등을 참조. 후자의 견해로는 김세균(1991); 조형제(1989) 등을 참조.

로 자유경쟁단계를 압축하며 조숙한 독점자본이 형성되었던 것은 사실이다. 하지만 다수의 개별 중소자본 등은 독점자본과는 상이한 농촌 및 지역 시장권을 중심으로 재생산되고 있었다. 따라서 물적 기반의 조직력, 응집력이라는 차원에서 독점자본의 토대에 대한 지배력은 여전히 미약하였다. 50년대에 형성된 이들 관료독점자본은 60년대, 특히 6.3항쟁의 좌절 이후 대외개방정책을 경과하며 종속적 국가독점자본주의로 발전되어 갔으나, 60년대 말~70년대 초 공황에 직면하게 되었고, 유신체제를 매개로 이 위기를 해소시키면서 그 지배력을 심화시켜 나갔다.

독점자본의 위상과 관련, 4.19혁명의 객관적 근거였던 50년대 말 경제위기의 성격과 스스로의 공황이 발생할 만큼의 자본주의적 관계의 발전에 근거를 둔 60년대 말~70년대 초의 자본축적 위기 및 8.3조치에 대한 차별적인 고려는 이런 의미에서 매우 중요한 시사점을 준다(김재훈 1991 참조). 또한 자본축적의 다른 한 면인 자본주의적 계급분화(공제욱 1989 참조)와 노동계급에 대한 국가의 대응을 살필 때, 5.16쿠데타 직후 4.19 민주혁명의 쁘띠 부르주아적 성격에 영향받은 국가권력의 노동운동에 대한 대응—산별 노동조합의 인정 등의 입법내용—과, 60년대 말부터 70년대 초의 이른바 전세계적 '불황기'에 노동자계급의 양적, 질적 성장이라는 역사적 필연과 맞물리며 독점자본의 요구에 규정되어 나타난 국가권력의 노동운동에 대한 조직적, 목적의식적인 대응은 독점자본의 지배력과 축적위기의 정도를 반영하는 것으로 충분히 고려되어야 한다(이광일 1992 참조). 이것은 50년대 말 국가의 노동계급, 노동운동에 대한 '무심한 대응'과는 본질적 차이를 드러내 보이는 것이다.

이런 맥락에서 볼 때, 한국에서의 파시즘체제는 5.16쿠데타를 계기로 등장하였다기보다 유신체제를 통해 자신의 모습을 공개적으로 드러냈다고 보는 것이 더 적절하다. 유신체제는 많은 연구들이 주장하듯 경제성장에 대한 집권자의 자기보상심리 내지 권력욕, 과대성장된 국가의 자기강화 내지 자기목적화, 또는 산업의 심화를 목표로 한 국가와 특정 계급의 친화력의 결과라기보다, 제국주의 시대에 강화되는 정치적 반동성—자유경쟁원리의 축소—이 냉전체제와 맞물리며 등장한 반동적 정치체제라고 할 수 있다.

한국자본주의가 자본주의 세계체제에서 점하는 주변성, 종속성으로 인해 독점자본의 지배력 강화과정은 '유혈적 테러리즘'을 수반할 수밖에 없었다. 이런 맥락에서 유신체제는 노동력의 원활한 재생산을 보증하기 위해 새로이 재편성된 억압적 국가장치 및 그 행사방식으로 고도축적의 본질적 모순을 구성하는 노동계급의 고양되고 있는 방어투쟁을 억압, 분쇄할 뿐만 아니라, 그것의 새로운 단계로의 전환을 적극적으로 예방하고자 하는 성격을 지니는 것이라 할 수 있다(이병천 1987 참조). 즉 유신체제는 그 본질에 있어 내외독점자본의 물적 토대 위에 군부의 지지를 받으며 극단적인 반공·안보 이데올로기와 그에 근거한 민족주체론, 국민총화론을 지배 이데올로기로 하는 위로부터 부과된 종속 파시즘체제라고 할 수 있다.

하지만 신식국독자로의 성장, 전화를 매개하는 상부구조로서의 신식민지 파시즘론은 토대—상부구조론이 드러내는 '구조결정론'의 측면을 탈각시키지 못하였다. 이러한 한계는 최종 국면에서의 경제의 결정이라는 논리로는 충분히 설득될 수 없었다. 이 문제는 경제영역 등을 포함한 사회관계들 자체에 이미 권력관계, 정치관계가 내재되어 있다는 시각에서 검토되어야 했고, 무엇보다 그 핵심은 계급 간 세력관계와 그들 사이에 전개되는 투쟁의 지형을 그려내는 것에 있었다. 이것은 독점자본주의단계에 있던 서구 국가들이 양차 대전 사이의 재생산 위기 시에 모두 파시즘으로 전화하지 않았듯이, 이른바 '종속적 중위자본주의'의 재생산 위기가 파시즘의 등장을 필연화시킨다는 발상과 객관적 거리를 두는 것이기도 하다.

이러한 맥락에서 5.16군사쿠데타를 신식국독자로의 성장, 전화를 매개하는 파시즘 등장의 계기로 파악하고자 한다면, 사회정치적으로 5.16쿠데타 발발과 함께 4.19혁명 세력이 완전히 무장해제되었음을 입증할 필요가 있다. 하지만 기존 논의들은 이 점에 거의 주목하지 않았다. 4.19혁명기에서 6.3항쟁 시기에 이르기까지 민족민주운동세력은 5.16쿠데타 세력에 의해 완전히 제압당하지 않았으며 오히려 4.19혁명의 영향력은 일정기간 유지되었다. 구체적으로 5.16쿠데타 세력의 혁명공약 1조에 의해 4.19혁명 세력의 민족자주, 통일에 대한 요구는 거세되었으나, 자유당 정권의 정치적 폭압에 대응한 반독재 민주주의의 요구와 민생고 해결 요구는 쿠데타 세력에 지속적인 영향을 행사하였다. 이것은 쿠데타 초기 군정의 4.19혁명 계승론에 반영되어 있으며, 흔히 주장되는 3공화정이 유신체제와 비교하여 상대적으로 민주적이었다는 주장을 가능케 하는 진정한 이유이기도 하다.

　이들 민족민주운동 세력은 초기 군부쿠데타세력이 내세운 민족적 민주주의와 내포적 공업화전략 등 쁘띠 부르주아적 정책들에 대해 '호감'을 보이며 관망의 자세를 취하였다. 이 시기는 이른바 힘의 대치기였다(이광일 1992 참조). 그리고 이러한 대치를 가능하게 했던 또 다른 요소는 쿠데타 세력에 대한 미국의 정치 · 경제적 압력, 일련의 반혁명사건 등으로 표출된 쿠데타 세력 내부의 분열이었다. 이러한 맥락에서 볼 때, 5.16쿠데타를 계기로 파시즘 체제가 등장하게 되었다는 발상의 근거는 매우 빈약하다.[5] 물론 이것이 6.3항쟁을 거치며 심화된 정치적 반동화, 파쇼화 경향을 부정하는 것은 아니다.

　그런데 이러한 대치국면은 한일간 국교정상화를 위한 회담 및 그 비준을 둘러싸고 형성된 긴장과 갈등을 겪으면서 붕괴되었다. 한일회담을 통해 군정의 민족적 민주주의의 허구성이 드러나자, 4.19혁명 지지세력은 군정과의 대결국면으로 나아갔고 그것은 6.3항쟁에 이르러 절정에 다다랐다. 군정은 계엄령으로 6.3항쟁을 진압한 연후에야 4.19혁명의 쁘띠 부르주아적 민족민주 요구에서 벗어나 개방경제체제에 기반한 국가독점적 축적을 본격화할 수 있었다. 이 과정은 정치적 반동과 맞물려 진행되었다. 군부는 6.3항쟁을 좌

---

5) 5.16쿠데타를 신식민지국가독점자본주의로의 성장, 전화를 매개하는 신식민지파시즘의 등장 계기로 보는 입장은, 유신체제를 파시즘 등장으로 보는 견해가 식민지반봉건사회론처럼 5.16쿠데타를 정치적 의미로 축소해서 이해하는 한계를 보인다고 평가한다(손호철 1991). 하지만 이러한 입장은 5.16쿠데타 이후 사회세력들 사이의 세력관계, 정치지형 등을 충분히 고려하지 않음으로써 오히려 파시즘에 대한 경제주의적 이해에 매몰되어 있다는 역비판에 직면하게 된다.

절시킨 후 민정이양으로 복원된 '시민적 헌법질서'에 대한 반동을 노골화하였다. 1969년 3선개헌, 1971년 '국가보위에 관한 특별조치법,' 그리고 1972년 유신체제가 수립됨으로써 시민적 헌법질서는 형해(形骸)화되었다. 결국 1979년 10.26사태를 계기로 유신체제는 붕괴되는데, 이것은 한국에서 파시즘의 등장과 몰락이 서구와 마찬가지로 근 20년에 걸친 긴 과정이었음을 확인시켜 준다.

하지만 1980년대 중·후반 급진운동진영 내에서 활발히 전개된 파시즘론은 의미 있는 담론으로 작동하지 못했다. 당시 급진운동세력은 사회변혁을 목표로 삼고 그 어느 사회정치 세력들보다 민주주의투쟁을 강력하게 전개하였으나, 대중에게 이들의 투쟁은 여타 자유주의 세력들이 전개한 반독재투쟁과 유사한 맥락에서 이해되었다. 이것은 완고하게 주조된 반공규율화된 사회구조 속에서 '비판적 자유주의 정치세력' —특히 기독교를 매개로 한 재야세력—이 반독재운동 진영과 대중에 대해 강한 영향력을 행사하였음을 의미하는 것이다(이광일 2000 참조). 바로 이러한 이유로 87년 6월 민주항쟁 이후 자유주의적 정치개방이 진전되면서 파시즘론은 주요 담론으로서의 역할을 하지 못하게 되었다. 물론 이후 김영삼 정권에 이르기까지 그 성격 규명을 둘러싸고 파시즘 논의가 없었던 것은 아니지만(김세균 1991 참조), 크게 반향을 불러일으키지는 못하였다. 이러한 변화는 민주화 이행으로 나타난 반파시즘투쟁의 최소 성과를 표현하는 것이지만, 다른 한편 더 진보적인 방향으로 사회관계가 재편성되는 것이 봉쇄되는 과정이기도 했다(이광일 2001 참조).


## 4. '우리 안의 파시즘' : '탈역사론의 재생'

1987년 6월 항쟁을 계기로 진전된 자유주의적 정치개방, 사회주의 블록의 붕괴는 이론적으로 '민주화 이행론', '시민사회론' 등을 유행시키면서, 이론, 실천의 영역에서 파시즘론을 주변화시켰다. 이미 지적했듯이 파시즘 논의가 코민테른 등 좌파의 이론과 발상에 근거하고 있었던 까닭에 사회주의권이 붕괴되자 이 논의는 급속히 쇠락하였다. 그 결과 국가 혹은 정권의 성격을 규명하는 대부분의 논의는 '민간', 혹은 '군부' 라는 접두어가 앞에 붙기는 하였지만, '권위주의' 라는 범주 속에서 이루어졌다.

이러한 상황 속에서 파시즘론은 새로운 외양을 띠며 나타났는데, 그것이 바로 '우리 안의 파시즘론' 이다. 이 발상은 어떤 명확한 테제를 지니고 있는 것은 아니며, 다만 다음과 같은 주장을 통해 자기의 내용을 드러내고 있다.

우리 안의 파시즘' 은……사람들을 자발적으로 굴종하게 만들어 일상생활의 미세한 국면까지 지배권을 행사하는 보이지 않는 규율, 교묘하게 정신과 일상을 조작하는 고도화되고 숨겨진 권력장치인 '일상의 파시즘' 이다(임지현 2000, 30).

이 논의의 등장은 과거 반파시스트운동, 그와 연관되어 이론의 영역에서 화두가 되었던 거대담론들, 즉 자본의 지배, 국가권력의 성격과 구조, 나아가 최대강령적 운동전략 등이 더 이상 논의의 중심에 설 수 없게 되었다는 흐름을 반영하는 것이었다. 특히 사회주의 블록의 붕괴와 신자유주의의 압도 속에 '자본주의 세계체제에 밖은 없다' 라고 하는 일반적 문제의식이 지배하고, 그에 필적할 만한 대안의 모색 및 제시가 이루어지지 않는 상황에서 중요하게 부각된 것은 내부의 개혁, 특히 구조적이고 거시적 틀에 가려 그 동안 잠복되어 있던 미시적 관계들이었다. 그리고 이러한 흐름은 대중의 관심을 사회경제사, 정치사로부터 '미시적인 일상의 사회사' 로, 미시권력의 문제로 이전시키면서 심화되었다.

이러한 맥락 속에서 제기된 '우리 안의 파시즘론' 의 출발점은 '민주화 이행' 의 한계에 대한 주목이었다. 즉 이 논의는 탈군부독재와 최소한의 절차적 민주주의의 도입에도 불구하고 '지체된 민주주의' (creeping democracy)의 수준을 넘지 못하는 현실 상황에 직면하여 그 원인을 '정치제도' 이외의 영역에서 찾고자 하였다. 이러한 문제의식은 '거대권력의 민주화'에도 불구하고 다양한 사회관계 속에 내재되어 때로는 내밀히, 때로는 공공연히 작동하는 미시권력의 억압성, 폭력성, 혹은 '전근대성'에 주목하도록 만들었다. 이렇게 하여 지배체제로서의 파시즘론에 대한 논의, 즉 '우리 밖의 파시즘론'과 대비되는, '우리 안의 파시즘론'이 탄생하게 되었다.

이 논의는 지체된 민주주의의 원인을 제도 이외의 다양한 사회관계에서 찾고 있다는 점에서, 제도에 집착하는 민주화 이행론 등과 같은 논의들의 한계를 드러내는 데 일정하게 기여하였다. 그렇지만 이른바 시민사회에 내재되어 있는 미시적인 억압구조들, 개인에 내면화된 폭력적 심성들을 파시즘이라는 개념으로 규정하는 것이 적절한가라는 의문은 해소시켜주지 못하였다. 다만 이 논의는 '거대권력으로서의 파시즘'은 막을 내렸으나 여기저기 일상의 관계 속에서 '미시파시즘'이 작동하고 있다는 인상주의적 주장과 묘사에 주목하고 있을 뿐이다. 즉 '우리 안의 파시즘'은 '전체주의적' 심성과 위계질서를 구조화하는 언어생활, 끊임없이 규율권력을 내화시키는 학교 교육, 여성을 내적 식민주의로 만든 가부장주의, 그리고 군사적 노동문화 및 회사조직 등을 매개로 재생산되면서 의연히 관철되고 있다는 것이다. 이러한 기제들은 일상 속에서 누구나 한 번쯤 경험할 수 있었던 까닭에 대중에게 어필할 수 있었다.

그렇지만 이 논의는 이론적, 실천적 모호성 때문에 몇 가지 비판에 직면하였다. 첫 번째는 그 논의가 '(지배)체제로서의 파시즘'과 '일상의 파시즘'을 구분하는 '이분법'에 기초하고 있는 사실로부터 발생하였다. 이것은 '체제로서의 파시즘'이 마감했음에도 불구하고 '일상의 파시즘'이 여전히 시민사회의 제반 영역에서 작동되고 있다는 주장이 의미하는 바가 무엇인지 재고하도록 하였다. 이 논의에서처럼 '지배체제로서의 파시즘'을 국가라는 거대권력과 동일시한다면, 이 질문은 파시즘이 '거대권력'으로만 작동할 수 있는가라는 본질적 문제 제기로 대체될 수 있다.

그런데 이 논의들은 '체제로서의 파시즘' –거대권력–과 '일상의 파시즘' –

미시권력—을 분리시킴으로써 한 사회의 총체적 재생산을 위해 양자가 유기적으로 결합되어 작동한다는 점을 간과하였다. 이러한 유기성은 지배의 문제를 국가권력의 문제로 환원시키지 않고 시민사회 내의 지적, 도덕적 헤게모니와 연결시키고 있는 그람시(A. Gramsci)와, 교회, 학교 등 시민사회의 '사회화 기제들'을 '이데올로기적 국가기구'에 포함시키는 알튀세(L. Althusser)의 논의 속에서 쉽게 확인할 수 있다(알튀세 1991, 88~94).

이러한 의미에서, 만일 '지배체제로서의 파시즘'이 마감되어 민주화된 된 이후에도 '일상의 파시즘'이 의연히 관철되고 있다면, 오히려 이것은 바로 그 사회가 '지배체제로서의 파시즘'의 그림자로부터 아직 벗어나지 못하고 있음을 의미하는 것으로 이해할 수 있다. 이것은 선거와 같은 일부 제도의 변화에도 불구하고 민주주의가 그 주변에 머물며 보수적인 사회정치적 관계들에 둘러싸여 있음을 의미한다. 이것은 "일상적 파시즘의 극복이 동시에 시도되지 않는 한 정치적 파시즘이나 제도적 파시즘의 극복 노력은 벽에 부딪치기 마련이다"는 이들의 주장 속에서도 확인할 수 있다(임지현 2000, 13).

그럼에도 불구하고 '우리 안의 파시즘론'은 바로 이와 같은 상황을 '지배체제로서의 파시즘'과 구분되는 '일상의 파시즘'이라는 용어로 규정한다. 하지만 이러한 이분법적 발상은 파시즘이 법제도적 수준에서 최소 민주주의를 부정할 뿐만 아니라, 미시적 관계들을 포함한 시민사회의 모든 자율적 사회관계를 부정하는 역사적 체제라는 점에서 적실한 것으로 보이지 않는다.

또한 이러한 '이분법'은 실천적으로 중요한 오류를 드러낼 수 있다는 비판에 직면하였다. 다양한 사회관계들을 매개로 작동하는 '일상의 파시즘'은 자기동력을 가지고 재생산되기보다 실제 그것을 위계적으로 재편성하고자 하는 거대권력, 혹은 그것을 장악하고자 하는 '파시스트세력들'의 운동에 자극되어 '의도된 반동적 힘'으로 전화된다. 따라서 '일상의 파시즘,' '우리 안의 파시즘'에 대한 자기성찰과 그것을 극복하기 위한 개별 행위주체들의 노력이 중요한 것은 사실하지만, 이른바 '지배체제로서의 파시즘'이 마감되었다고 하더라도 거대권력의 작동을 규율하고자 하는 목적의식적인 노력은 여전히 필수적이다. 물론 '우리 안의 파시즘론' 또한 국가주의를 비판적으로 문제시하고 있다는 점에서 이를 부정하지 않는 것으로 보인다.

하지만 '우리 안의 파시즘론' 은 국가주의의 극복을 내세우면서도 그 방안에 관한 진지한 고민은 하지 않는다. 이들은 "진보주의가 권력담론을 공유하는 한 현실논리에서 권력과 정반대의 입장을 취한다고 해도 그것은 결국 권력으로 회귀한다," "위기는 자유로운 해방의 공간에서 자율적 주체로서의 개인들이 다층적 연대를 결성하는 민주화의 논리로 돌파해야 한다"고 주장할 뿐(『당대비평』 1999 겨울호, 6), 시민사회 내의 모순과 그것의 재생산을 관장하는 국가의 극복에 대해서는 거의 언급하고 있지 않다. 이미 거대권력으로서의 국가라는 '제도' 는 탈파시즘화, '민주화' 되었기에 개인들의 심성에 각인된 '우리 안의 파시즘' 만 제거하면 된다는 것이 이 논의의 화두이기 때문인 것으로 보인다.

더욱 논란이 되는 것은 '우리 안의 파시즘론' 이 대중을, 나아가 80년대 진보운동세력을 '합의독재' (consensus dictatorship)의 기반, 때로는 '우리 안의 파시즘' 을 재생산하는 주체로 각각 설정하여 주요한 비판의 대상으로 삼고 있다는 사실이다. 이 논의에 따르면, 매카시즘과 지역주의 등에 지배받는 대중은 파시즘 유지의 기반이 되었고, 급진운동권 또한 권위주의체제와 싸우는 동안 적대세력들의 발상과 행태를 닮은 '복제아' 가 됨으로써 '지배체제로서의 파시즘' 이 물러간 이후에도 그것을 '우리 안' 에 재생산시키는 주체가 되었다는 것이다.

이 발상은 파시즘을 중산층 등의 '대중권력' 으로 이해하는 고전적 해석을 떠올리게 한다. '대중권력론' 은 파시즘을 독점자본의 단순한 지배도구로 이해하는 경제주의적 발상을 문제시하였다는 점에서 그 의미를 찾을 수 있다. 하지만, 이 논의는 대중이 그 권력을 가지고 무엇을 하였는지, 그리고 그 결과가 무엇이었는지에 대해 심사숙고하지 않는다는 약점을 지니고 있다. 파시즘을 대중권력으로 규정하는 것은 파시즘의 등장과정에서 나타난 대중운동과 그들이 파시즘의 사회적 지지 기반으로서 기능했다는 것을 파시즘이라는 국가형태의 성격을 규정하는 근거로까지 밀고 나간다. 이 논의에 따르면 파시즘은 파시스트세력과 이를 지지한 대중의 '합의독재' 인 것이다. 이러한 발상을 수용하는 순간 파시즘 하에서 실제 직간접적으로 권력에 참여하며 각종 이권을 누렸던 반동적 독점자본, 수구정치 세력, 그리고 그에 동조한 기능적 지식인 등의 책임은 사라진다. 그리고 거기에는 '비합리적이고 맹목적인 대중' 의 책임만 덩그러니 남게 되는데, 바로 이것이 대중권력론이 의도하는 정치적, 이데올로기적 효과, 혹은 역사평가라고 할 수 있다.

'우리 안의 파시즘론' 도 이러한 발상을 공유하고 있다. 오히려 한 발 더 나아가 '합의독재' 의 한 축이었던 대중은 국가권력의 탈파시즘화, 민주화 경향에도 불구하고 '적과 동지를 구분하는 냉전정치' 의 산물인 '우리 안의 파시즘' 에 여전히 사로잡혀 있는 주체로 남게 된다. 이렇게 하여 대중은 이승만 정권, 박정희 정권 그리고 전두환 정권을 "합의독재"로 만들어준 책임에 더하여, '우리 안의 파시즘' 을 극복하기 위해 지난한 자기 성찰을 요구받는 대상이 된다. 물론 대중의 모든 행위에 면죄부를 줄 수 없지만, 그럼에도 불구하고 이러한 '책임론' 은 너무 가혹한데, 대중이 이로부터 벗어날 수 있는 유일한 통로는 자기 성찰을 통해 이 모든 '일상의 파시즘' 을 이성적, 실천적으로 거부하는 합리적 인간으로 거듭나는 것뿐이기 때문이다. 이 발상은 최근 '합의독재' 라는 개념 대신 '대중독재(mass dictatorship)' 라는 용어를 씀으로써 대중의 책임을 더욱 전면화시키고 있다(임지현 2003 참조). 이런 측면에서 이 발상에는 대중의 자발성과 민주주의에 대한 결속을 회의하는 '엘리트주의' 가 강하게 흐르고 있다.

하지만 대중들은 무색무취의 진공상태에 존재하지 않는다. 따라서 이들 또한 항상 권력에 순응하지 않는다. 그들은 역사적으로 형성된 거시적, 미시적 사회관계의 망 가운데 존재하고 있으며 파시즘에 대한 명확한 이해, 그에 대한 지지 여부를 떠나 물신화된 권력으로부터 가장 억압받고 소외당한 부류였다. 이것은 '우리 안의 파시즘론' 을 기저에 깔고 있는 아래의 주장에서도 확인할 수 있다.

항거조차 못한 사람들은 국가폭력의 희생자가 아니냐는 것이죠. 이 사회의 도
덕이 살아 있다면 과거의 희생자에 대한 우리의 접근은 규범적으로 민주화운동
이냐 아니냐를 가릴 것이 아니라 가장 억울한 사람들, 소외 받는 사람들부터 대
상으로 해야 한다는 것입니다. 이런 사회심리를 사회운동 진영이 접근해서 해결
하지 않으면 정말 우리가 파시즘으로부터 자유스러울 수 있는가를 묻고 있는 겁
니다(『월간중앙』 2002. 9월호, 118).

특히 한국전쟁이라는 구조적 폭력을 경험한 후, 생존 자체를 위한 최소한
의 사회정치적 방어기제조차 존재하지 않았던 상황에서 대중이 자기 존재를
걸고 '권력'에 저항한다는 것은 쉽지 않았다. 이것은 지식인들 또한 마찬가
지였다. 이런 조건과 상황을 감안하지 않은 채, 그토록 "억울함을 당하고 소
외받은 대중"을 합의독재의 한 주체로, 혹은 대중독재의 주체로 설정한다면,
그것은 아이러니가 아닐 수 없다. 1956년 대통령선거에서 216만 표나 획득했
던 조봉암이 진보당사건으로 정치적 죽임을 당한 것이 이 사건에 침묵한 다
수 대중이 '동의'해 준 것으로 해석한다면, 모든 사람이 이 사건에 대해 비판
받고 책임져야만 할 것이다. 또 2차 인혁당사건 관련자 8명을 하루 사이에 처
형한 유신체제를 동의해준 것이 '국민(민족)국가 프로젝트'(nation-state pro-
ject)에 동원되고 참여한 대중의 책임이라고 한다면, 그로부터 비켜갈 수 있
는 존재는 없을 것이다. 1980년 5월 새벽, 신군부가 광주도청에 바리케이드
를 치고 마지막으로 저항하는 시민군을 진압하려 한다는 가두방송을 들으면
서도 방 안에서 숨죽이며 흐느껴야 했던 대중은 파시즘 등장의 일등공신이
다.[6] 왜냐하면 '대중독재론'의 발상에 근거할 때, 저항하지 않는, 침묵하는
모든 것은 일종의 동의로 기존 질서를 승인하는 것에 다름 아니기 때문이다.
이러한 발상은 시공간의 차이에 관계없이 권력이 존재하는 모든 곳에 적용
할 수 있다. 하지만 모든 것을 포괄한다는 것은 내용적으로 아무 것도 말하지

---

6) 이러한 상황을 가장 잘 묘사하고 있는 것으로, 임철우의 소설 『봄날』이 있다.

못하는 것과 같다. 이런 측면에서 이 발상은 탈역사적이다.

하지만 대중은 수동적이지 않다. 그들은 하나의 덩어리가 아니며, 상이한 사회정치세력들의 관계망에 연결되어 끊임없이 재구성된다. 바로 그렇기 때문에 작은 이해와 고통에 웃고 울기도 하지만, 굴욕과 압제에 저항하고 투쟁하는 것 또한 마다하지 않는다. 대중이 독재에 반대하여 항의, 저항한 것뿐만 아니라 그것에 손뼉치고 환호한 것에 주목할 것을 요구하는 대중독재론의 주장(임지현 2003, VII장 참조)도 이러한 맥락에서 이해할 수 있다. 하지만 역설적으로 이런 요구는 '합의독재' 로부터 한 발 더 나아간 '대중독재' 라는 용어에서 보이듯 균형감을 잃고 있다. 대중의 항의와 저항에 주목한 과거의 영웅담을 비판하겠다는 과도한 의지는, 오히려 대중이 보낸 환호와 갈채만을 이야기함으로써 그 비판의 화살을 자신에게 돌리는 모순에 빠진다.

대중이 담보하고 있는 양면성—사실 이러한 속성은 오히려 지식인에게서 더욱 전형화된다—때문에 유신체제는 그 등장과 함께 저항에 직면하게 되었고, 그것을 재편하고자 하였던 전두환 정권 또한 5.18민중항쟁이라는 저항에 부딪쳐 파시스트체제라는 낙인으로부터 벗어날 수 없게 되었다. '합의독재,' 이른바 대중독재가 지적하고 있듯이 역사적으로 국가권력에 의한 대중동원과 그들의 자발적 참여를 부정할 수는 없다. 하지만 그것이 왜 박정희 정권이 유신체제라는 초법적 조치를 통해 국가형태를 변화시켰고, 전두환 정권이 대중학살을 통해 자신의 권위를 세울 수밖에 없었는지를 설명해주지는 못한다. '우리 안의 파시즘론' 은 '합의독재론,' 나아가 '대중독재론' 을 주장하면서도 이 문제에 대해 설득력이 근거를 제시하지 못하고 있다.[7] 이 지점에서 파시즘이 진지전(a war of position)을 대표한다는 그람시의 인용은, '파시즘이 대중들(grassroots) 사이에서 견고하게 지지되고 있었다' 는 것을 다시 강조하기 위한 동어반복에 다름 아니다(임지현 2003, VII장 참조). 하지만 이

---

7) 이것은 단지 '우리 안의 파시즘론' 에만 해당되는 것이 아니다. 박정희 정권의 '헤게모니' 를 이야기하는 논의들은 대부분 이 문제들에 대해 침묵하고 있다. 대표적인 것으로 최장집 (1996)을 꼽을 수 있다.

것은 그람시를 자의적으로 해석하는 것인데, 그는 파시즘을 '대중독재'로 규정한 적이 없기 때문이다.

한국 사회의 경우 파시즘의 뿌리는 한국전쟁과 분단을 경과하며 강화된 극우반공국가의 출현, 극우 보수 세력들이 압도적 우위를 점하고 있는 비대칭적 사회관계들에 있다. '우리 안의 파시즘'에서 말하는 미시적인 권력관계들에 각인된 억압성, 대중, 혹은 저항적 지식인들의 내면에 자리잡은 폭력적 심성 또한 이러한 구조적인 관계들이 재구성되면서 발생한 적대와 투쟁의 또 다른 산물이라 할 수 있다. 이 점에 주목하지 않을 때, 그것은 탈역사성의 심연으로부터 헤어나기 힘들다.

'우리 안의 파시즘론'이 지니고 있는 탈역사성에 대한 깊은 우려는 가장 피하고 싶은 지점, 즉 파시즘과 '동구 전체주의'의 차별성을 무시하는 것에서 분명히 확인된다. 전체주의론의 함의에 대해서는 이미 살펴보았지만, '우리 안의 파시즘론'은 '근대 생산력주의,' '국가주의'라는 이름으로 이들 양자의 역사적 차별성을 무화시킨다. 하지만 '근대 자본주의의 산물'인 파시즘과 스탈린 체제로 상징되는 '전체주의'가 외견상 폭력적 지배방식이라는 유사성을 보이고, 대중독재론에서 말하듯 대중이 그것에 열렬히 환호한 측면이 있더라도, 그리고 그것들에 대해 동일한 규범적 판단에 이르렀다 해도, 중요한 것은 거기에 멈추는 것이 아니다. 여기에서 놓치지 말아야 할 것은 역사적으로 상이한 이 체제들의 작동메커니즘이다. 양자의 역사성에 대한 혼동은 아우슈비츠에서, 혹은 '수용소 군도'에서 인간 자체를 말살하고자 했던 '반이성의 야만성'을 보게 하지만, 그것들이 '무엇 때문에, 누구를 위하여' 발생하였는가라는 역사적 사회관계들의 문제에 대해서는 눈감게 한다.

그 이유는 이 논의들이 '미시적 관계'에 주목하지만 이 관계들 또한 거시적 사회관계 및 구조, 그것의 응집된 표현인 국가와 맞물려 특정 사회를 재생산하는 실핏줄의 역할을 하고 있다는 점을 간과하기 때문이다. 이 지점에 서면 이 논의가 왜 북한을 '민족 스탈린주의'로, 남한을 '시장 스탈린주의'로 규정하는지를 이해하게 된다(임지현 1999, 6). 즉 '우리 안의 파시즘'에 몰두하는 동안 파시즘의 역사특수성은 사라져 버리고, 거기에 모든 것을 아우르는 '전체주의론'이 슬그머니 자리하게 된 것이다. 따라서 파시스트권력에 대항하는 가운데 노출된 진보운동의 오류와 한계, 특히 그 내면의 폭력성이 '우리 안의 파시즘'이라는 탈역사적 개념에 의해 비판되는 것 또한 오히려 자연스럽다.

그 결과 이 발상은 그 의도 여부와 무관하게 냉전시대에 전체주의론이 그랬던 것처럼, 자유주의, 다원주의 등을 지고의 덕목으로 내세우며 자본주의 사회의 모순을 극복하고자 하는 일련의 시도들을 제어하고자 하는 보수적 담론으로 기능하고 있다. 바로 여기에 '우리 안의 파시즘론'이 말하는 자기 성찰의 필요성에 대해 공감하면서도 그것을 단지 '상징적이고 문학적인, 비사회과학적 표현'으로 치부해 버릴 수 없는, 따라서 그에 대한 비판의 시선을 거둘 수 없는 까닭이 있다.

'우리 안의 파시즘론'은 과거 군부정권을 '거대권력으로서의 파시즘체제'로 규정함으로써 본의 아니게 파시즘이라는 개념의 '복권'에 기여하였다. 하지만 이 발상은 더 이상 국가비판, 혹은 자본비판의 영역에서 자신의 존재 의미를 찾지 않는다. 이 발상은 '우리'가 국가권력으로 상징되는 '우리 밖의 파시즘'에 저항하는 가운데 우리의 심성, 미시적 사회관계들 속에 내재화된 억압성과 폭력성을 비판의 주 대상으로 설정한다. 그 결과 '우리 안의 파시즘론'은 '저항담론'으로서의 의미를 상실하며 일차적으로 거기에는 나, 우리를 대상으로 한 지난한 성찰과 자기 극복이라는 '도덕적 과제'가 자리 잡게 된다.


## 5. 맺음말

사실 한국에서 파시즘론은 저항담론으로서 커다란 역할을 하지 못했다. 일반적으로 이 개념은 과거 억압적 국가의 테러통치에 대한 비판의 도구로서 기능하였지만, 권위주의, 군부독재 등의 용어를 대체할 만한 수준은 아니었다. 1980년 광주민중항쟁을 계기로 본격화된 파시즘 논쟁 또한 사회변혁의 차원에서 국가권력의 성격과 형태 문제에 접근하였으나 변혁의 중심주체로 설정됐던 노동대중 등과 긴밀하게 결합하지 못하며, 영향력 있는 헤게모니 담론으로 재생산되지 못했다. 애초 의도했던 것과 달리 이 논의는 대중에게 더 많은 민주주의를 위한, 새로운 사회로의 이행을 위한 기획 속에서 이해되지 않았다. 그 이유는 좌파이론의 역사적 발전이라는 맥락에서 제기된 파시즘이라는 개념이 대중에게 생소하였기 때문이기도 하지만, 실천적으로 반공규율화된 사회에서 지속된 반독재 민주화투쟁이 '비판적 자유주의세력들'의 영향력 속에 있었기 때문이기도 하다. 이것은 한국 사회에서 전개된 '파시즘 논의'가 전체주의론에서 출발하여 '우리 안의 파시즘론'으로 일단락된 상황이 결코 우연이 아님을 보여준다. 양자는 자유주의, 다원주의의 특권화를 일정하게 공유하고 있다.

하지만 이 발상은 처음 제기되었을 때와 같은 관심과 흡입력을 유지하지 못하면서 더 생산적인 논의로 심화·확대되지 못한 채, 일단락되었다. 애초 파시즘이 주는 역사적 무게를 감당할 수 없었던 '우리 안의 파시즘'은 이제 '우리 안의 폭력' 정도로 이해되고 있다. 이것은 인플레된 파시즘 개념이 자기자리를 찾아가고 있음을 의미한다.

지금 '진정한 의미'의 파시즘 논의가 진보적 지식인들과 대중들의 시야에서 벗어나 있다 하더라도, 그것은 자본운동의 부침과 밀접한 연관을 맺고 있기에 지구적 수준의 자본운동과 불균등 발전의 심화로 표현되는 지금, 신자유주의 세계화시대에 더욱 중요한 성찰적 의미를 함축하고 있다.

파시즘의 진정한 과학적 이론은 반드시 이후의 발전하는 역사적 형태들을 고찰함으로써 오늘날의 파시즘적 경향들을 폭로할 수 있어야 한다. 그러한 이론은 과거를 해명해 줄 뿐만 아니라 현재의 행동지침을 제공한다. 그 이론은 파시즘을 저지시킬 수 있으며 그리고 현재는 인간해방을 위해 변형될 수 있다는 것을 인식

한다. 그것은 인간 실천의 가능성과 한계성을 보여준다(키친 1988, 71).

이러한 성찰은 과거 독재권력의 성격과 형태에 대한 규명뿐만 아니라, 지금 지구적 수준에서 심화되고 있는 국가권력의 반동화, 민주주의의 후퇴와 관련해 주목할 필요가 있다. 신자유주의에 추동되고 있는 세계화는 국내외적으로 소수의 거대자본에 경제적 이해를 집중시킬 뿐만 아니라 사회경제적, 정치적으로 중요한 문제의 결정 과정에서 대중의 요구를 배제하고 있다. 중간층의 몰락, 실업자의 증가, 빈곤층의 확대, 그리고 이와 맞물려 '신자유주의 경쟁국가' 로 나아가는 과정에서 표출되는 국가권력의 관료화, 보수화는 기존 체제에 대한 대중의 불만을 제고시키고 있다. 물론 이를 극복하기 위한 저항, 투쟁이 국내외 도처에서 일어나고 있지만, 다른 한편 파시즘의 유령들 또한 그 틈 속에서 자신을 구현하기 위한 수단을 찾고자 배회하고 있다.

# | 참고문헌 |

공제욱. 1989. "1950년대 한국사회의 계급구성". 『경제와 사회』. 여름/가을호.

김남식. 1984. 『남로당 연구』. 돌베개.

김세균. 1991. "한국에서의 민주주의 논의에 대한 비판적 검토". 『사회비평 6』.

김재훈. 1991. "한국자본주의에서의 산업순환과 국가개입에 관한 연구". 성균관대 경제학과 박사학위
　　　논문.

대동 편집부. 1988. 『민족과 경제』. 대동.

『당대비평』. 1999. 겨울호.

디미트로프. 1987. 『통일전선연구』. 거름.

라몬 그로스포구엘. 1988. "케팔주의에서 신자유주의로". 『발전주의 비판에서 신자유주의 비판으로:
　　　세계체제론의 시각』. 공감.

레오나드 샤피로. 1983. 『전체주의 연구』. 종로서적.

르페브르, G. 1983. 『혁명적 군중』. 한그루.

마크 네오클레우스. 2002. 『파시즘』. 이후.

마틴 키친. 1988. 『파시즘』. 이론과 실천.

서영채. 1998. "임철우론—『봄날』에 이르는 길". 『문학동네』. 봄호.

세계 편집부. 1986. 『공안사건기록』. 세계.

소아레스. 1989. "라틴아메리카에 파시즘이 존재하는가". 『반제반독점 민주주의혁명논쟁—라틴아메
　　　리카를 중심으로』. 새길.

손호철. 1989. "신식국독자 · 신식파시즘론의 이론적 과제들". 『경제와 사회』. 여름/가을호.

손호철. 1991. "5.16의 재조명". 『한국정치의 새 구상』. 풀빛.

송주명. 1989. "신식민지 파시즘의 테제들". 『경제와 사회』. 겨울호.

루이 알뛰세. 1991. 『아미엥에서의 편지』. 솔.

알바로 브리오네스 · 오를란도 카푸토. 1987. "종속적 파시즘의 경제적 기초". 『자본주의 위기와 파시
　　　즘』. 동녘.

안병용. 1990. "남조선민족해방전선". 『역사비평』. 가을호.

앙리 미셀. 1979. 『세계의 파시즘』. 청사.

『월간중앙』. 2002. 9월호.

유 청. 1989. "한국사회성격론에서 제기되는 몇 가지 문제에 대하여". 『녹두서평 2』.

윤소영. 1988. "식민지반봉건사회론과 신식민지국가독점자본주의". 『현실과 과학 2』.

이광일. 1992. "한국에서의 파시즘 형성에 관한 연구". 성균관대 정외과 석사논문.

이광일. 2001. "민주화이행, 80년대 '급진노동운동'의 위상, 그리고 헤게모니". 『진보평론』. 9월호.

이광일. 2002. "'우리 안의 파시즘론'을 비판한다". 『시민과 세계 2』.

이병천. 1987. "전후 한국자본주의의 발전과 기초과정". 지방사회연구회 지음. 『지역사회와 민족운
　　　동』. 한길사.

이성형. 1988. "신식민지파시즘의 이론구조". 『현실과 과학 2』.

이성형. 1989. "라틴아메리카 사회구성체논쟁: 1960-80년대의 논의를 중심으로". 서울대 정치학과 박사논문.

이성형. 1991. "국가독점자본주의론의 주요 쟁점에 관한 재검토". 『사회평론』. 7월호.

이정로. 1988. "한국사회의 성격과 노동자계급의 임무". 『신식민지 국가독점자본주의 논쟁 1』. 벼리.

이진경. 1988. "일반적 위기와 국가독점자본주의에 관한 논쟁: 단계론과 특성론," 『현실과 과학 2』.

임지현 외. 2002. 『우리 안의 파시즘』. 삼인.

임철우. 1997. 『봄날』. 문학과지성사.

조형제. 1989. "한국국가에 대한 신식민지파시즘론의 적용". 『경제와 사회』. 겨울호.

최장집. 1989. "한국 국가와 그 형태변화에 대한 이론적 접근". 『경제와 사회』. 여름/가을호.

최장집. 1996. "한국정치에서의 변형주의". 『한국민주주의의 조건과 전망』. 나남.

동녘 편집부. 1989. 『코민테른 자료선집 3』. 동녘.

포포프. 1988. 『제국주의시대 정치경제학』. 아침.

한국정치연구회. 1989. "신식민지파시즘의 이론구조". 『1980년대 한국사회와 지배구조』. 풀빛.

헥케탈. 1987. "라틴아메리카에서의 파시즘". 『자본주의 위기와 파시즘』. 동녘.

홉스바움. 1984. "그람시와 맑시스트 정치이론". 『그람시와 혁명전략』. 녹두.


Friedrich, C., Z. Brzezinski. 1965. *Totalitarian Dictatorship and Autocracy*. Cambrige.

Nolte. E. 1965. *The Three Faces of Fascism*. London.

Arendt, H. 1979. *The Origins of Totalitarianism*. New York.

Jie-Hyun Lim. 2002. "Mapping 'Mass Dictatorship' in Historical Perspective". 한양대 인문학연구소 국제심포지움 발표문.

Poulantzas, N. 1974. *Fascism and Dictatorship*. London.

Togliatti, P. 1976. *Lectures on Fascism*. New York.

# 제 3 부

# 정치사회적 저항담론과
# 자본주의 · 현실사회주의 · 미국/북한

# 제 4 장

# 한국 자본주의 논쟁: 방법론과 텍스트의 정치학

허재영

## 1. 사장된 논쟁

한때 많은 사회과학도들이 참여하거나 관심을 가졌지만, 지금은 거의 사장되다시피 한 논쟁이 있다. 그것은 '사회구성체 논쟁' 또는 '한국 사회 성격 논쟁', 좀더 좁혀서 말하면 '한국 자본주의 성격 논쟁' 이다.

거칠게 보면 자본주의 논쟁의 역사에서 몇 가지 중요한 계기들을 확인할 수 있다. 그 시작은 잡지 『창작과 비평』에서의 지상논쟁이다. 이후에 본격적인 논의들이 이어지는데, 크게 보아 민족해방론(NL)의 입장에 선 논의와 다양한 형태의 신식민지 국가독점자본주의론 입장 사이의 논쟁이 진행된다. 이 과정에서 이론적으로는 신식국독자론이 일종의 정통 위치를 인정받게 된다. 또 독점과 종속의 문제를 포함해서 몇몇 쟁점에 대한 심도 있는 토론이 진행된다. 몇 년 동안의 치열한 논쟁시기를 거친 후 1990년대에 접어들자마자 이 논쟁은 결정적인 전기를 맞이한다. 성급한 마무리가 그것이다. 현실 사회주의의 붕괴, 일반민주주의(GD) 경향의 전면적인 대두, 사회민주주의를 포함한 다양한 사상적 조류의 등장 등등의 변화된 상황 속에서 좀더 진전된 논의로 나아가지 못한 채 사실상 끝을 맺게 된다. 그리고 이후에는 논의 자체가 거의 실종되다시피 한다.

자본주의 성격 논쟁은 많은 쟁점들과 논점들을 포함한다. 그 중에서도 가장 중요한 쟁점은 역시 한국자본주의의 독점적 성격과 제국주의 국가-자본의 종속을 이해하는 문제이다. 이 쟁점은 양자의 '관계'를 이해하는 '방식', 예를 들어 양자를 동등하게 고려할 것인가 아니면 실질적으로는 하나를 다른 하나로 해소할 것인가의 문제, 독점과 종속을 검증할 수 있는 지표를 어떻게 제시할 것인가 등등 더 세부적인 쟁점과 관련된다. 또한 역사적으로는 한국 자본주의의 역사를 통사적으로 재구성하는 문제, 철학적-방법론적으로는 분석과정에서 제기되는 방법론적인 문제 등도 중요한 쟁점에 속한다.

시기적으로 보자면, 자본주의 논쟁은 약 10여 년 '전'에 치열하게 전개된 논쟁이다. 이 글은 10여 년의 시간이 지난 지금, 당시에는 보기 힘들었던 측면들을 분명하게 보는 것을 목적으로 한다. 이 글은 자본주의 성격 논쟁을 주로 방법론에 초점을 맞추어서 다시 살펴볼 것이다. 그 중에서도 논쟁을 되돌아볼 때 텍스트 곳곳에서 드러나는 전제와 가치들, 이론 '자체'를 바라보는 전제들, 자본주의를 바라보는 입장 차이에 불구하고 공유하는 전제들 등등에 초점을 맞춘다. 이를 통해서 논쟁 당사자들이 한 차원에서는 대립하고 있으면서도, 다른 한편으로는 암묵적으로 합의하고 있는 측면들을 드러낼 것이다. 이를 위해서는 텍스트 밖이 아닌 텍스트 '안'을 들여다보는 것이 필요하다. 따라서 특정 방법론과 이론이 '현실'과 맺는 관계의 문제는 일단 논의에서 제외된다.


## 2. 현실분석의 방법론

현실에 아무런 방법론적 원칙이나 도구 없이 접근한다는 것은 불가능하다. 방법론적 원칙은 무의식적으로 활용되는 것일 수도 있고, 명시적으로 밝혀지거나 논의의 대상이 되는 경우도 있다. 한국 자본주의 논쟁의 경우, 분석

방법론에 대한 논의는 자본주의 그 자체에 대한 분석과는 별개로 매우 직접적으로 이루어진다.

## 1) 법칙에 대한 탐구

사회를 움직여 가는 규칙, 더 나아가서 법칙이 있다는 사고는 자연스럽게 수긍되는 원칙이다. 그리고 '사회 현실을 움직이는 법칙'에 대한 이해가 가능하다는 믿음 역시 당연한 것으로 수용된다. 사회과학의 가장 중요한 임무가 자본주의 작동 법칙을 밝히는 것이라는 생각은, 이런 사고의 전형적인 예에 해당된다. 여기서 문제가 되는 것은, 법칙과 같은 특정 용어의 사용 그 자체가 아니다. 그보다 더욱 중요한 문제는, 그 용어들이 어떤 지적인 지형에서 작동하는가의 문제이다. 즉 사회를 움직여 가는 '규칙과 법칙'이라는 용어를 선택하고 또 사용하는 것을 가능케 했던 일종의 지적인 합의가 갖는 의미를 밝히는 일이다.

첫째, '법칙'이라는 개념은 사회현실을 움직이는 몇 가지 중요한 원리를 발견해야 한다는 사고와 관련된다. 또한 핵심적인 원리의 발견이 사회과학의 최우선 목표가 되어야 한다는 생각과도 직결된다. 예를 들어 민족모순과 계급모순으로 당시 한국 사회의 핵심적인 모순을 요약하고 두 모순의 관계를 탐구한 많은 논의들은, 암묵적으로 이런 방법론적 전제를 그 밑에 깔고 있다고 볼 수 있다.

여기서 문제는 단일한 규칙(법칙)과 다양한 얼굴을 가진 현실 사이의 대립 구도가 아니다. 상황에 따라서 몇 가지 요인들을 중요하게 취급하는 것은 얼마든지 가능하기 때문에, 당시의 논의들이 '복잡한 현실을 단순화시켰다'든가, '몇 가지 요인만으로는 현실을 설명할 수 없다'는 등의 비판은 일면적인 비판에 그칠 수 있다. 노동만을 중요한 요인으로 생각하지 말고 환경과 같이 다양한 변수들을 동시에 인식해야 한다는 논리 역시 같은 이유에서 한 쪽만을 바라보는 논리에 해당된다. 요인들의 많고 적음만을 문제삼을 뿐이기 때문이다. 좀더 근본적으로 볼 때, 혼란스러워보이기도 한 현실 속에서 중심적인 요인만을 추출한다는 발상 그 자체가 틀렸다고 보기도 힘들다. 예를 들어 '종속 심화–독점 강화' 라는 테제를 본질환원론이라는 이유로 폐기해야 하는 것은 아니다. 특정한 정세에서 특정 요인이 상대적으로 중요한 의미를 갖는다는 발상은, 어떤 전제 하에서 활용하는가에 따라 언제든지 유효할 수 있다. 진정으로 문제가 되는 것은 많고 적음의 문제가 아니라, 어떤 가정에 기반해서 많고 적음을 이해하는가 하는 점이다.

따라서 사회현실을 규정하는 가장 중요한 요인(법칙)을 가려내야 한다는 방법론적 원칙에 대한 재평가는, 이전 논쟁의 특성과 구도에 대한 섬세한 논의를 필요로 한다. 여러 모순 중에서 몇 가지 모순으로 요약하는 것이 가능하다는 생각, 몇 가지 모순 중에서 가장 중요한 모순을 뽑아낼 수 있다는 생각, 여러 모순을 인정하더라도 그 여러 모순들을 아우를 수 있는 또 하나의 모순을 뽑아내야 한다는 생각 등등을 그 뿌리에서부터 검토해야 한다. 그리고 이 과정에서 사회를 틀지우는 중심 그리고 사회를 움직여 가는 중심적인 요인이 있다는 사고, 그 중심적인 요인들은 법칙의 이름으로 불변에 가까운 상수의 역할을 한다는 믿음 등을 재검토해야 한다. 또한 이러한 사고와 믿음의 이면, 즉 중요한 몇몇 요소들 이외의 다른 요소들은 부차적인 것으로만 취급받아야 한다는 생각, 중요하게 취급되는 특정 요소들을 결정하는 일종의 방법론적 결단은 한번 결정된 이상 모든 상황에 적용되어야 하고 다른 비판으로부터 보호받아야 한다는 생각들을 근저에서 재검토하는 일이다.

둘째, 법칙이라는 관념은 '혼란 요소의 교란작용에도 불구하고, 의연히 관철되는' 원칙이라는 사고와 연관된다. 법칙을 법칙으로 명명하는 이유는 단순히 법칙이 중요해서만이 아니다. 다른 요인들의 영향과 교란 효과에도 '불구하고' 중요 요소로 작동할 만큼 강력한 영향력을 지닌다는 믿음 때문이다. "프롤레타리아트의 과학적 사상은 사물을 객관성과 합법칙성 속에서 인식하고 그 필연적 귀결을 예견하는 것을 가능케 한다.……필연성이 어떤 우연성의 외피를 띠고 나타날지는 모른다 할지라도 반드시 오고야 말 그 무엇을 과학적으로 예견하고……"(박현채·조희연 1989b, 542). 이 언급은 법칙이라는 이름 또는 관념 밑에 깔려 있는 생각을 잘 보여준다. '필연', '반드시 오고야 말'이라는 표현은, 반드시 관철되는 핵심적인 요인이 있다는 생각을 단적으로 드러내준다. 이는 거꾸로 말하면, 상황과 정세에 따라서 작용이 중지되거나 다른 원칙보다 더 적은 영향력을 발휘하게 되는 원칙은 정의상 법칙일 수 없다는 생각이라고 볼 수 있다.

앞에서와 마찬가지로 이런 사고 그 자체가 문제시되는 것은 아니다. 이 분석틀은 상황에 따라서는 무엇이 사회를 움직여가는 중요한 모순이고, 중요한 원리인가에 대한 '개괄적인 상'을 그려주는 의미를 지닐 수 있다. 이론이든 현실에서든 집중해야 할 '몇 가지 중요한 목표'가 있다는 사고는, 어떤 측면에서 보면 필요하다. 문제시되는 것은 현실의 움직임을 몇몇 요인들의 효과로 '환원'한다든지, 그 과정에서 다른 요인들의 개입과 작동을 이해하지 못한다든지, 법칙이 수면 위로 드러내주는 문제가 아닌 문제들을 외면하게 되거나 심지어는 법칙과 관련을 맺고 있지 않다고 '이해된' 현실과 요인들을 부차적인 것으로 취급하는 상황이다. 이 경우, 법칙과 관련된 중심적인 요인들은 어떤 '의미'에서 중심의 위치를 부여받을 수 있는지, 특정 정세에서 중심적인 요인으로 인정된 요인들과 다른 요인들 사이에는 어떤 관계가 성립되는지, 중심적인 요인은 승격되고 다른 요인들은 격하되거나 부차적인 위치로 떨어지는 것은 필연적인지 등등의 질문들을 묻는 것조차 힘들어지게 된다.

셋째, 법칙이라는 사고는 '중심과 부차' 또는 '기본모순과 주요모순'이라는 사고방식에서 그 절정을 발견한다. 사구체론의 변혁론적 함의, 예를 들어 반파쇼 민주화투쟁인가, 반미 자주화투쟁인가를 둘러싼 논쟁을 보자. 반미 자주화를 가장 핵심적인 모순으로 보는 NL 입장의 『민족과 경제』라는 책에는 다음의 내용이 있다. "한국 사회의 대립관계는 주되는 측면과 부차적인 측면으로 갈라볼 수 있다. 그 주되는 측면은 미국과 한국민중 간의 관계…… 부차적인 대립관계는 미국의 예속 세력인 매판자본가, 친미지주, 반동관료들과 민중 사이의 관계이다"(박현채·조희연 1989b, 142). 그리고 이들은 주된 대립에 대한 평가 기준을 현실 실천에도 동일하게 적용한다. 예를 들어 1987년 당시 직선제 요구는 미국이 직선제개헌을 결코 허용하지 않을 것이라는 판단 아래 제기된 구호에 불과하며, 1987년 6월 투쟁에서도 가장 핵심적인 원칙인 반미투쟁이 제대로 지켜지지 않았다고 자기비판을 한다.

NL이 반미자주화를 '실질적으로' 모든 투쟁의 중심에 놓는 모습을 보인다면, 그에 반대하는 입장에서도 같은 논리구조를 확인할 수 있다. 인천지역민주노동자연맹에서 1988년 10월에 발간한 『노동자의 길』 제32호를 보면 "당면변혁에서 성공하기 위해서는 반제투쟁을 전개할 때도 항상 권력투쟁인 반파시즘민주화투쟁, 특히 파시즘을 타도하고 민중민주공화제를 수립하기 위한 투쟁을 중심에 놓아야 한다. 그리하여 모든 투쟁의 성과가 파시즘을 타도하는 투쟁으로 모아지도록 해야 한다"고 밝히고 있다(박현채·조희연 1989b, 143). 또한 제33호에서도 NL이 민족모순을 주요모순으로 '승격' 시키려고 시도한다고 비판하면서, "굳이 주요모순을 꼽자면 '국내 반동적 지배계급과 민중과의 모순' 이며, 남한과 미국 간의 모순은 주요한 모순들 중의 하나이기는 하되 가장 주요한 모순, 즉 '주요모순' 은 아니다" 라고 주장한다 (박현채 조희연 1989b, 268). NL과 동일한 논리구조가 그에 반대하는 분파의 논의에서도 확인된다. 주요 모순, 즉 당면 시기의 '가장 중요한 모순' 이라고 부를 만한 어떤 것이 강력한 효과를 발휘하고 있으며, 이론의 역할은 그 요인을 식별해 내는 것이라는 사고가 입장을 불문하고 완강하게 자리잡고 있다. 주요 모순이 무엇인가 하는 것이 문제시될 뿐, 주요 모순이라는 용어는 당연한 것으로 전제된 채 논의가 진행된다.

이처럼 자본주의를 이해하는 입장 차이에도 불구하고, 중심에 대한 공통적인 갈망이 있음을 확인할 수 있다. 다시 말해서 사회를 움직이는 '하나의 중심' 이라는 생각은 상당히 뿌리깊다. 무엇을 주요 모순으로 볼 것인지에 대해서는 의견이 갈리면서도, 사회현실을 규정하는 '중심' 이 있다는 사고, 당대에 '가장 큰' 영향력을 미치는 모순이 있다는 사고 등등은 양쪽 모두에서 공통적으로 나타난다. 그리고 중심에 대한 고려 없이 한국 자본주의를 이해하기는 불가능하다는 인식이, 중심에 대한 고려를 위해서라면 다른 부차적인 요인들을 '희생'하거나 어느 정도 '무시'하는 것도 불가피하다는 인식으로 발전되는 것은 그리 어려운 일이 아니다. 다양한 모순의 결합과 통일을 이야기하는 다음의 논리에서 결과적으로는 하나의 중심을 사고하는 현실인식 방법론의 단면을 발견하는 것이 우연은 아니다. 예컨대, "변혁과제로서의 반제와 반독점은 결합 통일되어 있는 것이지만 두 가지 과제 중 어느 것을 우위에 둘 것이냐 하는 문제는 반드시 제기되기 마련이다.……이것은 일부 오해되고 있는 것처럼 결코 관념론적 문제제기가 아니고 변혁 역량의 편성 및 배치와 직결되는 변혁론에서의 핵심적 문제"(박현채·조희연 1989b, 218)라는 것이다.

## 2) 보편성과 특수성

법칙적 이해라는 사고는 그에 상응하는 철학적 범주를 쌍으로 갖는다. 보편성과 특수성이라는 범주가 그것이다. 보편성과 특수성이라는 범주는 한국 사회와 한국 자본주의의 이해, 신식민지 국가독점자본주의라는 규정에서 독점과 종속의 결합, 분석방법론과 철학 등의 문제에서 매우 중요한 위치를 차지한다.

상식적으로는 PD와 NL의 방법론적 입장은, 보편에 대한 강조와 특수에 대한 강조 사이의 대립으로 이해된다. 아래의 논의는, 보편성을 강조하는 PD와 특수성을 강조하는 NL의 대립구도를 잘 보여준다.

신식국독자를 이야기할 경우에 국독자라는 보편성의 측면에서는 단일메커니즘을 이야기하는 것이고, 특수성의 측면에서는 아까 제가 테제형식으로 정리했던 몇 가지 특질을 이야기하는 것……이것은 국독자적 재생산과정의 보편성에 대한 이론 규정이고, 그 형성과정의 보편성에 대해서는 독점자본주의 일반의 경향 또는 형태로서의 국독자라는 이론규정을 사용합니다(장상환 외 1988, 71).

오늘의 제3세계 저개발사회가 자본제 생산양식을 전일적으로 확립해가고 있지 않은 것만은 분명하다.……전자본제적 생산양식의 존재로 말미암아 자본제적 생산양식의 성격까지도 본래적(서구적인)인 것과는 상당한 차이를 갖게끔 하고 있다. 사정이 그러하다면 전일적인 자본제 생산양식으로 변모하지 못하는—또한 그럴 전망도 보이지 않는—이러한 사회를 독립시켜 별개의 인식대상으로 삼아야 하지 않겠는가(박현채 · 조희연 1989a, 233).

위의 논의를 보면, PD와 NL의 논의가 보편성과 특수성 중에서 무엇을 강조하는가를 둘러싸고 날카롭게 대립하는 듯이 보인다. 즉 한국 자본주의에 국가독점자본주의라는 보편적인 규정을 적용할 수 있다는 입장, 한국 자본주의가 서구 자본주의와는 다른 특징을 보이기 때문에 별개의 인식대상으로 인식해야 한다는 입장, 이 두 입장은 방법론적으로 날카롭게 대립하는 듯이 보인다.

하지만 이러한 대립은, 다른 차원에서 바라보면 실제로는 유사한 방법론적 원칙에 기반하고 있음이 드러난다. 가장 결정적으로 보편 또는 보편성이라는 범주를 이해하는 방식이라는 측면에서 양자는 큰 차이가 없다는 것이다. 두 입장의 논의 모두 다 보편(성)이라는 전제를 인정하고 있고, 보편성이라는 범주를 통해서 한국 자본주의를 이해하려고 한다. 둘 사이에 차이가 있다면 단지 '무엇이 보편인가'를 바라보는 생각이 다를 뿐이다.

먼저, 논쟁의 한 축인 NL의 자본주의 이해방식에서 보편성을 인정하는 사고유형을 발견할 수 있다. 이는 언뜻 보면 쉽게 이해가 되지 않는 부분이다. NL이 PD와는 달리 한국 자본주의의 특수성을 강조하는 입장에 서 있기 때문이다. 하지만 자세히 들여다보면 NL의 입론에는 자신들이 규정한 범주를 하나의 보편적인 범주로 격상시키는 논리를 발견할 수 있다.

"제국주의 세력과 식민지 민중간의 모순관계에서 보듯 기본모순관계를 생성시키는 데 처음부터 민족모순이 보태졌던 것이다. 즉 후자에 있어서는 처음부터 민족모순을 사상한 기본모순관계의 설정이란 있을 수가 없었다"(박현채 · 조희연 1989a, 233). 이 인용문에서는 '기본모순' 이 '이미' '민족모순' 에 영향을 미치고 있다는 사고가 발견된다. 여기서 민족모순을 기본모순이라는 보편적 범주 안에 포섭시키려는 이론적인 노력이 진행된다. 그 이유는 기본모순이 정의상 한 사회의 '보편적인 성격' 을 해명하는 범주라는 믿음 때문이다.

"시대의 발전은 세계관의 발전을 동반한다. 오늘은 전반적 위기의 시대도, 국가독점자본주의의 시대도, 제국주의의 시대도 아니다. 제국주의가 부차적인 지위로 추락하고 있으며 발전도상국들의 민족해방운동이 날로 고양되고 있는 오늘은, 바야흐로 전세계의 대중들이 역사의 주인으로 나서고 있는 시대이다"(박현채 · 조희연 1989b, 410). 「민족민주운동의 사상적 전환」이라는 제목의 한 문건은, NL의 인식 안에 보편성에 대한 인정과 집착이라는 구조가 뿌리깊게 숨어있음을 알려준다. 보편과 특수의 관계를 고민하기보다는, 어떤 적절한 표현대로 '또 다른 보편' 을 추구하려는 경향이 두드러진다.

좀더 흥미로우면서도 중요한 점은 PD 진영이 보편성을 이해하는 방식, 그리고 결과적으로는 특수를 보편에 해소해버리는 방법론적 해결방식이다. PD의 경우 보편성과 특수성을 구분하고, NL보다는 훨씬 더 명시적으로 둘의 관계라는 문제를 하나의 '문제' 로 설정하는 것은 사실이다. 다음의 언급을 보자. "보편성이 현실 속에서 순수한 모습으로 드러나는 경우는 거의 없다. 일제하 식민지시대 우리나라의 자본주의 발전은……그럼에도 불구하고……내적 왜곡과 외적 영향에도 불구하고 본질적 차원에서 규정되어야 한다"(박현채 · 조희연 1989a, 468). 이 언급은 PD가 특수성이라는 문제를 어떻게 해명할 것인가에 관심을 기울이고 있음을 보여준다. 그러나 이 언급은 둘의 관계를 고민하면서도, 전체적으로 볼 때는 보편성을 강조하는 입장에 기울어 있다. 현실의 복잡성은 보편적인 작용의 순수성을 훼손하는 것으로만 이해되고, 사회현상은 그 복잡성에도 '불구하고' '본질적' 인 차원에서 이해되어야 한다고 보기 때문이다. 보편성과 특수성을 논의대상으로 설정하는 부분에서도 보편성은 우월한 위치를 차지하고 있다.

이러한 인식은, 사구체 논쟁의 핵심적인 쟁점이라고 할 수 있는 독점-종속 또는 독점 강화-종속 심화 테제의 이해에도 영향을 미친다. 이와 관련해서 PD의 한 입장을 대변하는 잡지 『현실과 과학』의 입장을 보자. "보편성은 현실의 역사과정에서는 결코 그 자체로 존재하는 것이 아니라 개별을 매개로 한 보편의 특수화로만 존재한다"(양원태 1991, 203), "한국자본주의의 구체성을 자본주의 일반의 발전이 관철되는 형성 및 재생산과정의 특수성을 통해 해명하는 문제이다"(양원태 1991, 203), "식반(자)론은 제국주의에 종속됨을 일면적으로 강조함으로써 한국 사회에서 현실로서 전개되어 온 자본주의적 발전을 합법칙적으로 인식하지 못하였다. 즉 보편성이 관철되는 구체적 현실로서의 특수성을 파악하지 못하고 보편으로부터 분리된 특수성—좀더 정확히는 그 개별성—만을 일면적으로 강조함으로써 한국 사회에 대한 과학적 인식에 실패했던 것이다"(양원태 1991, 199).

이 인용문들은 보편과 특수의 '통일'을 강조하고 있다. 보편과 특수를 일면적으로 사고하지 말고, 양자를 통일적으로 사고할 것을 주장한다. 그러나 자세히 살펴보면 '실제적으로는' 보편성을 강조하는 입장에 기울어 있음을 알 수 있다. 보편성을 중심 범주로 승격시키면서, 그 핵심내용을 '잉여가치의 착취'를 핵심 내용으로 하는 '자본주의의 노자 모순'으로 이해하기 때문이다. 또한 특수적 요인의 혼란 또는 교란작용, 심지어는 보편과 나란히 특수가 공존할 수 있음을 인정하면서도, 그 특수적 요인의 작용에도 '불구하고' 계속 '관철'되는 보편(성)이라는 범주가 완강히 자리잡고 있음을 고집하기 때문이다. 만약 보편과 특수의 결합이나 관계라는 문제가 '보편을 강조한 상태에서 특수에 대한 고려'라는 식으로 절충적으로만 이해된다면, '보편성이 관철되는 구체적 현실로서의 특수성'이라는 방법론적 원칙은 실제로는 '보편성의 관철을 설명하기 위해서만 특수를 해명'하려는 시도로 귀결될 가능성이 높다.

　　PD가 결국 보편성이라는 범주에 경도된다는 사실은, 다음과 같은 한국 자본주의에 대한 역사적인 재검토에서도 잘 드러난다. "귀속재산의 불하와 농지개혁 과정에서 이루어진 경제구조의 재편은 독점자본의 형성을 가져왔다. 그리고 위 논문(『한국 사회의 성격과 노동자계급의 임무』: 인용자)의 견해와는 달리 1953년 이후의 원조는 '새로운' 자본의 집중을 가져온 것이 아니라 국가자본주의 기간(1945~53년에 걸친 기간: 인용자)을 통해 이미 형성된 독점자본의 축적을 강화하는 데 기여했을 뿐이다"(박현채 · 조희연 1989a, 471).

　　이에 따르면 한국전쟁 이후 미국의 원조는, NL이 주장하듯이 자본 집중을 가져옴으로써 한국 자본주의에 다른 자본주의 국가와 질적으로 구별되는 특징들을 만들어내지 않는다. 대신 '이미' 형성되어 있던 독점자본의 축적 추세를 강화한 것에 불과한 것으로 이해된다. 미국을 중심으로 한 외부적 요인은, NL의 평가와는 달리 한국 자본주의가 처음 시작될 때부터 같이 작동되는 자본주의의 보편적인 작동법칙을 강화하는 요인일 뿐이다.

　　이와 관련해서 당시 한 논자의 지적은, 논자 자신이 지적하는 문제를 스스로 해결했는가의 여부와 무관하게 흥미롭고 중요하다. 민족모순과 계급모순을 어떤 연관성 속에서 파악하는 문제와 관련해서, PD의 논의가 '특수성에 대한 인식을 방기하고 필연적으로 특수와 보편의 통일을 형식적으로 파악하는 보편주의에 경도' 되었다고 비판하면서, 다음과 같이 지적하기 때문이다. "'보편과 특수가 개별 속에 통일되어 있다' 는 형식적 표현은 사실상 우리에게 실천적으로 어떤 새로운 것도 전달해 주는 것이 없다. 헤겔에서와는 달리 대립물에서는 '통일' 의 측면도 있지만 '투쟁' 의 측면도 있으며, 이 투쟁의 측면을 올바로 파악하는 것이 실천적으로 매우 중요하다.……어느 측면에서 현 단계에서 모순의 주요한 측면인가를 파악하는 것이 매우 중요하다"(박현채 · 조희연 1989b, 424). 여기서 개개의 문제에 대한 형식주의적이고 보편주의적인 해답을 제시하는 헤겔 변증법에 대한 비판, 보편과 특수라는 개념쌍 그 자체에서 벗어날 때 답을 찾을 수 있다는 생각의 단초를 발견하는 것이 단순히 건강부회는 아닐 것이다.

### 3) 분석의 추상성

방법론은 분석방법이나 결과에 영향을 미친다. 보편적인 현상과 특수한 현상을 구별하고 전자를 우위에 둘 경우, 보편으로 '인정된' 요인과 현상만이 분석대상이 될 가능성이 높아진다. 보편적인 현상과 부차적인 현상을 판별하는 기준이자, 보편적인 현상을 움직이는 요인으로 '이해되는' 법칙에 대한 이해가 논의의 중심에 자리잡게 된다. 이러한 분석방법이 갖는 문제점은, 분석이 중요하다고 '인정되는' 현상이나 요인만을 중심으로 이루어진다는 차원을 뛰어넘는다. 예를 들어 추상과 구체라는 차원에서 들여다 볼 경우, 분석이 추상적인 수준에 머무르고 마는 결과를 낳는다. 중요모순을 포함해서 몇몇 요인들에 대한 분석을 진행하더라도, 그 분석은 추상적인 수준에 그칠 수도 있고 구체적인 수준으로 내려갈 수도 있다. 그러나 불행히도 위에서 설명한 방법론적 원칙들은 구체적인 분석을 진행하는 데 장애물로 작용하게 된다.

한국 자본주의 논쟁이 추상적인 수준에 머무른다는 지적이 새삼스러운 것은 아니다. 이와 관련해서 논의의 추상성 문제를 지적하는 논의들은 여기저기에서 찾아볼 수 있다. "구체성이 결여되어 있다는 느낌"이 든다(장상환 외 1988, 25), "너무 전체적인 문제에 대한 논쟁에 집중함으로써 '구체적인 연구, 즉 실증적인 연구'를 진행하지 못했다"(장상환 외 1988, 23), "솔직히 말하여 현재 신식국독자론은 일반이론 차원의 논의에 맴돌고 있을 뿐 구체적 실증연구는 거의 전무"하다(박현채 · 조희연 1989a, 578~579), "올바른 변증법적 사고방법은(인용자)……오직 구체적 사실을 풍부히 연구하고, 다양한 현상을 충분히 조사하는 것이다"(박현채 · 조희연 1989b, 269) 등등의 지적이 그것이다. 이들 지적들은 논쟁이 진행되던 당시에도 이미 논의의 일반성과 추상성이 문제시되고 있음을 보여준다.

남는 문제는 논의의 추상성이라고 할 때, 어떤 의미의 추상성인가 하는 질문이다. 자본주의 논쟁이 추상적인 수준에서 진행되고 만다는 비판은, 그 자체만으로는 논쟁과 마찬가지로 '추상적인' 수준의 비판에 머물 수 있기 때문이다. 논의의 추상성이 갖는 세세한 특징과 성격을 실질적으로 검토해야만 논의는 진전될 수 있다. 핵심적인 문제는 추상성을 낳은 원인 그리고 위에서 설명한 방법론적 원칙과 논의의 추상성이 어떻게 관련성을 맺고 있는가 하는 점이다.

먼저, 추상성을 규정하는 기준을 무엇으로 삼을 것인가 하는 질문은 논의의 시작과 끝에 해당되는 선결과제에 해당된다. 추상성을 언급하는 기존의 설명들이 틀렸다는 사실을 지적할 필요가 있다. 흔히 자본주의 논쟁의 추상성은 거대이론과 거대범주를 통해서 한국 자본주의를 설명하려 했던 시도의 산물로 설명된다. 당시 논의들을 살펴보면 '거대' '이론' 이나 '큰' 범주와 더불어 그와 관련된 거시적인 지표와 현상들이 많이 등장하는 것이 사실이다. 사회나 자본주의라는 규정 자체가 거대한 범주임은 물론이고, 신식국독자론—식반자론·종속이론 등의 하위규정 역시 그 자체가 많은 설명을 필요로 하는 거대이론에 속한다. 몇 개의 핵심적인 규정을 통해서 한국 사회와 한국 자본주의의 성격을 총체적으로 규명하려는 시도도 이런 인상을 강화시켜 준다.

그러나 자세히 살펴보면 논의의 추상성을 거대범주들이 사용한다는 사실 그 자체에서 찾을 수는 없다. 당시 입론이나 입장이 거대범주나 개념으로만 구성되지는 않기 때문이다. 예를 들어 한 논자는 1980년대 한국경제의 종속을 이해하기 위해서 필요한 현실지표를 사용한다. 이 지표에는 "금융적 종속 차원에서의 국제수지 흑자와 외채감축, 중화학공업의 발전에 따른 재생산 구조상의 동향, 해외 자본수출의 새로운 진전, 개방화 속의 다국적기업의 진출에 의한 종속의 형태변화, 기술적 종속" 등이 포함된다(박현채 · 조희연 1989a, 588). 예속독점자본주의론을 주장하는 한 논자도 한국에서 예속독점자본주의의 확립을 말해주는 '구체적 지표' 로, "70년대 후반 금융과두지배의 확립, 70년대 이후 제국주의 독점자본의 제국주의 지배체제 강화, 70년대

중반 이후 예속독점자본과 비독점자본 간의 하청 계열관계의 급속한 확대, 70년대 중반 이후 포드주의적 노동과정의 도입과 관료적 통제체제의 확립, 72년 10월 유신에 의한 파시즘적 통제체제의 확립"(박현채 조희연 1989-2, 214-215) 등을 꼽고 있다.

이 논의들은 거대이론을 뒷받침해 주는 나름대로의 경험적 근거와 지표들을 제시하고 있다. 높은 추상수준의 이론틀이나 거시적인 수준의 개념에서 현실로 하강하거나, 양자를 매개할 때 필요한 현실 관련 지표들을 보여주고 있다. 자본주의를 규명하는 담론에서 중범위와 미시 수준의 범주와 개념들이 동원된다는 사실은, 추상성이 거대이론과 범주가 지배적이라는 사실에 의해 정의될 수 없음을 알려준다. 사실 거대이론을 동원한다는 사실 그 자체가 추상성의 문제와 직결되는 것은 아니다. 미시적인 분석과 중범위 이론이 접합된다면, 거대이론은 사회전체의 성격을 밝히는 범주로 기능할 수도 있다.

자본주의 성격 논쟁이 추상적이라는 근거는 다른 곳에서 찾을 필요가 있다. 먼저, 이론 정립 또는 현실인식에서 '순서'의 문제가 있다. 당시 대부분의 논의들은 사회성격이라는 큰 문제를 '먼저' 해결해야, 작은 문제를 해명하는 것이 가능하다고 본다. 이론을 정립하는 순서를 이렇게 사고하면, 거시적이고 추상수준이 높은 논의가 그 무엇보다도 시급하게 필요하다는 생각이 힘을 얻게 된다. 예를 들어 사회의 성격을 몇 개의 중요한 범주로 해명하고 설명해야 한다는 생각이 결정적인 힘을 얻게 된다. '당위적인 역사인식의 방법은 보편적인 법칙을 매개로 하여 개별을 인식하고 그 개별의 특수성을 명백히' 해야 한다는 문제의식에 충실할 경우, 실제분석에서 개별은 분석에서 뒤로 밀릴 가능성이 많아진다. 보편-법칙-본질-거시 등의 범주를 중요시할 경우, 사회의 구체적이고 미시적인 상황은 분석 순서에서 밀릴 뿐만 아니라, 실제 분석에서도 제외될 가능성이 높아진다. 높은 추상수준과 거시적인 범주가 포괄하지 못하는 대상, 그 반대편에 있다고 전제되는 범주와 실체들, 즉 개별-법칙과 본질 외부의 실체-미시적인 범주 등등은 부차적이고 이차적인 것으로 평가절하된다. 물론 거대이론 자체가 문제시되는 것은 아니지만, 미시수준의 작동기제와 작은 현실에 대한 논의가 빠진 거대이론은 많은 문제를 남긴다.

## 3. 텍스트의 정치학

자본주의 논쟁을 다루는 텍스트와 관련해서 논의할 또 하나의 문제는, 특정 텍스트나 담론 그리고 자신과 논쟁하는 상대방의 텍스트나 담론에 대한 '입장과 태도'의 문제이다. 이는 텍스트에 대한 옳고 그름이라는 편가름, 특정 텍스트의 성격, 너와 내가 제시하는 담론-텍스트의 성격 등의 문제와 관련된다. 다시 말해서 인용하는 근거로 삼는 텍스트에 대해서 어떻게 생각하고, 내가 직접 쓰고 상대방도 마찬가지로 쓰고 있는 텍스트와 담론을 어떻게 이해하고 어떤 태도를 취할 것인가 등의 문제이다. 이들 요인들은 방법론과는 다른 차원에서 논쟁 관련 텍스트에서 작동하고 있고, 또 결과적으로는 논쟁 내용에도 영향을 미친다.

### 1) 과학과 비과학: 날카로운 선긋기

1980년대의 논쟁 지형에서 과학과 비과학이라는 개념쌍은 중요한 위치를 차지한다. 무엇이 과학인가를 둘러싸고 치열한 논의들이 진행되고, '나'의 담론과 텍스트는 왜 과학이며, 상대방인 '너'의 담론과 텍스트는 어떤 의미에서 비과학―사이비과학―이데올로기에 불과한가를 밝히는 것이 논쟁의 중요한 부분을 차지한다. 한국 자본주의 논쟁도 예외는 아니다. 이 논쟁에서도 과학과 비과학의 편가르기는 계속된다. 당시 이런 편가르기는 별다른 문제제기 없이 받아들여졌다. 현실을 적절하게 설명하기 때문에 진리를 담고 있는 이론, 그리고 현실을 설명하는 데 실패한 이론, 현격한 차이가 있는 두 이론을 구분하고 각각에 다른 이름을 부여하는 일종의 지적 관례는 자연스럽게 수용된다.

그러나 좀더 들여다보면, 과학과 비과학이라는 개념쌍은 그 안에 여러 문제들을 안고 있다. 가장 핵심적인 문제는 과학 개념의 사용이 무엇을 의미하는가 하는 점이다. 이 문제는 그 자체가 하나의 질문이며 분석해야 할 대상이다. 그리고 과학 개념의 사용을 가능케 했던 지적인 상황과 그 성격의 문제를 제기한다. 옳고 그름의 문제가 과학과 비과학이라는 개념쌍과 동일시되는 상황은 과연 무엇을 의미하는가? 그 비상했던 순간에, 왜 많은 사람들은 과학과 비과학이라는 이름으로 이론의 옳고 그름을 판정하려 했던가? 그런 이름 붙이기 뒤에 숨어있던 전제는 무엇인가? 진보진영에서 과학이라는 말이 너무나도 당연스럽게 쓰이던 논쟁 상황과 거의 사용되지 않는 현재, 두 시기 사이에는 무엇이 있고 어떤 간극이 있는 것일까? 과학이라는 개념을 받아들였던 논쟁지형의 성격이 과연 어떠했기에 그런 승인이 가능했던가?

첫째, 과학과 비과학이라는 개념쌍은 무엇과 무엇을 가르는 이분법을 전제로 성립한다. 사회와 현실을 정확히 제대로 이해하도록 만드는 이론, 제대로 반영하거나 설명하지 못하는 이론, 즉 과학과 비과학이라는 완전히 다른 두 개의 논리와 이론이 있다는 관념을 전제로 성립한다. 특정 원전과 과학의 긴밀한 연관성을 주장하는 아래의 언급이 대표적이다. 이 언급에서 오류와 진리 또는 오류와 과학은 완전히 다른 별개의 실체인 듯이 제시된다. 즉 "그간의 세계적인 자본주의 발전사와 계급투쟁 그리고 그 결과 등은 이를 '실천적으로' 충분히 입증한 것이며, 아직까지 원전을 폐기 내지 수정할 어떤 근거도 존재하지 않았다. 원전의 '오류'가 입증되거나 제시된 적도 없다. 무지에서 기인한 것이나 악의에 찬 것을 제외한다면……그 핵심은 언제나 추려져야 할 것이고 아직은 진리요, 과학임이 분명하다"(이진경 1988, 296~297)는 것이다.

과학과 비과학은 전혀 다른 실체이지만, 둘은 모종의 관계를 맺고 있다. 둘 사이에는 뚜렷한 구분선이 있을 뿐만 아니라 밀접한 관련도 존재한다. 당시의 논쟁 관련 텍스트에는 과학은 비과학과 대결하면서도, 비과학에 침투하고 그 일부분을 계승하면서 결국 비과학을 극복하게 된다는 설정이 깔려있다. "주자론(주변부 자본주의론: 인용자)은 한국 사회의 특수성을 강조하여……과거의 구식민지와 오늘날의 신식민지의 상황을 동태적으로 이해하지 못하며, 결과적으로 자본주의의 일반적인 법칙성조차도 부정하는 비과학적 이론이라는 비판을 받게 됩니다. 따라서 주자론의 문제인식, 즉 제국주의의 규정성이나 지배 등의 측면은 수용되면서도 주자론 그 자체는 극복되어 나갔다고 생각됩니다"(장상환 외 1988, 18~19).

둘째, 과학과 비과학은 특정한 위치나 자리와 연결된다. 즉 진리의 담지자로서의 '나'와 비진리와 오류의 담지자인 '너'라는 위치와 연결된다. 이 경우 나의 담론은 '과학'이고, 나와 다른 너의 담론은 '비과학'이라는 이분법이 만들어지게 된다. 신식국독자론에서 이해하는 식반론을 그 예로 들 수 있다. 사구체 논쟁의 초기단계에서 이루어진 한 좌담을 보면, 당시 많은 논자들은 종속이론, 주변주 자본주의론, 식반론 등이 사이비 이론이고 비정통 이론이라는 사실에 합의하는 것으로 보인다. "80년대 전반은 주자론의 지양으로, 그러니까 종속이론을 포함한, 혹자의 표현에 의하면 수정주의적 이론에 대한 사상투쟁이었다고도……결과적으로는 사구체 1단계에서 주자론의 극복……이 사실은 맑스주의의 복원을 목표로 하는, 어떤 쁘띠 부르조아적 인식의 극복이라는 점에 가장 핵심적인 쟁점이 있었다고 생각됩니다.……그런 사이비 이론의 적절한 극복이 요구되었던 것입니다"(장상환 외 1988, 31). 신식국독자의 입장에서 볼 때, 식반론은 아무런 합리적 핵심도 갖추지 못한 이론이고, 그 문제의식 중의 어느 것 하나도 받아들일 수 없는 일종의 사이비 이론으로만 이해된다. 이 경우 상대방의 이론은 극복대상 이외의 별다른 의미는 갖지 못하게 된다.

이런 사고방식은 더 진전되면, 나의 담론은 과학이고 너의 담론은 공상에 불과하다는 논리로까지 발전된다. 이와 관련해서 실제로 당시 반NL입장에 서 있는 한 글은, 자신과 경쟁관계에 있는 다른 입론과의 차이를 공상과 과학의 차이로 확대해석해서 이해한다. 주체사상은 일종의 '관념적 공상'으로 평가절하되고, 그 내용은 '김일성의 생활조건―주관적 의식 경험의 한계 사고의 발전 정도에 제약된 공상' 으로 비하된다(박현채 · 조희연 1989b, 501).

예컨대 〈신새벽〉그룹과 〈불꽃〉그룹의 논쟁에서, 〈불꽃〉이 취한 입장 역시 마찬가지 태도를 보여준다. 불꽃은 신새벽의 입장을 '철학에 대한 무지, 유물변증법에 대한 교묘한, 그러나 철두철미한 배반' 에 기초하는 것으로 비판하면서, "기회주의라는 사상은 그 맹아적 형태일 때 박멸해야 한다는 보편적 진리를 다시금 확인"해야 한다고 주장한다(박현채 · 조희연 1989b, 574). 이 표현에서는 공격성향 이상의 어떤 의지가 느껴진다. 유물변증법에 대한 '배반' 이라는 표현은, 당시 논쟁이 얼마나 너와 나, 과학과 비과학이라는 이분법에 기초해 있는지, 그리고 자신과 다른 입장을 가진 상대방의 이론에 얼마만큼의 적의를 가지고 접근했는가를 잘 보여준다. 유물변증법은 인격화되어서 배신의 대상으로 이해되고, 경쟁관계에 있는 상대방의 사상은 박멸의 대상으로 취급된다.

셋째, 과학이라는 단어는 권위나 정전(正典)의 관념과 자연스럽게 연결된다. '나' 의 이론이 권위를 가질 수 있는 이유는 단적으로 그것이 '과학' 이기 때문이다. 유물변증법을 핵심으로 하는 방법론적 원칙에 충실하고, 한국 자본주의의 현실을 충분히 반영하거나 드러내주는 과학이기 때문에 권위를 가지며, 동시에 다른 사상과 이론에 대해 권위를 요구할 수 있다. 나/우리의 담론―과학―올바름(정치적인 올바름＋실천적으로 정확한 지침) 등으로 이어지는 논리적 연결고리는 결국에는 정치적 권위와 무게라는 생각으로 연결된다. 과학이라는 관념은 올바름이라는 또 다른 관념과 결부되면서 그에 값하는 권위를 요구하게 된다. 그리고 이런 상황이 더욱 진전되면, 나의 이론은 '과학으로서 그에 걸맞는 정치적 권위를 갖는다' 는 주장을 동어 반복적으로 때로는 폭력적으로 강변하는 상황이 벌어진다. 이 과정에서 나의 이론이 과학의 이름으로 불리기 위해서, 그리고 과학으로 가기 위해서는 무엇이 필요하고 또 어떤 방식으로 현실과 만나야 하는가 하는 문제는 사라질 가능성이 높다.

위에서 보듯이 과학이라는 개념을 사용한다는 사실은 그 자체로 분석을 요하는 현상이다. 과학 개념이 논쟁 내부에 특정한 결과물을 만들어 내고, 특정한 사고방식을 고무하기 때문이다. 사회와 인간을 투명하고 완벽하게 설명하는 이론이 있을 수 있다는 믿음, 과학을 통해서 세상을 완벽하게 이해할 수 있다는 믿음 등등이 과학이라는 이름으로 자신의 담론을 정당화하는 시기를 특징지운다. 또한 그러한 사고방식을 정당화하고 강화한다. 과학을 구멍이 숭숭 뚫린 유연한 실체가 아니라, 거대하고 치밀한 체계를 갖춘 단단한 실체로 보는 사고방식, 과학(적인 이론)과 비과학 사이의 경계를 완벽하게 단절된 선으로 이해하는 믿음, 이런 믿음들과 자본주의 논쟁의 텍스트는 서로간에 긴밀히 연결된다. 과학-비과학 개념쌍은 자본주의 논쟁의 지형에서 받아들여지고 승인되고, 그 텍스트에 영향을 준다. 지금의 시점에서 〈여명〉 그룹의 다음 언급은 당시의 열정을 잘 보여준다. "올바른 노선이란 과학적 이론으로부터 결정된다고 한다. 이론적 천착 없이 변혁에의 열망과 정열적 헌신만으로 올바른 실천이 이루어지기를 기대할 수는 결코 없을 것이다. 우리들은 필요하다면 어깨에 총을 메고서라도 『자본론』을 읽을 수 있어야 한다"(박현채 · 조희연 1989a, 446).

담론의 옳고 그름을 둘러싼 싸움은 지금도 계속되고 있다. 그러나 그 싸움은 이제 더 이상 과학-비과학이라는 이전의 개념쌍으로 불리지 않는다. 옳다 그르냐의 논쟁은 있지만, 자신의 담론이 옳다는 사실을 과학의 이름을 빌어 정당화하거나 자신의 이론이 과학의 이름에 값한다는 주장을 찾아보기는 힘들다. 인문사회과학에서 과학이라는 단어는 서서히 사라져가고 있는 용어이다. 지금의 지적인 분위기에는 '과학'이라는 이름의 사용을 어렵게 만드는 어떤 머뭇거림이 깔려 있다.


## 2) 고전과 권위


텍스트에 대한 이해와 관련해서 과학과 비과학이라는 개념쌍은 또 다른 문제로 연결된다. 위에서 설명한 대로 과학의 개념은 권위와 연결되며, 그 연결이 극한까지 진행될 때 발생하는 문제이다. 즉 특정 텍스트의 과학성이 쟁점의 수준과 논의의 진척에 따라서 검증되기보다는, 어떤 텍스트에 권위가 항구적으로 부여되는 상황에서 발생하는 문제이다. 그리고 이 텍스트들이 결국에는 일종의 권력과 결부되는 상황에서 발생하는 문제이다. 당시의 논쟁과정에서 쓰이던 고전 또는 원전이라는 단어와 개념이 직접적으로 이와 관련된다. 고전이나 원전이라는 관념 또는 통념은 당시에는 공개적으로 밝히기 힘들었던 맑스와 레닌의 저작들을 은유적으로 표현하는 단어이기도 하다. 이와 동시에 고전과 원전이라는 단어는 또 다른 차원의 은유이기도 하다. 즉 맑스와 레닌을 중심으로 한 몇몇 텍스트들이, 그에 부여되는 정치적 권위와 실천적 권위에 의해 다른 텍스트에 비해서 우월한 위치를 차지하는 상황에 대한 은유이기도 하다. 이런 상황은 당시 논쟁에서 텍스트들이 이해되는 하나의 태도, 그리고 그 텍스트들이 인용되고 언급되고 활용되는 또 하나의 방식을 말해준다.

첫째, 고전과 원전이라는 용어는, 전범 또는 지침서라는 생각과 밀접히 관련된다. PD 입장의 글은 상대방의 입장을 비판하면서, 원전의 이해 정도와 이해방식과 관련해서 당시의 논쟁상황을 "기본적인 교과서를 완전히 습득하기도 전에, 아니 전혀 가까이하지도 못한 채 참고서를 먼저 보는 꼴"이라고 비판한다(박현채 조희연 1989a, 463). 또한 고전을 절대적으로 완성된 진리로 본다는 비판에 대해서도, "지칠 정도로 고전을 원용한 것은 그것에 대해 '올바로 이해하고서' 그것에 대한 비판이든 발전이든지를 감행하라는 의도도 다분히 있었다"고 인정한다. 그리고 "고전에 대한 무지나 불이해가 그것에서부터 해방되어 그것을 비판, 극복"할 수 있다고 생각하는 이유가 되어서는 안된다고 강하게 반비판한다(박현채 · 조희연 1989b, 452).

여기서 교과서와 참고서라는 은유법은, 교과서 역할을 하는 텍스트와 이차적인 참고서를 구별해야 한다는 생각을 드러내준다. 그리고 이러한 구분법은 분석을 위해서는 반드시 '먼저' 참고해야 하는 지침이 있다는 생각을 인정할 때만 받아들여질 수 있다. 정치경제학의 갈래를 따지는 가운데 나온 다음 언급은 분석지침이 되는 텍스트에 대한 문제의식을 잘 보여준다. "비판적 정치경제학이 전제로서 설정하고 있는 '교조적' 정치경제학이 부재하는 상황에서 '교조없는 비판'이 먼저 수입되어 횡행하였다는 것은 비극이며 또한 희극이라고 할 수밖에 없다"(박현채 · 조희연 1989a, 612). 이 인용문은 교조와 비판을 구분하면서, 교조로 표현되는 정치경제학의 흐름이 실제분석에서 일종의 '전제'로 자리잡아야 한다는 생각을 드러내준다.

둘째, 권위를 지닌 텍스트가 있다는 생각은, 그 텍스트들 사이에서도 우열을 설정한다. 여러 텍스트 중에서도 가장 우선적으로 참고해야 하고 가장 우월한 지위를 차지하는 텍스트가 있다는 생각으로 자연스럽게 연결된다. 현실에서 이 관념은 몇몇 텍스트를 지칭하는 것으로 드러나고, 궁극적으로는 거의 유일무이한 위치를 점하는 텍스트가 있다는 생각으로까지 이어진다. 실제 논쟁과정에서 유일무이한 고전의 역할을 한 텍스트로, 맑스의 『자본』, 레닌의 『제국주의론』, 북한의 〈주체사상〉 등을 들 수 있다. 레닌과 그의 텍스트가 받아들여지는 태도를 예로 들어보자.

한 논자는 다른 사회구성체론을 다음과 같이 비판한다. "모두 명목상으로는 주자론을 기각하고 있으나, 실제로는 주자론의 입장으로 되돌아가고 있는 『제국주의론』에 대한 편향된 이해들(이다: 인용자)"(박현채 · 조희연 1989a, 627). 여기서 눈여겨볼 것은, 이 비판이 레닌의 『제국주의론』이라는 텍스트의 원칙을 지키느냐 아니면 이탈하느냐 여부를 그 준거점으로 삼는다는 점이다. 그리고 자신의 입론을 '레닌의 텍스트'의 권위에 기대어 정당화한다는 사실이다. '제국주의 시대에 『제국주의론』을 떠나서는 자본주의의 운동법칙도 제대로 이해할 수 없음을 깨닫게 된다'는 언급이 이런 인식의 예이다. 또한 한국 사회에서 독점자본주의 규정이 불가능하다는 식반자론의 입장도, 레닌의 『제국주의론』을 근거로 삼아 제기된다. "제국주의는 독점자본주의라는 테제가 성립한다면 역으로 독점자본주의는 제국주의라는 테제도 성립한다. 이는 독점자본주의로 이야기할 수 없음을 의미한다. 그렇다면 제국주의가 아닌 독점자본주의도 존재한다고 주장하는 종속적 국가독점자본주의론은 『제국주의론』의 기본체계를 위반했다고 이야기할 수 있다"(박현채 · 조희연 1989a, 575).

'위반'이라는 표현은, 당시 논쟁과정에서 특정 텍스트가 인용되고 이해되는 방식과 태도를 단적으로 말해준다. 『제국주의론』이라는 텍스트는 그로부터의 이탈을 위반으로 표현할 만큼 중요한 위치를 점한다. 다른 텍스트의 과학성과 올바름을 판정하는 일종의 재판관으로까지 격상된다. 『제국주의론』만으로는 한국 사회를 설명하기 어렵다는 설명에서조차도, 그 원전이 사회를 설명할 때 가장 중요하게 참고해야 하는 텍스트라는 생각은 전제된다. "물론 제국주의 시대에는 『자본론』 없이 『제국주의론』만으로 자본주의의 운동법칙이 설명될 수 있다고 주장하는 것은 아니다. 우리는 『자본론』 유일주의를 배격하는 것과 마찬가지로 『제국주의론』 유일주의도 배격한다. 『자본론』과 『제국주의론』의 '중층적 통일'의 관점에서만 제국주의 시대의 자본주의의 운동법칙이 올바르게 이해될 수 있다"(박현채 · 조희연 1989a, 638). 현실 논쟁에서 해당 원전들이 얼마나 실질적으로 또는 내용적으로 논쟁에 영향을 끼쳤는가는 별개의 문제이다. 하지만 이들 텍스트의 위치가 이처럼 아주 특별하다는 사실만은 분명하다.

셋째, 최고의 권위를 지닌 원전을 인정할 때, 그 원전은 도덕적이고 정치적인 측면에서 다른 텍스트와 비교할 수 없는 무게를 갖게 된다. 권위를 지닌 지침서 또는 일종의 교과서는 논쟁과정에서 자연스럽게 최종재판관의 역할을 떠맡는다. 자신들의 입론이 갖는 정당성은 '최종적'으로는 고전과 원전에서 찾아진다. 역으로 상대방 이론의 오류 역시 최종적으로는 고전과 원전에서 그 근거를 발견할 수 있다고 생각한다. 계급이라는 범주에 대한 이해를 둘러싼 〈혁명의 불꽃〉 그룹과 〈신새벽〉 그룹의 공방을 예로 들 수 있다. 앞의 그룹은 뒤의 그룹이 만든 「정세인식의 과학적 방법론」이라는 문건을 비판하면서, 자신들 주장의 논거로 레닌을 제시하고 있다. "우리는 객관적으로 존재하고 있는 '계급'을 선배혁명가가 어떻게 그것을 올바르게 인식하여 개념화해 놓았는지 확인하는 데서부터 출발해야만이, 이들 〈신새벽〉의 근본적 오류, 유물변증법으로부터의 완전한 이탈을 낙인찍을 수" 있다는 언급이 바로 그것이다(박현채 · 조희연 1989b, 576). 이어 이 문건은 레닌의 언급을 실제로 인용하면서, '레닌의 언급' 이 "우리의 분석이 정당함을 최종적으로 확신시켜 주었" 다고 지적한다(박현채 · 조희연 1989b, 582).

레닌이라는 한 인물과 그가 만든 이론에 대한 이러한 설명은, 텍스트를 이해하는 주목할만한 태도를 드러내준다. 그리고 그 태도는 중요한 결과를 남긴다. 특정 텍스트가 우월한 위치로 승격될 때, 상대방과 내 주장의 정당성 여부는 서로 간의 텍스트나 논증 수준에서 직접 판별되지 않는다. 제3자, 즉 원전에 '비추어서' 진위 여부가 판별되고, 원전을 '통해서' 그리고 원전의 권위에 '기대서' 정당성 여부가 결정된다. 고전과 원전은 해당 텍스트의 진술을 판정하는 판정관과 심판관 역할을 하게 된다. 이러한 인정은 때로는 고전과 원전이라는 이름의 특정 텍스트에 대한 '과도한' 의미 부여로까지 이어진다. '혁명의 선배' 이자 "철저하고 완전무비한 프롤레타리아트의 혁명가인 레닌이 특정정세의 특징을 몇 가지로 간추린다면, 그러한 특징은 단순한 현상을 열거한 것이 아니라 유물변증법의 핵심적이고 근간적인 사상에서 파악된 것" (이다: 인용자)(박현채 · 조희연 1989b, 582). 혁명가 레닌에 대한 이 찬사는, 레닌의 구체적인 방법론이나 이론이 아니라 레닌이라는 한 자연인의 언급이 '그 자체로' 의미를 지닐 수도 있다는 생각을 은연중에 드러낸다.

이런 태도는 매우 특징적인 것이다. 담론이나 주장의 정당성 여부를 판정하는 '원전' 이 있으며, 더군다나 원전을 읽는 단 하나의 독해방식만이 있을 뿐이라는 태도이기 때문이다. 이는 역으로 말하자면 원전이라는 텍스트 역시 다른 텍스트와 마찬가지로 '해석 과정' 을 통해서 의미를 획득한다는 상식과는 근본적으로 다른 태도이다. 맑스와 레닌의 고전 역시 서로 다른 해석이 가능한 여러 텍스트 중의 하나일 뿐이다. 의미가 이미 확정되어 있는 초월적인 지위의 텍스트가 아니라, 여러 해석들이 부딪힐 수 있는 '빈 공간' 을 제공하는 일종의 저수지일 뿐이다. 특정 텍스트에 대한 특정한 해석이 의미를 지니게 되는 근거는, 누가 쓴 어떤 원전이라는 사실에서 주어지지 않는다. 대신 해석과 의미는 저자와 텍스트를 해석하는 과정에서 독자 자신의 것을 포함해서 여러 해석들과 '부딪히면서 만들어지는' 것이다. 하지만 당시 논쟁 상황은, 특정 텍스트와 그 저자의 이름을 자신들의 입지를 강화하기 위해서 '정치적'으로 활용하는 전투에 가까웠다.

한 가지 지적할 사실은 특정 원전에 대한 과도한 집착에 대한 지적이 당시에도 제기되었다는 사실이다. 한 예로 당시 NL은, 많은 부분을 러시아의 경험에 의존하는 CA에 대해서 '운동이론의 정합성을 위해 현실을 파는' 행위에 불과하다고 보고, '러시아 혁명 노선의 정확성을 입증시키기 위해 한국혁명을 희생시키는' 시도라고 격렬하게 비판한다. 즉 이들은 CA의 논리가 기존 혁명사의 정통에 기반한 '이론'을 얻으면서, 역으로 한국의 고유한 '현실'을 버리는 이론틀에 불과하다고 본(박현채·조희연 1989b, 476) 것이다. 이들이 보기에 이런 오류의 뿌리에는 "원전과 교조를 현실에 기계적＋무조건적으로 적용하려 했다는 점에서 교조주의"이고, "레닌의 권위를 빌어 행세하려 했다는 점에서 권위주의"인 CA의 이론틀이 자리잡고 있다(박현채·조희연 1989b, 477). 이와 관련해서 NL의 입장에 선 한 논문은 교조주의의 문제를 제기하면서, 논쟁사·운동사의 정통에 기대고 있는 상대방의 맹목적 태도를 명시적으로 비판한다. "교조주의의 극복이란 아무리 위대한 사상이론 체계라 할지라도 그것을 문자 그대로 적용하려는 맹목적 태도를 지양하고 현실의 실정, 실천의 요구에 입각하여 기성이론을 대하고 모자란 것은 창조적으로 세워나가려는 것을 말한다"(박현채·조희연 1989b, 483).

이는 물론 논쟁과정에서 이론적 정통의 권위를 인정받지 못했던 NL측이 제기한 것이기는 하지만, '지금'의 시점에서 보면 미묘한 느낌을 던져준다. NL이 중요한 논쟁상대자인 CA를 비판하는 맥락은, 원전과 교조를 중심으로 논쟁의 정당성을 확보하려는 태도에 대한 문제 제기를 일부 담고 있다. 그러나 이런 작은 문제 제기는 더 뻗어나가지 못한다. 이런 점에서 특정 저자와 텍스트의 부당한 권위를 비판하고, 교조주의를 비판하는 NL 자신이 그런 경향에서 전혀 자유롭지 못했다는 사실은 문제의 심각성을 말해준다.

## 3) 이론의 자기폐쇄성

위에서 설명한 텍스트에 대한 이해방식은 논쟁 내용과 경로에 영향을 미친다. 과학이나 원전이라는 이름으로 텍스트를 대하는 태도는, 자신이 쓰거나 지지하는 텍스트와 입론은 물론이고 자신이 일종의 '논적(論敵)'으로 생각하고 비판하는 그것에 대해서 어떤 '내적인' 태도를 취하도록 만든다. 자신과 타인의 담론에 대해서 완고한 태도를 취하도록 함으로써, 결과적으로는 새롭거나 이질적인 요인을 내부에 받아들이거나, 타자의 담론이나 문제설정과의 만남을 통해서 자신을 스스로 바꾸어낼 계기를 잃게 만든다.

첫째, 자본주의 논쟁을 살펴보면, 많은 입론들이 타자와의 관련 속에서 자신의 입론을 구성하고 정당성을 찾는다는 사실을 알 수 있다. 논쟁 관련 텍스트의 많은 부분은 대립적인 관계에 있는 상대방 텍스트의 오류를 지적하고 비판하는 내용으로 채워진다. 이러한 특징은 당시 논쟁이 상대방, 특히 대립적인 정파들 사이에서 진행되었다는 점, 그리고 현실 운동과의 관련 속에서 진행되었다는 점을 감안하더라도 매우 이례적이고 주목할 만한 것이다. 자신들의 정당성을, 다른 입론이 어떤 점에서 오류인가를 밝힘으로써 입증하려는 시도로 연결될 가능성이 높기 때문이다.

이러한 태도는 때로는 상대방에 대한 강한 공격성과 짝을 이룬다. 예를 들어 「프롤레타리아 이데올로기와 소부르주아 이데올로기」라는 제목의 논문은, 당시 논의들이 상대방의 입론에 대해서 얼마나 공격적인 태도를 취하고 있는가를 잘 보여준다. 이 논문은 "프롤레타리아 사회주의의 완전한 지배는……일체의 후진적인 학설과의……장기간에 걸친 투쟁을 하는 가운데 비로소 확립"되었다는 레닌의 글을 인용하면서, "주체사상과의 투쟁이 '이데올로기 투쟁의 중요한 대상'이며, 맑스주의는 이들과 '간단없는 투쟁'을 해야 한다"고 밝힌다. 그리고 "둘 사이에 '항상적인 분리'의 선을 그어야 한다"고도 말한다(박현채 · 조희연 1989b, 488~489). 이때 상대방의 입론인 주체사상은 '토론 대상이나 검토 대상이 아닌 공격 대상'으로 설정된다. 그것도 일반적인 의미의 적이 아니라 항상 선을 그어야 하고 끊임없이 싸워야 하는 대상, 다시 말해서 상대방의 이론적 생명을 죽여야만 자신이 살 수 있는 그런 적으로 인식된다. 상대방의 논의를 공격대상으로만 설정하려는 경향은, 그 대가로 일종의 '그늘'을 갖는다. 즉 자신의 입론에 대한 특정한 태도를 전제로 성립하고, 또 그러한 태도를 부추기게 된다. 그 태도란 자신의 입론을 외부의 적으로부터 '방어'해야 하고 정당성을 '주장'해야만 하는 어떤 것으로 이해하려는 태도를 말한다. 그리고 이런 태도는 더 나아가면 자신의 이론을 오류나 결점없는 완벽한 통일체로 평가하는 단계로까지 발전한다.

둘째, 논쟁 참가자나 조직 모두가 자신과 상대방의 입론에 대해서 위에서 설명한 태도를 취할 때, 그 결과는 분명하다. 즉 일종의 원환(圓環)에 갇혀 서로의 정당성을 반복적으로 주장하는 두 입론이 폐쇄적으로 충돌하는 논쟁 상황이 나타나게 된다. 입론은 열린 상태에서 스스로의 명분에 의해서 형성되거나 구성되지 않는다. 대신 자신을 폐쇄적인 경계에 스스로 가두면서 방어적이거나 공격적인 방식으로만 정당성을 주장하는 가운데 만들어진다. 논의와 논쟁이 항상 이상적인 상태에서 이루어져야 한다는 것은 아니다. 다만 자신의 이론적 정당성에 맹목적으로 집착한 나머지 내부의 공백이나 불충분함을 사고하지 못하고, 그런 여지를 통해서 자기변화할 가능성을 스스로 봉쇄해버리는 상황을 말하는 것이다. 그리고 자신의 정당성을 입증하기 '위해서만' 상대방의 입론을 동원함으로써, 대립되는 입론들이 폐쇄적인 상태에서 맹목적으로 충돌하고 마는 상황을 지적하는 것이다. 이 경우 논쟁은 저마다의 정당성을 주장하는 폐쇄적인 입론들이 아무런 상호소통이나 교류의 여지없이 충돌한 채 끝나는 모양으로 진행될 수밖에 없다.

논쟁과정에서 각 입론들이 보여주는 폐쇄성의 예로, 1990년대 들어서 논의대상으로 등장한 '아(亞)제국주의 현상'을 '처리'하는 방식을 살펴볼 필요가 있다. 각각의 입론들이 당시로서는 대단히 새로운 현실을 수용하는 방식은, 이 현상이 이론과 입론에 미친 영향과 입장 변화를 살펴볼 기회를 제공한다. 아제국주의 현상이 이론 내부에 어떻게 반영되는가를 살펴보면, 대부분의 입론들이 두 가지 방식 중 하나의 입장에 서 있음을 알 수 있다. 본질이 바뀌지 않았다는 이유에서 이론의 골격을 수정하지 않은 일종의 본질불변론이 그 하나라면, 다른 하나는 새로운 현실이 기존의 체계에 파산선고를 내렸다고 판단하고 기존 이론의 완전한 변형과 수정을 주장하는 일종의 전면 폐기론이다.

첫 번째 입장에 서 있는 PD의 일부 분파는, 당시의 입론들이 자신의 입론과 배치되는 듯이 보이는 현상을 이론 안에 어떻게 포섭하는가를 잘 보여준다. 이들은 아제국주의라는 새로운 현실을 '현실'로는 인정하면서도, 그 의미를 자신들의 이론틀 내부에서 '해소'해 버린다. 즉 새로운 현실을 종속적 제국주의로의 전화로 범주화하려는 견해에 대해서, "종속적 제국주의는 현실이 아니며 적어도 아직은 단순한 추상적 가능성일 뿐"이라고 평가절하한다(박현채·조희연 1989a, 603). 그리고 '86년 이후 새로이 출현한 국제수지 흑자와 외채감축이라는 현상의 의미 해석에 한정되어' 이를 확대해석해서는 안 되고, 이는 단지 '가설' 상태로만 이해해야 한다고 본다. 더 나아가서는 새로운 현실이 신식국독자라는 자신들의 입론에 미치는 영향은 크지 않음을 분명하게 이야기한다. 당시 나타났던 '자립화'는 진정한 자립화가 아니라 '신식국독자의 축적메커니즘의 전화'일 뿐이며, 그 내용 역시 "그 전제로서의 '개방화' 즉 초국민적 금융자본에 대한 새로운 형태의 종속"이라고 본다. 국가권력의 '개량화' 역시 축적메커니즘의 변화에 조응하는 '파시즘적 통치형태의 전화', 다시 말해서 "국가장치의 전화 없는 '유화' 내지 자유 부르조아지와의 타협, 즉 그 군사적/관료적 외피의 탈각"에 불과할 뿐이라고 이해한다. 이들은 전체적으로 볼 때 사회구성체를 이루는 상부구조와 하부구조의 성격이 그리 변하지 않았다는 결론을 내리고 있다.

이는 결국 이들이 당시의 변화를 진정한 의미에서 '새로운' 것으로 이해하지 않았음을 뜻한다. "변혁의 성격이 의연히 반제＋반독점(＋반봉건)임을 논증하는 것"이 중요하다는 이들의 결론이 이러한 인식을 단적으로 보여준다(박현채·조희연 1989a, 624). 이들은 현실 변화가 자신들의 입론의 핵심이 오류임을 판명해주지 못한다는 것, 다시 말해서 현실 변화에도 불구하고 자신들이 보는 핵심적인 법칙은 의연히 관철되고 있으며, 따라서 입론의 핵심은 여전히 유효하기 때문에 어떤 비판 속에서도 지켜내야 한다고 주장하고 있다. "올바른 입장이 실증에서의 올바른 입장을 담보"(박현채·조희연 1989a, 623), 변혁의 근본 성격에 대한 입장이 "구조분석이든 정세분석이든 모든 실증의 지침이 되어야 하는 것은 재론의 여지가 없다"(박현채·조희연 1989a, 625) 등의 언급이 이런 문제의식을 대변해준다. 이런 시각을 견지할 경우, "최근 논란의 대상이 되고 있는 한국 자본주의의 자립화+개량화 전망의 경우도 '독점 강화/종속 심화'를 토대"로 이해해야 한다는 주장은 너무나도 당연한 것으로 받아들여진다.

여기서 완고한 태도를 발견하게 된다. '내' 입론의 핵심을 지키려는 생각, 그리고 논쟁 상대방의 입론을 완전히 없애야 한다고 보는 발상 등은 현실을 포함한 외부로부터 제기된 문제를 수용하지 못하는 폐쇄적인 태도로 연결된다. 이 경우 새로운 '현실'은 이론 내부에서 그 자체의 고유한 지위를 차지하지 못한다. 새로운 현실은 '새로움'을 인정받지 못하고, 기존의 논의구도나 논쟁구조와 이론 속에 '재통합'된다. 그리고 새로운 현실이 해석과정에서 기존의 이론체계와 충돌하지 않도록 걸러지고, 기존 논의에 재통합되고 만다. 개별과 구체와 현실은, 기존의 도식에서 재해석되어 그 새로움을 인정받지 못하게 된다.

물론 폐쇄성과 대비되는 개방성으로 이해될 수 있는 부분이 없었던 것은 아니다. 이와 관련해서 새로운 현실에 맞추어 이론적인 자기 변신을 시도했던 몇 개의 변신 지점을 확인할 수 있다. 예를 들어 식반론은 그 이후의 비판과 상황 변화에 따라 식반자론이라는 새로운 규정을 제기한 적이 있다. CA의 NDR론 역시 식반론의 등장과 맞물리면서 신식민지주의론을 일정부분 소화하면서 신식국독자론(NLPDR)으로 변신한 바 있다. 「한국 사회의 성격과 노동자계급의 임무」를 자기비판하는 CA 다수파는 이론적으로 자기수정하는 모습을 보여준다. 이들은 기존 견해가 "당면 변혁이 부르조아적 제관계를 약화시키기는커녕, 오히려 강화시키기조차 한다고 규정한 것"에 오류가 있으며, "러시아 혁명의 경험을 한국 사회에 도식적으로 적용"했다고 자기비판하고 있다(박현채·조희연 1989a, 437).

그러나 이는 일종의 예외이거나 집단적인 변신에 가깝다. 이론의 경계에 대한 인식이 바뀜에 따라 내부에서 점차적으로 변화한 것이 아니라 갑작스런 변신이나 입장 변화에 가깝다. 자신의 입론을 어떤 방식으로 '변화시키고 심화' 시킬 것인가를 고민하는 과정에서, 어떤 이론적 여백이나 공백이 '실제로' 만들어지는 상황과는 거리가 멀기 때문이다. 이런 상황에서 정치적 결단을 통한 정파적 입장 변화가 아닌 이론의 실질적인 자기 전화는 이루어지기 어렵다. 자신들의 이론이 완결된 형태나 체계가 아니라 미완성이라는 문제의식, 새로운 문제제기와 문제설정과 대면하면서 자신의 근본 가정도 바꿀 수 있다는 문제의식, 이런 문제의식이 체화되지 않을 때 새로운 현실은 그에 걸맞는 자리를 차지할 수 없다.

물론 이런 논쟁상황을 완전히 매도할 수는 없다. 이에 대한 현실론적 이해도 있을 수 있다. 당시 논쟁이 진행되는 상황이 입론들을 폐쇄적으로 만들어갔다고 보는 상황 논리가 바로 그것이다. 그 중에서도 가장 중요한 변수는 아마도 현실적인 정파 또는 이론적인 정파라는 변수일 것이다. 실제로 한국 자본주의 논쟁이 진행되던 시기는, 텍스트 수준뿐만 아니라 현실 차원에서도 치열하게 논쟁이 전개되던 때이다. 따라서 당시의 많은 논의들은 그것이 현실적이든 이론적이든 간에 정파 간의 대립구도 속에서 쓰여졌고, 상대방과 논쟁하는 과정에서 우리의 입장을 옹호하고 상대방의 입장을 공격하는 맥락에서 쓰여지고 제출되었다. 이런 측면에서 당시 논쟁지형에 의견 교환을 통한 논점의 수정이라는 원칙을 단순하게 들이미는 것은 잘못된 것일 수 있다. 이상적인 논쟁 원리가 관철되지 못했다고 비난하는 것은, 순진하거나 현실에서 무기력한 원리를 규범적으로 들이미는 것일 수도 있다. 좀더 근본적으로 논쟁이라는 것이 대화라기보다는 독백에 가깝다는 사실에서도 현실론의 근거가 주어질 수 있다. 대부분의 논쟁은 자신의 정당성을 입증하고 상대방의 오류를 밝히는 것 이상이기는 힘들다. 이런 현실을 감안한다면 한국 자본주의 논쟁과정에서 드러나는 이론의 자기폐쇄성은, 논의 자체의 한계가 아니라 모든 논쟁과 이론이 피해가기 힘든 특징일 수도 있다.

그러나 당시의 폐쇄성을 단순한 상황논리로 설명하는 것은 불충분하다. 당시의 폐쇄성은 상황논리에 의해서 모두 다 정당화될 수 없다. 사실 한국 자본주의 논쟁에서 보여지는 입론의 자기완결성 또는 자기폐쇄성은 유례없이 '완고한' 형태를 띤다. 폐쇄성의 성격과 결과를 정확히 검토하기 위해서는, 그 불가피성과 함께 과도함을 낳았던 이론적 전제들을 꼼꼼히 따져보는 것이 필요할 것이다.


## 4. 독점과 종속: '새로운' 쟁점


자본주의 논쟁은 여러 입장을 가진 논자들이 참가한 거대한 논쟁이다. 어찌 보면 1980년대 후반부터 1991년 사회주의 붕괴가 본격화되는 시기 직후까지 쓰여진 텍스트들은 그 영향권 아래 놓여 있다. 많은 정파와 조직 그리고 논자들이 상당한 시기에 걸쳐서 참가한 논쟁이기 때문에 그 내부에는 열거하기도 힘든 많은 논점들이 있다. 그리고 같은 정파나 조직의 입장이라 할지라도 시기와 정세에 따라 미묘하게 변화된 부분들이 있다. 이런 많은 논점들을 하나의 짧은 글에 다 담는 것은 불가능하다. 이를 위해서는 아마도 큰 규모의 조사-연구작업이 필요할 것이다. 따라서 이 글은 두 개의 논점을 살펴보는 데 그치고 만다. 이외에도 이 글은 당시의 논쟁을 10여 년의 시차를 두고, 사후적으로 쓰여진 글이라는 점에서 불충분함을 안고 있다. 크게 두 측면에서 그러하다. 한편으로는 당시의 생생한 정세와 문제의식과 논점을 놓치고 갈 위험을 안고 있다. 다른 한편으로는 소위 '평론가' 적인 재평가에 빠질 수 있다는 위험도 부정하기 힘들다. 당시의 글들을 상대 정파와의 정치적 관계나 정파의 이론적 분석과의 긴밀한 상관 관계를 충분히 고려하지 않고 이해하는 것은 불가능하다.

이런 문제점에도 불구하고, 이 글은 두 개의 질문을 던진 셈이다. 즉 하나는 현실을 분석하기 위해서 동원한 방법론과 그 이론적인 결과물이고, 다른 하나는 특정 담론이나 텍스트가 과학-원전의 이름을 부여받고 최종적으로는 이론적이고 실천적인 올바름을 체현하고 있다는 의미에서 권위를 얻게 되는 상황과 그 이론적인 결과물에 대한 질문이다. 이러한 질문을 통해서 나는 당시 논의들이 어떤 전제를 공유하고 있는가를 조금이나마 살펴보려 했다. 당시의 논쟁을 다시 보다가 느껴지는 '어떤 느낌'이 전달될 때, 그리고 그 느낌이 지금의 시점에서도 '어떤 문제를 건드리고 있음'을 직감하는 부분이 있을 때, 그것이 무엇을 의미하는가에 대한 연구는 좀더 진행될 필요가 있다.

이 글은 논쟁 당자사가 쓴 글도 아니고 당시 각각의 글이 쓰여지는 맥락과 정치정세를 충분히 고려한 글도 아니다. 하지만 지금의 시점에서 정치적 맥락과 각각의 글들이 갖는 의미라는 것도 '재독해되고 재구성'될 수 있는 대상이라는 사실을 받아들일 필요도 있다. 그럴 때만 자본주의 논쟁을 다루는 텍스트들이 기초하고 있는 전제와 가치들이 좀더 분명히 드러날 수 있다. 원래의 텍스트들이 잠겨있는 맥락과 정세에 매몰될 경우, 자본주의 논쟁은 우리에게 별다른 고민도 새로운 의미도 주지 못하는 죽은 논쟁이 될 것이다.

맥락에 대한 새로운 해석은 독점과 종속이라는 자본주의 논쟁의 가장 중요한 두 화두에도 그대로 해당된다. 독점과 종속의 문제는 지금 이곳에서 새로운 모습으로 영향력을 미치고 있고, 이 문제에 대한 해명은 오히려 더욱 절실히 필요하기조차 하다. 예를 들어 1997년 말 IMF 구제 금융 당시 워싱턴을 중심으로 한 국제자본이 한국에 제기했던 구체적인 요구와 그 사회-경제적 결과물, GM 자본의 대우자동차 인수 과정에서 초국적 자본이나 금융자본이 수행했던 새로운 역할과 그 결과물 등은 종속과 독점이라는 변수가 현실에서 새롭게 변신하는 형태들을 탐구할 필요성을 제기한다고 할 것이다.

# | 참고문헌 |

김진업 편. 2001. 『한국자본주의 발전모델의 형성과 해체』. 나눔의 집.

대동 편집부. 1988. 『민족과 경제』. 대동.

박현채 · 조희연 편. 1989a. 『한국사회구성체논쟁 I』. 죽산.

박현채 · 조희연 편. 1989b. 『한국사회구성체논쟁 II』, 죽산.

박현채 · 조희연 편. 1992. 『한국사회구성체논쟁 V』, 죽산.

양원태. 1991. "한국 자본주의 연구의 이론적―실증적 쟁점". 『현실과 과학 9』. 샛길.

이진경. 1988. "사회과학에 있어서 당파성의 문제―도덕주의와 유물론". 『현실과 과학 1』. 새길.

이진경 · 임지혁 외. 1988. 『한국사회성격 연구 1: 민족자본가 논쟁』. 벼리.

인천지역민주노동자연맹. 1988. 『노동자의 길』. 제32호/제33호.

장상환 · 윤소영 · 박형준. 1988. "좌담: 한국 사회 민주변혁의 성격―반제반독점인가 반제반봉건인
가". 『현실과 과학 1』. 새길.

제 5 장

# '현실사회주의'의 붕괴와 1980년대 한국 지식사회의 반응
### —하나의 인식론적 검토

김창진

## 1. 서론 : 1980년대, 잊혀진 시대?

1990년대의 쓸쓸한 거리에서 한 음유시인은 이렇게 노래했다.

어디에도 붉은 꽃을 심지 마라
거리에도, 산비탈에도, 너희 집 마당가에도

…………

아, 우리들의 오월은 아직 끝나지 않았고
그날 장군들의 금빛 훈장은 하나도 회수되지 않았네
어디에도 붉은 꽃을 심지 마라
소년들의 무덤 앞에 그 훈장을 묻기 전까지, 오…

잊지마라, 잊지마, 꽃잎 같은 주검과 훈장
누이들의 무덤 앞에 그 훈장을 묻기 전까지[1]

---

1) 정태춘의 노래 〈5·18〉에서.

모든 당대(當代)는 치열하다. 1871년의 빠리꼼뮨이나 1917년 뻬쩨르부르그의 동궁(冬宮)만 그러했던 것은 아니다. 세계의 도처에서 동시대인들이 통과했던 역정(歷程)의 한복판에 불타올랐던 사건들이 있었고 스러졌던 사람들의 좌절이 남았다. 살아남은 사람들은 부끄러워하지만, 이내 그것들은 잊혀진다. 역사는 투쟁인 것만큼이나 망각이다. 그렇지 않다면 역사를 다시 쓸 필요가 있겠는가?

고작 반여 세기 한국현대사도 그러한 기록의 연속으로 읽혀진다. 이 나라의 정치, 경제체제를 만들고 바꿨던, 그래서 이 땅의 삶의 조건을 규정했던 수많은 사건들의 목록에서 우리는 1980년 5월을 금방 지목할 수 있다. 그것은 우리의 당대와 마찬가지다. 그 사건의 와중에 휩쓸렸던 수많은 사람들이 아직 살아 있다. 당사자들의 전선에서 깊은 분노와 적대가 사라진 것은 아니다. 그러나 '사회적으로' 그 사건은 잊혀졌다. '잊혀졌다'는 표현이 과장이라면 최소한 '잊혀지고 있는 중'이라고 할 수 있다. 각종 기념일들의 전시장인 달력에서 5월 18일 밑에 '광주민주화운동 기념일'이라는 명칭이 붙어있는 것, 그리고 때가 되면 정치인들과 대학생들이 불현듯 '성역'이 된 '5.18 국립묘역'에 몰려가서 '추모'하는 것은 오히려 그 명백한 증거들이다. '광주민주화운동보상법'과 더불어 그것은 일차적으로는 투쟁의 정당성을 정치적으로 승인받은 성과이기도 하지만, 동시에 그것들은 이제 '광주'가 더 이상 사회적인 투쟁의 장이 아니라 하나의 역사적 장소라는 것을 상징하는 장식물들이기도 하다.

1980년 5월의 내적 충격이 현대 한국 사회의 기반과 구조에 대한 전면적 성찰을 요구하고 그에 따른 실천적·이론적 투쟁을 불러왔다면, 1989년 베를린 장벽의 붕괴에 뒤이은 1991년 모스크바에서 벌어진 사건은 한국 사회의 각 분야에서 10년 간 진행된 사회적 투쟁들의 목적과 역사적 의미를 되묻는 근본적인 외적 충격이었다. '반(反)군부독재 민주화'를 넘는 '그 무엇'이 사상과 사회체제의 형태로 우리가 현세에 가 닿을 수 있는 피안(彼岸)에 존재하리라는 희망이 돌연 상실되었다. 공장과 농촌과 달동네와 다락방에서, 거리에서 깃발과 구호와 이론의 행간에 숨어있던, 또는 그 전제를 구성했던 상상과 주장들은 '현실'의 이름으로 배신당했다. 1991년 12월 25일, 한 시대의 영웅으로 보였던 미하일 고르바초프 소련 대통령이 역사의 무대에서 퇴장하는 무력한 텔레비전 연설을 모스크바에서 바라보면서, 필자는 세계사적 전환의 충격을 온몸으로 겪었다. 한국의 80년대 세대는 그 자신들이 기존 체제에 대한 투쟁의 와중에서 세계사의 한 장면을 구성하는 줄 미처 의식하지 못하고 있었다고 할지라도, 베를린과 모스크바로부터 자신들에게 돌아온 마른하늘에 천둥 같은 응답을 통해 그것을 사후적으로 절실하게 깨닫게 되었다. 20세기 변방의 역사는 그렇게 심리적으로 중심의 역사와 결부되었다.

서울에서와 마찬가지로 모스크바에서도 '소비에트 사회주의'는 옛날 이야기가 되고 있다. 모스크바 거리의 휘황한 자본주의 광고판들이 그 옛날 이야기를 꿈처럼 떠올리게 한다면, 매년 11월 7일 혁명기념일에 10월 광장에 모여 붉은 깃발을 들고 '스탈린'과 '노동'을 목청 높여 외치는 공산주의자─연금생활자들은 러시아 사회주의가 지나간 에피소드임을 다시금 확인해주는 가장행렬처럼 보인다. '자유'와 '개혁'을 자기정당성의 깃발로 내걸었던 1990년대 '민주주의 시대'에, 국가두마(의회)에서 제1당의 지위를 구가한 러시아 공산당[2]은 오늘 승리자의 상징이 아니라 구체제가 남긴 정치적 잔존물에 불과하다. 그들의 좌파적 구호는 현존체제의 변혁을 요구하는 전진의 깃발이라기보다, 현 체제에 대한 불만을 체제 내에서 잠재우려는 지배블록의 기대에 적절히 부응하는 안일한 국가온정주의의 요구일 따름이다.[3]

개별적으로 보면 아무런 인과적 고리도 찾을 수 없는 광주와 모스크바의 두 사건은 1980년대를 살았던, '진보진영'의 자장(磁場)에 조금이라도 이끌렸던 사람들에게 깊은 외상(外傷, trauma)을 남겼다. 우리는 여기에서 그 외

---

2) 2003년 12월 7일에 실시된 러시아 총선의 결과로 공산당은 더 이상 제1당의 자리를 지킬 수 없게 되었다. 새로이 제1당이 된 '통합러시아' 당의 지지율이 37%를 넘은 반면, 그 뒤를 이은 공산당은 기껏 12%대에 머물렀다.

3) 이에 대해서는 김창진(1996) 참조.

상을 가져 온 충격과 남겨진 흔적들을 회고해 보려고 한다. 두 사건을 다루는 방식은 사건들 자체에 대한 묘사와 분석이 아니라 그 사건들을 둘러싼 담론들의 구성 양상에 대한 평가[4]와 그 인식론적 배경에 대한 검토이다. 여기에서 특히 우리가 관심을 갖는 문제는 1980년대에 흔히 '변혁주체' 라고 불린, '이성적 인간' 또는 '인간 이성' 의 문제이다. '현실사회주의' 체제 하에서 그것은 '사회주의적 인간형' 의 형성 문제로 대두된 바 있다.

## 2. 페레스트로이카: '현실사회주의' 의 자기 변론

1985년 4월, 위기에 처한 '현실사회주의' 체제를 새로이 이끌게 된 미하일 고르바초프 소련공산당 서기장은 '페레스트로이카' 라고 불린 체제갱신 정책을 시작했다. 애초 기존 경제관리 체제가 노정한 비효율성을 기술적으로 개선하고자 하는 것을 목표로 했던 그 정책은 시간이 지나면서 점차 70년에 걸친 소련사회 자체의 누적된 모순의 표출과 대면해야 했다. 정치지도부와 상층관료들이 입안한 정책이 구체적인 시행단계에 들어가면서 '경제관리' 는 그 자체로서 다른 분야들과는 분리되어 존재하는 독립된 영역이 아니라는 사실이 분명해졌고, 사회 각 분야의 적폐를 일소해야 한다는 인민들의 요구는 더욱 거세어졌다.

1987년 10월 주로 서방세계를 향해 자신이 추진하는 야심적인 사회주의 개편 정책의 정당성과 진지함을 홍보하기 위해 펴낸『페레스트로이카』라는 책에서 고르바초프는 "한마디로 페레스트로이카란 혁명이라고 말할 수 있다"고 썼다(고르바초프 1988, 68). 1991년 12월 '세계 최초의 사회주의체제' 소련의 붕괴라는 형태로 우리가 목격하게 된 그 정책의 종말과 정치적 결과

---

4) 특정한 담론이란 일정한 사회세력들 사이에서 자신들의 이념적, 정치적 목적을 달성하기 위해 상대방을 자신의 논리에 종속시키려는 투쟁이라고 말할 수 있다면, "사실상 모든 담론은 그 자체가 일종의 투쟁의 형식을 갖" 게 된다(이종영 2003, 20).

는, 그의 의도와 상관없이 분명 '혁명적'인 것이 되고 말았지만, 그가 처음부터 '혁명의 청사진'을 가지고 있었던 것은 아니었다. 물론 그는 페레스트로이카라는 새 전략의 채택은, "야심에 찬 개인이나 지도자 집단이 일시적으로 구상한 것이 아니"며, '가속적인 사회, 경제적 발전'이라는 개념이 제출된 1985년 4월 당중앙위원회 총회 훨씬 이전부터 "심사숙고한 끝에……적절한 판단 과정을 거쳐서 나오게 되었다"(고르바초프 1988, 38~39)는 점을 강조하고 있고, 우리는 거기에 동의할 수 있다. 무릇 어떤 나라의 진지한 개혁정책도 하루아침에 느닷없이 결정되는 것은 아니기 때문이다. 그럼에도 불구하고 1980년대 중반~90년대 초반 시기 소련 내에서 전개된 일련의 정치·경제적, 사회적 격변은 기존 소련 지도부의 '구상'이나 '계획'의 차원을 훨씬 뛰어 넘는 방향으로 전개되었다는 사실은 명백하다.

그렇다면 무엇이 그러한 '혁명적 사태'를 초래했으며, 고르바초프와 그 상층 지지자들은 왜 그러한 예기치 못한 사태를 초래한 정책을 시작하게 되었는가? '소비에트 사회주의'에 대한 냉전 시기 이데올로기적 비난과는 달리, 우리는 그 체제 최고지도자의 입을 통해 그들이 처했던 사정을 알아볼 수 있다. 그의 책에 실린 내용이, 비록 자기 정책의 정당성을 대외적으로 선전하려는 목적에 봉사하기 위해 어느 정도의 과장이나 수사적 어법이 불가피하게 동원되었을지라도, 전적으로 신뢰하기 어려운 것이 아님은 많은 학자들의 다양한 연구들에서 이미 확인된 바 있다.

먼저 「왜 페레스트로이카를 시작하게 되었는가?」라는 절에서 고르바초프는 소련의 '경제관리 형태'의 문제점을 '엄격한 중앙집권화'로 인한 '민주적 기초의 위축'으로 파악하고, 그것이 '소련의 발전과정에서 그 특수한 역사적 상황, 극단적인 조건', 즉 두 차례의 세계대전과 자본주의 진영의 포위, 그리고 압축적 성장과 전후 복구 노력 탓에 불가피했던 것으로 인정한다. 그러면서도 모든 문제의 원인을 전적으로 '객관적인 조건'의 탓으로만 돌릴 수는 없고 "거기에는 잘못된 전제들과 주관적인 결정들이 있었다"(고르바초프 1988, 64)고 지적한다. 그러한 조건에서 결국,

노동대중의 자주관리라는 레닌의 개념 같은 것은 발붙일 여지가 거의 없었다.
공공재산은 점차 그 진정한 소유자인 노동자로부터 차단되어 버렸다.……전체
인민의 재산으로부터 인민 개개인이 소외되고 노동자의 공적 이해관계와 사적
이해관계 사이의 통합이 결핍되어가는 징후들이 점증하기 시작하였다.……그
누구도 역사적 상황, 즉 사회주의에 참여한 교육받고 재능있는 인민들이 사회주
의 속에 고유한 잠재력과 국가운영에 실제적으로 참여할 권리를 충분히 발휘하
지 못하는 상황이 나타났다.……물론 노동자, 농민, 지식인들이 항상 모든 권위
체계와 관리체계를 대표하고 있었지만, 그들이 건전한 사회의 건강한 발전에 요
구되는 정도까지 의사결정 과정에 늘 참여할 수 있었던 것은 아니었다.……사회
주의라는 것이 되도록 많은 인민들을 정치활동에 참여시킨다는 바로 그 이유 때
문에 좀더 강고해지는 것임에도 불구하고 인민들이 정치활동에 참여할 여지가
없었던 것이다(고르바초프 1988, 65).

'공적 구조와 모든 수준에서 관료주의의 팽창'을 초래한 이런 상황에 대한
비판적 인식으로부터 "페레스트로이카의 본질은 '사회주의와 민주주의의
통일'이다"(고르바초프 1988, 51)라는 주장이 가능하게 되었다. 다시 말하면
'사회주의'도 '민주주의'도 현실의 소련에서는 질곡상태에 놓여있다는 뜻
이었다. 체제의 위기는 '경제' 영역에 한정된 것이 아니었다. "무언가 심상
치 않은 일이 일어나고 있었다. 거대한 원동기는 돌고 있었지만 동력이 제대
로 전달되지 못했다"(고르바초프 1988, 33). 진지한 관찰자라면 거대하고 강
압적인 관료기구를 거느린 '국가는 무기력'하고, '사회주의 하에서는 보기
힘든 정체현상'이 사회생활의 곳곳에서 만성화되고 있음을 어렵지 않게 눈
치챌 수 있었다. "인민의 이데올로기적 도덕적 가치가 점차 타락"한 사실도
인정하지 않을 수 없게 되었다.

'아무 문제도 없는 현실'을 만든다는 것은 불가능했다. 말과 실천 사이에 차이
가 생겨서 대중들이 선언된 구호를 믿지 못하고 수동화 되었다.……대중들은 강

단에서 선언되고 신문과 교과서에 인쇄된 것을 믿으려하지 않았다. 사회의 타락은 대중이 도덕적으로 타락하면서부터 시작되었다. 영웅적인 혁명기, 1차 5개년 계획, 위대한 애국전쟁과 전후 복구 기간에 맺어진 서로간의 끈끈한 연대감은 점차 약화되었다. 알코올중독과 약물중독 및 범죄가 증가했다(고르바초프 1988, 36).

그러나 그러한 대중의 타락은 '중요한 사회 결정에서 주도권을 상실' 한 당의 잘못된 '지도' 에서 연원한 것이었다. '지도부의 정체' 가 변화의 수행을 가로막고 있다는 생각이 널리 퍼져 있었다는 것이다. 그러한 대중적 인식은 '행정' 이 '정치' 를 대체하고, '경제' 는 각 산업부처 이기주의의 포로가 되고, 사회는 '음성화' 되면서 구조적인 양상으로 고착되기에 이르렀다.

하루하루의 현실 세계와 번영을 가장한 세계 간의 격차는 갈수록 심해졌다.……행정 분야에서 법을 어기기도 하고 속임수나 뇌물수수, 노예근성, 과대선전 등이 종종 나타났다. 근로대중은, 신뢰와 책임성을 갖는 것을 비웃고 권력을 남용하며, 비판을 봉쇄하고, 요행을 바라며, 경우에 따라서는 조직자는 아니라 할지라도 심지어 범죄행위에 가담하는 공범자가 되기도 하였다(고르바초프 1988, 37).

고르바초프는, "자동차는 운전석에 앉아 자동차가 가고 있다고 생각한다고 해서 가는 것이 아니"기 때문에 결국 '위기에 봉착한 현실' 을 인정하고, '근본적인 변화와 전환이 불가피하다는 사실' 을 바탕으로 페레스트로이카를 추진하게 되었다고 고백하고 있다(고르바초프 1988, 38).

그러나 페레스트로이카는 확정된 청사진을 가지고 집행만 하면 되는 그런 정책이 아니라 구체적인 현실과 대면하면서 계속 목표와 전략을 수정해야만 하는, 누구도 그 종착역을 알 수 없는, 길들여지지 않은 말을 타고 행군하는 모험가의 화두 같은 것에 비유할 수 있는 그런 것이었다. 1989~90년에 이르러 페레스트로이카의 기수는 자신의 목표를 '사회주의의 새로운 면모'의 실현, 곧 '사회주의의 인간적 면모', '인도주의적 사회주의의 건설'이라고 선언했다(고르바초프 외 1991, 117).[5] 그것은 기존 이데올로기적 표현으로는 '인간적인 민주사회주의'(고르바초프 외 1991, 124)[6]라고 불리는 것이기도 했다. 물론 고르바초프는 이 시기에도 계속하여 자신의 연설과 논문에서 맑스와 엥겔스, 레닌이라는 '과학적 사회주의'의 창시자들 및 '위대한 10월 혁명'의 지도자의 권위에 기댐으로써 페레스트로이카의 이론적, 역사적 정당성을 확보하려고 시도했다. 그럼에도 불구하고 이제 현실에서 그들 세 위인의 권위는 심대하게 침식되고 있었으며, 고르바초프 자신의 발언 또한 내용적으로 그가 기대고 인용하는 권위자들의 사상과 주장으로부터 점점 이탈해 가고 있었다.

그가 공공소유—실제로는 국가소유—뿐만 아니라 협동조합적 소유 및 외국인과 합작기업 형태를 허용하면서 '사회주의적 소유 형식의 다양성'을 주장하고, 경제관리와 당의 사업 작풍의 쇄신 필요성을 논하면서 '관료주의에 대한 투쟁'을 언급할 때 우리는 말기 레닌(1920년대 초반)의 '신경제정책'을 떠올리게 된다. 바로 여기까지, 곧 '사회주의로의 우회적 길'의 인정과 혁명적 전환기에 불가피하게 의존해야만 했던 '부르주아 전문가들' 및 일부 프롤레타리아 출신 관리들 사이에 부활한 '관료주의'에 대한 비판적 인식까지가 고르바초프와 말기 레닌이 공유한 전략상의 일치점이었다. 그러나 그러한 전략 또는 정책의 실행을 위한 정치적 전제의 견지에서 볼 때 양자는 결코 일치할 수 없었다. 그것은 '혁명의 지도부', 국가 정책에서 '지도적 지위'에 서 있는 공산당의 권력독점이라는 문제였다. 레닌은 1920년대 초 '신경제정책'을 시행하면서 중소기업 영역과 사회문화 분야에서 제한적인 다원성을

---

5) 고르바초프, "사회주의 사상과 혁명적 페레스트로이카", 『프라브다』(소련공산당 기관지), 1989. 11. 26. 여기서는 인용문이 실려있는 『사회주의 대변혁 핵심문헌 50선』(『신동아』 1991년 1월호 별책부록)에서 인용함.

6) 고르바초프, 소련공산당 중앙위원회 전체회의 개막 연설(1990.2.5) 중에서.

인정했으나, '사회주의' 이념 그 자체와 공산당의 '지도적 지위'를 부정할 수 없었다. 고르바초프는 그 금기를 뛰어 넘었다.

명백하게 서구 및 북미국가들을 '문명국가', '발전된 국가'라고 호칭한 이 시기 그의 세계 인식은 '사회주의의 조국 소련'을 '심하게 낙후된 국가', '비인도적 국가'라고 병렬적으로 비교하는 데서 확연히 드러나고 있다.

> 결국 국가는 위대하고 강력하게 되었으나, 문명국가라면 당연히 인민대중을 위해 생활조건을 개선해야 함에도 불구하고 우리나라는 그러한 조건을 조성하지 못했다.……우리는 발전된 국가에 비해 심하게 낙후되어 있다(고르바초프 외 1991, 117).

'현실 사회주의'의 최고 지도자는 여기에서 착취적, 약탈적 체제로서의 자본주의에 대한 사회주의의 대안적 가치를 제시하거나 냉전의 상대 진영에게 '인간적 자본주의'의 실현 필요성을 훈계하는 것이 아니라, '심하게 낙후된' 자기 나라 사회의 '발전'을 위해서는 서구 문명이 밟은 길을 뒤따라가야 한다고 주장한다. 사회주의 세계도 "이성과 인도주의의 원칙에 입각한 진정한 인간사회 건설의 길 위에서 더욱더 발전, 완성시킴과 동시에, 통일된 문명의 테두리 안에서 진체 인류에게 공통되는 목표를 향해 나아가고 있다"는 것이다. 우리는 여기에서 '이성'과 '인도주의'의 역사적 실현태로 여겨진 '사회주의'라는 개념이 혁명 이후 70년 만에, 바로 '현실 사회주의'의 심장부에서 정확히 그 반대의 뜻을 함축하게 되었다는 역설에 봉착하게 된다. 1990년 2월 5일에 열린 소련공산당 중앙위원회 전체회의 개막 연설에서 고르바초프는 드디어 마지막 선언을 하게 된다.

> 사회주의 국가들을 인류 문화의 주도적 흐름에서 고립시키는 모든 것을 파기해야 합니다.……일찍이 우리가 알고 있던 유형의 사회주의 개념도 포기하려 합니다.……우리는 과거의 편견과 온갖 이념적 금기 사항들을 버리고, 필요하다면

다른 사회 체제가 갖고 있는 좋은 점은 모두 활용할 수 있어야 합니다(고르바초
프 외 1991, 124~125).

결국 이 역사적인 회의에서, 이미 오래 전에 국가와 사회생활에서 내용적
으로 '지도적 지위'를 상실한 공산당은, 헌법에 보장되었던 권력독점이 최
종적, 법적으로 부정되고 '정치적 다원주의'의 물결 속으로 침몰되어 갔다.
고르바초프가 그토록 강조해마지 않았던 '당 쇄신', '당과 국가, 당과 경제기
구와의 관계에서 근본적인 변화'의 필요성은 '현실사회주의'의 존립기반 자
체를 파괴하는 것이었으므로 페레스트로이카라는 자기 변론은 자기 파괴로
귀결되고 말았다.


## 3. 지체된 추수(追隨)와 역사주의의 빈곤

1980년대 중반~90년대 초반 한국의 지식인·학생들을 중심으로 한 진보
진영에서 보여준 (이론으로서) 맑스주의와 (현실로서) 사회주의에 대한 앞다
툰 열광과 싸늘한 외면은, 어떤 분야에서건 화려한 조명을 받는 대상을 일제
히 좇다 거품이 꺼지면 언제 그랬냐는 듯 뒤돌아서고 마는 한국 사회의 일반
의 한 축도라고 할 수 있다. 말하자면 '진보'라는 것도 하나의 유행하는 이슈
요 잘 팔리는 상품일 따름이지, 진지한 성찰과 지속적인 연구의 대상으로 존
재했다고 하기 어렵다. 불행히도 이러한 현상은, 이념적으로 진보와 보수를
막론하고 한국의 지식인 사회에서 하나의 '전통'을 이루고 있다고까지 말할
수 있다. 역사적으로 일별해보더라도, 당대 극소수 지식인들을 제외하고 대
다수는, 조선시대 이후 속방(屬邦) 또는 식민 모국이었던 중국—일본—미국 및
서유럽에서 유행하는 지적 조류들을 일정한 시간차를 두고 차례대로 수입해
서는 그것들이 마치 제 나라 사정을 이해하는 지침이라도 되는 양 교조적으
로 몰두하다가 새로운 사조가 들어오면 미련없이 버리고 마는 것이었다. 이

런 풍토에서 자신의 역사와 문화에 바탕을 둔 연구의 집적, 자신의 고유한 시각이 반영된 이론의 구축, 그에 바탕한 세계적인 담론 구성의 추구는 아예 바랄 수 없는 것이었다.

1980년대 한국의 진보적 지식계는 이런 전통에 더해 세계사적인 시간의 지체가 또 하나의 외인으로 작용하면서, 다시 한번 '외국 모델에 대한 충성스런 추수(追隨)와 돌연한 폐기'를 전형적으로 보여주었다. 제2차 세계대전 종전 이후 세계질서가 냉전체제로 구조화되면서 1945~48년의 유동적 국면이 한국전쟁을 통해 최종적으로 분단체제로 '봉인'된 이후 1980년대 후반에 이르기까지, 한국 사회에서 맑스주의 계열과 사회주의 체제에 대한 자료 및 정보의 합법적 유통은 철저히 금압되었다. 남한의 독재정권들에 의해 엄격히 설정된 이념적, 사상적 한계는 그 반응으로서 '지하'에서 그 한계를 넘으려는 시도들을 강요하게 되었다. 그러나 그 지하의 열정은 필연적으로 외부 현실, 특히 '현실사회주의' 체제에 관한 정보량의 근본적 제한과 '맑스주의―그 변이로서 레닌주의, 마오주의, 주체사상을 포함한―고전'에 대한 축자적(逐字的) 해석에 매달리는 관념적 편향성을 피할 수 없었다. 다시 말해 1948년 또는 1953년에 남한에서 멈춘 세계사의 시계추를 1980년대의 젊은 지식인들이 그대로 보게 되었던 것이다.[7]

이와 같은 남한의 상황은, '이념서적'에 대한 금기가 적어도 대학사회에서는 거의 존재하지 않았던 서구의 지식인들조차 '현실사회주의'에 관한 정보의 심각한 제한과 정치적 편견으로 고통받았음을 상기한다면, 한국의 진보적 지식인들에게 거의 넘을 수 없는 이중의 장벽을 마주하게 했다고 할 수 있다. 따라서 그들에게 '고전'으로서 맑스, 레닌의 저작들은 별다른 매개 없이 곧바로 '현실사회주의'와 연결되는 상황이었다. 소련 내부의 사정은 말할 것도 없고, 스탈린주의에 대한 서구의 비난, 흐루쇼프의 스탈린 개인 오류에

---

7) 그나마 '해방' 직후 몇 년간 합법적으로 유통되던 좌파적, 민족주의적 담론의 자료들마저 극히 일부만 여전히 지하에서 유통되는 형국이었다.

대한 비판, 동유럽의 인민봉기들과 소련군에 의한 진압, 중·소분쟁으로 드러난 사회주의권의 균열, 그리고 서구 좌파 지식인들에 의한 '수정' 맑스주의 조류들의 전개 등 어느 것도 한국의 지식인들에게는 진지한 검토의 대상이 되기 어려웠다. 그렇게 할 수 있는 조건, 즉 사실에 관한 정보의 획득과 지적 토론의 사회적 환경이 갖추어지지 않았기 때문이다.

역사의 진보에 대한 정열과 그 실현을 위한 헌신의 각오에 가득찬 한국의 젊은 지식인들에게 따라서 남은 선택은 '진정한' 맑스주의자, 레닌주의자 또는 주체사상 신봉자가 되느냐 마느냐라는 존재론적인 것이었다고 할 수 있다. 이들 사상과 이론의 역사적 궤적에 대한 탐구 대신 '─주의자'가 되는 길을 먼저 선택하고 나면 그 '입장'에 따라 한국 사회의 '변혁 노선'과 '현실사회주의'의 개혁 정책에 대한 두드러진 차이가 정해졌다.

'정통 맑스─레닌주의자'들이 1980년대 초반의 한국 사회와 20세기 초반의 러시아 사회를 구조적으로 유사한 것으로 전제하고 '기동전'을 구상한 것은 이런 맥락에서 보면 놀라운 일이 아니었다. 당대 러시아 사회에 대한 레닌의 분석이 거의 한 세기에 가까운 시차를 뛰어 넘어 곧 한국 사회에 대한 분석으로 치환되어 읽혀졌기 때문에, 그들의 '변혁 전략' 또한 당연히 '러시아혁명'에 준하는 것이 되었다. 레닌과 그람시 사이에, 뻬쩨르부르그와 서울 사이에, 짜리 전제주의와 남한의 '자유민주주의' 사이에 무슨 일이 일어났고 어떤 유형적, 질적 차이가 존재하는지에 대한 심각한 검토의 필요성과 중요성에 대한 문제의식은 극히 경미했거나 고무될 수 없었다. '한국현대사의 시간'과 '세계사적 시간'의 괴리, 한국의 지식인들이 1980년대 초반에 지각했던 '한국의 시간'[8]이 이렇게 자각되지 못함으로써 '정통 맑스주의', '정통 레닌주의', '창조적 주체사상'에 대한 뒤늦은 추수만 남게 되었다.

해방 이후 한국 사회과학계의 두드러진 특징으로서 연구자들의 역사의식의 결여, 역사적 접근방법의 부재는 맑스주의와 레닌주의[9], 그리고 주체사상

---

8) 이에 대해서는 김동춘(1997, 290) 참조.

9) 한국에서 흔히 '맑스·레닌주의'로 통칭되는 것은 이론적 태도라기보다 이데올로기적 호

에 대한 수용에서도 그대로 나타났다. 특정한 이론이나 사상이 그 특출한 저자들의 순수한 개인적 상상력의 산물이라기보다—때로 그런 면이 전혀 없는 것은 아니지만—그들이 살았던 역사적·사회적 조건의 산물이라면, 후세에 그런 이론·사상들의 현실적합성, 실천적 유용성을 사고하는 사람들이라면 당연히 지식사회학적, 역사사회학적 접근방법이 요구된다. 매우 범위를 좁혀, 예컨대 '레닌주의'만 하더라도 시기 구분 없이 그것을 하나의 일관되고 통일된 사상체계로 규정하는 일은 극히 단순하고 위험한 일이기도 하다. 레닌은 1917년 10월혁명 이전과 그 직후 3년에 걸친 내전 및 '전시 공산주의' 시기, 그리고 1921년 초 '신경제정책'으로의 전환 이후 각기 다른 모습의 얼굴로 현실분석을 행하고 상이한 전략 전술을 구사했던 것이다. 혁명 이전 러시아 인구의 절반 이상을 포괄하면서 광범위하게 확산되어 활동하고 있던 각종 협동조합에 대해, 그는 1917년 이전에는 '부르주아 체제의 부속물'로 폄하했다가, 혁명 직후에는 그 기능적 가치를 인정하여 국유화했고, 마침내 1921년 이후에는 "소비에트 권력 하에서 문명화된 협동조합은 사회주의 그 자체이다"라고 선언하게 된다.[10] 지하혁명가, 합법적 활동가, 위기관리자, 현실 정치가로서 그의 변신은 사회정치적으로 충분히 이해 가능한 것이며, 응당 그런 맥락에서 그의 이론·사상의 변화·발전도 검토되어야 할 것이다.

1980년대 후반 한국 사회에서 전개된 '페레스트로이카 성격 논쟁'[11]에서도 한국 지식인들의 몰역사주의는 논쟁의 대상에 대한 이념적 선택 우선주의로 그 모습을 드러냈다. 고르바초프의 새로운 정책노선을 이해하기 위해서는 무엇보다 먼저 '현실 사회주의'의 위기의 구조와 그 원인을 탐구하는 경험적 접근이 요구되었음에도 불구하고, 논쟁은 대체로 '개혁의 필요성'을 인정할 것이냐 말 것인가의 '입장'의 선택 문제로 성급하게 나아가고 있었

---

칭이라고 할 수 있다. 이론적, 사상적으로 양자의 연속성(또는 계승성) 못지 않게 차이점이 크다는 사실을 새삼 강조할 필요가 있을까?

10) 이에 대해서는 레닌 외(1991); 김창진(1997) 참조.

11) 이에 대해서는 조희연(1992) 참조.

다. 또한 페레스트로이카 자체의 동학, 즉 어떤 사회정치적 조건에서 그 정책이 추진되고 있으며, 무엇이 고르바초프의 애초 구상과 전략의 실현을 저지하고 있는지, 소련의 (시민)사회는 어떻게 반응하고 있으며 그것이 정책에 어떤 영향을 미치고 있는지, 그에 따라 페레스트로이카의 목표와 성격이 어느 시기에 어떤 세력관계 하에서 계기적 전환을 겪게 되었는지에 대한 검토가 진지하게 진행되어야 함에도 불구하고 논쟁은 결국 '정치적 지지 또는 반대'의 문제로 축소·왜곡되게 되었다. 물론 이러한 상황은 '현실 사회주의'에 대한 경험적, 역사적 연구를 진행할 수 있는 조건—적절한 자료와 합법적인 지적 토론의 환경—이 봉쇄되었던 한국현대사의 저간의 상황에서 기인한 불가피한 측면이 있었지만, 그럼에도 불구하고 그러한 상황적 조건의 존재만으로 한국 지식사회에 만연한 몰역사주의가 모두 변호될 수 있는 것은 아니다. 이념적 금기가 풀리고 연구대상에 관한 자료 획득의 가능성이 거의 충분히 보장됨으로써—아직 현지조사를 할 수 없는 북한연구자들만을 제외하고는—연구 환경이 질적으로 개선된 '민주화 이후'에도 여전히 그런 경향은 질적으로 달라진 것이 없기 때문이다.

　여기서 우리는 한국 지식인들의 뿌리 깊은 지적, 사상적 열패감과 마주치고 있는지도 모른다. 진보진영의 '현실사회주의'에 대한 일종의 '환상'은 단지 대안적 사회체제에 대한 이념적 갈망 또는 가용한 정보의 태부족 때문만이 아니라, '근대 서구'의 우월주의를 심리적으로 수용한 결과라는 측면은 없었을까? 그래서 그것은 한국의 극우·보수 집단의 생래적 유전자로까지 보여지는 맹목적 숭미주의와 짝을 이루는 현상이라고 할 수 있지 않을까?


## 4. 인간이성은 신뢰할 수 있는가?

　1990년대 들어 한국 사회운동의 소진 징후가 곳곳에서 포착되고 그에 따라 많은 이들이 1980년대의 운동 노선을 정리하면서 그에 대한 회고적, 비판

적 논의를 전개하게 되었다. 그에 따라 '원칙' 의 고수, '대안' 의 제출, 과거
에 대한 '청산론' 적 입장 등 다양한 입론과 주장이 제기되고 그것들에 대한
평가가 이루어졌다.[12] 따라서 여기서는 새삼스럽게 그러한 논의나 평가들을
재론할 필요는 없고, 다만 사회운동에 직·간접으로 개입했던 한국 지식인
들의 정신사와 관련되는 몇 가지 측면들에 대해 검토해 보고자 한다.

먼저 사회운동의 주체였던 인간의 문제, 1980년대적 용어법으로 표현하자
면 '변혁주체' 의 위상과 성격에 대한 당대의 인식이 어떤 것이었던가를 비
판적으로 검토한 논의로부터 출발하자.

1990년대 문턱에 들어 그 자신 '변혁운동의 대의' 에 동의했던 30대 초반의
한 젊은 사회과학도는 「남한사회 변혁운동론 연구의 제문제」[13]라는 글을 통
해 80년대 운동가와 이론가들이 한국 사회 운동주체인 '인간' 의 문제에 대
해 이론적, 실천적으로 얼마나 관념적 태도를 가지고 있었는가를 날카롭게
지적하고 있다. 당대의 변혁운동론을 "토대의 구조로부터 모든 것을 설명하
려 하거나, 정치적 과제를 전제한 다음 그것으로부터 운동의 과제를 연역하
려는 정치주의적 경향" 으로 나눠볼 수 있다고 본 그는, "전자가 객관주의적
시각에서……운동의 주체형성을 그 토대로부터 도출해내는 태도라고 한다
면, 후자는 변혁운동의 정치적 과제를 사회의 성격과 변혁운동세력의 역량
편성 등 주체형성 문제를 영역해 내는 사고방식"(김동춘 1997, 271)이라고
정리한다.

전자에 대한 이 연구자의 비판은 "한국 사회에서 지식인, 특히 학생이 가
진 잠재적 운동역량, 지식인의 정치적, 대중적 영향력을 온당하게 평가하지
못하였으며……노동계급의 변혁주체로의 형성에만 지나치게 집착하는 경
향"(김동춘 1997, 273)을 보인 데 집중되었다. 그럼으로써 그간 한국 사회 변
혁운동이 "민중들의 계급의식에 의해 추동되었다기보다는 정치권력의 정당

---

12) 대표적인 자료로서는 박현채·조희연 편(1989~1992) 참조.
13) 필자는 김동춘으로 이 글은 『경제와 사회』 1990년 여름호에 실렸다. 나중에 이 글은 그의 저
　　서 『한국 사회과학의 새로운 모색』에 다시 실렸다. 여기서는 단행본에 실린 글을 인용한다.

성을 의문시한 학생, 지식인, 민중들의 비판과 부정으로 촉발되었"으며, "최근에 이르기까지 노동자들의 계급의식은 운동의 에너지로서 매우 미미한 역할밖에 하지 못했다"는 사실을 외면하고, "특히 노동자계급의 자생적인 의식, 경제주의적 본성을 과소평가하고 이들이 투쟁과정에서 쉽게 정치적 의식을 획득할 것으로 가정하는 태도"를 갖게 되었다는 것이다. 다음과 같은 주장이 그가 제기하고자 하는 과제다.

따라서 우리는 우선 인간이 자신의 계급적 처지에 따라 자동적으로 운동주체로 등장하여 자신의 '역사적 사명'을 다할 것이라는 가정을 버릴 필요가 있고, 계급구조 그 자체에서 객관적인 존재로서 생산대중이 지배기구, 특히 이데올로기적 지배기구의 벽을 뚫고 운동주체로 형성되는 과정에 대한 문제로 관심을 이전시킬 필요가 있다(김동춘 1997, 272).

요컨대 연구자는 "계급적 위치 그 자체가 개인 혹은 그 집단이 운동주체로 등장하도록 보장하지는 않는다는 점"을 새삼스럽게 강조하고 있는 바, 이러한 언명 자체는 당연하고 새로운 것이 아니다. 그것은 이미 20세기 초반에 각기 '동구'와 '서구'의 역사적 현실을 그들의 이론과 전략에 독특하게 반영한 레닌과 그람시에 의해 거듭 '밝혀지고' 주장된 사실이다. 그 이후로도 루카치에서 풀란차스에 이르는 다양한 조류의 수많은 맑스주의자들에 의해서 연구되고 이론화된 바 있다. 따라서 문제는 이런 주장의 새로움이 아니라, 1980년대에 그런 인식이 한국의 변혁론에서 정당하게 인식되지 못했다는 점에 있을 것이다. 그리고 그러한 '변혁주체'에 대한 총체적 인식의 결여는 당대 한국 사회운동의 조급성과 '일본어로 수입된 맑스주의'의 편협성의 결합의 산물로 볼 수 있을 것인 바, 이는 다시 한국전쟁 이후 합법적 경로를 통해, 19~20세기 문명의 유산으로서 인문사회과학의 고전과 걸작들이 자유롭게 유통되지 못했던 저간의 정치적, 사상적 후진성의 불가피한 발현이었던 것이다.
한편 80년대 변혁론의 두 조류 중 '정치적인 위치에 주목'하여 인간의 존

재를 파악하는 '정치주의적 방법' 에 대한 이 연구자의 비판은, "사실상 변혁
운동을 촉발시키는 힘은 인간 일반과 민족에 내재해 있는 '자주성'"이라는
주장의 문제점에 집중되고 있다. 이 연구자에 따르면 그러한 주장은,

> 자주성을 가지지 못한, 인간답지 못한 인간에 대한 무시로 나아갈 위험성이 있
> 고 사상의식의 주입을 절대적인 것으로 설정할 위험성도 있다. 즉 자주성을 이야
> 기하면서도 변혁의 주인공인 인간 개개인을 전체 변혁의 이름으로 무시하는 '전
> 체주의적 태도' 를 낳게 하는 것이다(김동춘 1997, 274).

따라서 사회변혁의 '주체 형성을 주관주의적으로 접근' 하는 그러한 이론
은 "다양한 사회경제적 조건과 문화적 조건 하에 있는 사회간의 차별성과 그
러한 다양한 사회적 조건에서 출발하는 변혁운동의 구체적 특질도 평가할
수 없다" (김동춘 1997, 275)는 것이다. 결국 "주체적 역량을 평가함에 있어
매우 관념적이고 형이상학적 사고에 빠질 위험성을 안고 있는" 이러한 관점
은, "인간의 행위, 특히 변혁운동에 참가하는 정치적 행위는 그를 둘러싸고
있는 다양한 삶의 조건의 결과물이라는 점을 알지 못한다" (김동춘 1997,
276)는 것이다. 나아가 연구자는 이러한 관점의 대두가 "시민사회를 겪어보
지 못하고 개인주의적 생활방식이 결여된 데 기인하고 있다고 생각" 한다.

이는 논리적으로 타당한 지적이다. 오히려 '주체사상' 이 1950년대 이후
북한의 지배이데올로기로서 하나의 '정치사상' 임을 인정한다면, 그것이
1980년대 남한의 변혁운동론으로서 이론적 정합성과 전략적 현실성을 가질
것으로 기대할 수 없다고 판단하는 것이 좀더 합리적일 것이다. 그럼에도 불
구하고 그 '정치사상' 이 당대 남한에서 그토록 맹렬하게 확산되고 수많은
학생들과 일부 지식인들의 열광을 얻었다면, 거기에는 논리적 정합성과 전
략적 타당성의 잣대가 아닌 다른 차원의 요소가 매개되었음이 분명하다. 바
로 '분단체제하 반외세 자주화' 의 절실한 사회심리적 호소 효과가 그것이
다. 중국-일본-미국으로 이어지는 중세 이후 외세 하 '노예적 조국' 의 끈질

긴 역사는 1945년 이후 북한에 와서 드디어 종언된 것으로 이해/선전되었고, 그것이 '정의' 와 '자주성' 을 갈망하는 젊은이들의 감성에 크게 부응했던 것으로 볼 수 있다.

1991년 초, 아직 '사회주의 소련' 이 자신의 마지막 생애를 힘겹게 지나고 있을 때, 1970년대 이후 한국의 진보적 지성사에 굵은 족적을 남긴 리영희는 "사회주의는 이기적 인간성을 변화시킬 수 없는 것인가?" 라고 되물으며 '사회주의 실패를 보는 한 지식인의 고민과 갈등' (리영희 1994)[14]을 털어놓았다. 그는 당시 '지식인 사회의 인식 능력 한계' 를 말하면서, 그것을 '20세기 말의 지적 카오스' , '환경예측 능력 상실의 시대' 라고 표현했다. 스스로 맑스주의자임을 자처한 적은 없으나, '사회주의에 대해 일정한 애착과 매력' 을 가졌던 이 지식인은 중국의 '개혁 개방' 으로 나타난 사회현상 및 소련 말기에 들려 온 소식을 접하면서 이렇게 토로했다.

소련에서는 70년, 중국에서는 40년의 사회주의적 인간윤리 사회윤리의 체질화를 지향했던 사상과 교육, 정책과 제도의 성과에 대해서 심각한 회의를 품지 않을 수 없다. 정직하게 말해서 나는 적지 않은 환멸을 느낀다.……소위 '시장경제적 생산 및 생활양식' 을 미처 제대로 맛보기도 전에 사회주의적 인간 · 사회윤리와 도덕성이 그렇게도 쉽게 무너지는가를 생각하면 이기심이야말로 인간의 본질적 속성이라는 인식에 소름이 끼친다(리영희 1994, 164).

냉전시대, 분단된 조국의 남쪽에 갇혀 살면서도 세계정세의 변화를 직시하고 젊은이들에게 '전환시대의 논리' 를 제공하여 커다란 정신적 영향을 끼쳤던 이 지식인은 이제 "인간이성을 부정하는 것은 아니" 지만, "인간이 과연 '이

---

14) 본래 이 글은 1991년 1월 26일 한국정치연구회 주최로 열린 간담회에서 「변혁시대 한국지식인의 사상적 좌표」라는 제목으로 발표된 것이다. 이 간담회 자리에 참석했던 필자는 그 날 한국의 한 지식인이 토로한 깊은 인간적, 사상적 고뇌에 대한 진술한 고백의 기억이 새롭다.

성적 동물' 인가 회의에 빠지는 때가 많았다"(리영희 1994, 159)고 고백한다.

그것은 그가 중국과 소련 및 동유럽에서 자본주의적 경제운영 방식의 도입과 더불어 나타난 "사회주의적 인간윤리와 사회윤리의 타락을 목격하면서"부터였다. 그가 보기에 오직 "소수의 종교적 사상적 또는 혁명적 순교자만이……도덕주의적 인간으로 90도로 꼿꼿이 살 수 있"으며, 20세기 '현실사회주의'가 '인간성의 개조'를 위해 시도했던 모든 실험은 좌절로 끝났다. '맑스·레닌주의'도 모택동주의도 '주체사상'도 외부의 도전을 극복할 수 있는 '사회주의적 인간형'을 만들어내는 데 결국 실패했다는 것이다. 사회주의적 인간윤리를 '도덕주의적 인간형'의 존재에서 찾을 수 있을 것으로 기대했던 그는 그래서 '괴로운 심정으로 생각'한다.

> 인간성은 본질적인 것으로서 사회환경의 개조로 변화시킬 수 없는 것이다. 그것은 이기주의인 것 같다. 그리고 그것은 자본주의적 사유재산 제도를 낳은 바로 그 인간성이다. 도덕주의적 인간과 사회의 실현은 꿈일 뿐이란 말인가.……거의 모든 인간은 더 많은 안일, 쾌락, 소유를 원하는 이기주의자일 수밖에 없음이 수많은 사회주의국가 사회에서 입증된 셈이다(리영희 1994, 166).

그렇다면 '사회주의 이후' 사회윤리는 무엇인가? 그는 "이치적(二値的) 가치관을 경계해야 한다"고 말한다. 예컨대 "남, 북을 대립시켜서 '인간다운 생존양식의 도덕적 사회'를 택할 것인가, 또는 '돈만 있으면 어떤 물질적 향유도 할 수 있는 물질주의적 사회'를 택할 것인가라는 식의 선택을 강요해서는 안 된다"는 것이다. 이 지식인이 고뇌의 산물로서 도달한 결론은 '이상적 인간과 현실적 인간의 절충적 형태', 다른 말로 '두 인간형의 사회적 융합'이다. '인간성의 불가(不可)개조성을 인정'하여 '개인과 사회의 안정 및 평형을 이루는 적정상태'를 이루기 위해서는 이것이 불가피한 선택이라는 것이다(리영희 1994, 166~167).

그로부터 약 반 년이 지난 후 어떤 신문과 인터뷰에서 자신의 노선을 '사회민주주의'로 규정한 그가, 이처럼 '두 인간형의 사회적 융합'이라는 '절충'을 선택한 것은 논리적으로 모순이 없어 보인다. 그는 "자본주의 시장경제가 지니는 필연적 결과로서의 인간 소외와 무제한적 이윤추구 경쟁으로 인한 부패, 타락, 범죄 등을 치유하기 위해 맑스의 사상, 철학적 부분을 수용할 필요가 있다고 생각"[15](리영희 1994, 174)한다. 그러나 20세기 사회주의의 실패가 보여주는 교훈을 되새긴다면 "운동권은 너무 조급해하지 말고 목표달성의 시간단위를 좀 연장하는 사회인식을 가지라"(리영희 1994, 174)고 조언한다. '현실 사회주의의 패배 = 현실 자본주의의 승리'라는 등식을 결코 인정하지 않는 그이지만, 진보적인 사회 변화는 어떤 절대치를 상정할 수 없는 점진적 변화일 수밖에 없음을 인정하고 있는 것이다.

자신의 '고백' 이후 견해를 달리하는 일단의 젊은 후배들로부터 쏟아진 비판에 대해 그는 "레닌적, 김일성적 사고방식은 분명히 시대착오적인 것"이라고 못박고, "우리는 지적, 사상적 아집에서 자유로워지지 않으면 안 된다"고 답했다.[16] 우리는 그가 '많은 결점과 부도덕성을 지닌 자본주의 시장경제'의 대안으로서 좌절한 '현실사회주의' 외에 '사회민주주의' 체제를 실현 가능한 현실적 대안으로 상정하는 것을 논리적으로 이해할 수 있지만, 또 다른 방식으로 편성되고 운영될 수 있는 사회경제 제도와 그에 상응하는 인간윤리, 사회윤리의 가능성[17]을 구상하지 않은 것을 아쉽게 생각할 수 있을 것이다. 하지만 그가 매우 구체적인 현실의 사상(事象)에 대한 비판적 연구에

---

15) 리영희 · 장명수 인터뷰, "사회주의는 끝난 것인가? 자본주의는 이긴 것인가?", 『한국일보』, 1991년 6월 25일자.

16) 덧붙여 그는 이렇게 말하고 있다. "사회주의를 실험한 본인들이 실패했다고 하는데, 서울에서 책 몇 권 읽은 사람들이 아니라고 우긴다는 것은 얼마나 비과학적인 태도입니까? 우리는 교조적 사회주의와 사회주의의 긍정적 측면을 수용한다는 사회주의적 태도를 분명히 구분해야 합니다"(리영희 1974, 173).

17) 예컨대 '협동적 인간들의 자유로운 연대 및 결사'로서 아나키즘은, 물론 그 내부에 많은 갈래들이 존재하지만, 인류사의 오래된 지적 전통이자 대안적 사회체제로서 논의되고 실험되어 왔다.

종사해왔다는 점, 그리고 '현실사회주의'의 급작스런 붕괴가 초래한 충격이 너무 커서 당분간 그것을 흡수, 소화하는 데 몰입할 수밖에 없었을 것이라는 저간의 사정을 고려해야 할 것이다.

해방 직후의 초년시절을 북한에서 '소련을 겪으며' 보낸 특별한 경험 탓에 20세기 '사회주의'의 이념과 현실의 긴장에 대한 고뇌가 평생 자기 문학행위의 심층심리를 구성해 온 한 작가는, 1990년대 초반 무너진 '현실사회주의'의 폐허를 둘러보고 쓴 작품의 말미에서 매우 '이성적'인 방식으로, 그러나 안간힘을 다해 이렇게 묻는다.

〈앞〉에 무엇이 있다는 약속은 사라지고, 법칙이나 〈예언〉의 신빙성도 떨어진 시대에 인간은 어디에 의지해야 하는가? 오직 〈뒤〉밖에 더 무엇이 있겠는가? 〈뒤 돌아보는 것〉만이 이 암흑에서 그가 의지할 수 있는 힘의 근원이다. 그 뒤돌아봄이 그의 이성의 방식이다(최인훈 2002, 533).[18]

그러나 이 '의지와 이성'의 작가가 인간이성 일반을 무한히 신뢰하는 것은 아니다. 이 작품에서 그는 거듭하여 인간의 '시간역행 능력', 즉 "사람은 생물적 종으로서는 퇴행이 불가능하지만, '사회적 종'으로서는 얼마든지 시간을 역행할 수 있다"고 말한다. 이 시간역행 능력은 인간의 개선을 위한 능력이자, 동시에 인간의 반사회성을 위한 능력이라는 모순된 특징이다(최인훈 2002, 470).[19]

20세기 인류문명의 새로운 실험으로서 '현실사회주의'의 비극적 전개 및 그 희극적 종언이라는 '소련사태'에 이 논법을 적용하자면, 유감스럽게도

---

18) 본래 소설 『화두』의 초판본은 1994년에 민음사에서 출간되었다.

19) 또는 다음과 같은 표현들을 보라. "인간의 내면 구성은 귀나 코처럼 자동발생하지도 않고 자동유지도 되지 않기 때문에 인간은 위기적 존재이고, 순식간에 짐승이 될 수도 있고, 다른 처방 구성으로 퇴행, 변화가 가능하다"(최인훈 2002, 312).

작가는 소련 지도자들의 이성의 퇴행을 후자의 측면에서 파악하고 있다. "혁명의 진행을 이보다는 사려 깊게, 자신들 인생과 좀더 내면적으로 연결된 것으로 인식하면서 지도하고 참여할 수 있는 실로 방대한 인간자원을 역사상 그 유례를 찾아볼 수 없을 만큼—대개 그런 규모의 인간절멸에는 기술적 한계가 있으므로—철저하게 소탕해 버렸"던 '스탈린이란 개인이 범한 죄악의 요괴 같은 파멸성'(최인훈 2002, 345)은 물론이거니와, 자본주의와 사회주의 역사를 태연히 단순 비교하면서 "자기 국가의 성립과 존속 과정의 역사적 맥락에 대한 상기력을 아주 잊어버렸"던 고르바초프에 이르기까지 '정신이 퇴행한 지배계층'이야말로 '사태의 진정한 모습'을 연출한 장본인들이었다. 그리하여 작가가 마련한 '역사'의 법정에서 그들의 죄악과 퇴행은 급기야 다음과 같이 신랄하게 논고된다.

위대한 선배들의 인간적 능력과 자기희생 자체가 구조적 구성 부분이었던 〈제도〉를 마치 최신 〈기계〉를 상속한 것처럼 그 위에 안주하여 선배들의 희생에서 이자만 취득하고 자기자신들의 투자여야 할 창의적 노력과 도덕성에서의 솔선수범을 게을리한 끝에 지배층인 자신들은 불로소득자가 되고 피지배층은 〈제도〉라는 신비한 요술기계의 기적에 기대를 거는 우매한 사이비 종교의 신도 같은 거지 근성의 소유자로 타락시켜 오다가 마침내 〈계급의 적〉 체제를 능가하기는커녕 보통 생활 체제의 수준도 유지할 수 없는 지경에 이르자, 자신들도 그 〈기계〉에 깜박 속았다고 먼저 호들갑을 떨면서 민중의 탄핵을 회피하는 한편으로, 어제까지의 〈계급의 적〉들과 뒷거래로 민중들을 혼란 속에 밀어넣으면서 자신들의 기득권을 수호하였다(최인훈 2002, 344).

그들은 이미 '의무'나 '사명'이나 '양심'의 무게와는 거리가 먼, "자기 어깨에 40억 년의, 아니면 몇 백만 년의 '시간'의 무게를 느끼게 되는"(최인훈 2002, 256) '역사'의 지도자들과는 다른 차원으로 퇴행해 있었다. '노예의 땅'에서 태어난 그 '위대한 선배들'이 "사회생활의 일체의 영역에 이성의 지배를 수립"함으로써 "인간에 의한 인간의 착취에 바탕을 둔 사회를 인간의 연대성에 바탕을 둔 사회로 바꾸"기 위하여 고군분투했던 역사를 망각하고, 지양의 대상이었던 서구를 가리켜 '주류문명'이라고 추앙함으로써 변방 지식인들의 '심층심리에 앙금처럼 남아있는 열등의식의 찬 덩어리'(최인훈 2002, 314)의 포로가 되는, 결국 '완전히 세계 역사가 몇 세기 후퇴한 느낌을 주는 광경'(최인훈 2002, 316)을 그려냈다. 순식간에 짐승으로도 퇴화할 수 있는 '위기적 인간'이 만든 사회이기에, '이성의 지배'를 수립하려던 역사가 가장 원시적인 차원의 '열등의식'에 패배하는 사태가 나타날 수도 있었다.

그러나 "비록 현실의 가족사나 사회사가 나에게 어떤 불리한 판결을 내리더라도 나에게는 상소할 수 있는 이성의 법정이 있고 사람을 마음으로부터 승복시킬 수 있는 것은 이성뿐이라는 믿음을 잃지 않으려고 노력하였던", 따라서 "이성말고 무엇과 타협하겠는가"(최인훈 2002, 271~272)고 평생 되뇌었던 작가의 이성에 대한 신뢰는, 결국 '현실사회주의'의 폐허를 확인하고서(도), '의지가 이성'이라는 견결한 태도를 견지하면서 '인간다운 이성을 따르는 계획에 따르기 위해서 용단'(최인훈 2002, 524, 526)을 내린, 한 때 '레닌의 높이에까지 올라간 풀'(최인훈 2002, 540)[20]들에 대한 헌사로 바쳐지고 있다. '진리에 대한 검사필의 태도, 자신들의 체제에 대한 동어반복적인 교조주의'와는 아무 상관이 없었던, 그래서 결국 반역죄로 고발되어야 했던 조선의 지식인 조명희[21]와 그의 동지들에 대한 마지막 신뢰, 신뢰의 확인이야말로 작가가 "뒤돌아보는 것만이 이 암흑에서 그가(인간이—인용자)의지할 수 있는 힘의 근원이다. 그 뒤돌아 봄이 이성의 방식이다"(최인훈 2002, 533)고 힘주어 다짐하는 연유이자 전제라고 할 수 있다.

---

20) 이 표현은 레닌이라는 영웅에 대한 극찬이 아니라 그가 바로 '우리 같은 인간', '풀의 형제'로서 도달했던 이성의 높이와 그 가치를 지칭하려고 쓴 표현이다.
21) 소설 『낙동강』을 쓰고 1928년 소련으로 망명했던 조선의 작가로, 1938년 스탈린의 광기어린 탄압의 희생자 중 한 사람. 작가 최인훈은 바로 이 사람의 행적에 대한 회상과 추적의 형식으로 '소련기행'을 하고 있다.

## 5. 맺음말

지금까지 우리는 '1980년대' 라는 사회적, 지적 상황 하에서 '현실사회주의' 의 개혁정책과 그 종국적인 붕괴라는 사건이 한국의 진보적 지식사회에서 어떻게 인식되었는가를 개괄적으로 살펴보았다. 당대의 논쟁에 대한 내용적 정리와 평가는 비록 충분치 못하다 할지라도 이미 이루어진 것으로 보고, 그 논쟁이나 평가들의 정신사적, 인식론적 배경을 생각해 보는 방식으로 논의를 전개한 탓에 필자의 주장에 대한 개별적 사례들을 근거로 제시하는 면이 취약하다는 점을 인정하지 않을 수 없다. 그래서 여러 부분에서 이 글은 한국의 지식사회에 대한 하나의 인상비평으로 흐른 감이 없지 않다.

그럼에도 불구하고 필자는 여기에서 한국의 진보적 지식사회, 더 넓게는 한국의 지적 풍토 일반에 내재된 '서구 모델의 추수 경향' 과 '역사주의의 빈곤' 을 상기하고자 했다. 20년이 지난 오늘에도 그것이 여전히 극복되지 못하고 있는 것으로 여겨지기 때문이다. 또 하나 이 글에서 관심을 가진 것은 '사회변혁의 주체' 로 상정되는 '인간' 의 문제, 그 인간의 본질적 속성의 하나로서 '이성' 의 문제였다. 그것은, 이른바 거대담론과 그 담론구성의 주체이자 대상으로서 개별적 인간들의 사고와 행동양식에 대한 좀더 현실적이고 동시에 성찰적인 접근 없이 이루어지는 어떤 '변혁' 이나 '대안적 제도' 도 근원적 한계를 가질 수밖에 없다는 생각 때문이다.

# | 참고문헌 |

고르바초프 외. 1991. 『사회주의 대변혁 핵심 문헌 50선』(『신동아』 1991년 1월호 별책부록).

고르바초프 저. 하용출 역. 1988. 『페레스트로이카』. 사계절.

김동춘. 1997. 『한국사회과학의 새로운 모색』. 창작과비평사.

김창진. 1996. "소련 해체 이후 '러시아연방 공산당'의 정체성". 경남대 극동문제연구소. 『한국과 국제
정치』. 가을·겨울호. 제12권 2호.

김창진. 1997. "니꼴라이 부하린과 1920년대 소비에트 협동조합". 『슬라브학보』. 12권 1호.

레닌 외. 윤수종 편. 1991. 『농업협동화론』. 새길.

리영희. 1974. 『전환시대의 논리』. 창작과비평사.

리영희. 1994. "사회주의의 실패를 보는 한 지식인의 고민과 갈등: 사회주의는 이기적 인간성을 변화시
킬 수 없는 것인가?". 『새는 '좌·우'의 날개로 난다』. 두레.

박현채·조희연 편. 1989~1992. 『한국사회구성체논쟁 I, II, III, IV』. 죽산.

이종영. 2003. "정치적 프락시스로서의 담론투쟁―자본주의 국가의 정책을 둘러싼 담론투쟁에 대하
여". 이영환 편. 『통합과 배제의 사회정책과 담론』. 함께읽는책.

조희연. 1992. "소련 및 동유럽 사태와 우리 사회 변혁론 논쟁". 박현채·조희연 편. 『한국사회구성체
논쟁 IV』. 죽산.

최인훈. 2002. 『화두 제2부』. 문이재.

# 제 6 장

# 정치사회적 저항담론과 미국/북한[1]

전효관

## 1. 문제 제기

한국 사회에서 '친북'이나 '반미'와 같은 단어는 사회적으로 허용되지 않는 단어였다. 말하자면 사회적 존재권리 자체가 허용되지 않는 단어였다. 최근의 경우에만 하더라도 '한총련 합법화' 논의에서 살펴볼 수 있듯이 엄청난 상황 변화에도 불구하고 '친북' 여부가 여전한 쟁점으로 존재하는 것이나, 이라크전쟁 발발 당시 '반전은 가능하지만 반미는 곤란하다'든지 하는 사회적 통념이 여전히 존재하고 있는 것이다.

한편으로 이와 같이 강한 부정이 존재하는 이유와 상관적으로 미국이나 북한에 대한 태도는 개인의 이념적 스펙트럼을 규정하는 가장 중요한 근거

---

1) 이 글에 대해 논평을 해주신 경남대학교 북한대학원 구갑우 교수에게 감사한다. 논평에서 제기되었던 논점은 다음과 같다. 지배담론과의 관계에서 저항담론이 구성된다고 할 때 저항담론 자체의 구성력이 분석 영역에서 제외된다. 또한 저항담론 내의 지배담론, 예를 들어 민족주의 문제와 같은 요소가 저항담론 외부에 설정되는 문제를 갖고 있다. 저항담론을 상이한 요소의 접합이라는 관점에서 접근하는 시각이 필요하다. 이러한 논평의 내용은 이 글에서 정확히 놓치고 있는 지점이다. 특히 담론의 수용과 관련된 분석이 부재하여 이런 문제 영역을 이 글에서는 제외할 수밖에 없었다는 점을 전제해 둔다.

가 되어 왔다. '친북'이나 '반미'가 상대를 규정하는 단어로 오랫동안 존재해 온 결과 개인이 이런 규정에서 자유롭기는 사실 쉽지 않다. 따라서 기존의 지배담론과 편차를 생산해 온 정치사회적 저항담론에서도 북한이나 미국에 대한 태도는 상당히 '함축적'으로 표현될 수밖에 없었다.

따라서 저항담론 내에서 미국과 북한의 문제가 인식되어 온 역사를 정리한다는 것은 사실상 곤혹스러운 문제이다. 이 문제는 사실 저항담론의 궤적 속에서 두 가지 형태로 존재해 왔다. 하나는 미국과 북한에 대한 태도를 암시하는 것으로 '민족'이나 '자주'의 문제로 주로 표현되어 왔고, 다른 하나는 미국관이나 북한관의 문제로 직접 표현되기보다는 미국의 경제정책이 미치는 영향에 대한 반대라든지, 북한의 사회논리를 그 역사 자체를 통해 이해해 보려고 하는 담론의 함의 속에서 파악될 수밖에 없다. 특히 정치적 장에서 상대의 존재를 부인하기 위한 전략으로서 북한이나 미국에 대한 태도 문제가 빈번하게 사용된 결과로 반미/친미의 스펙트럼, 반북/친북의 스펙트럼은 극히 오염된 사용례를 갖고 있다는 점을 충분히 유의해야 한다.

또 하나 현재의 국면에서 북한이나 미국에 대한 인식 문제는 사실 과거의 '리얼리티'(reality)가 파괴된 상태라는 점에서 문제를 다루기 어렵게 한다. 북한 사회의 위기가 대중적 수준에서 인식되고 있는 북한의 경우는 말할 것도 없고, 미국의 경우도 남한 사회 속에서 미국이라는 대상을 바라보는 포지션이 극적으로 변화한 측면을 염두에 두어야 한다. 이것은 단순히 동일한 대상에 대한 인식 변화뿐 아니라 사회적, 경제적 변화와 엇물려 문제를 다루어야 한다는 것을 의미할 수도 있다. 이를테면 촛불시위와 반전운동에서 드러나듯이, 그 대중적 운동이 가능한 조건은 단순히 담론 영역의 변화만으로 설명될 수 있는 것은 아니다.

조금 단순한 정리일 수는 있지만 북한에 관한 문제는 저항담론 내에서 변혁 전망과 관련지어 다루어지는 시기가 존재했다면, 2000년 6.15 남북정상회담 이후의 북한 문제는 변혁론의 영역이 아닌 지배담론 내의 정책 영역의 문제로 이전되었다고 할 수 있다. 이러한 변화는 근본적으로는 남북 사이의 경제적 격차, 북한 사회의 식량위기 등에 의해 문제가 이전된 측면이 분명히 존재한다. 이런 의미에서 북한관이나 미국관의 문제가 통사적으로 다루어지지만 그 위상에는 분명 다른 수준과 지점이 존재한다는 점을 유의할 필요가 있다.

이 글에서 다루는 저항담론 내의 북한관과 미국관의 문제는 바꾸어 말하면 변화된 상황에서 '민족문제' 와 '통일문제' 에 대한 인식을 정리하면서 지금의 의미를 서술하는 데 만족할 수밖에 없다. 이 논문에서는 가장 일차적으로 저항담론의 민족문제, 통일문제 인식이 지배적인 담론 속에서 어떻게 편차를 생산해왔는가를 다룬다. 이미 전제했듯이 미국에 대한 반대를 밝힌다는 사실, 그리고 북한을 이해하자는 발언을 극단적으로 배제해 왔던 한국 사회에서 이 문제는 한국 현대사 내의 불화를 서술하는 것일 수 있다.

지배담론과의 편차를 생산해 온 저항담론의 궤적을 기술하는 작업은 논의 대상을 개방해 온 역사를 드러내고 그 효과를 인지할 수 있는 기술 방식이다. 그럼에도 불구하고 서술의 시점이 현재라는 측면에서 보면, 이 문제를 읽는 현재적 쟁점과의 차이는 분명히 존재할 수밖에 없다. 반미라는 문제의식이 등장한 의미에 주목할 수도 있지만, 그 쟁점이 현재 존재하는 방식의 한계를 생각해 볼 필요가 있다는 것이다. 일례로 최근 논의되는 것처럼 금지된 담론 영역의 개방이라는 측면과 그 금지의 효과로서 '민족주의화', 혹은 부정적 성낭화의 문제는 별개의 문제이면서도 서로 얽혀있는 문제일 수 있다. 다음 두 개의 인용문을 보면 문제를 다루는 관점에 따라 서로 상이한 판단이 가능할 수 있음을 알 수 있다.

> 지난 반세기 동안 조국의 평화통일을 주장하다가 많은 사람들이 희생되거나 수난을 당했다. 역대 정권은 통일론을 정권유지의 보도처럼, 다시 말해서 '두 날의 칼' 처럼 행사했다. 한쪽의 날은 정권 안보용이고 다른 쪽의 날은 정적과 비판 세력을 제거하는 데 이용해 온 것이다(김삼웅 1994, 21).

일반적으로 '반미적' 이라는 말은 미국과 한국의 기성 체제가 비판자들의 언설을 폄하하기 위해 부정확하게 사용하는 말이다. 이런 맥락 때문에 일단 누군가에게 반미적이라는 낙인이 찍히면, 그의 발언의 무게는 제대로 평가되기 어려워진다. 아룬다티 로이는 '반미적'이라는 말이 미국산 삼나무를 싫어한다는 말인지, 재즈 음악에 반대한다는 말인지, 베트남전 반대에 헌신했던 반전운동가들을 존경하지 않는다는 말인지, 모든 미국인을 다 미워한다는 말인지 되물으면서 미국 정부의 외교 정책에 대한 비판을 미국의 문화, 음악, 문학, 숨막히게 아름다운 땅 그리고 보통 사람들의 평범한 즐거움에 대한 비판으로 혼동하게 하는 것은 고의적이며, 극히 효과적인 전략이다라고 지적한 바 있다(정유진 2003, 253).

전자의 인용문이 통일문제를 제기하는 것 자체의 유의미성을 인정할 수 있는 식의 인식 방식이라면, 후자의 인용문은 '반미'의 존재방식 자체도 지배담론의 효과라고 인식할 수 있는 차이를 드러낸다. 즉, 이 차이는 문제 지점을 어떻게 파악하느냐의 차이를 보여주는 사례일 수 있다. 이런 점에 유의한다면 단순한 역사의 복원이 문제가 아니고 새롭게 조성되고 있는 환경 속에서 그 의미와 한계를 살필 수 있는 새로운 시사점을 어떻게 얻을 것인가, 그리고 그러기 위해서는 문제를 어떻게 다룰 것인가라는 새로운 질문 영역을 개방해야 한다.

이 논문에서는 북한/미국 문제를 다루는 어려움을 인식하면서 문제를 다루는 제한적인 입장을 분명히 하고 저항담론의 궤적을 정리하는 작업에 그친다. 그것은 정리되지 않은 자료를 새롭게 추가한다는 의미보다는 이미 존재하는 자료를 새롭게 배치하면서 새로운 문제 영역을 인식하고 그 내에서 실천적 과제를 사고하기 위한 의미를 갖는다.

## 2. 서술의 범위와 방법

### 1) 시기 구분과 서술 내용

무엇이 저항담론으로 규정될 수 있는가? 먼저 저항담론의 범위를 고려할 때 현재의 구도에서 대항성 여부를 판별할 수는 없다. 단적인 예가 과거에 '평화통일론'은 체제를 부정하는 통일론의 내용이었지만, 현재 시점에서 '평화통일' 그 자체만으로 저항담론으로 규정할 수는 없는 상황을 생각해볼 수 있다. 이승만 정권에서는 조봉암 사건 등을 통해 알 수 있듯이 평화통일론 자체를 문제삼을 수 있었던 시기가 존재하는 것이다.

두 번째로 저항담론은 지배담론과의 관계 속에서 규정되는 것이라는 점이다. 보통 변혁론이 저항담론의 중심적 구성부분이기는 하지만, '변혁'이라는 단어로 묶이지 않는 다양한 실천들의 효과 역시도 어떤 편차의 존재를 생산해 온 것이 분명하다. 즉 '변혁'이라는 범주 자체가 정세의 산물인 것이다. 특히 현재의 시기에서 변혁론으로 대상을 한정시킬 경우 변화된 상황에서 문제를 새롭게 위치시키는 담론을 배제할 가능성이 높다.

이러한 측면을 염두에 두면 저항담론의 범위를 명확하게 획정하기는 어렵지만, 시기적 조건 속에서 저항담론의 범위를 유동적으로 구분해야 한다는 점에는 동의할 수 있다. 이러한 측면에서 우선 서술되어야 할 것은 지배담론의 구성 맥락에서 저항담론의 변화를 판별할 수 있는 시기 구분이 필요하다. 이 글에서 시기 구분의 문제는 저항담론의 형성, 분화, 해체라는 틀을 따른다.[2] 이런 시기 구분은 하나의 저항담론만을 상정하는 것이 아니다. 예를 들어 저항담론의 해체 시기에 또 다른 저항담론의 생성이 맞물려 생산될 수 있는 복합적인 시기일 수 있는 것이다. 따라서 저항담론의 형성, 분화, 해체라

---

2) 저항담론의 해체는 새로운 저항담론의 생성일 수도 있다. 그리고 분화라는 시기 구분 속에서는 내용상의 분화에도 불구하고 공통된 담론의 특성이 존재하는 것을 의미하는 것으로 이 글에서는 이해한다.

는 기본적 구분은 매우 상대적인 구분일 수 있다.

이 글에서 시도하는 시기 구분은 저항담론의 변화에 초점을 맞추기는 하지만, 이는 아주 밀접하게 지배담론의 변화나, 정치경제적 사건, 혹은 남북 사이의 관계성이라는 요소에 의해 규정되는 것이기도 하다. 사실 저항담론이 지배담론과의 관계성을 중심으로 규정될 수 있다는 것은, 역설적으로 지배담론이 말 그대로 지배적인 담론으로 존재하고 있다는 사실을 인정하는 것이다. 특히 미국과 북한의 문제, 달리 말해 민족과 통일의 문제는 남북 간의 상호작용을 배제하고 이해하는 것이 거의 불가능하다. 왜냐하면 지배담론의 변화 자체가 남북 사이의 체제 경쟁에 의해 규정되어 온 부분이 강하고, 이러한 체제 경쟁이라는 요소는 변혁론에도 많은 영향을 실제적으로 갖고 있기 때문이다.

이 글에서는 서술 상에서 3개의 시기로 구분한다.

첫째, 저항담론 형성기이다. 형성기는 시기적으로는 해방 이후부터 남한 사회의 근대화가 일정 수준으로 전개되는 시기로 그 모순이 간헐적으로 드러나는 특정 기간 동안에 미국과 북한에 대한 입장이 드러나는 시기를 의미한다. 이 시기는 남북 사이의 경제력이 크게 격차를 보이지 않으면서 근대화, 산업화의 모순이 전면화되는 시기를 예비하고 있다.

둘째, 저항담론 분화기이다. 분화기는 근대화, 산업화의 모순이 드러나고 민주변혁에 대한 열망이 집결되는 시기이다. 1980년대 중반 이후 변혁론의 경합 시기가 여기에 포함된다. 1980년대 중반에서 말 사이에 다양한 입론들이 등장하고 경합하는 시기로 경제, 사회적 변화가 정치에 반영되는 것이 지체되면서 변혁의 필요성이 저항담론 내에서 지배적으로 드러난다. 남북관계의 측면에서는 경제적 우위가 드러나지만 정치적으로 민중의 잠재된 열망이 혼재되면서 민족문제 등에 대한 문제제기가 매우 활발하게 전개되는 시기이다.

셋째, 저항담론 해체기이다. 1990년대를 기점으로 변혁론의 정당화 근거가 되었던 사회주의의 위기가 전개되고, 그 이후 북한의 식량 위기와 남한의 민주화 시기가 겹치면서 이전의 변혁론이 적어도 대중의 수준에서는 설득력을 상실하는 시기이다. 남한 사회 내에서는 '반공 이데올로기'가 대중의 감각 속에서 현실성을 잃어가고 북한의 현실이 드러남에 따라 체제 경쟁이라는 주요 요소가 영향력을 상실하는 시기이기도 하다.

이런 식의 시기 구분은 미국/북한의 문제를 다루기 위해 서술의 초점이 다를 수 있다는 것을 함축하고 있다. 저항 담론의 형성기에서는 저항담론 자체의 문제설정 개방의 궤적이라는 차원이 중요하게 다루어질 수 있지만, 저항담론의 분화기에서는 저항 담론 내부의 인식 차이의 문제가 주로 다루어질 것이고, 저항담론의 해체기에서는 새로운 문제 영역의 등장 의미가 주로 다루어질 것이다. 서술의 내용이 완전히 구분되는 것은 아니지만, 각 시기에 따라 서술의 주요 내용이 차별적으로 다루어진다.

## 2) 분석 방법

서술 방법은 주로 내용 분석과 해석이 될 것이다. 하지만 텍스트는 시기별로 균등하게 존재하지 않는다. 특히 민족과 통일 문제는 정치적 사건 속에서 돌출적으로 드러나는 경우가 많다. 1960년 4.19 직후의 통일 논의가 그렇고, 1987년 6월 민주화 운동 이후의 논의 활성화가 그런 경우에 해당한다. 이러한 측면에서 내용 분석과 해석은 특정한 시기에 한정하여 이루어진다. 특히 시기 특성을 응축하고 있는 특정 시기와 계기에 한정하여 분석한다. 부분적으로 시기적 연속성의 문제가 제기될 수 있지만, 시기의 문제는 분석의 초점을 위한 구분이라는 점을 염두에 두어야 한다.

내용의 해석은 맥락에 의존한다. 말하자면 단순히 평면적으로 내용을 분석하고 복원하는 것도 중요하지만, 역사적 조건 속에서 형성되었던 일련의 가정들을 밝히기 위해 담론 상의 특징적 요소에 대한 분석이 중요하게 이루어질 것이다. 말하자면 민족과 통일 문제가 변혁이라는 전망에서 위치가 정해지는 방식이나, 미국이나 북한에 대한 규정들이 특징적으로 등장하는 요인에 대한 해석이 병행될 것이다.

이와 같은 분석 방법은 정교한 담론분석의 방법에는 미달하는 것이지만, 맥락과 텍스트를 교차하여 이해하는 해석일 수는 있다. 다만 이 글에서는 논의를 한정하기 위해 맥락을 인식에 영향을 미친 근접 변수로 한정한다. 남한 사회의 거시적인 변화는 분명 거시적 맥락을 구성하는 것이기는 하지만, 이러한 거시적 맥락은 미시적 맥락 속에 반영되어 있다는 점을 전제한다.

이 글에서는 맥락과 텍스트에 대한 관계 분석을 중심으로 하고, 분석 대상은 논의가 분출하는 공간에 집중하여 이루어진다. 정치적 공백 상태라든지, 광주와 대미인식 변화의 관계라든지, 남북화해정책 하의 인식 변화가 이루어진 시기 등의 계기적 맥락에서 저항담론들의 전개에 초점을 맞출 것이다.


## 3. 저항담론의 형성기

### 1) 저항담론의 형성 조건

미국과 북한에 대해 말한다는 것이 모험인 시기가 있었다. "아무리 머리를 쥐어 짜봐도 그간 손은 잡고 있었던 것 같은데 아무래도 마음까지 합친 기억이 나질 않는다"(임을출 2002)는 것이 미국을 보는 평범한 의식일 수 있는 지금 시점에서는 아주 과거의 이야기일 수 있다. 한국전쟁의 기억은 저항담론의 형성을 억제하는 강력한 대중적 체험이었고, 반북 이데올로기의 기반이기도 했다. 이러한 이데올로기는 대중적으로 북한과 미국에 대한 인식을 강하게 정박시키는 효과를 가지게 된다. 물론 철저하게 주변화된 경험으로서 다른 인식이 존재할 수는 있었지만, 그것이 주장될 수는 없었던 것이다.

남한 정부의 통일방안은 상대를 인정하지 않는 특성을 가지고 있었다. 다음은 1969년에 국토통일원에서 발간한 자료이다.

(통일이란) A와 B 두 개의 집단 중에서 A가 B를 흡수하거나 B가 A를 흡수하거

나 또는 A와 B가 합쳐져 C가 되거나 간에 통치권력이 단일화하여야 한다는 것이다. 하지만 한국은 위에서 말한 내용 중 국토의 통합이라는 점에 있어서는 동의하나 통치권의 단일화라는 점에 있어서는 이의를 가지고 있다. 그것은 한국이 북괴를 하나의 국가 또는 합법적인 정부로 인정하고 있지 않기 때문에 북괴는 어디까지나 괴뢰이지 그들이 가진 권력은 '주권'이 아니라는 것이다.……그러므로 북괴의 권력은 한국으로부터 부단히 제한을 받고 있으며 절대적이며 불가분의 권리 즉 주권을 갖고 있지 않다고 보는 것이다. 그러므로 한국이 보는 통일은 북반부를 수복 또는 흡수하는 데서 구하게 되고 한국과 북괴가 합쳐서 어떤 다른 형태로 단일화시키는 것은 아니라고 보는 것이다(국토통일원 1969, 2).

남한 정부의 지배적 통일담론은 북한의 주권에 대한 부인을 명시하고 있었다. 이와 같이 북을 대화 상대로 인정하지 않는 통일론은 기본적으로 1970년대 초까지 지속되었다. 이 기간 동안 통일 논의는 반공의 틀 내에서 조율되어 왔다. 이승만 정권은 대외적으로는 '헌법에 의한 통일'을 주장하면서도, 대내적으로는 '무력통일' 혹은 '북진통일'을 주장한다. 이 때 통일은 '공산당을 몰아내는 것'과 동일한 의미를 지닌다.

박정희 정권의 통일론은 통일 = 반공의 도식에 통일 = 발전을 도식을 추가하는 전형적인 발전주의를 택한다. 통일은 승공이고, 그 전제는 국력을 배양하는 것이라는 논리를 편다. 정권 초기에 박정희는 지금은 경제를 건설하여 국력을 배양하는 일에 전념하고, 통일 문제는 근대화와 민족적 역량이 축적되는 1970년대 후반의 과제라고 공언한다. 이와 같은 문제틀은 제4차 교육과정에 기초해서 발간된 1980년대 초 교과서에까지 그대로 드러난다.

통일을 이룩하기 위해서는 꼭 해야 할 일이 있습니다. 우리나라를 잘 사는 나라로 만드는 일과 반공정신을 굳건히 하는 일이 그것입니다(고인진 1990, 79에서 재인용).

이 인용문에서 확인할 수 있듯이 통일은 지배 이데올로기를 응축하는 것
이었다. 통일이라는 단어가 기각되는 것은 아니지만, 그것은 국가 목표를 설
명하는 매개에 불과한 것으로 존재했다. 즉 분단의 형성과정에서 만들어진
반공 이데올로기는 한국전쟁을 계기로 극한적으로 확장되었고, 단순히 북한
을 대화 파트너로 인정하자는 논의조차 불법적으로 단죄되었다. 자유당 정
부의 통일론에서 대한민국 정부가 주권을 가진 유일한 합법정부로 간주되었
고, 통일은 체제병합 이외에 다른 것을 의미할 수 없었다. 특히 한국전쟁 이
후에는 협상 배제와 무력통일을 주장하기에 이른다(황인태 1995, 175~177).
이러한 틀은 박정희 정권기에도 여전히 유지되는데, 국가 목표로서 발전의
틀이 다시 삽입되는 정도의 차이가 존재한다고 할 수 있다.

이 시기 북한사회는 사회주의를 건설해나가고 남한은 자본주의화를 지향
하지만, 북한의 경제력이 우위를 지키는 상황을 따라잡기 위한 근대화, 산업
화 전략이 맹렬하게 추진되게 된다. 이런 의미에서 이 시기는 이전의 강요된
분단이 독자적인 사회 건설과정을 통해 '내재화' 되는 과정이라고 설명할 수
있다(김우정 1989, 353).

이 시기 저항담론은 기본적으로 북한이나 미국에 대한 인식을 매개로 해
서 형성되기 쉽지 않았다. 때문에 저항담론은 주로 정치적 민주화의 문제나
경제적 문제를 축으로 해서 쟁점이 형성될 수밖에 없었다. 해방 이후의 좌우
갈등이나 이념갈등은 잠재화되었고, 그 싹도 정치적 탄압을 통해 거세되기
에 이른다.

그럼에도 불구하고 이 시기가 저항담론의 공백기가 아닌 형성기일 수 있
는 이유는 4.19라는 정치적 사건을 통해 저항담론이 자기 증식하는 과정을
거치고, 이 과정에서 새로운 정치적 주체에 의한 통일 논의가 발생하기 때문
이다. 이 사건은 저항담론 형성의 에피소드로서가 아니라 이전의 논의가 복
원되고 이후 논의에 참조되는 중요한 준거로 작용한다.

## 2) 저항담론 형성기의 논의 쟁점

여기서는 주로 해방 전후의 이념적 대립은 생략하고, 4.19 이후의 민족자주통일중앙협의회(이하 민자통으로 줄임)를 중심으로 한 논의들과 그것이 잠재되는 과정을 대상으로 한다. 이 시기는 4.19 이후의 사회적 상황에서 발생한 진보당 사건 이후 진보적 통일 논의가 드러나는 과정으로 자리매김될 수 있다.

혁신계의 통일 주장은 영세중립화론과 남북교류와 남북회담론으로 등장한다. 이러한 혁신계의 논의는 현실에 대한 부정적 인식이 기반이 되어 있었다. 따라서 이러한 논의의 "저류에는 남한사회의 기본적 경제, 사회구조에 대한 회의를 중심으로 하고 있는데 장면정부의 소극적인 통일론을 반대하고 통일지상주의에 의한 논의를 전개하고 있다. 한국의 정치, 경제, 사회의 모든 구조를 잉태시킨 것을 분단으로 보고 분단상황의 극복인 통일을 통해서 민족모순과 계급모순을 일시에 해결하자는 입장"(황인태 1995, 181)이라는 분석이 가능할 수 있다. 말하자면 분단 극복은 현실의 고통을 벗어나는 어떤 상황과 밀접하게 연결되어 있었다. 특히 북한의 제안은 적지 않은 영향력을 미쳤다고 평가되기도 한다. 다음은 『국제신문』(1960. 8. 16일자) 사설의 일부이다.

(북한의 제안은) 우리 민족의 생활에 대한 문제, 국토의 통일에 관한 문제를 언제까지나 외세에 의존하고 타율적으로 해결하는 방안에서만 모색하지 말고 우리가 주체적으로 우리들끼리 흉금을 털어놓고 논의해 보자는 의욕이 풍겨있기 때문에 민족적인 접근감을 느끼지 않을 도리가 없다(한국역사연구회 현대사연구반 1991, 239에서 재인용).

이 인용문에서 드러나듯 4.19 이후 혁신계의 인식은 실제로 변화한 것이 없는 상황 속에서 남한 사회에 대한 회의감을 띠고 있는 것이기도 하고, 이러한 문제를 해결하는 수단으로 통일문제를 적극적으로 사고할 가능성을 안고 있는 것이기도 했다.

당시 민주당의 통일론은 무력통일론 대신 평화통일론을 제시하는 등의 변화가 있었다. 하지만 통일정책에서는 기본적으로 유엔감시 하의 남북한 총선거를 주장하는 것이었고, 그런 점에서는 자유당 정부의 통일정책의 입장을 계승하는 것이고 보수적, 소극적 입장이라고 할 수 있다(송은희 1993, 283). 이에 반해 혁신계의 통일 논의는 중립화 통일론과 남북협상에 의한 자주적 통일론 사이에 쟁점이 혼재되어 있기는 하지만, 민주당의 통일방안을 훨씬 뛰어넘는 것이었다.

이렇듯 개인 간, 정당 간 다양한 의견이 개진되다가 1961년 5월경에 이르러 사회당, 혁신당, 사회대중당 등은 "조국통일은 민족자주원칙 하에 남북협의와 국제적 협조로써 미소 양대 세력에 예속되지 않는 평화통일로 한다"는 원칙에 합의하기에 이른다(한국역사연구회 현대사연구반 1991, 241). 특히 민자통에 이르러 중립화통일론은 강력하게 비판되는데, 그 초점은 미소의 협의에 의한 중립화론이 갖는 비주체적 태도에 맞추어진다. 민자통과 중통련의 통일 정책상의 차이는 다음과 같다(한국역사연구회 현대사연구반 1991, 244).

[표 6.1] 민자통과 중통련의 통일정책 비교

| 분　류 | | 민자통 | 중통련 |
| --- | --- | --- | --- |
| 기본원칙 | 통일의 원칙 | 민족자주적 평화통일 | 미소의 이익 조정을 통해<br>(자주적으로 국제기구에 호소) |
| | 지향하는 체제 | 통일된 후의 정치정세에 따라 결정될 것 | 중립국 |
| 태　도 | 북한정권 | 관용적 | 반민족적인 괴뢰정권 |
| | 북한의 연방안 | 관용적 | 거부 |
| | 민자통의 방안 | | 위험시(무원칙) |
| | 중통련의 방안 | 반통일론으로 평가 | |

민자통과 중통련의 차이를 이렇게 정리하는 것은 일방적일 수 있다. 왜냐하면 중립화통일론이 가지는 의미에 대해 매우 소극적으로 평가하는 것일 수 있기 때문이다. 전체 맥락에서 볼 때 중립화론은 변혁론으로서의 성격은 약했지만 논의의 물꼬를 트는 역할을 한 것이 분명하다. 다만 이런 식의 정리가 유의미한 것은 4.19 이후의 논의에서 변화된 대미인식이나 민족자주에 대한 적극적 인식을 부각시킬 수 있다는 장점이 있다.

대미인식과 관련해서는 명시적으로 미국 반대 등이 많지는 않았지만, '자주'라는 상징 속에 내포된 인식이 존재한다. 당시 민자통 조직위원장 문한영의 회고에는,

시청광장에서 출발하여 을지로 미국대사관을 지날 무렵에는 어디선가 모르게 군중 속에서 '양키 고 홈'이 소리높이 외쳐졌는가 하면 을지로를 지나 동대문을 거쳐 종로, 그리고 광화문을 경유, 중앙청에 이르는 장장 3~4시간에 이르는 횃불데모는 그야말로 장관을 이룬 시위였다(문한영 1992, 186에서 재인용).

그럼에도 불구하고 대미인식의 문제는 민족적 자주의 논의로 우회해서 나타났다고 볼 수도 있고, 대중적인 수준에서 미국의 존재에 대한 체험적 인식이 부족했다고 할 수노 있다.

이 시기 동안 대미인식의 변화가 가장 두드러지게 나타나는 것으로는 〈한미경제협정반대시민성토대회〉가 열린 것이었다. 이 날에는 "반민족적인 한미경제협정의 국회 비준 거부를 위하여 불퇴전의 결의 밑에 투쟁한다"는 공동투쟁선언문이 낭독되었다고 한다(한국역사연구회 현대사연구반 1991, 251). 이 대회는 한미관계의 문제를 본격적으로 거론했다는 점에서 의미가 있었다고 할 수 있다.

민자통을 중심으로 해서 전개되었던 통일문제, 그리고 미국에 대한 인식 변화는 역사적으로 4.19라는 시기를 평가하는 관점에서 좀더 나아간 것이라고 할 수 있다. 4.19를 민주화운동으로 일반화하는 관점을 넘어 민주주의, 민

족주의, 자립경제의 확립을 위한 몸부림이 치열했던 시기로 평가할 수 있는 근거를 제공한 것이 사실이다. "제2공화국 시기는 4월 혁명을 단순히 정변적 차원으로 축소하려는 보수 기성 세력의 끈질긴 저항과 그것을 근대시민 민주주의 혁명의 시발점으로 삼으려는 학생세력 간의 갈등 속에서 아무런 현상적 발전을 기하지 못하고 표류하고 있던 시기"(노중선 1989, 24)라는 규정은 통일문제와 민족문제에 대한 인식을 주요 기반으로 하고 있다. 이는 전세계적인 네오내셔널리즘과도 관련되면서 새로운 인식 전개를 예비하는 것이기도 했다.

물론 이러한 흐름은 5.16군사쿠데타 이후 철저하게 잠재화되거나 제거된다. 하지만 1970년대 초부터 균열되기 시작하는 산업화의 모순과 더불어 이후 새로운 논의 차원을 열 준거점으로 역사적으로 자리매김될 수 있다.


## 4. 저항담론의 분화기

### 1) 인식 분화의 조건

1972년 역사적인 남북공동성명이 성사되었다. 이후락 중앙정보부장과 김영주 조직지도부장 명의로 발표된 성명은 이른바 조국통일 3대 원칙에 합의하는데, 그 내용은 잘 알려진 대로 다음과 같다.

첫째, 통일은 외세에 의존하거나 외세의 간섭을 받음이 없이 자주적으로 해결하여야 한다.

둘째, 통일은 서로 상대방을 반대하는 무력행사에 의거하지 않고 평화적 방법으로 실현하여야 한다.

셋째, 사상과 이념, 제도의 차이를 초월하여 우선 하나의 민족으로서 민족적 대단결을 도모하여야 한다.

1970년대 초 국제적 데탕트 분위기와 이 과정에서 야기된 대미공약에 대한 회의는 북한을 현실적 파트너로 인정할 수밖에 없는 객관적 압력으로 작용한다. 특히 박정희는 월남전 결과와 관련하여 데탕트에 대한 부정적 인식을 강화시켰다고 한다. 또 하나의 요인으로는 남한의 경제력이 일정 수준에 오르면서 북한의 존재를 부정하기보다는 정세적 요인에 의해 북한과의 관계를 조율하는 이른바 '북한카드'를 이용하는 방식으로 전환했다고 볼 수도 있다.[3] 더 실제적으로 보자면 북한과의 대화나 교류가 대내적으로 정치적 위기를 돌파하는 수단으로 활용된 것이라고 볼 수도 있다. 이를테면 산업화의 정당성 위기, 그 모순의 발현과 관련하여 남북공동성명이 추진되었고, 이러한 판단은 이후 10월 유신 등의 과정에서 입증되게 된다.

하지만 남북공동성명의 의의는 결코 가볍지 않다. 무엇보다도 북한의 존재를 현실적으로 인정하고 하나의 실체로 간주하는 전기가 된다는 점에서 일차적 의미를 가진다. 따라서 이후 통일담론에 있어 담론전략 상으로 대상이 가시화되는 역할을 수행한다. 담론전략에서 '비가시적인 적' (invisible enemy)과 '가시적인 적' (visible enemy)의 구분 의미는 적지 않다.[4] 말하자면 이 변화는 적이라는 규정에서는 동일하지만 대화나 협상의 파트너로 등장할 가능성을 훨씬 높일 가능성을 갖는 것뿐 아니라 지배담론의 수용자에게도 새롭게 변화된 규정을 활용하여 새로운 인식 전개가 가능할 수 있는 조건을 형성한다고 볼 수도 있다.

이러한 변화는 상당히 중요한 의미가 있다. 지배 이데올로기가 단일한 전체가 아니라 상이한 요소의 접합으로 이루어진 것이라고 할 때, 북한에 대한

---

3) 통일정치게임이란 정치적 목적을 위해 통일 문제를 이용하는 것을 의미한다(최완규 1995, 2).

4) 이러한 변화는 용어법에도 그대로 반영된다. 도덕교과서에 나타난 북한에 대한 통칭은 제1차 교육과정(1955-1962)에서는 '이북' 혹은 '공산주의자', 2차 교육과정(1963-1972)에서는 '북한괴뢰', 3차 교육과정(1973-1981)과 4차 교육과정(1981-1988)에서는 '북한공산집단', 5차 교육과정(1989-1994)과 6차 교육과정에서는 '북한'으로 표기되고 있다(고인진 1990, 79). 여기서 알 수 있듯이 괴뢰 등의 표기는 1970년대 초에 사라지고, 이후 북한이라는 명칭으로 정착된다.

상이한 규정의 등장은 통일에 대한 다른 사고를 활성화할 가능성으로 작용할 수 있다. 특히 북한이 여전히 '적'이기도 하지만 '동포'일 수도 있다는 인식은 매우 중요한 의미를 갖는 지점일 수 있다. 즉, 적이라는 규정과 동포라는 규정은 체제 이데올로기와 민족 이데올로기라는 상이한 요소들에 의해 작동되는 규정들이고, 이 상이한 규정들이 정세와 집단에 따라 지배 이데올로기에 모순되는 것으로 가공될 가능성을 갖는 것이다(전효관 1997, 302). 1980년대 중반 저항담론의 활성화는 이러한 사건들에 의해 영향을 받고 있었다. 특히 1980년대의 저항담론은 체제 담론, 즉 반공 이데올로기의 효과와의 갈등적 관계를 통해 구성될 수 있었다.

1980년대는 분단 극복과 민주주의 실현이라는 욕구가 분출한다. 학문적 영역에서는 '민족경제론', '민족사학', '민중사회학', '민중신학' 등의 패러다임이 담론화되어 대중적 영역과 교감하기 시작한다. 이 담론들은 내부적 차이에도 불구하고 우파 민족주의 또는 체제 유지 논리와 대면하면서 그 허구성을 입증하고 민족적, 민중적 발전 전망을 제시하는 것이었다.

좀더 본격적으로 통일과 관련된 저항담론은 〈북한바로알기운동〉을 통해 표출된다. 〈북한바로알기운동〉은 남한 사회를 지탱하여 온 북한에 대한 부정적 인식에 대항하여 다른 인식을 추구하는 것이었다. 이 운동의 주체들은 통일의 과제를 전면에 배치하고 '반공을 통한 민족통일'이라는 지배담론의 논리가 통일논의가 아니라 안보정치논리에 불과하다고 주장하기에 이른다. 이 운동은 북한이 같은 민족이 사는 '사람사는 곳'이라는 점과 아울러 남한에 대한 북한의 우위를 주장하기도 한다. 북한이 사람이 사는 곳이라는 단순한 사실만으로도 반공이데올로기와의 충돌은 전면화되고, 북한에 대한 이미지를 전복시키는 효과가 있었다.

## 2) 분화의 논점들과 쟁점

분화는 일정한 대중화를 조건으로 한다. 미국과 북한에 대한 인식 변화는

1980년대에 들어 이념적 반미는 아니라고 하더라도 감정적 반미의 형태로 드러난다. 이러한 감정적 반미가 중요한 것은 실천 자체의 인식 분화의 조건이기도 하지만 이 과정을 통해 대상 인식의 틀이 변화하기도 하기 때문이다. 특히 중요한 것은 경제적 상황 등의 변화를 인식하기 위해 대미인식 변화가 수반되고 이 과정에서 민족에 대한 재인식이 전개되기도 한다고 할 수 있다.

　1980년대의 대미인식의 변화는 몇 가지 조사 결과에서도 잘 드러난다. 현대사회연구소가 1988년 5월에 조사한 바에 따르면, 한미관계가 불공평하다고 인식하는 사람이 42.4%에 이르고 단지 12.3%만이 혈맹관계로 인식하고 있으며, 1989년 12월에 서울대학교 부설 인구및발전문제연구소와 KBS가 공동조사한 바에 따르면 미국에 대한 거부감은 33.5%에 이른다(김진웅 1997, 4). 이렇듯 전후세대의 비판적 인식은 다른 시각으로 사물을 보는 세대의 등장을 의미하고 한미 관계에서 공정한 관계의 요구가 등장하는 토대가 된다(김진웅 1997, 21~35 참조).

　이러한 대중적 차원의 감정적 반미와 더불어 새로운 역사 인식의 결과로 이념적 반미가 등장하게 된다. 이념적인 반미의 경우 60년대 이전의 반미가 주로 보호 역할의 불충분함에 초점이 맞추어졌고, 70년대 독재정권에 대한 비호라는 차원에 대한 비판과 비교해 보면 전혀 새로운 특징을 띠게 된다. 특히 민주화과정에서 광주책임론과 권위주의 정권 지지정책에 대한 비판이 거세지고, 이의 여파 속에서 진보적 민족주의가 대두된다. 특히 80년 광주의 미국책임론은 이 당시 대미관을 변환시키는 핵심적 요소로 작용하게 된다.

　이는 민주화운동이 민족민주운동으로 변화하는 것과 밀접하게 관련이 있다. 이 당시 변혁론, 특히 과학적 변혁론의 중요성이 재인식되는데, 이 과정에서 북한에 대한 인식이나 통일운동 등에 의해 변혁의 필요성이 매개된 측면이 적지 않았다. 그리고 실천적으로도 80년대 말 북한바로알기 운동의 개방 효과에 이어 1988년 6.10, 8.15 기념 행사 등을 통해 파급력을 가지게 되고, 1989년 문익환 목사 방북과 임수경 대표의 세계청년학생축전 참가 등의 사건 등이 줄을 잇게 된다.

　1980년대 후반에 들어 변혁론으로서 민족해방민중민주주의론(이하 NL론으로 줄임)의 등장은 본격적인 변혁론 논쟁이 시작되는 계기가 된다. 특히 NL론의 등장은 이 논문에서 다루는 통일, 민족문제, 미국에 대한 인식이라는 측면에서 이전의 논의틀을 넘어선다. 남한 사회의 모순을 넘어서기 위해서는 한반도 차원의 변화가 수반되어야 하는 과제를 적극적으로 제기했다든지, 본격적으로 거론되지 않았던 미국의 문제와 민족적 관점의 문제를 주요하게 거론하고 있기 때문이다.

　NL론은 한국 사회의 변혁을 민족해방운동으로 규정한다. 이 때문에 NL론은 주로 변혁과 통일 사이의 관계를 집중적으로 사고하고, 좌파의 맥락에서 민족문제에 대해 사고하는 경향을 지닌다. 이처럼 한국 사회에 대한 인식론이 본격적으로 등장하면서 이에 동의하지 않는 다양한 입론들이 경합하게 된다. 바로 그것이 1980년대 후반 사회운동의 주요 논쟁인 사회구성체 논쟁을 활성화하게 된다. 사회구성체 논쟁은 논의의 과학성 여부도 쟁점이었지만 핵심적으로는 북한 인식의 문제 등에 대한 판단 차이를 내재하고 있는 것이기도 했다.

　주요하게는 NL론과 PD론의 대립으로 압축되는 사회구성체 논쟁은 분단의 원인, 통일운동의 위상과 성격, 통일의 과정과 경로 등에 대한 차이를 담고 있었다. 물론 상대적으로 PD론의 경우에는 계급투쟁에 초점을 맞추고 있어 통일 문제에 대한 적극적 인식을 찾아보기는 상대적으로 쉽지 않다. 그럼에도 불구하고 몇 가지 테마에 따른 양자의 차이는 간단하게 다음과 같이 정리될 수 있다.[5]

　첫째, NL론.

　분단의 원인은 한반도에 대한 제국주의의 정치군사적 지배에서 비롯된 것으로 파악한다. 이러한 분단 상황 속에서 남한 사회의 발전은 식민지성을 강하게 띠고 있는 식민지반봉건 사회이고, 이 사회에서 변혁의 핵심은 바로 제

---

5) 이 논점은 조희연·박현채 편(1989)의 289~291쪽을 재정리한 것임.

국주의의 영향력을 무화하는 것으로 파악한다. 이와 같은 맥락에서 민족자주화운동으로서 통일운동의 위상과 성격이 변혁 투쟁의 핵심적인 고리로 파악되는 것이다. 즉 통일운동을 중심으로 여타 운동이 배치되고 이에 따른 통일전선의 구축이 핵심적인 과제로 제시된다. 이러한 입론에서 통일의 과정과 경로는 다소 차이가 있지만 민족자주정부 혹은 민간민선정부의 수립 이후 남북한의 통일을 통해 변혁을 완수할 수 있는 것으로 파악된다.

둘째, PD론.

분단의 원인에 있어 제국주의 지배를 인정하지만 자본주의 발전과 더불어 계급문제 등이 부과되면서 분단의 성격이 변화해 왔다고 인식한다. 남한사회는 종속적 조건 속에서 자본주의의 발전을 통해 신식민지국가독점자본주의 사회로 변화되었다고 파악된다. 따라서 통일운동의 위상과 성격은 그 자체로 독자적인 특성을 갖지 않으며 남한 사회의 변혁을 통해 민족 문제와 계급 문제를 동시적으로 해결해야 한다고 본다. 이런 의미에서 통일 과정에 있어 남한사회 변혁의 선차성을 인정하고 있으며, 북한 사회에 대해 내재적으로는 부정적 판단을 함축하고 있다.

이와 같은 정리 방식은 내부 논점의 분화 양상을 고려할 때 미흡한 것이다. 왜냐하면 NL론과 PD론 사이의 차이는 단순히 통일과 민족문제에 대한 위상 차이뿐 아니라 세계관의 차이를 내재하고 있는 것이며, 좀더 구체적인 수준에서는 남한 사회의 모순과 이의 극복을 위한 남한사회 변혁의 성격과 수준에 대한 차이를 내포하고 있다. 이와 같은 인식 변화는 좀더 크게는 주체사상과 맑스–레닌주의 사이의 대립을 함축하면서 인식론 등의 차이를 전제하고 있으며, 바로 이러한 양상에서 추론할 수 있듯이 변혁론의 분화는 한국 사회의 특수성을 어떻게 인식할 것인가, 그리고 변혁의 주체를 현실적으로 어떻게 설정하는가의 차이를 내재하는 것이기도 했다.

하지만 이 논문에서 이러한 차이를 구체적으로 설명할 필요는 없다. 다만 분화를 만들어 내는 핵심 쟁점으로 민족적 과제와 통일 문제 등이 가장 핵심적인 지점이라는 것을 확인하는 것으로 충분할 수 있다. 1980년대 후반부터 논의된 변혁론 논쟁 내에서 분화의 의미는 처음으로 북한사회를 대상으로 하여 인식의 정당성 문제가 본격적으로 제기되었다는 의미와 더불어, 그 동안 민주화 운동의 영역 내에서 이해되었던 통일과 대미인식의 문제가 전혀 다른 차원으로 이전된 의미를 가지고 있었다.

하지만 이 기간 동안 이루어진 분화의 양상은 문제의식의 재개방 효과, 즉 금지된 역사가 부과한 한계를 돌파한다는 의미를 제외하면, 그 주체들의 이데올로기적 한계를 내재하고 있는 것이기도 했다. 특히 "통일운동에 대해 외세의 지배와 간섭에서 벗어나 민족자주성을 회복하고 외세개입의 결과로 분단된 조국을 재통일하는 민족문제로 인식하는 것이 아니라 적지 않은 경우가 개인적인 이해관계의 시각으로 통일문제를 해석하려고 한다"(노중선 1989, 9)는 등의 논지에서 드러나는 민족우선론의 전통은 이후 심각한 도전을 받는다. 특히 북한의 현실에 대한 판단없이 텍스트 중심의 이해는 1990년대 변혁론의 발전이 정체되고 급속히 해체될 수밖에 없는 한계를 가진 것이기도 했다.

또 하나 주목해야 할 것은 1980년대 논쟁이 NL론과 PD론 양자 사이에서 전개됨으로써 그 변형들이 활발하게 생산되었지만, 다른 패러다임에 기반한 논의를 상대적으로 억압하는 효과를 지니기도 했다는 사실이다. 이러한 논의의 억압 효과는 다양한 사회 분화의 양상에 미달하는 것으로 구체적인 현장의 문제를 이론적인 수준에서 파악하는 문제점을 안고 있기도 했다.


## 5. 저항담론의 해체기

### 1) 해체의 조건들

'반미 = 친북, 친미 = 반북' 이라는 가정된 태도에 균열이 일어나는 환경적 조건들이 1990년대에 들어 본격적으로 전개되기 시작한다. 이전까지 암묵적으로 가정되었던 미국에 대한 반대가 북한을 우호적으로 인식하는 것이 아닌 상황이 전개되는 것이다. 남한 사회는 제3세계 국가 중에서는 비교적 근대화에 성공한 것으로 자기인식을 갖게 되는 반면, 북한의 현실은 현실 사회주의의 붕괴와 북한 식량난 등으로 상대화되기에 이른다. 남한 자본주의의 자의식은 극적으로 변화하면서 신민족주의가 지배담론을 구성하게 된다.

어제의 문명에서 선두에 섰던 자가 오늘의 문명에서 꼭 선두에 서는 것이 아님을 우리는 지난 인류문명사로부터 읽는다.……새 문명의 바람이 우리를 향해 불어오고 있다. 이제 우리에게 필요한 것은 우리의 역사의 배를 새 바람에 맞추어 방향을 잡는 일이다(김영삼 1993, 60).

신민족주의 담론에서 핵심적인 것은 중심-주변의 구분을 상대화하고 자신의 자의식을 변화시키는 것이다. 이와 더불어 중요한 것은 북한을 공세적 민족주의의 대상으로 파악하면서 문명화의 대상으로 파악하는 것이다. 이와 같은 인식이 사실을 기반으로 한 것은 아닐 수도 있다. 중심을 열망하지만 중심으로 동일화될 수 없는 조건은 자신에게 중심의 환상을 부여하기 위해 타자를 극적으로 종속시키는 식의 인식을 확산시키게 된다. 북한 인식의 변화는 바로 이러한 차이에 따른 신민족주의 담론에서 극명하게 드러날 수 있다. 북한은 더 이상 경쟁의 상대가 아니라 남한의 의지에 따라야 하는 대상으로 전락하는 것이다. 말하자면 북한은 남한이 갖는 자신감의 원천 정도로 존재하게 된다.

특히 지배담론의 변화와 더불어 저항담론의 존재도 위협받게 된다. 90년대 말의 상황이 되면 전세계적으로 탈냉전이 구체화되고 사회주의권의 해체와 더 직접적으로는 북한의 현실에 대한 인식이 변화함에 따라 학생운동과 사회운동의 영향력은 재편되기 시작한다. 물론 북한 사회의 곤란에 대한 인식과 글로벌화 과정 속에서 미국 인식 등이 역의 방향으로 변화하지만, 북한 현실에 대한 재인식은 결정적인 영향을 미치게 된다. 이와 상관적으로 이전의 시기에는 북한에 대한 태도가 미국에 대한 태도를 내재하고 있었고, 그 역도 마찬가지였던 조건도 해체되기 시작한다.

통일 문제는 변혁론의 영역에서 지배담론의 정책 영역으로 들어서게 된다. 이 과정에서 북한돕기운동이라든지, 탈북자 대책의 문제, 북한 인권의 문제 등이 제기되면서 과거의 패러다임이 대중적으로 존재할 근거를 상실하게 된다. 이러한 상황 변화는 통일 문제에 개입하는 다양한 주체들을 성립시키게 된다. 말하자면 새로운 아젠다의 등장이라는 조건 속에서 '해체'는 다른 지형을 초래한다. 통일에 대한 발언이 정부와 운동집단으로 양분화되어 있던 조건에서 다른 주체들의 등장이 극명하게 드러난다. 기존의 구분이 의미를 상실하는 것은 다중적 주체들의 발언이 가능해지는 조건이 되기도 하는 것이다.

## 2) 특징과 쟁점

변혁론의 해체는 다중적 주체들의 목소리가 등장하는 계기가 되었다. 물론 범민련이나 한총련, 통일연대 등의 활동은 이전의 활동에서 크게 달라진 부분이 없다고 볼 수도 있지만, 현실적 영향력이라는 차원에서는 전혀 다른 지형이 전개된다.

최근 통일 문제, 혹은 대미인식의 문제와 관련하여 다음의 인용문들은 지형 그리기에 도움이 될 수 있다.

이제 반미는 하나의 트랜드가 되어버린 것처럼 느껴진다. 어떤 이들은 이정현과 김미화 등 대중연예인들이 반미를 '극렬하게' 외치는 것을 두고 '이제 반미는 유행이 되어버렸다'고 푸념한다. 대중스타로서 그들이 갖는 영향력을 차치하고서라도, 정치와 관련되는 것을 극히 꺼려하는 그들이 이번 사안에 대해 이렇게 강하게 치고 나올 수 있는 것은 '이제 더 이상 반미가 위험하지 않은 것이기 때문' 이라는 분석도 많다. 예전과 같이 구속을 감수하고 일신의 안녕을 포기하면서 '양키 고 홈' 을 외칠 필요가 없어진 상황에서 '안전한 반미' 를 확인한 후에야 이들이 반미운동에 뛰어들기 시작했다는 것이다. 그러나 대부분의 분석은 이들이 반미를 외칠 수 있을 만큼 우리의 민주주의와 시민사회가 성숙했다고 결론짓는다. 이들과 함께 학생들이 외치는 반미에 대해 '유행 반미' 니, '미국에 대한 분석이 결여된 반미' 라고 매도하는 것은 부분은 옳지만 결국에는 틀렸다. 이들 '가벼운 반미', '경쾌한 반미' 가 세상을 바꾸는 경험을 우리는 조만간 하게 될지 모른다(안태호 2002).

비운의 비전향 장기수 정순택 씨의 '반미열차시위' 가 3만 km를 돌파했다. 그가 "미군 가라, 반미는 민족의 양심" 이라는 구호가 적힌 어깨띠를 두르고 자택 근처 충북선을 처음 탄 것은 지난해 11월 1일. 퇴행성 관절염과 난청, 당뇨 등으로 망가진 몸을 이끌고 1년 1개월여만에 우리나라의 모든 철도노선을 8바퀴채 돈 것이다. 서울, 부산, 대구, 인천 지하철은 각각 2차례를 돌았다. "기차에 타면 첫 칸에서 마지막 칸까지 한바퀴 돌며 그냥 구호만 보여줍니다. 내릴 때는 모든 사람이 내릴 때까지 출구 앞에 서 있어요. 반미 구호를 많은 사람이 보게 하자는 취지입니다" (이재성 2002).

문화적으로, 특히 영화는 좋아한다. 〈반지의 제왕〉이나 〈해리포터〉 같이. 하지만 미국제품만 계속 찾는 사람들은 꼴불견이고, 문제가 있다. 물론 미국 제품을 완전히 거부할 수는 없다. 극도로 치우쳐 미국 제품은 절대 안 된다거나, 미국놈은 모두 나쁘다고 말하는 것은 문제가 있다(이지민 2002).

이러한 다양한 목소리의 등장은 대북 화해정책의 간접적 효과일 수도 있고 민주화 과정의 효과일 수도 있다. 저항담론의 측면에서 중요하게 볼 것은 이전의 강고한 패러다임의 존재가 속박하고 있었던 다양한 주체들의 목소리가 해방되는 효과를 지니고 있다는 점이다. 특히 인용문에서 보듯, 반전의 문제의식이나 이를 실천하는 방식에서 수반되고 있는 변화는 긍정적으로 볼 수 있는 부분이 적지 않다.

특히 젊은 세대들의 변화는 중요한 코드 변화와 관련지어 설명될 수 있다. 촛불시위 과정에서 나타난 능동적인 참여는 대미 인식의 변화라는 지점보다 좀더 중요하게 자기 인식의 변화를 수반하고 있다. 한홍구 교수가 촛불시위 분석에서 지적하고 있듯이, "이번 기회를 통해 청소년들은 입시의 틀을 벗어나 사회문제를 온몸으로 부딪치고 있는 셈"이라며 "기성세대와 달리 미국에 기가 죽어본 적이 없는 세대들이 자존심 침해로 갖게 되는 정당한 분노이자 놀라운 변화"라고 설명될 수도 있다(김지은 2002). 이런 설명은 하나의 해석에 불과할 수도 있지만, 자기 인식의 변화가 대상에 대한 태도를 변화시킨다는 점에서 이전과는 확연히 구분되는 특징이라고 할 수 있다. 어떤 의미에서는 기존의 인식에서 외부적 조건에 규정되어 자기를 정체화했다면, 일부의 사례이기 하겠지만 미국에 대한 태도를 통해 자기를 정체화하는 현상도 드러난다고 할 수 있다.

기존의 코드가 갖는 의미 대립 축이 변화하는 것은 기존의 가정에 대해 '성찰' 가능한 지점이 있을 수 있다는 점을 시사한다. 물론 기존의 변혁론은 약간의 상황 수정을 거친 채 유지되고 있는 측면이 존재지만, 다양한 시민운동 내의 통일문제에 대한 개입이 두드러지고 활동 내역이나 초점도 달라지는 지점은 주목할 지점이다. 예를 들면 통일의 당위성과 필요성을 교육하고 민족동질성 회복을 강조하는 차원을 넘어서 평화교육을 강조하자든지, 인권의 보편성을 중심으로 남북의 문제를 바라보는 관점 등이 대두되고 있다. 딱 일치하는 것은 아니지만 이러한 흐름들에서는 평화를 만들어가는 능력이나 인권감수성 등의 내적 변화를 요구한다는 지점에서 이전의 논의들과 차별적이다.[6] 이러한 논의과정에서 여성통일운동, 시민교육 등의 패러다임이 등장

---

[6] 반미나 북한 문제 등을 바라볼 때 '우리 안의 파시즘'이라는 논제와 연결시킬 수 있는 지점, 또한 식민주의 담론 비판의 맥락에서 읽어볼 수 있는 지점 등이 이러한 변화와 얼마만큼 근접한지도 하나의 주제가 될 수 있다.

하는 것도 주체의 다양성과 관련해서 주목해 볼 지점이다.

평화 교육, 다문화 교육, 인권 교육, 갈등 해소 교육 등이 최근에 강조되고 있는 배경에는 통일의 당위성이 해체되면서 좀더 다양한 차원에서 통일의 과제를 '공존' 이라는 맥락 속에 위치하고 사람들의 일상과 관련해서 파악해야 한다는 문제의식이 존재한다. 정치적 관점에서 통일이 민족적 과제로 위치지워지는지 여부와 상관없이 나의 일상과의 관련을 맺지 않고 문제를 설명할 수 없다는 인식 전환이 수반된 결과라고 할 수 있는 것이다.

사실 동질적 주체, 단일 주체를 상정해 올 수 있었던 것은 그 자체가 냉전 체제의 산물일 수 있는 것이다. 그런 점에서 '단일 주체' 를 해체하고 다양한 주체가 각기 자신들의 입장에서 활발하게 통일 과정에 참여하고 연대하게 하는 방향으로 논의가 전이된 것은 새로운 공공성의 구축과 관련하여 중요한 의미를 갖는 것이다.


## 6. 성찰적 미국 읽기, 북한 읽기의 과제

### 1) 민족과 민족주의의 문제

사실 지금까지 논의를 관통해 온 테마가 있다면, 그것은 이전의 변혁론의 시효가 만료되는 것과 관련하여 어떻게 내적 성찰성을 확보할 것인가라는 쟁점이 존재한다. 이 문제는 특히 민족과 민족주의에 대한 쟁점을 역사적으로, 구체적으로 파악하면서 넘어서는 문제일 것이다.

많이 지적되었듯이, 한국인의 근대 체험은 자신의 정체성을 부인하는 '식민담론' (colonial discourse)과 이에 대한 저항의 관계 속에서 형성되었다. 정체성을 부인하는 식민담론에 맞선다는 것은 식민지 체험을 통해 부과되는 이미지를 거부하거나 변형시키는 담론 과정을 필수적으로 동반한다. 식민담론은 핵심적으로 그 자신이 규정한 '중심' 에 준거하는 사고, 그 자신이 규정한 이분법을 재생산하는 것을 통해 폭력을 보완하는 지배에 대한 동의를 가능하게 한다. 식민담론은 근대와 전통의 대비적 '구성'을 통해 이루어지는 선진적인 것에 대한 '욕망'과 후진적인 것에 대한 '거부'를 생산한다. 식민지는 지배하는 자의 '타자'로만 존재한다. 따라서 식민담론에 대한 저항은 자신의 주변성과 타자성에 대한 부인이 아니라 긍정을 필요로 했고, 긍정을 위해서는 바로 민족의 '존재'와 '가능성'이라는 쟁점을 취할 수밖에 없었다.[7]

이 역사적 과정이 근대 체험의 특수성을 구성한다. 식민지화의 형태로 수행된 근대화는 자신의 가능성을 부인하는 '마음의 식민지화' 혹은 '내면의 식민지화'를 수반한다.[8] 식민지에서 근대 체험이란 개인의 발견과 이를 지지해 줄 수 있는 민족 주체의 발견이 아니다. 이 점은 대항 담론의 초기 형성 과정에서도 확인해 볼 수 있다. 대항 담론 역시 개인 범주에 기반하여 민족 주체를 사고한 것이 아니라 반대로 민족 주체 내로 개인을 해소하는 결과를 낳았다. 민족의 존재와 가능성이라는 쟁점이 우선적인 한 한국인에게 있어 근대는 '개인'을 강조하는 것이 아니라 '우리'를 확장시키는 것과 더 밀접한 관계를 갖는다.

한국 민족주의 담론의 형성과 전개 과정은 이 점을 실증해 준다. 한국 민족주의는 그 내에 여러 가지 편차를 보이지만 그 역사적 목표는 '근대화'라는 과제와 결합되었다.[9] 한국 민족주의는 민족 앞에 놓여진 서양의 도전을 가장 서양적인 내용을 가지고서만 대처할 수 있다고 보았다(강신표 1986, 363). 한

---

7) 탈식민담론(post-colonial discourse)의 가장 큰 특징은 주변성의 긍정이라고 할 수 있다. 탈식민담론은 여러 가지 흐름들을 포괄하고 있지만, 이 다양한 담론의 공통성이 주변성에 대한 새로운 인식이다. 탈식민담론에 관한 여러 쟁점과 논의에 대해서는 B. Ashcroft, G. Griffiths and H. Tiffin(1995) 참조.

8) 파농은 식민지화의 주요한 결과로 '마음의 식민지화'를 든다(F. Fanon 1968).

9) 이러한 사실을 시사적으로 보여주는 것이 '개화파'의 사례라고 할 수 있다. 개화파는 기본적으로 자주독립국가라는 목표를 서양의 것을 수용하는 개방을 통해 이룰 수 있다고 보았다. 이 틀에서 민족의 자주성은 자신의 것을 버림으로써 획득 가능한 것이다.

국 민족주의는 외적 측면에서 보면 식민지화의 극복이라는 역사적 과제를 중심으로 한 저항적 성격을 갖지만, 내용적 측면에서는 서구주의의 핵심인 발전주의와 결합한 것이었다.[10] 말하자면 한국 민족주의는 형식적으로만 서구에 반대할 뿐 내용적으로는 서구주의의 핵심 논리를 수용한 것이라고 할 수 있다. 한국 민족주의는 민족적 정체성의 형성을 위해 힘에 기반하여 서구의 도전에 맞서야 한다는 논리에 서있고, 민족 정체성을 형성하기 위해서는 역설적으로 서구적인 것을 도입할 수밖에 없다는 모순적인 논리에 기반해 있었다. 따라서 한국 민족주의는 자기 민족의 고유한 특성을 실체화함과 동시에 민족적 이념과 민족국가의 미래적 가치를 민족사회의 바탕에 서서 독자적으로 구축하는 것이 아니었다.

중요한 것은 한국 민족주의 담론에서 근대적 가치가 선별적으로 수용된다는 사실이다.[11] 민족주의 담론에서 선별 기준으로 작용하는 것이 국가 가치와 개인 가치의 분리라고 할 수 있다. 민족주의 담론은 체제의 문제와 별개로 근대화를 통해 자주 국가를 건설해야 한다는 국가 가치를 수용한다.[12] 하지

10) 물론 한국 민족주의는 단일한 것이 아니다. 특히 1920년대 이후 민족주의는 우파와 좌파로 나뉘어 분화의 길에 접어든다. 이 시기에서부터 민족주의는 우파의 민족운동을 의미하게 되는데, 우파 민족주의 내부에도 투항적 자세에서부터 비타협적인 투쟁노선에 이르기까지 다양한 분화를 보인다. 여기서 지적해야 할 것은 민족운동 내의 좌파란 기본적으로 정원운동 및 서양 열강에 대한 의존노선에 대한 반발로서의 성격을 갖는다는 점이다(김창순·김준엽 1986, 22). 기본적으로 공산주의 운동은 민족독립의 수단이라는 의미에서 받아들여진다. 이러한 측면에서 좌우대립의 의미는 제한적이다. 한국에서 좌와 우는 해방공간에서 나타나듯이 민족주의라는 틀을 공유하면서 민족이라는 말에 어떠한 의미를 부여하는가에서 차이를 보인다고 할 수 있다. 우파의 민족주의가 일종의 개화사상이었다면, 좌파의 민족주의는 민족 형성에서 계급적 주체의 문제에 주목하기는 하지만 한국 민족의 역사성을 바탕으로 하는 것은 아니었다. 이 점에 주목해 보면 한국 민족주의는 좌우에 상관없이 세계사의 보편성에 순응하는 성격을 가지고 있었다.

11) 물론 민족주의의 형성은 구체적 역사의 문제다. 따라서 서구에서도 민족주의와 근대적 가치가 맞물려 있었다기보다는 역사의 진행과정에서 접합된 것이다. 그럼에도 불구하고 서구 민족주의는 근대적 가치를 전제하는 역사적 접합 과정을 겪었다고 할 수 있다.

12) 이 측면은 민족주의가 가지는 보편성을 보여준다. 서구에서 민족주의가 정치적 근대성 (modernity)과 결합되는 지점은 주로 정치적 형식의 국민 통합의 요구다. 이 측면에서 겔너

만 근대적 국가 가치는 근대적 개인 이념과 접점을 가지지 않는다. 식민지 혹은 반(半)식민지 국가에서 형성된 민족주의는 개인 이념보다 '민중' 이념을 활용하는 특성을 보인다(전상인 1994, 37~38). 그것은 서구와는 달리 민족주의의 주체가 형성되지 않은 상황을 반영한다. 따라서 제3세계 민족주의에서는 '민중의 계몽'이라는 틀을 통한 주체 형성의 노력이 눈에 띈다.

한국의 경우 민족주의는 제3세계의 민족주의 형성과도 차별적으로 혈연 공동체의 이상과 접합한다. 민족은 '피'의 순수성이라는 관념과 밀접하게 결합되고, 이렇게 접합된 민족 관념은 근대적 개인 가치와 내재적으로 조응하지 않는다. 정확히 말하자면 공동체의 이상은 개인에 준거하는 권리 관념과 대립적이다. '개인의 권리'라는 관념은 근대적 가치로 수용된 것이 아니라 특정 체제의 가치로 받아들여졌을 뿐이다.[13] 말하자면 한국에서 민족 국가 형성 노력은 근대의 가치를 '선별적'으로 수용·접합하는 과정을 거친다. 한국의 근대화는 적어도 민족주의 담론 내에서 '시민'의 범주와 접합되지 않았다.

한국 민족주의의 논리는 수많은 내적 편차에도 불구하고 전통적 범주인 '우리'를 해체하고 개인의 이해관계와 권리라는 생각에 기반해 사회적 변동을 추진해 온 것은 아니다. 오히려 제국주의를 통해 민족과 민족적 발전의 경로를 고려했다는 점에서 민족이라는 더 큰 단위의 '우리'를 발견하는 과정이었다. 바꾸어 말하면 더 큰 '우리'라는 담론을 통해서만 민족과 근대를 사고할 수 있었다. 이같은 민족주의 담론의 영향력은 해방 공간에서 극적으로 표출되었고 오늘날까지도 지속되고 있다.[14]

---

는 민족주의가 산업사회의 분할을 치유하기 위한 문화적 요구와 결합되어 있다고 파악한다(E. Geller 1981).

13) 약간의 유보를 달자면 권리 관념은 소개되었지만 토착화하지는 못했다. 개화기를 즈음하여 소개된 '자유연애' 주장은 근대적 이념을 수용하는 계기였다. 하지만 이 주장은 근대 국가를 건설하려는 지향 속에서 접합되지 않는다. 이 사실은 근대 국가 형성 노력이 근대 정치의 범주인 '시민'에 근거하고 있지 않다는 점을 보여준다.

14) 해방 이후의 과정은 상이한 발전 전략을 취함에도 불구하고 집단과 개인의 대비를 통한 정

한국 사회를 관통해 온 사회변동의 논리는 근대화가 전통적 의사소통 방식에 어떠한 단절을 가져올 사회적 압력으로 작용하는 것이 아니라 그 반대의 효과를 가졌음을 설명해준다. 말하자면 집단성의 강조는 역사적 과정을 통해 해체의 압력을 받지 않고 오히려 더 큰 주체로 개인이 해소되는 경향을 더욱 강화시켰다.

## 2) 다시 미국/북한을 읽기

민족, 국가라는 쟁점은 기존의 논의틀에서 지배담론과 저항담론이 공유해 온 하나의 틀이기도 했다. 좀더 확대해서 해석하자면 최근의 변화에서 지배담론과 저항담론의 경계가 상실되고 있다고 말할 수도 있다. 왜냐하면 양자의 패러다임에서 국가의 절대성과 민족적 발전의 틀을 공유할 경우 그 차이를 정의하기 쉽지 않기 때문이다. 민주화의 진전과 자본주의의 정상화, 그리고 외적 조건으로서 글로벌화의 진전 등의 상황은 지배담론과 저항담론 사이의 재정의를 필수불가결하게 만들 수 있다.

특히 역사적으로 존재해 온 국민적 정체성 문제는 변화된 상황에서 미국에 대한 입장을 상대화한다는 긍정성으로 나타날 수도 있지만, 역으로 미국에 대한 새로운 태도가 북한을 타자화하면서 배제하는 식으로 전개될 위험성을 동시에 갖고 있는 것이기도 하다. 그리고 사회 내적으로는 개인이 국가와 국민의 정체성과의 관련성 속에서 정의되어 다른 다양한 정체성의 문제를 배제하게 하는 효과를 가질 수도 있는 것이다. 삶의 지향점으로서의 '국민되기'는 분화된 사회 조건 속에서 긍정적이지 못한 측면이 있다. 특히 '우리'가 다양한 정체성으로 구성되어 있다는 점을 능동적으로 인식할 수 없는

---

당화가 지속되고 있다. 남한의 지배담론에서 나타나는 1960년대 조국근대화, 1980년대 선진조국 창조, 1990년대 신한국 창조 등의 구호는 일정한 연속성을 함축하고 있으며, 북한의 주체화 전략에서 나타나는 전통 요소의 활용에 따른 집단적 가치에 대한 가치 부여도 동일한 맥락을 가지고 있는 것이다.

하는 한, 사회 내에서 의사소통을 통한 문제해결능력을 기대하기는 쉽지 않을 것이다.

사회의 분화과정 속에서 저항담론으로서 미국 인식, 북한 인식의 틀은 재구성되어야 한다. 이 재구성의 과제는 미국 읽기, 북한 읽기의 과제를 새롭게 제기하는 것을 의미한다. 이 과제는 여러 차원에서 접근할 수 있지만, 개인의 존재가 승인되면서 다중적인 대상 읽기를 통해 새로운 차원에서 타자와의 관계를 설정하는 과제를 승인하는 것이다. 무엇보다도 미국, 북한이라는 대상을 읽을 때 그 체제와 사회를 구분해서 읽어낼 수 있어야 하고, 하나의 단일한 실체로서 읽어내지 않아야 한다. 덧붙여서 미국 읽기, 북한 읽기라는 과제는 나, 그리고 우리에 대한 성찰 지점을 반드시 확보해야 한다. 그렇지 못할 때 나와 우리를 긍정적으로 승인하는 것은 불가능해질 수밖에 없다.

기존의 변혁론 상의 북한 인식, 미국 인식을 넘어선다는 의미는 사회적인 차원에서 무엇일까? 최근 평화, 반전 운동을 통해 보편적인 인권과 평화에 대한 중요성을 대중적으로 확인할 수 있었고, 이 운동은 기존의 반미 운동을 심화시키면서 성찰적인 지점으로 끌고가는 지점이 있다. 해방 이후 처음이라고 할 수 있는 평화와 반전의 흐름이 단순한 반대가 아니라 '살림'의 운동으로 변화될 수 있는지 여부는 자신에 대한 성찰 여부와 밀접하게 관련이 있다.

이런 질문들과 관련하여 해방 이후 미국과 북한이 미쳐 온 영향력에서 우리 자신이 자유로울 수 있는 지점들을 이야기할 수 있다면, 그것은 변혁론의 해체가 긍정적으로 영향을 미치는 한 지점이라고 말할 수 있다.


## 7. 맺음말

이 논문은 미국/북한, 바꾸어 말해 통일/민족에 관한 담론 변화를 크게 세 가지 국면에서 고찰하였다. 각 시기별로 객관적 조건, 주관적 조건, 저항담론의 패러다임, 주체 설정, 단기적 과제, 장기적 과제 설정 등의 차이가 존재한다. 그 항목들을 일별하는 것과 별도로 저항담론의 유효성이 시험되고 있는 국면에서 지배담론과의 편차를 생산하기 위해 내적 성찰성을 확보하면서 새로운 논의들이 전개되어야 하는 지점을 확인할 수 있었다.

　문제는 단순히 인식 상의 문제만은 아닐 것이다. 특히 중요한 것은 이런 변화의 의미를 현시점에서 어떻게 해석하고 또 실천적 기획으로 어떻게 연결시킬 것인가에 대한 고민을 심화하는 것이라고 말할 수 있다. 해석이 문제가 아니고 실천이 문제라는 인식은 일국적인 조건이 아니라 글로벌한 조건에서 새로운 지역성의 문제를 제기하고, 그 지역성을 다시 자리매김함으로써 연대의 폭을 확대하는 문제일 수도 있다.

　이런 점에서 이 논문에서는 기존의 논의들의 의의와 별도로 그 문제 지점을 현재적 시점에서 해석하였다. 그것은 논의를 재단하는 것일 수도 있지만, 지금 필요한 실행계획에 이르기 위해 거쳐야 할 통과의례 같은 것이기도 하다. 부정적 정당화를 통해 '우리'를 정의해 온 문제라든지, 민족과 계급 등의 추상적 범주 사용을 통해 일상의 다양한 차원들을 배제해 왔다든지, 논의의 과다에도 불구하고 실천적 기획이 미비하다든지 하는 문제들은 현재 시점을 정확하게 인식하는 문제와 별개로 다룰 수 없는 것이다.

# | 참고문헌 |


강신표. 1986. "근대화와 전통문화". 한국사회과학협의회 편. 『한국사회의 변화와 문제』. 법문사.

고인진. 1990. "도덕 교과서를 통해 본 분단이데올로기의 재생산구조: 중학교 도덕 교과서를 중심으로". 이종태 편. 『분단시대의 학교교육』. 푸른나무.

국토통일원. 1969. 『한국통일 방안의 변천 과정』.

김삼웅 편저. 1994. 『통일론 수난사』. 한겨레신문사.

김영삼. 1993. 『2000년 신한국: 신한국 창조를 위한 개혁 청사진』(증보판). 동광출판사.

김우정. 1989. "분단모순의 재인식". 박현채 · 조희연 편. 『한국사회구성체논쟁 II』. 죽산.

김지은. 2002. "청소년 '반미'. 미국에 부담될 것 맥도날드 앞서 발걸음 망설여져". 12월 06일 오마이뉴스 기사.

김진웅. 1997. 『한국인의 반미감정』. 일조각.

김창순 · 김준엽. 1986. 『한국공산주의운동사 1』. 청계연구소.

노중선. 1989. 『4.19와 통일논의』. 사계절.

문한영. 1992. "60년대의 민족자주통일운동". 김창운. 『민족자주화운동의 발자취 I』. 대동. 1992.

송은희. 1993. "남한의 통일정책". 현대한국정치연구회 편. 『탈냉전의 민족통일론』. 예진.

안태호. 2002. "한반도는 반미와 열애중". 『한겨레 21』. 제439호.

이재성. 2002. "달려라 달려 반미열차". 『한겨레21』. 제440호.

이지민. 2002. "이거 우리나라 맞아?: 당돌한 10대들의 좌충우돌 좌담". 『한겨레 21』. 제439호.

임을출. 2002. "은혜를 입고도 반미 열풍인가". 『한겨레 21』. 제438호.

전상인. 1994. 『북한민족주의 연구』. 민족통일연구원.

전효관. 1997. "남북한 정치담론 비교 연구: 의사소통구조와 언어 전략을 중심으로". 연세대학교 사회학과 박사학위논문.

정유진. 2003. "반미와 반전은 대립하는가". 『당대비평』. 봄 합본호.

최완규. 1995. "전환기 남북한의 국내정치와 통일게임". 『한국과 국제정치』. 제11권 2호. 가을 · 겨울 합본호.

한국역사연구회 현대사연구반. 1991. "4월 민중항쟁 직후 혁신정당운동과 민족자주통일중앙협의회". 『한국현대사 2: 1950년대 한국사회와 4월 민중항쟁』. 풀빛.

황인태. 1995. 『통일정책론』. 국제평화연구소.


Ashcroft, B., G. Griffiths and H. Tiffin. 1995. *The Post-Colonial Studies Reader*. Routledge.

Fanon, F. 1968. *The Wretched of the Earth*. Glove Press.

Geller, E. *Thought and Change*. 백낙청 엮음. 1981. "근대화와 민족주의". 『민족주의란 무엇인가』. 창작과비평사.

**제 4 부**

# 정치사회적 저항담론과
# 변혁주체 · 전선운동 · 독자적 정치세력화

허상수

# 제 7 장
# 정치사회적 저항담론과 변혁주체 논쟁
## ―노동계급운동을 중심으로

## 1. 머리말

이 글의 목적은 한국사회운동사 또는 민주주의운동사에서 저항담론의 형성과 변화과정을 고찰하는 데 있다. 이를 위해 우리는 1970년대 이래 민주주의운동과 변혁운동과정에서 나타난 다양한 부문운동과 정치적 분파에 의해 왕성하게 제기되었던 치열한 논쟁과정을 그 발생배경과 논의의 전개과정, 텍스트(text)와 맥락(context)을 중심으로 분석해 보고자 한다. 특히 이 글에서는 변혁주체론을 중심으로 대표적인 대항담론이 어떻게 발생, 변모하였으며 어떤 기능을 행사하였는가라는 문제의식을 갖고 있다.

지금까지 변혁주체론은 민족경제론의 시각이나 자본주의론의 시각에서, 또는 부문운동의 입장에서 '사회변혁론' 이나 '민주변혁론' 이라는 이름으로 제기되어 왔다(박현채 · 조희연 편 1989). 여기에는 1970년대의 '민중론', 1980년대의 '변혁주체 형성론', 1990년대의 '시민사회론' 이 포함될 수 있을 것이다. 이와 함께 정치적 입장에 따라 민주주의론은 예를 들어 '일반민주주의, 민중민주주의, 민족민주주의와 급진민주주의, 그리고 참여민주주의, 사

회주의적 민주주의'라는 제목 아래 소개되어 왔다(이성형 외 1990). 한 사회
에서 어떤 정치경제구조와 민주주의 제도인가 여부에 따라 권력을 쟁취하기
위한 주체형성 과제는 그 내용을 달리하게 된다. 따라서 새로운 정치질서를
실현하기 위하여 민주주의라는 의제 설정은 너무나 중요한 사회적 관건이
되는 것이다. 그래서 논자에 따라서 어떤 논의들은 변혁주체론의 범주에 포
함시키기를 주저할 수도 있다. 예컨대 1990년대의 시민사회론을 변혁주체론
에 포함시키는 것에 대하여 일부 논자는 견해를 달리 할 수도 있다.

변혁주체는 지배와 억압에 저항하는 개인뿐만 아니라 집단과 계급계층을
망라한다. 이런 주체형성 과정은 지배진영의 억압과 착취, 이로 인한 모순관
계의 내용에 따라 주력과 보조역량, 배제와 저항대상과 저항주체, 연대세력
과 배제집단 등으로 구별하여 살펴보아야 할 것이다.[1] 따라서 모순구조가 곧
저항주체를 기계적으로, 자동적으로 도출되는 경우는 많지 않았다고 지적할
수 있다. 즉 객관적 계급분석만으로 변혁주체론을 보장하는 것은 아니다(서
관모 1984). 변혁주체론은 사회구성체론, 계급형성론, 사회모순론, 사회변혁
론과 결부되어 논의되어야 할 것이다.

이런 논의의 객관성을 위해 필요하다면 변혁주체론의 범위를 획정해 보고
자 한다. 첫째, 변혁주체론은 급진적 입장이어야 한다. 그것은 미래 사회에
대한 전망을 가져야 하며, '불연속의 시대'가 새로운 가능성의 시대로 환영
받아야 한다. 둘째, 독자적인 정치적 계획(political enterprise)을 가지며 이를
위한 당면 슬로건과 중, 장기적 프로그램을 제시할 수 있어야 한다. 셋째, 자
신들의 입장을 관철하고 프로그램을 실현하기 위한 영속적인 정치적, 사회
적 운동을 전개해야 하며 이를 위한 준비와 조건 창출을 위한 담론이어야 한
다. 넷째, '구체제'나 '현 상태'를 뒤집어엎거나(전복), 갈아치우거나(변혁),

---

1) 그러나 지배층의 존재만으로 저항주체의 형성을 자연사적으로 자동기계의 동작과 같이 타
   성적으로 논할 수 없다. 왜냐하면 역사상 적지 않은 경우에 피지배층은 심리적 굴종과 침묵,
   물질적 매수와 만족 때문에 역사 변화과정에 참여하기를 주저하거나 소극적 위치에서 수수
   방관하여 온 적이 있기 때문이다.

두드려 부수는(타도) 등 기존 질서의 근본 토대를 변경하려는 집단행동(corporate action) 등 일련의 인간행위와 깊은 관련을 맺어야 한다. 다섯째, 사회운동이 조직체, 이념, 조직활동과 참여자 및 지도자가 존재해야 가능한 것처럼 변혁주체론도 이데올로기와 정치조직과 지지세력을 포함한 주체의 활동을 전제해야 할 뿐만 아니라 활동의 결과에 대해서도 일정한 책임을 다해야 한다. 왜냐하면 변혁주체론은 담론만으로 구성될 수 없기 때문이다.[2] 만약 변혁주체론이 상기한 여러 가지 요건들을 충족하고 있지 않는다면 종교적 이상이나 광신자들의 놀음과 크게 다르지 않은 공허한 주장이나 맹목적인 행동에 지나지 않을 것이다.[3] 따라서 변혁주체론은 혁명사상·이론·방법 및 정치노선과 같은 실천노선에 관한 논의이면서, 사회구성체논쟁 또는 사회성격논쟁과 같은 실천적 이론 및 저항담론, 비판담론 등을 포함할 수 있다(박현채·조희연 편 1989).

이런 논의를 위해 누가 변혁주체론을 주장하였는가, 변혁주체는 누구인가, 변혁주체론의 생산과 변혁주체의 실천은 어떤 조응관계에 있었는가, 즉 무엇이 성취되었고 무엇을 잃게 되었는가, 논쟁과 투쟁은 조직 발전에 기여하였는가 등에 주목하고자 한다. 이런 특정의 정치사상 또는 사회이론을 평가하는 것은 첫째, 텍스트와 함께 이들이 취한 수단과 방법(전략과 전술)이 논리적 일관성을 깆는가 여부를 검토하는 데 있다. 예를 들면 사회변혁이론은 역사적 사회변혁이론의 하나인 맑스-레닌주의에 얼마나 충실한가 여부이

---

2) 여기서 한국 사회 변동과정에서 변혁주체론은 '실체설'과 '결핍설'로 나누어 볼 수 있다. '실체설'은 상기한 제반 조건과 요소들을 갖춘 변혁주체론의 존재와 내용을 주장하는 조직 단위의 실체를 인정해야 한다는 주장을 말한다. 이런 주장은 주로 사건 당사자들이나 주변 인물들에 의해 제출된다고 볼 수 있다. 이에 비해 '결핍설'은 행위주체들의 활동과 조직내용에 비추어 이른바 공안사건 또는 조작사건을 통해 과장되었거나 짜 맞추어진 것으로 한두 가지 요건에서 무엇인가 결핍되어 있다는 지적을 말한다. 이런 주장은 사회평론가들의 몫이 긴 하지만 경청할 만한 구석이 없지 않다고 말할 수 있다.

3) 1980년대 관변 연구기관에서는 다섯 가지 좌경 과격사상으로 신제국주의론, 종속이론, 매판자본론, 해방신학과 네오마르크시즘을 들고 이 사상들이 폭력혁명의 정당성을 의식화시키는 이론을 내용으로 하고 있다고 적시하였다(한국정신문화연구원 1984, 1).

다. 둘째, 사회적 맥락 위에서의 평가로서 현실의 정치 현실에서 얼마나 주요한 효과와 영향력을 발휘했는가 여부이다.

보통 저항담론의 생산자는 비판적, 진보적, 혁명적 지식인이거나 운동일선에서 활동하는 운동가 등이 있을 수 있다. 대부분의 논의에서 변혁주체는 민중, 민족, 특정계급, 시민 등에서 찾고 있다.

이런 비판담론은 다양한 형태로 제시되어 왔지만 우리의 연구목적을 달성하기 위해서 운동노선과 관련하여 유의미하다고 판단되는 주장을 중심으로 분석하지 않을 수 없다. 예를 들면 노동운동과 노동자계급운동에서의 이론적 실천에 대한 사례를 들 수 있다.


## 2. 혁명의 단계와 변혁 주체론

1980년대 이전에도 변혁주체론은 존재하고 있었다. 그러나 대부분의 논의가 지하운동의 수준에서 소수에 의해 논의된 것으로 보인다. 이 때문에 1980년대 변혁주체론부터 검토해 보게 되었다. 1980년대 이후 민중운동세력은 대여섯 차례 변혁주체의 설정과 활동방침을 둘러 싼 논쟁을 반복하였다. 예를 들면 CD-ND-PD논쟁, NL-CA논쟁, NL-PD논쟁 등이 대표적인 것이다.[4]

- 1980년 초 학생운동 내 무림 대 학림 논쟁
- 1982년 야학비판과 학생운동의 전망을 둘러 싼 논쟁
- 1984년 '깃발' 과 '반깃발' (MT-MC) 논쟁
- 1985년 시민민주주의—민족민주주의—민중민주주의(CD-ND-PD) 논쟁

---

4) CNP논쟁은 민주화운동청년연합기관지였던 『민주화의 길』 9호, 10호(1985), 15호(1986) 등에 소개되어 있다. NL-CA논쟁은 『80년대 민족민주운동』(1988), 『80년대 사회운동논쟁』(1989), 『학생운동사』(1989) 등에 소개되어 있다. NL-PD논쟁은 조진경(1988), 이진경(1987) 등에 잘 정리되어 있다.

- 1986년 자민투―민민투(NL-CA) 논쟁
- 1989년 민족해방―민족민주주의―민중민주주의(NL-ND-PD) 논쟁


이들 논쟁은 '팜플렛'과 같은 소책자 또는 소논문을 통해 진행되었고, 그 내용에 따라 '한국사회구성체논쟁'과 같은 것으로도 진행되었다. 이런 과정을 통해 변혁주체 형성론은 변혁지향적 민중론이나 삼민주의(민족·민중·민주주의), 또는 '민족해방민중민주주의혁명'론으로 정리되어 나갔다고 말할 수 있다. 그래서 논쟁은 대외적으로 '반미자주화'의 요구나 대내적으로 '조국통일운동론'으로 비약하기도 했다. 이 당시 대중지로서 변혁주체론을 정면으로 다루었던 『현실과 과학』, 『사회와 사상』이나 『사회평론』은 민중운동진영 안에서 이런 의사소통을 위한 일정한 창구 역할을 행사하였다.

1979년 말과 1980년대 초 학생운동은 운동방향을 둘러싼 일련의 '사상투쟁'을 겪어 내야 했다. 이 투쟁방향 논쟁은 단계적 투쟁론과 전면적 투쟁론으로, 투쟁 지양론과 직접 투쟁론으로 나타났다. 전자는 대중운동 역량의 확보를 위해 적절한 투쟁시기를 맞이하기 위한 준비론이었고, 후자는 군부 재집권의 분쇄를 위해 전면적 정치투쟁의 전개를 주장하였다. 전자는 무림(霧林)파로 불렸고 후자는 학림(學林)파로 불렸다. 이 시기에 발생한 사건을 보면, '과학적 사회주의연맹사건'(1980. 2. 적발됨)이 있고, 무림파에 의한 반제반파쇼학우투쟁사건을 들 수 있다(1980. 12.). 학림파는 전국민주학생연맹/전국민주노동자연맹사건(일명 학림사건)으로 관련자들의 움직임이 억압적 국가기구에 노출될 것이다(1981. 6.).

무림파는 '야학비판'을 통해 〈깃발〉 그룹으로 이어졌다. 즉 학생운동의 지도노선에 대한 문제 제기를 통해 민주화투쟁위원회(민투, MT: MinTu, 기관지명: '깃발') 구성을 요구하였다. 이 활동은 민주화추진위원회사건을 통해 운동 내외에 드러나게 되었다. 〈깃발〉은 '민투위'라고 명명된 학생운동의 비공개 지도조직에서 자신의 입장을 선전하기 위해서 1984년 가을에 2회 발간되고서 중단되었던 기관지의 이름이다. 그러나 이 문건은 배포되자마자

상당한 반향을 불러 일으켰다. 즉 그 내용은 이후 학생운동의 전술방침, 조직
건설방식, 대중관 등 여러 방면에 걸쳐 있었을 뿐만 아니라 학생운동이나 노
동운동이 각각 개별운동으로 그칠 것이 아니라 한국 사회 전체 혁명운동의
한 부문운동으로 정확히 자리매김할 것을 요구하고 그에 따른 제반 전략전
술을 수립하였다는 점에서 주목을 끌게 된 것이다. 즉 이들은 이 혁명적 매체
를 통해 '운동을 질적으로 발전시킬 수 있는 비합법적 전위조직역량을 건설
하는 것이 필요하다'고 보았던 것이다.

반면 학림파는 '학생운동의 전망'을 제시하고, 스스로 학생운동의 주도세
력을 이룸으로써 주류(MC: main current)를 형성하였다. 그러나 운동에 내재
한 근본주의와 실용주의(현실주의) 간의 딜레마 해결에 여러 가지 한계를 보
였고, 학생운동의 참신성, 순수성, 열정과 패기만으로는 문제 처리에 역부족
이었으나 이런 사회변혁 과제에 대한 엘리트들의 논쟁으로부터 학생운동을
대중운동으로 확대되게 하는 데 일정한 역할을 행사하였다. 운동의 대의와
투쟁 행위 목록의 불일치, 그리고 운동 논리와 조직성원 동원 논리의 모순 등
운동 전략과 전술의 문제는 민주혁명논쟁을 통해 더욱 복잡해져 갔다.

CD-ND-PD(civil, national or people's democratic revolution) 논쟁은 민주
화운동청년연합 등 재야 운동단체에서 한국 사회 변혁론을 정립하기 위한
'이론투쟁' 과정에서 더욱 본격화되었다. 여기에서 변혁주체론의 내용에 관
한 그럴듯한(plausible) 논란이 전개되었는데, 논리의 문제, 구체성의 문제 및
역사성의 문제가 혼재되어 있었다.

1985년 4월 전국학생총연합이 결성되어 그 산하에 반공개투쟁조직인 민
족통일민주쟁취민중해방투쟁위원회(삼민투)가 설치됨으로써 학생운동의
변혁지향성을 부각시켰다. 5월 23일 5개 대학생 73명의 미문화원진입투쟁,
11월 18일 집권여당인 민주정의당 중앙정치연수원 점거농성을 거치면서 학
생운동 내에 이른바 '자민투―민민투논쟁'은 논쟁과 실천이 결합된 경쟁상
황으로 비화되었다. 즉 대학생운동 내 삼민투의 와해가 자민투와 민민투 계
열로의 분열을 가속화시켰다. 다수파인 반미자주화반파쇼투쟁위원회는 민

족해방민중민주주의변혁(NLPDR, national liberation people's democratic revolution)론을 내세우면서 김일성주의(주체사상, 主思)와 관련됨을 숨기지 않았다. 서울대생 중심의 자민투 지하지도부의 투쟁은 구국학생연맹(구학련) 전국대회(1986. 3. 29.)를 통해 결성되어 피검될 때까지 전개되었고, 이들은 학생운동 내 '주사파'의 효시로 알려져 왔다.

이에 반해 소수파인 반제반파쇼민족민주투쟁위원회는 민족민주변혁(NDR, national democratic revolution)을 당면변혁의 목표라면서 맑스-레닌주의의 정통임을 자처하여 NL-CA논쟁을 야기하였다. NL-PD-ND 논쟁은 구 자민투 계열이 NLPDR론을, 민민투계열이 분화하여 민중민주주의혁명(PDR, people's democratic revolution)과 민족민주혁명론으로 분립하게 된 것을 말한다.

즉 자민투계열은 NL주체사상파 계열을 이루며, 민민투계는 NPR파, PDR파, 영구혁명파(trotsky파), NL 비주체사상파로 세분화되었다. 주사파 계열은 서울지역대학생대표자협의회를 구성하여 전국반외세반독재애국학생투쟁연합 결성을 주도하였으며 1987년 8월에는 전국대학생대표자협의회(전대협)를 결성하였다. 여기서 주사파는 전대협을 중심으로 '자주, 민주, 통일'이라는 운동노선을 정립하여 대중노선을 견지하였다. 1988년에는 반미청년회사건, 1989년에는 인천민주노동자회사건, 서총련산하 반미구국결사대사건 등으로 표출되었다. 반미청년회는 1987년에 와해된 전국사상투쟁위원회의 잔존세력인 전국 26개 대학생 72명이 NLPDR을 목적으로 하여 결성한 것이다(1988. 1.). 이들은 청년학생 구국결사대를 조직하여 미문화원점거투쟁을 전개하였고, 민정당사에 사제 폭발물 투척 등 물리적 투쟁을 전개하였으나 1년을 넘기지 못하고 검거되었다.

민민투계열은 정세관의 차이에 따라 제헌의회그룹(CA, constitutional assembly), 헌법제정민중회의(CPC, constitutional people's council), 헌법제정민중의회(CPA, constitutional people's assembly)로 분열하였다. 즉 1987년 대통령선거투쟁과 1988년 국회의원 총선거투쟁을 거치면서 다수와 소수파

로 미분열하였다. 즉 다수파 A그룹은 NL비주체사상파로, 다수파 B그룹은 제
독PD(반제 반독점PD)그룹으로 나눠졌다. NL비주체사상파는 민족해방혁명
론은 수용하면서도 김일성주의를 배척하는 ML(Marx-Lenin)계의 한 분파로
NL좌파로 구분되기도 한다. 소수파인 CPA와 CPC그룹은 PD(주로 제파PD,
반제 반파쇼PD)파로 계승되었다. 이들의 활동은 CA사건, 전국사상투쟁위원
회사건으로 알려졌다. 제헌의회사건은 1985년 5월, 최민 주도하에 직업적 혁
명가 전위조직인 CA그룹을 결성하면서부터 본격적인 활동을 해 왔는데 산
하에 '임시정치학교'를 개설하여 8개 대학 민민투 조직을 장악하고, 노동자
해방투쟁동맹 등과 연계하여 가두투쟁을 지도하고, '임시혁명정부 구성, 제
헌의회 소집'을 당면 슬로건으로 하여 입을 모았으나 공안당국의 제물이 되
고 말았다(1986. 10.). 그 잔존세력들은 나중에 남한사회주의노동자동맹
(1990. 1.)과 혁명적노동자동맹 결성을 통해 조직 재건을 시도하였으나 오래
가지 못하였다.

연합전선체인 민주주의민족통일전국연합, 진보정치연합, 한국대학총학생
회연합(NL계의 전대협의 후신, 1993년 결성) 등은 다수파인 NL주사파와 자
생적 좌파인 ND, PD, IS(트로츠키파, international socialist) 등으로 분할되어
그 영향력을 분점하였다. 1990년대 초 전위조직인 혁명적노동자계급투쟁동
맹은 민족민주학생투쟁연맹과, 남한사회주의노동자동맹은 전국민주주의학
생연맹과 결합하여 이론의 정교화와 과학화를 도모하면서 조직규모의 확대
를 꾀하였다. 이들은 조직 보위와 보안, 합법, 반합법, 비합법투쟁을 배합하
면서 투쟁양상의 다양화를 보였다. 일부 정치조직들은 북한이나 국제맑스주
의조직과의 연계를 시도하기도 하였다.

맑스—레닌주의계열의 반주체사상 정파협의체인 LPT(좌파학생의장단회
의)는 한총련개혁모임(진보를 위한 연대)을 구성하였다. 이들 조직들은 1994
년 김일성 주석 사망 이후 조문파동을 거치면서 일부 국민들과의 이념적 대
립을 자초하였다.

이러한 변혁주체론은 혁명전략의 투쟁론을 통해 구체화된다. 혁명전략은

크게 1단계 선진자본주의국가형 사회주의 혁명전략과 연속 2단계 혁명전략인 중진국형 부르주아민주주의 혁명전략, 후진국형 민중민주주의 혁명전략, 식민지 후진국형 민족민주주의 혁명전략으로 구분할 수 있다.

상기한 대중노선인 NL주체사상파, NDR파, NL비주체사상파는 연속 2단계 혁명전략을 선호한 것으로 보인다. 1단계 예비혁명은 민주주의를 쟁취하고 독재체제(당시 정권)를 타도한 후 민중권력을 수립하는 단계이다. 2단계 목적혁명은 프롤레타리아트 일당독재 권력을 수립하여 사유재산제를 폐지하고 사회주의 권력을 수립하는 단계이다.

비교적 전위노선을 취하는 PD파와 트로츠키파는 1단계 혁명론을 채택하는 것으로 보인다. 이들에 따르면 연속 2단계 혁명전략 중 1단계 예비혁명을 생략하고, 노동자계급은 빈농만을 동맹군으로 하여 쁘띠 부르주아지를 고립시키고 사적 소유를 철폐하고, 부르주아지를 타도하여 프롤레타리아트 독재권력을 수립하여 사회주의혁명을 실현하는 것이다. 여기에서 PD파는 혁명단계를 1단계 1과정, 2과정으로 나누고 있는 점이 특이하다. 사회변혁운동의 특수성은 주체의 등장요인과 제약요인을 면밀하게 검토할 때만이 도출될 수 있다.

## 1) 민족해방민중민주주의혁명(NLPDR)론과 4대 주력군

NL주체사상파가 취하고 있는 NLPDR론은 후진국형 혁명전략인 '민중민주주의혁명' 전략에 따른다. 여기에서는 주력군으로 노동자계급과 농민, 청년학생과 진보적 지식인을 내세운다. 보조역량으로 반동 관료와 매판자본가를 제외한 각계 각층의 민중들을 주력군과 함께 통일전선을 구축하여 미 제국주의를 축출하고 정권을 타도하여 민족자주정권을 수립하는 제1단계 민족해방민중민주주의혁명을 달성한다는 것이다. 그리하여 남한 정권과 북한 정권은 연방제 통일을 이루어 사적 소유 철폐와 프롤레타리아 독재권력을 수립하는 본격적인 사회주의 혁명인 제2단계 사회주의 혁명을 완수한다는 것이다.

　여기에서 한국 사회성격과 주력군에 대한 규정의 변화에 주목할 필요가 있다. 첫째, 식민지반자본주의사회(colonial semi-capitalist society)라는 한국 사회성격 규정의 변화이다. 이들의 한국 사회 평가는 정치체제에서 미국의 군사적 강점 하에 있는 식민지사회이며, 남한 정권은 대리통치정권인 허수아비 정권이다. 경제체제는 정상적인 경로에 의해 형성된 자본주의가 아니라 봉건적 요소(지주—소작 관계 등)와 전근대성 및 매판성 등이 중첩된 절반의 자본주의사회라는 규정이다. 원래 이들의 한국 사회성격 규정에 따르자면 식민지반봉건사회론이었다. 그러나 민족해방 주체사상파는 '반봉건성'이라는 규정 때문에 사상투쟁 과정에서 수세에 직면하자 이를 만회하기 위하여 '반(半)자본주의' 라는 규정으로 대체하였다.[5]

　이들이 설정하고 있는 한국 사회의 모순관계를 살펴보면, 미국은 남한 국민의 민족적 억압자이자, 최대의 계급적 착취자, 침략자이며 실질적인 한국 사회의 지배자라는 것이다. 그래서 한국 사회의 주요모순은 미 제국주의 대(對) 한국민중이므로 변혁운동의 선결과제는 '반미자주화투쟁' 이어야 한다는 것이다. 이리하여 한국혁명의 성격이 도출되는데, 즉 연속 2단계 혁명인 것이다. 그 제1단계는 민족해방민중민주주의혁명(NLPDR)이며, 제2단계는 본격적인 사회주의혁명(SR, socialist revolution)단계이다. 여기에서 민족해방은 무엇인가? 한국혁명은 미 제국주의의 침략에 반대하고 민족모순의 해결을 위한 민족해방혁명(NLR)인 것이다.

　한편 여기서 '민중민주주의혁명' 은 미 제국주의의 앞잡이들인 지주, 매판자본가, 반동관료들과 그들의 파쇼 통치에 반대하여[6] 계급모순을 해결하기

---

5) 한국민족민주전선이라는 지하방송을 통하여 "변혁운동의 새로운 도약을 위하여" 라는 논설에서 식민지반자본주의사회론을 수정 보도하였다고 전해진다(1988. 2. 17.). 그러나 북한은 이미 5차 당대회에서 남한사회를 '식민지반자본주의사회' 로 규정한 바 있다(1970. 11.).

6) 여기서 파쇼(Fascio)란 제1차 세계대전 이후 이탈리아에서 태동한 극단적 극우정치이념인 파시즘(fascism)의 별칭이다. 파시즘은 극단적 민족주의, 독재, 노사협조주의, 침략적 조국지상주의를 특징으로 한다. 극단적 반공주의, 배외주의, 사회생활의 전면적 통제와 국가간섭

위한 민중민주주의혁명(PDR)을 말한다. 이들의 전략목표에 따르면 선(先) 미제 축출, 후(後) 그 하수인인 남한 정권 타도로 설정하고 있다. 즉 침략세력 인 미국이라는 외세 제거를 매우 중시하고 있다.

이제 혁명동력의 역량 편성을 살펴보자. 주력은 노동자, 농민, 청년학생, 진보적 지식인, 그 전위당이다. 보조역량은 도시소시민, 애국적 민족자본가, 애국적 군인, 중소 상공인, 양심적 종교인, 동요하는 인텔리층이다. 여기에서 주목할 점은 주력역량의 구성이 변화해 왔다는 점이다. 북한이 상정하고 있 는 남한혁명의 주력군은 노동자와 농민이었다. 그러나 1985년 7월 '통일혁 명당의 소리'를 개편한 '한국민족민주전선'의 결성 이후 그 동안 보조역량 의 제1 순위였던 진보적 청년학생을 주력군으로 포함시켰다. 진보적 청년학 생의 선도적 역할을 감안한 것이다. 이것은 혁명의 주력군 중 노동자계급의 영도적 역할을 포기한 것은 아니며 이를 기본동력으로 계속 강조하는 것이 다. 이어 1993년 8월에는 또 하나의 보조역량인 '진보적 인텔리층'을 혁명의 주력군으로 설정하였다. 이리하여 혁명의 양대 주력군인 노동자·농민에서 3대 주력군인 노·농·청·학으로, 또 다시 4대 주력군인 노동자·농민·청 년학생·진보적 지식인으로 확대, 변화해 온 것임을 알 수 있다.

마지막으로 통일관을 보자. 민족해방파는 미제 축출 후 정권을 타도하고, 광범위한 각계각층 민중의 참여 하에 '민족자주정권'을 수립한 후 고려민주 연방공화국(united states of korea)을 건설함으로써 '하나의 민족, 하나의 국 가, 두 개의 정부, 두 개의 제도에 의한 연방제 방식의 통일'을 달성해야 한다 고 주장한다.

## 2) 민족민주혁명(NDR)론과 노동자계급

민족민주혁명(NDR)론에서는 레닌의 연속 2단계 혁명론을 수용한다. 이들

---

주의로 혁명주체들에게 가장 반동적인 사상 조류로 간주되고 있다.

은 국제공산주의조직인 코민테른 강령에서 제시된 중진국형 혁명전략인 부르주아지민주주의혁명(BDR, bourgeoisie's democratic revolution) 전략을 중심으로 사고한다.

여기서 혁명의 주력군은 노동자계급이며, 동맹세력은 반동 부르주아지와 자유부르주아지를 제외한 민중이다. 당면 변혁의 성격은 남한 정권('파쇼' 정권으로 규정)을 타도하고 미제를 축출한 다음 임시민주혁명정부를 수립하여 민중연합정권인 민주주의민중공화국을 건설함으로써 제1단계 민족민주혁명(NDR)을 완수한다. 북한과는 연방제 통일을 도모한다. 그리고 제2단계에서 본격적인 사회주의혁명을 진행한다는 것이다.

여기에서 제1단계인 민족민주혁명(NDR)은 자본주의적 생산양식을 전면적으로 부정하는 것이 아니다. 즉 자본주의적 토대를 침식하지 않는 혁명인 부르주아 민주변혁이라는 성격의 혁명인 것이다. 1단계 민족민주혁명의 완수 이후 제2단계 사회주의 혁명이 진행된다. 연속 2단계 혁명을 채택하는 이유는 노동계급해방혁명을 완수하기 위한 것이기 때문이다.

한편「사노맹 전술 결의 5호: 김영삼 체제의 성격과 사회주의자의 전술」(1993. 5. 16.)에서는 남한사회주의노동자동맹 재건위의 신전략이 소개되고 있는데, 여기에서는 기존의 NDR론이 전면 부정되고 있다. 이들의 주장에 따르면, 당면혁명은 '사회주의 혁명단계로 성장 진화하는 민족민주 혁명단계'에서 '민족적 민주적 과제를 포함하는 사회주의 혁명단계'로 전환하고 있다는 것이다. 제1단계 혁명을 사회주의 혁명단계로 간주하고 있다는 점에서 반제반독점 민중민주주의혁명파의 1단계 2과정 혁명론을 수용한 것으로 평가되고 있다. 기존 민족민주혁명전략의 전면 수정이라고 평가할 수 있으나, 사노맹은 이를 전술적 전환이라고 밝히고 있다. 그후 사노맹의 공개합법 형식의 조직인 사회당 추진위원회와 민중민주주의파의 대표조직인 민중회의는 '민중정치연합'으로 통합하여 맑스-레닌주의계의 통일전선체를 결성하였다(민정구 엮음 1987).

이 혁명론의 의의는 이들이 이른바 민족자본가 논쟁이나 노동운동 내의 사회민주주의 경향, 또는 자유주의적 경향을 비판한 점에서 일정하게 찾을 수 있다. 그러나 사회발전의 법칙을 실현하는 데 '노예와 주인의 변증법'이 나 '총체성'을 등한시하여 운동세계 내에서 '인정투쟁'을 관철시키지는 못하였다. 이 때문에 성찰성(reflexibility)이나 책무성(accountability)에 대한 논란을 빚어내기도 하였다.

## 3) 민중민주주의혁명(PDR)론과 계급동맹

민중민주주의혁명(PDR)론은 코민테른 강령 중 선진국형인 1단계 사회주의혁명론을 한국 실정에 맞게 변형한 것이다. 원래 인민민주주의혁명(PDR)론은 연속 2단계 혁명을 의미한다. 그것은 제2차 세계대전 이후 동구유럽 및 아시아 국가에서의 사회주의혁명이 진행되면서 반제반파쇼 또는 반제반봉건혁명의 과업을 수행한 다음 사회주의혁명으로 발전해 가는 과도단계(즉 1단계)의 혁명론이다. 남한 내 민중민주주의혁명파의 혁명론은 연속 2단계 혁명인 '인민민주주의혁명'론과 전혀 다른 1단계 혁명전략을 채택하고 있는 것으로 보인다.

- 반제반독점 민중민주주의혁명(anti-imperialism anti-monopoly capital PDR)
- 반제반파쇼 민중민주주의혁명(anti-imperialism anti-fascio PDR)

반제반독점 민중민주주의혁명론은 혁명의 주력군으로 노동자계급을 들고, 동맹세력으로 도시빈민과 빈농을 든다. 전략적 동맹군으로 쁘띠 부르주아지를 들고 있다(허성혁 1988). 이들은 제국주의와 독점자본 및 정권을 동시에 타도하고 나서, 민중연합권력인 '민중민주주의공화국'을 수립하여 '국가기간산업의 국유화, 독점자본의 국유화'를 내용으로 하는 최소한도의 사회주의혁명을 진행하고자 한다. 즉 혁명의 제1과정을 완수하는 것이다. 여기서 중소상인의 사유재산을 인정한다. 제2과정에서 '사적 소유 완전 철폐와 프롤레타리아 독재권력 수립'을 내용으로 하는 완전한 사회주의 혁명을 진행한다는 점에서, 이 혁명론은 '연속 1단계 2과정 혁명론'이라고 평가할 수 있다.

이에 비해 반제반파쇼 민중민주주의혁명론에서는 주력군을 노동자계급에 두고, 현 정권의 타도와 미제를 축출하고 민중민주주의 국가건설을 통해 '사적 소유 전면 철폐와 프롤레타리아 독재권력을 수립하여 사회주의 혁명을 계속 진행'한다는 것이다. 즉 이들은 1단계 1과정 혁명론을 고수한다는 것이다.

결국 민중민주주의혁명파는 연속 1단계 혁명론인 '인민민주주의혁명'의 성격을 유지한다는 것이다. 그래서 연속 2단계 혁명론을 채택하고 있는 다른 정파(민족해방파, 민족민주혁명파, 민족해방 비주체사상파)와 다른 혁명의 성격과 함께 다른 변혁주체를 구성하고 있는 것이다.[7]

## 4) 국제사회주의혁명론과 노동자계급

국제사회주의혁명(international socialist revolution)론은 트로츠키의 영구혁명론에서 기원한 것(Trotsky 1929)으로, 1단계 사회주의혁명론을 취한다. 이 혁명론은 기본적으로 레닌주의, 트로츠키주의에 근거한 것이다. 이것은 스탈린의 일국 사회주의 혁명론과 대립하는 것이다. 이들은 맑스, 엥겔스, 블라디미르 일리치 레닌, 로자 룩셈부르크, 안토니오 그람시의 정통공산주의 노선을 계승한다고 주장한다.

이 혁명의 주력군은 노동자계급이다. 이들은 정권 타도와 미제 축출을 당면 혁명과제로 상정하며, 생산수단의 사적 소유 철폐와 프롤레타리아트 독

_______________

7) 민중민주주의혁명론의 이론적 기원은 레닌의 부르주아민주주의혁명론에서 사회주의혁명으로의 성장전화론에서 비롯된 것이다. 여기에서 제국주의론의 정식화가 이루어졌으며, '4월 테제'가 작성되었다. 그 실천 경험은 코민테른 7차 대회의 디미트로프 테제에 의한 반파쇼인민전선과 인민민주주의혁명의 역사적 경험을 모델로 한 것이다.

재권력 수립을 단 한번의 목표로 설정한다. 이들에 의한 사회주의혁명이 진행되면서 선진국제노동자권력의 지원을 받게 된다. 이들의 북한 평가는 관료 중심의 국가자본주의라는 것이며, 당연히 타도의 대상이 된다. 그래서 북한 노동자계급을 지원하여, 북한 정권을 타도하여 남북 통일 사회주의 노동자 권력을 건설하는 것이다.

국제사회주의 혁명론에서 본 한국 사회의 기본모순은 노동자계급 대 국가 −자본가계급이라는 것이다. 세계적 차원에서 국가자본주의체제를 분쇄하는 영속적인 국제사회주의혁명을 강조한다. 따라서 이들은 단일 국가 내에서의 노농동맹을 부정하며, 소비에트(노동자평의회)를 건설하여 세계연속혁명을 추구한다.

## 5) 반제반독점 민족해방민중민주주의혁명과 기본역량

반제반독점 민족해방 민중민주주의혁명(anti-imperialism anti-monopoly capital national liberation people's democratic revolution)은 연속 2단계 혁명을 추구한다. 제1단계에서는 노동자계급을 기본역량(주력군)으로 하고 각계각층의 민중을 보조역량으로 하여 미제와 독점자본, 남한정권을 동시에 축출하여 노동자계급과 민중 주도의 민중정권을 수립한다는 데 목표를 둔다. 이들은 제1단계에서 반제 반독점 민족해방 민중민주주의혁명을 완수하며, 2단계에서는 북한과 연방제 통일에 의한 본격적인 통일사회주의혁명을 추구한다고 주장한다. 이 혁명론은 기본적으로 맑스−레닌주의에 입각한 것인데, 논의를 보면 북한의 민족해방혁명론의 성격을 일부 수용한 것으로 보인다. 이들은 계급투쟁에 의한 비평화적 수단과 방법을 부인하지 않는다. 그러나 아무런 준비나 대책도 없이 변혁주체의 형성을 운위할 수 없다. 정치, 경제, 사회 혁명을 하기 위한 제반 조건을 역사적으로, 구체적으로, 논리적으로 검토하지 않으면 안 된다.

이상과 같은 변혁주체론의 차이와 구별, 분화는 어디에서부터 시작되는가?

그것은 첫째, 의식화단계에서부터 비롯된다고 지적할 수 있다. 과학적 세계관과 역사관, 새로운 사회에 대한 역사의식과 비판의식을 학습하고 터득하는 과정에서 교육과정이나 인적 연결망에 따라 변혁주체론의 선택이 달라진다. 따라서 의식화는 지하모임에서의 의식화, 세미나, 오리엔테이션 등의 공개적 의식화에 따라 내용과 속도가 결정된다. 의식화 또는 학습과정은 1단계 현실 비판 단계에서는 저항의식의 고취나 비판정신의 함양에 둔다. 2단계에서는 기성 체제 부정과 사회주의 이념이 주입되며, 3단계에서는 혁명이론과 전략, 전술뿐만 아니라 물리적 수단과 방법에 대한 이해에 중점을 둔다.

둘째, 조직 결성과 동원으로서의 조직화단계에서도 변혁주체론은 달라질 수 있다. 조직과정의 초기단계에서는 소규모 의식화그룹을 형성하지만, 2단계에서는 분야별 지도부, 3단계에서는 전국 규모의 지역별 지도부를 구성하고자 진력하며, 마지막 단계에서 지하 전위조직이나 정치조직의 구성을 목표로 한다. 예를 들어 NL주체사상파는 1992년 조선중부지역당사건, 1994년 구국전위사건을 통해 이런 시도를 한 것으로 보인다. NDR, PDR, NL비주사파는 진보정치연합, 진보학생연합, 남한사회주의노동자동맹 등을 결성하였다. 이들 전위조직의 성원 모두가 억압적 국가기구의 포로가 되었고, 조직은 와해되었다. 국가보안법이 제정되었던 '1948년 체제'가 의연히 위력을 발하는 순간이었다.

## 3. 한국 노동운동사와 변혁주체논쟁

일본 제국주의 하에서 사회운동은 '신간회'라는 형태로 양대 운동노선이 합작하기도 했고, 의열단과 같은 무장투쟁의 형태로 또는 임시정부 형태로 존재하기도 했다. 이들은 '민족해방'을 위한 민족주의노선과 '계급해방'을 위한 사회주의노선으로 나뉘어 서로 경합하면서 이합집산을 거듭하여 왔다. 공동의 적과 대항하기 위해 연합전선을 구축하기도 하고, 통일전선을 모색하기도 하였다. 이때에는 제국주의 타도와 민족독립이 최우선 과제였다. 일제가 물러 간 뒤에는 일정한 '해방공간' 하에서 일면 독립국가 형성과 일면 사회주의 건설 투쟁이 전개되었다. 1948년에 들어와 한쪽에는 기만적 자유주의정권 또는 파시즘정권이, 다른 한쪽에는 인민민주주의정권이 들어서게 됨으로써 체제 간 대립이 격화되어 급기야 내전이 일어나게 되어 국토분할과 민족분단이 고착화되었고, 엄청난 민족상잔의 비극이 벌어졌다. 그래서 1950년대에 사회운동세력은 침체와 궤멸의 과정을 겪을 수밖에 없었다.

1960년 4월 혁명을 통해 짧은 기간동안 일부 정치세력들이 '혁신계'라는 이름으로 활동을 재개하였으나 곧 군사쿠데타의 철퇴를 맞고 정치적 결실을 볼 수 없었다. 이 과정에서 조국통일운동은 민족통일학생연맹과 민족자주통일중앙협의회을 중심으로 전개되었다. 이들은 통일운동의 방향과 주체에 대한 논쟁을 거치면서 대부분 청년, 대학생을 기본으로 하고 일부 진보적 성향의 혁신계 인사들이 주를 이루었다. 이 가운데는 사회민주주의자나 구 사회주의자들도 포함되어 있었다. 그러나 군사쿠데타의 발발로 모두 조직 해체(organizational de-alignment)를 강요받고 지지자들로부터 소원해지게 되었다. 그래서 변혁운동집단은 1960년대의 지하활동기를 거쳐 사라진 듯이 보였다(조희연 1990).

그후에도 청년, 학생, 지식인들이 참여한 것으로 알려진 민족주의비교연구회(1963년 결성, 67년 수사 발표), 인민혁명당 조작사건(1964년), 동베를린간첩단 조작사건, 불꽃회사건(1967년 7월), 통일혁명당 창당준비위원회사건(1964년 3월 결성, 1968년 7월 발표), 조선해방전략당사건(1969년) 등이 발생하였다.[8] 이들은 노동운동을 주요 세력으로 설정하고 있었으나 별다른 조직적 연계를 갖지 못하고 있었다. 그래서 이 글은 변혁주체론을 노동운동론의 사례로부터 검토해 보려는 것이다(김용기 · 박승옥 편 1989; 김영수 1999).

이하에서 소개할 기존 노동운동론에 대한 평가작업의 의미로는 첫째, 노

---

8) 세칭 동베를린간첩단사건은 철학전공의 한 독일 유학생의 북한 방문 고백이 간첩단사건으로 비화된 것이라고 한다(『한국일보』 2003. 05. 29.).

동운동의 발전을 위한 다양한 시도와 작업에 대한 역사적 평가와 함께 미래의 노동운동을 위한 새로운 접근과 도전을 위한 교훈을 도출하는 데 있다. 둘째, 세계 수준의 흐름 변화와 국내외 운동 상황을 전면 검토해 봄으로써 객관정세와 상황을 타개할 주체역량에 대한 치밀한 타산과 현실주의적 당면 방침의 수립, 과학적 전망의 확립에 일정한 근거를 마련해 본다는 데 있다.

주지하다시피 사회변혁이란 최고 수준의 정치행위이며 전면적인 사회 변화를 수반하는 것이다. 그것은 때로 종합예술과 같은 경지의 집중과 주도면밀함, 정치한 사회이론과 함께 도덕적 인간과 물리력을 행사할 수 있는 실천을 요구하는 사회적 총노동을 필요조건으로 한다. 아울러 변혁을 요구하고 그것을 성립하게 만드는 시간과 공간에 따라, 국가기구와 총자본의 대응이라는 객관적 조건에 따라 성패가 좌우되는 우연과 필연의 장에서 일어나는 인간행위의 총합이다. 따라서 지난 시기의 변혁주체론에 대한 비판적 평가는 한국 민주주의의 전망과 새로운 사회 발전의 가능성, 대안 체제의 구상에 반드시 거쳐야할 학습과 천착의 한 경로이다.

## 1) 자본주의 체제 저항적 노동운동의 등장 가능성: 1970년대

1970년대는 섬유노동자 전태일 분신사건과 1971년 대통령선거, 1972년 10월 유신을 겪으면서 학생운동과 민주화운동의 발전방향을 둘러싸고 경쟁적 운동론이 대두하였다. 이에 따라 학생운동 안에서는 정치투쟁론과 현장론이 등장하였다. 예를 들어 서울대 한국문학연구회는 정치투쟁의 중요성을 강조하였다. 이에 반해 한국 사회연구회는 노동운동 등 민중운동을 강조하였다. 이미 이때부터 일부 활동가들 사이에서는 생산현장 활동의 활성화를 중요시한 흐름이 형성되고 있었던 것이었다. 반합법운동 공간에서 1974년 4월에는 전국민주청년학생연맹사건과 인민혁명당 재건사건이 일어났다. 비합법공간에서는 1979년 10월에 남조선민족해방전선사건이 적발되었다.

그렇다면 이것은 누구에 의한 누구를 위한 민주화운동이었는가? 이들이 내세운 사회운동의 이념은 제도정치의 한계에 도전하고 기존의 반공보수주의와 개발독재라는 제도정치의 범위를 확대하려는 데 있었다. 1960년대부터 민족주의 성향의『사상계』와 1970년대 자유주의 성향의『창작과 비평』등이 비판적 지식인들의 인식 지평에 일정한 영향을 미쳤다.

특히 1970년대 반독재 민주화운동은 매우 억압적인 군사파시즘 치하에서 운동양식으로서의 성명서 발표와 항의 단식 등 운동 노선과 운동 방법의 측면에서 많은 외적 제한과 내적 한계가 적지 않았다. 자유주의적 민중론의 대두와 함께 중산층논쟁과 경제개발논쟁 등이 있었고, 정치경제학 등 비판경제학의 논의는 자본주의 저항적 노동운동의 출현과 함께 민중지향적 '민족경제론'이 제기되면서 혁명이론의 단절로부터 '계승과 극복'의 과제를 떠안게 되었다. '해방공간'에서 국내 발간된 정치경제학 저작들이 학습자료로 활용되었다. 이 시기 일단의 지식인들에 의한 '민중'의 발견은 이후 변혁주체론의 담론 형성에 일정한 지적 공간을 확보할 수 있게 해 주었다(한국신학연구소 편 1984).

민주노조운동을 중심으로 1970년대 노동운동론에 대하여 살펴보자. 한국노동운동사에서 1970년대의 의미는 다른 무엇보다도 그 이전 시기와 뚜렷이 구분되는 중대한 전환의 시기였다는 점이다. 한 섬유노동자의 분신 사건 이후 민주노조운동의 맹아가 싹트기 시작하여 자본주의적 산업화에 대항하는 노동운동이 개시되었다. 그래서 오늘날 한국 노동조합운동의 지형과 노동운동의 성격은 1970년대부터 그 원형이 형성되었다고 평가할 수 있다. 바로 여기에 1970년대 민주화운동의 역동성과 민중성이 드러난다. 또한 민주노조운동 참여자들의 현재성에 주목해야 한다는 점이다. 이들이 생활 속의 민주주의 운동과 지역자치운동, 여성운동과 소수자 인권보호운동 등에 참여하고 있다는 점에서 1970년대의 민주노동조합운동은 현재 진행형의 사회운동이다. 따라서 변혁주체론의 시각에서 1970년대 노동운동에 대한 정확하고 상세한 이해의 필요성이 제기된다.

그렇다면 왜 1970년대가 한국노동운동사에서 그렇게도 중요한 전환의 시기였는가? 왜 1960년대가 아닌 1970년대에 민주노조운동이 등장하여 기존의 어용 한국노총 체제에 반기를 들고 격렬한 저항을 하기 시작했는가? 왜 1970년대의 전태일 항의분신투쟁과 민주노조운동을 기점으로 비로소 한국에서 진정한 의미에서의 노동운동이 시작되었다고 이야기되는가? 왜 1970년대에 이르러서야 비로소 노동자들은 민주노동조합을 조직하고 국가와 자본가의 억압과 착취에 맞서 싸울 수 있는 자각과 의식의 각성에 이르게 되었는가?(박승옥 2002). 이런 질문들은 민주노조운동의 발생조건과 성장배경을 이해하는 것에서부터 출발해야 한다.

당시 남한 노동운동을 제약한 역사적 조건으로는 1) 8.15 이후부터 1960년대 이전까지의 해방과 남북한 민족 분단, 한국전쟁, 그리고 격렬한 좌우대립의 경험, 2) 반공주의, 국가주의, 군사주의라는 지배이념, 3) 노동자계급의 낮은 권리의식과 정치사회적 조건을 들 수 있다. 이런 객관적 조건은 노동운동을 민중운동의 중심으로, 사회변혁의 주체로 노동자계급이 설정되기에 너무나 엄혹한 조건을 이루게 만들었다.

위와 같은 불리한 여건 속에서 1970년대 이후 민주노조운동의 발생조건과 성장 배경을 살펴보면 다음과 같다. 그 첫째 조건으로는 노동자들의 숫자가 급격하게 늘어났다는 점이다. 한국 사회는 농업 중심의 사회에서 공업 중심의 사회로 탈바꿈하였다. 1962년부터 1975년까지 무려 750만 명에 이르는 농촌 인구가 대도시로 이주하여 경제활동에 참여하게 됨으로써 한국 경제 개발의 압축 성장과 대도시화, 산업화가 진행되었다. 그래서 산업세계는 임금노동자들의 급증과 고용기회가 확대되는 추세에 있었다.

둘째, 청년노동자의 분신 사건으로 노동자들은 생존권 보장과 인간다운 삶을 찾기 위한 노동운동의 정당성을 마련해 가기 시작하였다. "우리는 기계가 아니다! 일요일은 쉬게 하라!", "근로기준법을 지켜라!" 1970년 11월 13일 전태일의 분신은 산업화의 진전에도 불구하고 개발독재에 의해 제압을 당해 왔던 이와 같은 금기와 억압의 상황을 뚫고 밑에서부터 폭발한 한국노동운동의 일대 사건이었다. 그것은 인간으로서의 최소한의 요구조차 하지 못하

던 암흑의 상황에서 깨어나 눈뜨기 시작한 노동자의 절절한 인간선언이었다
(조영래 1983).

셋째, 그야말로 허울뿐인 노동조합이었을 뿐만 아니라 나아가 국가와 자
본측의 노동통제 기관이었던 한국노동조합총연맹과 산업별 노동조합연맹
에 대한 이의 제기가 시작되었다. 한국노총의 전신인 대한노총은 우익 정치
인과 자본가, 미군정의 지원을 바탕으로 반공투쟁을 통하여 기존의 노동조
합운동을 분쇄하는 정치적 기능을 행사하는 노동단체적 형식을 취한 사실상
반공청년단체였다. 4.19 이후 전국 노동조합 협의회와 같은 민주화 시도가
있었으나 5.16 쿠데타 이후 좌절되었다. 전태일의 분신 이후 굴종의 기성체
제에 저항하는 데 눈을 뜬 노동자들의 조직적 진출은 기존 한국노총의 어용
노동운동과는 전혀 판이한 성격의 새로운 노동운동, 나아가 새로운 형태의
민주주의 운동을 예고하는 것이었다.

따라서 민주노조운동이란 노동조합이 아닌 현장노동자들 중심의 투쟁, 노
동자들의 공동시위를 비롯한 각종의 공동투쟁 등을 지칭하는 고유명사의 의
미를 지녔다. 노동자는 기계가 아니라는, 노동자도 사람이며 고귀한 삶을 누
릴 권리와 자유가 있다는 인간선언은 바로 70년대 민주노조운동을 관통하는
이념이자 주제어였다.

그러나 민주노조운동의 중요한 진전과 성과에도 불구하고 민주노조 조합
원과 대부분의 간부들은 한국의 정치경제에 대한 사회과학적 인식이 심화되
어 있지 않았다. 조합원에 대한 의식화작업이나 교육은 노동자의 권리의식
고취나 개량주의적 수준의 의식화의 장으로 한정되었다. 활발한 일상투쟁과
경제투쟁을 통해 거둔 성과를 계급적 자각과 정치투쟁에 대한 인식으로 발
전시키지 못하였다. 도시산업선교회 등 기독교교회 관련인사들의 개량주의
적 · 조합주의적 · 기회주의적 영향을 노동운동 내에서 극복하지 못하였다.
경공업의 여성노동자들을 조합원으로 하여 노동조합을 결성 · 운영하면서
민주노조로서의 운동역량을 다른 노동자들에게 확산시키지 못하였다. 그리
고 조직보존논리에 매몰되어 고립 분산적으로 활동하고 연대는 친목적인 수

준에 머물렀다. 1970년대 노동운동의 이런 한계와 문제는 지식인들의 책임이 큰 것이었다.

1970년대 민주노동운동의 현재적 의미를 변혁주체론과 관련시켜 정리해 보면 민주화운동의 '자유화'와 '사회화'에 기여하였으며, 조직내 소모임 활동의 중요성을 강조하였고, 노동조합 활동가들의 헌신성과, 노동조합의 자주성과 민주성의 중요성, 민주화운동과 민주노동운동의 연대, 정치민주화와 산업민주화의 관련성을 제고해야 한다는 점을 잘 보여 주고 있다.

## 2) 변혁운동의 주체로서의 노동자계급운동: 1980년대

1980년대는 변혁주체론과 관련하여 '백화제방의 시대'라고 요약할 수 있다(편집부 1988). 1979년 10월 철권통치를 하던 장기집권체제가 일거에 붕괴되었지만, 1980년 '서울의 봄'과 광주전남민중항쟁은 군 토벌대의 유혈진압으로 일단락되었다. 운동과 과학의 조우는 변혁지향적 사회운동과 비판적 · 진보적 사회과학의 치열한 만남을 말한다. 즉 1960~70년대의 민족민주화운동은 소시민적 성향에 안주할 수밖에 없었던 사정이 존재하였지만, 1980년 초반의 광주항쟁의 정치적 실천을 반추하면서 현단계 변혁운동의 역사적 성격과 의의 및 방법에 관한 근본적인 인식 전환, 패러다임의 이동이 이루어진다. 종래의 관점과 방식으로는 권력이동이나 정권교체가 불가능하다는 인식이 움트고 대안체제에 대한 접근이 이루어지게 된 것이다. 그 중에서도 사회변혁의 담지자인 변혁주체에 대한 새로운 관심과 주체의 재발견은 획기적인 것이었다. 예를 들면 '투쟁하는 노동자', 또는 '일하는 투사'의 발견을 들 수 있다.

1980년대 노동운동론을 변혁주체론과 관련시켜 논의해 볼 때 1980년대의 운동사적 의미로, 사회운동의 엄청난 양적 증폭과 질적 비약, 1950년 이후 전후세대의 마감, 노자분쟁(勞資紛爭)의 본격화, 사회변혁운동의 재등장과 변혁운동의 중심으로서 노동운동의 재발견과 민주화의 진전을 들 수 있다.

1979년 10월 독재자 박정희의 시해사건 이후 상대적으로 이완된 유동국면에서 노동자 대중의 자주적 진출은 노동조합 신규 결성, 어용노조 규탄, 임금인상투쟁으로 점철되어, 1970년대 민주노조 중심의 '노동기본권 확보 궐기대회' (1980. 5. 13. 한국노총회관)로 1980년 '서울의 봄' 을 마감하게 되었다. 이런 와중에 노동운동가와 학생운동가들이 만나 '전국민주노동운동연맹' 의 조직화 시도가 있었다. 그것은 변혁지향적 지식인들이 중심이 되어 노동운동 외부에 민주적 노동운동의 중심체를 만들려는 시도였다. 그래서 비공개 조직으로, 공식성을 띠기 위한 규약의 제정과, 전국 단위의 중앙위원회 및 지역별 지부와 지회 구성의 논의가 있었다. '민주집중제' 에 의거하여, 조직내의 노동자 대 지식인의 비율을 6 : 1, 남여 성비는 4 : 1로 하는 조심스런 시도였다. 이것은 지도와 피지도, 대중과 전위, 평등과 연대에 대한 새로운 접근이었다.

이 사건의 의의는, 1) 1970년대의 경제주의를 넘어선 변혁지향적 입장, 2) 노동운동과 타 운동과의 관련 중시—학생운동을 문제제기 집단(보조세력)으로, 노동운동을 문제해결집단(중심세력)으로 규정, 3) '정치투쟁론' 과 '현장준비론' 이라는 두 흐름 사이의 대립을 조직 차원에서 통일시키려는 시도로 70년대 민주노조 출신의 현장 투쟁경험과 학생운동 출신의 과학적 운동론을 결합시기려 했다는 데 있다. 이들의 목표는 노동 3권(단결권, 단체교섭권, 단체행동권) 보장, 최저임금제 실시, 8시간 노동제 확립 등 합법적 경제투쟁을 수단으로 기존 노조의 민주화, 제2 노총 지향에 있었다. 이들의 활동과 성과는 주요지역에 활동가 확보 및 체계적 학습과 토론에 있었다. 그러나 문제점을 보면, 1) 민중역량에 대한 관념적 평가, 2) 지역 및 단위 사업장 기반이 미흡한 상태에서 전국 규모의 하향식 조직방식 채택, 3) 조직 구성원의 현장 기반이 취약함, 4) 운동 주체들의 정치의식이 결여 등 여러 가지 한계를 지닌 것이었다.

1980년 초부터 경인지역의 생산현장에 변혁주체의 형성을 위한 소그룹 모임이 시작되었다. 학생운동 및 종교권의 지원 하에 소모임 학습과 노동 야학의 성행, 대학생들의 방학을 이용한 공장활동과 현장으로의 투신이 시도되었다. 이 소그룹 운동론은 1) 소그룹의 육성, 공개적인 교육의 장을 확보하고 단위 노조의 결성과 전단 배포를 통한 대중성 확보, 2) 직업적 노동운동가의 교육과 훈련에 의한 지도성 확립, 3) 노동자들 사이의 지역단위 차원의 연대와 민주세력과의 연합을 시도하는 데 있었다. 이 소그룹운동의 성과는 자취방 야학과 민중교육 교재의 출간, 지역 단위의 결속과 노조 결성의 시도에 있었다. 그러나 문제점으로 학습활동을 통한 인텔리겐챠(intelligentsia)적 노동자로의 변모, 구체적 대중운동에 대한 전망 부재와 조직보존 논리에 따른 투쟁 회피, 폐쇄적 소그룹 주의라는 비판이 제기되었다.

1980년대에는 야학운동도 변혁운동을 위한 시도로 전개되었다. 노동자 야학의 변화과정을 보면 문맹 퇴치 등을 목적으로 일본제국주의시대 이후 식민지 민족해방운동과 노동운동, 지식인들의 계몽주의운동 차원에서 지속되어 왔던 역사적 흐름을 이루어 왔다:

검정고시 야학 → 생활야학(과도기적 형태) → 노동야학 → 자취방 야학.

1980년 노동야학은 학생운동 내의 '현장론'의 연장에서 야학노동자와 강학(講學, 대학생)과의 만남이 이루어진 것이었다. 노동자는 의식화의 과정을, 대학생들은 민중성 획득의 계기가 되었고, 졸업생 후속모임을 통한 노동자소그룹의 모델을 만들어 냈다.

이 야학운동의 성과로는 노동 현장에서의 민중교육과 사회과학적 인식의 확산, 노동자 권리의식의 제고를 들 수 있다. 그러나 문제점으로 1) 야학이라는 특수한 조건에서 교사와 학생이라는 관계로 접촉하게 된 데서 오는 약점('대학생화된 노동자'), 2) 1984년 6월경 '야학연합회' 사건으로 학생운동과 노동운동의 연결고리를 단절시키기 위한 탄압의 계기가 되었던 점, 3) 노동교육의 자질을 덜 갖춘 강학들의 문제, 4) 섬유업체, 영세 하청업체 노동자 및 도시빈민층의 교육대상들이 가진 한계(노동운동보다는 배움 자체에 대한 열망)와 함께 중공업 부문 노동자들을 대상으로 하지 못하였다는 점, 5) 산업현장 또는 노동현장을 운동권 학생들의 예비훈련장으로 인식하는 경향이 존재하였다는 점 등이 지적되었다.

1980년 5월 민간인 집단학살 이후 지배체제를 정비한 신군부 독재세력의 국면 전환은 민중운동세력에게 객관적 정세 변화에 대한 평가와 대응을 요구하였다. 1983년 말 이후 군부독재에 의한 유화국면의 조성은 첫째, 노동운동을 비롯한 전체 민중운동 역량의 점차적 회복, 둘째, 남·북한 간의 현상유지를 위한 미국과 일본의 긴장 완화 요구(신자유주의와 신보수주의), 셋째, 한국 자본주의의 위기에 대한 지배진영의 경제정책 전환, 넷째, 국회의원 총선거를 대비한 독재정권의 '유화정책'을 배경으로 한 것이었다.

이런 '유화정책'에 대한 시각과 이에 대한 평가는 크게, 더 큰 탄압과 통제를 위한 미끼로서의 '함정론', 민중운동이 쟁취한 측면을 주요한 것으로 보는 시각으로서의 '활용론'과 이완된 정세를 활용해야 한다는 당위성으로서의 '활동론'으로 나뉘어진다. 이런 시각과 평가의 차이는 1970년대 이후 한국 사회운동의 두 가지 맥과 함께 1980년대 초의 잠복론(준비론)과 적극 투쟁론, 소그룹 운동론과 지역 노동운동론, 1985년대의 '정치적 대중조직론'을 둘러싼 논쟁과 매우 밀접한 관련을 맺는다는 점에서 변혁주체론의 시각에서 음미해 볼만한 이유가 있는 것이다.

이 시기에 있었던 노동운동의 흐름을 보면 첫째, 한국노동자복지협의회의 창립(1984. 3. 10.)을 들 수 있다. 이들은 1970년대 민주노조세력이 결집한 것으로, 1983년 말의 블랙리스트 철폐투쟁 등 '비조직적이고 고립분산적인 한계를 극복하고 노동운동의 주체성, 통일성, 연대성'을 중시했으나 노동법 개정운동 이외의 뚜렷한 활동을 하지 못하는 한계를 드러내었다. 둘째, 한국기독노동자총연맹의 창립(1985. 2. 3.)을 들 수 있다. 이들은 앞의 조직에서 벗어나 산업선교회 관련 개신교 신자 중심의 노동자 조직이었다. 셋째, 노동운동탄압저지투쟁위원회의 결성(1985. 4. 10.)을 들 수 있다. 이들은 지식인 출신 활동가와 경인지역의 해고노동자가 중심을 이루었다. 이들은 세계 노동절에 영등포에서 가두투쟁을 전개함으로써 그 존재를 내외에 과시하였다(1985. 5. 1.). 넷째, 구로지역 노조민주화추진위원회연합의 결성(1985. 6. 1.)

을 들 수 있다. 이들은 노조 및 민주노조 추진역량의 결집이라고 할 수 있다.

이와 같은 여러 유형과 흐름의 노동운동의 전개는 생산지역 정치투쟁론의 대두로 점차 이전의 한계와 문제를 극복하면서 변혁지향적 주체 형성을 본격화하게 된다. 1984년 5월 18일과 25일 구로공단지역에서 대학생들의 가두시위가 전개되었다. 이들은 "1980년 주요 투쟁을 겪으면서 비약적으로 성숙하여 이제는 행동화 단계에 이르고 있는 기층 민중의 잠재적 에너지가 혁명적 연대투쟁을 요구하고 있으며, 그 요구는 오직 기층 민중(특히 생산지역) 속에서의 공개, 비공개 투쟁으로서만 충족될 수 있는 것"이라고 주장하였다.

이 정치적 노동운동의 성과는 1980년 이후 최초의 생산지에서의 투쟁이었으며, '정치투쟁'(가두투쟁)의 초기 인식의 전형을 보여 주었다는 평가를 받았다. 즉 노동운동에서의 경제주의와 노동조합주의를 극복하기 위한 목적의식적 정치투쟁의 중요성을 강조하였다는 점이다. 그러나 문제점으로 주관주의와 수동적 대중관, 노동대중의 삶의 공간인 생산지를 활동가나 학생운동의 정치투쟁 공간으로 설정하는 등 쁘띠 부르주아적 운동관을 드러내었다는 지적을 받았다.

그후 노동운동 내에서는 소그룹 노동운동론과 지역 노동운동론의 경쟁으로 발전하게 되었다. 변혁주체로서 노동계급운동의 발전을 위해서 지도와 피지도, 대중조직과 전위조직 간의 관계 설정이 무엇보다 중요하게 운위되는 시점이었다.


1) 소그룹 노동운동론 : 초기 단계에서 사전준비 역량을 중시하고, 일정한 수준의 비합법 투쟁 및 정치투쟁을 불사하는 역량을 갖추어야 하며, 친목적 소그룹에서 경제투쟁적, 정치투쟁적 소그룹으로 발전 단계를 거쳐 소그룹 활동의 성장에 따라 지역 노동운동은 자연스럽게 전개된다고 상정하고 있었다.

2) 지역 노동운동론 : 당시 노동현장 내 활동가의 문제로 대중의 자연발생적 투쟁을 조직하여, 지도하지 못하고 있으므로 먼저 기업별 노동조합의 한계를 넘어서 지역별, 산업별 노동운동의 지도부를 형성하여 노동운동에 대한 탄

압에 조직적, 지역적 투쟁을 전개해야 한다고 주장하면서 활동가들의 협의
체인 지역 협의회 구성을 역설하였다. 여기서 쟁점은 운동의 초점을 대중성
에 둘 것인가 아니면 지도성의 제고에 둘 것인가, 더 나아가 현장(단위사업
장)의 기반을 어떻게 확보할 것인가, 그리고 지역운동의 틀을 구성하기 위한
조건의 창출은 어떻게 가능한가라는 데 있었다.

그후 노동운동론은 대중정치조직의 건설과 대중정치투쟁의 전개에 역점
을 두게 되었다. 노동자 대중 정치조직은 처음 서울노동운동연합의 출범에
서 비롯된다(1985. 8. 25). 이 조직은 청계피복노조(1984. 4. 8. 복구), 노동운
동탄압저지투쟁위원회, 구로지역노조민주화추진위원회연합, 노동자연대투
쟁연합(1985. 7. 23.)이 결합한 연합체였다. 그후 인천지역노동자복지협의회
(1985. 2. 7.), 인천지역노동3권쟁취위원회(1985. 9. 7.)를 중심으로 인천지역
노동자연맹이 결성되었다(1986. 2. 7.). 이들은 "노동조합의 한계를 명백히
인식하여 제도노동조합을 넘어선 노동운동의 정치적 성격을 분명히 하는 노
동자 대중정치조직"으로 자신의 조직 위상을 설정하였다.
노동자정치조직으로 서울노동운동연합 등장의 계기가 되는 구로지역 노
동자연대투쟁의 전개는 이후 노동운동 내에서 변혁주체로서 노동자계급운
동의 가능성과 현실 조건을 잘 드러내 주는 것이었다. 1985년 임금인상투쟁
을 통해 현장역량을 강화하고, 상호 연대활동 및 전체 노동운동과의 연대를
모색하자 군부독재의 공권력은 대우어패럴 노조 위원장과 간부 3명을 구속
하였다. 이에 항의하여 대우어패럴, 효성물산, 선일섬유, 가리봉전자, 부흥사
노조가 동조파업에 돌입하고 농성투쟁을 전개하였다. 더 나아가 세진전자,
롬코리아, 남성전기 노동조합원들이 작업 후 농성투쟁에 가세하였다. 멀리
마산지역의 통일산업노조에서 노동자들이 대책을 협의하자 상임집행위원
간부 19명이 경찰에 연행되어 위원장과 사무장이 구속되고 말았다. 이 노동
자 연대투쟁 이후 30여 명의 노동자가 구속되었고, 20여 명이 불구속 입건되
었으며, 노동자 1천여 명이 해고 및 강제사직을 당하고 말았다.

이 투쟁은 1) 노동조합주의와 조직보존주의를 극복한 연대투쟁이며, 2) 현장대중의 조직적 투쟁이고, 3) 한국전쟁 이후 처음으로 노동운동의 정치투쟁적 성격을 나타내었으며, 2) 노동조합 이외의 노동자조직 형태를 제시하였고, 3) 모험정신을 수반한 노동운동의 서광을 보여 주었다는 점 등에서 매우 적극적인 평가를 받았다.

구로동맹파업 이후 정치적 노동운동론이 제기되었다. 이들에 따르면 "이 싸움은 법적 제도적 한계를 극복하며 성장해 가던 민주노조들이 탄압에 맞서 자주적인 노동조합을 사수하려 했던 첨예한 정치투쟁이었고, 기업별노동조합주의를 극복해 가는 선진적 노동대중의 연대투쟁이었다"는 것이다. 즉 노동운동 내부의 경제주의와 써클 차원의 고립분산적 조직운동에 커다란 문제를 제기한 사건이었다.

그러나 이 사건의 문제점으로 노동자의 생존권 및 여러 가지 권리 투쟁을 무조건 정치투쟁으로 끌어올리려는 조급한 정치주의적 편향을 보였고, 경제투쟁과 제도개선투쟁을 경시하는 경향이나, 정치투쟁의 전망을 제시한 조합주의적 정치투쟁이었다는 지적이 나오기도 하였다. 여기에서 대중정치투쟁론(선도정치투쟁론)에서 말하는 정치투쟁의 의미는 정치적 폭로와 선동을 통해 적의 정당성과 정통성을 공격하고, 또 이를 통해 대중의 정치의식을 고양시켜 정치투쟁에 대중참여를 유도하고 실현시키는 것이라는 것이다.

이 시기에 출몰하였던 다양한 변혁운동론의 등장과 당면과제(전략과 전술)의 방향을 둘러 싼 학생운동 내외의 논쟁과 조직노선의 경합은 예컨대 당면과제로 민족자주화와 반파쇼민주화 등이었다.

이런 변혁운동의 흐름과 노동운동의 본격적이고 대중적인 조우는 1986년 5.3 인천시위운동으로 나타났다. 이 시위운동은 정통보수야당의 개헌투쟁의 장을 활용하여 그 동안 운동 내부에서 운위되어 왔던 민족문제 인식의 심화와 반제국주의론 등장의 계기가 공개적으로 마련되었을 뿐만 아니라, 1980년대 이후 잠복해 왔던 다양한 정치사상과 변혁운동론이 등장하여 '한국 사회성격을 어떻게 규정할 것인가?', '민족해방과 계급해방, 민주주의변혁은 누구에 의해 어떻게 실현할 수 있는가? 라는 문제의식이 확산되는 계기를 이루었다는 점이다.

이 시기에 상기한 대중정치조직에 대한 남서울노동운동연합의 비판이 제기되었다. 그 골자를 보면 노동자 대중정치조직은 조직 내부 민주주의의 부재와 계급적 이기주의의 귀결인 패권주의적 양상이 드러났으며, 당면한 대적투쟁의 통일과 집중의 문제에 대한 소아병적 조직 이기주의의 노정과 함께 전위조직과 대중조직의 혼동, (후진)노동자대중의 조직화와 노동운동에서의 노동조합의 활용 가능성에 대한 지나친 과소평가 등을 나타내었다고 지적하였다. 이에 대한 대안으로 공장 내 대중선동과 경제투쟁의 활성화를 위한 노동조합을 기반으로 하는 다양한 대중조직의 정립과 그것을 지도하는 지역 노동자 전위조직의 건설을 제시하였다.

또한 민족해방민중민주주의론의 시각에서도 대중정치조직에 대한 비판을 가하였다. 즉 그들은 노동자 대중의 사상의지를 변화시키기 위한 올바른 정치선동의 실패, '노동운동의 자주성'을 좌편향적으로 곡해하는 쁘띠 부르주아적 모험주의, 그 귀결로서의 계급 이기주의적일 수밖에 없는 정치노선의 부재, 무원칙한 지역주의 등을 보였다는 것이다. 그래서 지역단위의 실천이 일천한 조건에서는 지역소조를 중심으로 하는 대중정치조직은 노동자대중의 사상과 의지를 실천적으로 변화시킬 수 없다라고 지적하였다. 이에 대한 대안으로 '노동조합–혁명소조–세포'라는 조직체계를 제시하고 기존의 그룹과 활동가들은 이에 따른 전문화와 재편이 필요하다고 주장하였다.

이와 함께 노동자계급의 자주적 대중조직으로서의 노동조합을 둘러싼 여러 논의도 진행되었다. 그것은 다음과 같다.

1) 비공개 노조의 합법노조론 : 노동자 대중조직 건설은 파시스트 탄압 아래에서 비공개적으로 하고, 결성된 노조의 합법적 영역 확보와 합법성을 힘으로 쟁취해야 한다. 이를 위해 노조준비위원회를 노조의 '예비조직'으로 삼고, '정치소조(혁명적 소조)–노조–세포–당'이라는 조직 구조를 상정한다.

2) 노동조합이 없는 경우 투쟁위원회 조직론 : 합법적 노조가 없을 경우 노조활
동을 대행할 수 있는 투쟁위원회를 구성하고 상설적인 노동자 권익쟁취 투
쟁위원회를 조직해야 한다. 경제투쟁의 지속적이고 광범위한 전개를 위해
자주적 대중조직의 건설이 필요하며, 노조가 없더라도 대중의 요구와 불만
을 결집한 투쟁을 수행해야 한다.

3) 비합법(비공개) 산업별 노동조합론과 혁명적 노동조합론 : 산업별, 지역별
비공개 노조체계를 목표로 한다. 지역의 각 써클이 연합하여 지역 노조위원
회를 만들고 그것이 중심이 되어 단위사업장에 비밀노조를 결성한 후 이것
들이 모여 산업별, 지역별 비공개 노조를 만들어야 한다. 혁명적 노조는 일
상의 경제투쟁을 하면서 대중들의 분위기와 준비 정도, 그리고 조성된 객관
적 조건, 운동발전의 요구에 따라 정치투쟁을 벌이는 것이다.

4) 민주노동조합론 : 민주노조 건설위원회의 성격을 띤 비공개 예비조직에서
출발하여 합법과 비합법의 역량을 결집하여 지역별 산별 연합체인 지역 민
주노조연맹(지역민주노조협의회)을 건설해야 한다. 정치투쟁은 정치적 대
중조직이 맡는다. 노동조합의 민주성은 노동조합 자체의 일반적 성격이다.

5) 자주적 노동조합론 : 상기한 비합법 산별노조나 혁명적 대중조직을 주장해
오던 흐름의 변화를 보여준다. 공장 대중의 이익에 봉사하는 것과 공장대중
의 자주성을 높이는 것은 모든 공장 활동 속에서 통일적으로 관철되어야 할
기본 원칙이라는 것이다. 자본가로부터의 자주화를 중시하고, 자주가 민주
보다는 상위의 개념으로 생각한다는 것이다. 이처럼 노동자의 대중조직에
대한 상이한 상의 설정과 이에 따른 노동자 교육 및 조직사업의 전개는 산업
노동자들에게 적지 않은 지적, 의식적 부담을 주었다.

상기한 노동자대중정치조직에 대한 평가에 이어 이를 노동자대중조직인 노
동조합활동에 정치투쟁을 결합, 통일시키기 위한 정치조직론이 제기되었다.

1) 정치적 대중조직론(PMO, political mass organization) : 기존의 대중정치조직

노선의 근본 오류가 전위적 지도의 배제와 조합적 대중조직과 결합 배제, 즉 대중정치조직 만능주의에 있었다고 지적한다. 그래서 지역 노동자 정치투쟁위원회 또는 지역정치투쟁위원회는 전위적 지도가 관철되고, 조합적 대중조직과 결합하는 것을 중시한다. 노동자계급의 선진 대중을 결집시켜 정치적으로 훈련시키고, 후진 대중의 지도자로 만들며, 민중 전체의 적에 대한 투쟁의 전위부대로 나설 수 있게 할 정치조직을 건설해야 한다는 것이다. 이를 위해 정치선동, 대중투쟁(정치투쟁) 조직, 통일전선에 대한 노동자계급의 정치적 대표의 역할을 상정하고, 경제투쟁–노동조합, 정치투쟁–지역정치투쟁위원회로 그 역할을 분담해 본다면 경제투쟁과 정치투쟁의 결합은 노동조합과 지역정치투쟁위원회의 긴밀한 결합 속에서만 가능하다는 것이다.

2) 정치적 대중조직론 비판 : 상기한 바와 같이 경제투쟁과 정치투쟁을 결합해야 한다는 원칙 하에서 경제투쟁이 정치투쟁으로 발전하는 것이지 노동계급의 조직을 경제투쟁조직과 정치투쟁조직으로 구별하는 것은 잘못이며, 전위조직이 대중조직을 지도하는 것이지 학생운동출신 활동가 중심 조직이 전위적 위상을 갖고 대중조직을 지도하는 것은 잘못되었다라고 지적하였다. 대중의 경제적 요구와 정치적 요구는 계급의 생활조건에서 비롯되는 계급적 요구라는 공통점을 가지고 있으므로 그것을 쟁취하려는 운동은 모두 계급투쟁이라는 하나의 원리로 꿰어져 있다.

1987년 노동자대투쟁은 '인간답게 살고 싶다' 라는 구호 아래 '노조 설립, 임금인상, 차별대우 철폐, 민주노조 건설' 등을 요구한 전국적, 대중적 파업이었다. 그것은 한국노동운동의 발전을 위한 역사적 대전환의 일대 사건이었다. 그러나 투쟁은 열심히 하였지만 무엇을 어떻게 요구해야 할지 준비와 경험이 없었고, 노동조합이 주도한 투쟁이 아니었다. 어쨌든 1987년 7월부터 6개월 동안 신규노조 1,400개, 신규조합원 22만 명이 가입함으로써 민주노동조합운동은 커다란 사회적 흐름으로 자리잡아 가게 되었다. 그동안 사실상 사회적 금기로 되어왔던 '파업' 과 경제투쟁이 일반화되면서, 노동조합운동

은 시민권 획득이라는 역사적 의미를 지닌다. 그러나 이 모든 변화가 변혁주
체의 형성을 자동적으로 보장하는 것은 아니었다.

　노동관계법 개정운동을 보더라도 자연발생적 노동운동이 비록 목적의식
적 운동으로 변화, 발전하고 있다고 하더라도 사회변혁에 대한 전망이나 이
를 위한 선도집단이 구성되지 않는 한 노동조합운동의 자기발전조차 보장되
지 않음을 잘 보여준다. 1988년부터 시작된 임금인상 및 단체협약개정투쟁
및 노동관계법 개정투쟁은 한 해도 거르지 않고 지금까지 계속되고 있다. 특
히 노동조합법 제3조 5항(복수노조 금지), 제12조(제3자 개입금지) 등 독소조
항문제가 노조 설립과 운영에 여러 가지 폐해가 심각하였다. 당시 노동관계
법 개정운동의 쟁점은 크게 복수노조 금지, 제3자 개입 금지 , 노조의 정치활
동금지 규정을 모두 철폐하는 데 있었다. 그 중 복수노조논쟁만 살펴보겠다.

1) 복수노조금지 철폐론 : 국가권력이 복수노조 조항을 근거로 '어용' 노총을
　유일한 합법적 조직으로 보장해 줌으로써 노조 민주화 투쟁을 '자리싸움' 으
　로 왜곡시켜 대(對) 자본 및 대 국가권력과의 투쟁에 집중해야 할 노동조합
　운동역량을 대 어용노동자 투쟁에 쏟아 붓게 하여 실질적인 민주노조건설
　을 요원하게 만들고 있다는 것이다. 더욱이 이 규정으로 인하여 노동조합의
　산업별, 지역별 조직으로의 발전을 실질적으로 불가능하게 하고, 어용노총
　을 대체하여 민주적 노조의 전국조직(제2 노총) 건설을 방해하고 있다고 본
　다. 어용집행부에 대한 단일노동조합주의는 그들의 기득권을 유지시켜주는
　방패이다. 그래서 이는 기업별노조체계를 유지하는 근간이 되고 있다.

2) 복수노조 존속론 : 여러 노동조합의 설립 자유는 오히려 자본측에 의해 얼마
　든지 유리하게 사용되어 '민주노조' 를 파괴하는 무기로 될 수 있으며 노동
　조합의 분열을 초래한다. 복수노조 설립이 인정되면 노조의 낮은 정치적, 사
　상적 통일 수준, 어용노조세력 상호 간의 이해 다툼, 기업주와 군부독재의
　노동조합간 분열책동 때문에 노동조합이 각급 차원에서 여러 조직으로 분
　열될 것이다. 민주적인 노동조합과 어용 노동조합간의 조직적 분열, 어용노

조세력 상호 간의 분열, 민주적 어용노조 내의 이견을 둘러싼 조직적 분열이 조합원 대중의 요구와 지향에 상관없이 조합 상층부의 이해다툼에 의해 생겨날 것이다.

이상의 복수노조논쟁은 노동관계법 개정논쟁처럼 단순하게 치부될 수도 있었으나 변혁주체론의 시각에서 또는 개별 정치조직의 입장에서 당시 노동관계법 규정, 법제의 관행, 노동자의 의식 및 조직 수준 등에 대한 나름대로의 평가와 전망 속에서 논전을 전개함으로써 사태해결의 본말이 전도된 듯한 인상을 갖게 하는 사건이었다. 이런 소모적, 자기폐쇄적 논란은 그 후에도 반복되었다.

1980년대 한국의 변혁운동은 학습기를 거쳐 행동화의 단계로 진입하였다. 행동하면서 배우고, 학습하면서 움직였다(doing by learning). 그러나 사회발전의 모순을 집약하기 위한 심오한 논증이나 사회발전의 미래를 구체화한 장기발전상을 제시하는 데까지는 이르지 못하였다. 그래서 대중을 사로잡을 수 있는 이론의 무기를 선취하는 데 실패하였다. 그 외적 요인의 가장 큰 장애는 반민주억압체제였고 그것은 '1948년 체제'였다. 국가보안법체제는 군사반란을 진압하는 과정에서 이를 수습하고 취약한 정당성의 위기를 만회하기 위한 독재정권의 최후의 보루로서 구축되었다. 공산주의 반대를 골자로 하는 이 국가안보 논리는 지배이념의 중추로서 지난 50년 동안 한국 사회를 지배하여 왔다. 특히 1961년 5.16 군사쿠데타 주도세력에 의해 '반공은 제일의 국시'가 되었고 이것에 대항하는 일체의 논의와 움직임은 불순하게 취급되어 사회로부터 격리되었다. 이 결과 변혁주체론이나 체제비판적 노동운동론은 언제나 어디서 비제도권 영역에 국한하여 논의되었다.

돌아 보건대 1980년대 사회운동의 주요 사건은 변혁운동의 연장에서 계기화된 것이라기보다는, 자유주의적 관점에서 국민의 이목을 집중시킬 수 있었던 일반민주주의 투쟁과정에서 촉발되고 비화되었으며 일정한 민주주의 투쟁의 성과로 남겨지게 되었다. 예컨대 1980년 민중항쟁에 대한 국민적, 전

국적 진상규명과 명예회복운동, 노동운동 활동가에 대한 부천서 성폭행고문
과 1987년 대학생 고문치사사건, 직선제개헌 투쟁, 노동 3권 보장투쟁 등은
변혁운동의 요구가 아니라 헌법상 보장된 민주적 기본질서의 회복이나 준수
를 요구하는 수위의 운동이 발전, 비약하면서 이루어진 것이었다.

   그래서 변혁운동의 전개과정에서 야기되었던 변혁운동단체 조작사건의
폭로나 비인간적 가혹행위에 대해서 충분히 이를 정치쟁점화할 수 있었으
나, 그것을 통해 유효적절한 수준의 국가보안법철폐투쟁을 광범위하게 전개
하는 데까지는 이르지 못하였다. 그리하여 변혁운동 뿐만 아니라 노동운동,
농민운동, 도시빈민운동 등 기층 민중운동의 요구수준과 운동의 질이 제 자
리에서 벗어나지 못하고, 거대담론과 결합된 운동단계의 질적 비약을 겨냥
해 보지도 못하는 열위의 운동량을 보이고 말았다고 정리할 수 있다. 이것은
변혁운동을 전문적으로 한다고 자임한 운동단위뿐만 아니라 사회변동에 관
심을 가진 지식인들의 질적 역량의 한계에서도 기인한다고 볼 수 있다. 이점
에서 변혁주체론의 재검토는 당시 남북한 변혁운동역량의 수준을 가늠할 수
있다고 볼 수 있다. 이에 비해 지배집단은 세계 최고수준의 정보력과 자원,
지배수단과 방법을 총동원하여 파상적이고 지속적으로 피지배집단의 해방
운동을 가혹하게 탄압하고 압살하여 왔다. 그러나 인간행위는 상대적인 것
이므로 일방의 우세만으로 다른 일방의 열세를 사후적으로 그럴 듯하게 추
인할 수는 없다. 운동의 성과는 역사적 성과인 것이며 운동의 실패와 오류도
역사적 범위를 넘어설 수 없다.

   그러나 1980년대 분단사회에 남긴 통합에의 집단적 요구와 정당성 확보,
새로운 사회 발전의 전망 제시와 이론적, 실천적 모색과 실험은 역사 진보의
중요한 지적 자산의 하나로 남겨질 것이다. 비록 그것인 현실의 벽을 극복하
는 데까지 이르지 못하였으나, 그것을 위해 던져진 사회적 투사의 엄청난 질
과 양은 단지 역사 속에서 박제화되지 않고 역사발전의 자기 방향을 조정하
는 데 일정한 지렛대의 구실을 행사할 수도 있을 것이다.

### 3) 계급운동의 대중적, 정치적 진출: 1990년대

1990년대는 시민사회론의 등장과 함께 여성운동, 환경운동, 교육운동, 소비자운동, 교육운동 등 NGO(비정부조직, non-governmental organization)의 활성화로 인하여, 참여민주주의, 생태주의, 페미니즘, 공동체주의 등 다양한 운동이념이 제시되었다. 이와 함께 이 시기는 전지구적 변환의 시대로 반세계화 담론이 풍미되기도 하였다. 변혁운동의 발전과정에서 1990년대는 1980년대 말의 '현존 사회주의'의 붕괴와 이로 인한 맑스-레닌주의의 퇴조를 둘러싼 해석과 사회주의의 전망에 대한 해석 차이로부터 시작하여 매우 침체된 분위기 속에서 시작되었다.

1990년 3당 합당이 발표되던 같은 날, 공안테러통치 아래 결성된 전국노동조합협의회(전노협)는 대기업노조연대회의 등 1987년 7~9월 노동자대항쟁 이후 성장한 민주노조세력을 망라하여 마침내 1995년 전국민주노동조합총연맹(민주노총)을 결성하는 데까지 이르렀다. 이런 정세 하에서 1990년대 노동운동론을 살펴 볼 때 전노협 건설논쟁은 조직건설의 내용과 폭을 풍부하게 만드는 계기가 되었다. 전노협건설논쟁은 상기하였던 복수노조금지 철폐논쟁과 유사한 형태로 전개되었다.

첫째, 한국노총 민주화론이다. 이것은 복수노조 철폐논쟁과 함께 한국노총 민주화의 가능성에 대한 논쟁이다. 노총 민주화가 현실적으로 가능한 이유를 보면 어용노총이라는 것도 엄밀하게 따지면 집행부가 어용이지 조합원이 어용은 아니기 때문이다. 즉 조합원 대중을 묶어 집행부를 변화시키는 데 주력해야 한다. 노총은 조합원 대중을 가장 광범위하게 동원하고 그에 영향을 미칠 수 있는 합법기구이다. 이런 조직 내에서 활동하기를 거부하는 것은 스스로를 고립시키고 노동자 대중에 대한 활동을 포기하는 것이다. 노동자들의 의식이 높아질수록, 즉 자주성이 고양될수록 어용집행부를 민주집행부로 변화시키려는 강력한 요구가 조합원 대중으로부터 나타난다.

제2 노총론에 대해서는 '노동조합 통일의 실질적인 동력이 되어야 할 광범한 중간적, 후진적 대중을 방기하고 노동조합통일의 적인 반동적인 노조 어용집행부 세력과 정면투쟁을 회피하는 것'이라고 지적한다. 그래서 "노동조합의 통일을 위한 투쟁은 노동조합의 비자주성 사회적 기초인 노동조합 내 반민주세력을 고립시키고, 광범한 중간적, 후진적인 노동조합과 조합원 대중을 아측으로 획득하기 위해 지속적으로 추진되어야 할 과제이다"라는 주장을 전개한다.

여기에서 노총민주화론은 적색노동조합운동의 역사적 교훈을 인용한다. 1920년대 말 세계경제공황의 시기에 일부 국가의 적색노조는 결정적인 혁명적 전투가 이미 임박하고 있기 때문에 소수일지라도 독자적인 노조를 갖는 것이 필요하다고 생각하였다. 노조내의 혁명적 반대파의 조합원을 개량주의적 노조로부터 탈퇴시키고, 이 혁명적 반대파를 독립된 조직―노동자를 적극적인 혁명적 행동으로 불러 일으켜 세울 수 있는 조직―으로 변화시킨다는 결정을 내렸다(프로핀테른 5차 대회). 이런 권고안은 혁명적 소수파를 대부분의 노동자대중으로부터 분리시키고 대중 속에서 활동을 광범하게 전개할 수 없게 만들었다.

노총 민주화론은 노동법 개정의 주요한 요구로 총회소집권자 문제에 맞추어져야 한다고 본다. 현재의 노총은 결코 고정불변일 수 없으며 대중의 성장하는 힘에 의해 변화하며 그런 조짐이 나타나고 있다. 전노협 건설은 '노총 민주화의 한 과정이자 수단'으로 이해하며 전노협 건설 자체를 반대하는 것이 아니다. 그러나 전노협이 제2 노총화하는 것을 반대한다. 실제로 전노협 건설과정에 소극적 입장이다.

둘째, 민주노총 건설론(제2 노총론)이다. 한국처럼 강한 식민성의 자본주의 사회에서 한국노총의 민주화는 사실상 불가능하다는 인식 아래 노총의 타도이든 민주화이든 제2 노총이 존재하는 것은 긍정적이라는 입장이다. 즉 "한국노총의 어용성은 그 생성에서 현재에 이르기까지 상층부가 노동귀족으로 채워져 있다는 따위의 것이 아니다. 그것은 외세와 독재정권의 지배와 조종 아래에 존재하는 정치경제적 구조의 문제이다. 외세와 독재정권은 때로는 탄압을 주된 것으로, 때로는(훨씬 단기간이겠지만) 유화를 주된 것으로 하면서 어용적이거나 개량적인 노총을 자신들이 축출, 타도되는 날까지 유지하지 않으면 안된다"는 것이다.

제2 노총론은 "노총의 완전한 민주화(노총 타도)를 위해서도 제2 노총이 존재해야 한다. 제2 노총은 노총을 민주화할 수 있는 합법적, 물질적 토대"이다. 여기에서 "민주노조 혹은 그들의 연합조직은 무엇을 말하는가? 그것은 몇몇 간부의 높은 의식 및 훈련의 정도를 의미하는 것이 아니다. 그것은 자본과 국가권력의 어떠한 타격에도 결정적 피해를 입지 않고 자신을 유지, 강화할 수 있는 의식화와 조직화를 의미한다"고 주장한다.

제2 노총 건설이 노동전선의 '분열'이라는 지적에 대한 반론을 들어보자: "민주세력이 조직적 대오를 확고히 하지 않고 어용노총 내에 존재하는 것은 노동대중이 목적의식적으로 의식화되지 않는 한 기본적으로 조합주의적이고 경제주의적이고 싶어하는 점을 고려하면 노총의 원심력의 작용에 의해 스스로를 약화시키게 된다."

제2 노총 건설을 지향하는 것은 '노총민주화' 투쟁을 포기하는 것은 아니다. 노총민주화의 실질적 내용이란 중간노조를 다양한 사업을 통해 견인하고 어용노조민주화투쟁을 지원, 지도하는 것이다. 따라서 전노협 건설을 제2 노총으로 가는 실질적인 과정으로 파악한다, 운동조건을 면밀하게 분석, 판단하여 노총과 분리선언을 하면 된다면서 전노협 건설에 적극적인 태도를 보인다.

셋째, 노총와해론이다. 노총민주화론에 대해서는 '현재의 모든 여건을 고려할 때 장기성을 요하는 문제이며 결코 현실성이 없다'고 비판하며, 제2 노총론에 대해서는 '간부중심의 사고방식', '노동조직의 분열'이라고 비판한다. '노총을 실질적으로 와해시키는' 방도로써 단위 사업장 노조를 강화하여 기존 노총을 밑으로부터 허물어버리고, 노총시협의회 및 산업별 연맹(중간허리)을 안팎으로 공략해 나가며 민주대연합을 실현시키는 것을 제시한다.

첫째, 식민종속국에서 운동의 기본적 토대를 이루는 단위사업장에서 노조의 자주적이고 민주적인 운영에 의한 단결을 강화하는 것이다. 곧 어용집행부와 성격이 불투명한 집행부를 자주적 집행부로 변화시키는 한편 집행부와 조합원과의 유대를 강화하는 것이다.……둘째, 단위사업장에서의 굳건한 토대를 바탕으로 동일한 업종끼리 허구적 산별체제로부터 이탈해 나가는 동시에 산별체제 내부에서 산별을 변화시키는 것이다.……허구적 어용조직인 기존노총을 밑으로부터 허물어 나가고 그 중간 허리를 쳐내는 것과 동시에 이 노총의 반노동자적 행위로 점철된 역사를 낱낱이 드러내고 그 허구성을 사회적으로 공격해 나가야 한다.……셋째, 노총와해투쟁을 저지하려는 공권력과 어용노총의 보수대연합 기도를 부수고 민주대연합을 실현시키는 길이다.

이러한 견해가 갖고 있는 문제점과 관련해, 민주노조의 독자적인 조직활동과 노총체계 내에서의 활동가운데 어디에 중점을 둘 것인가라는 점을 교묘하게 회피하여 절충시키고 있다는 비판이 있으며, 또 당면 조직과제였던 '전노협' 에 대한 입장 표명이 없다는 지적이 있다.

이런 논란을 평가해 보면 첫째, 기존 노총 체제에 대한 이해의 문제가 있고, 둘째, 조합원 대중의 의식수준과 요구, 노동조합관의 문제가 있으며, 셋째, 노동운동의 현황과 전망을 둘러 싼 상이한 정치적 입장의 반영에서 비롯되고 있다는 점을 직감할 수 있을 것이다.

어쨌든 민주노조진영은 1988년 12월 전주에서 '지역업종별 노동조합전국회의' 를 조직하고 산하에 '노동법 개정 및 임금인상투쟁본부' 를 설치하였다. 1990년 1월, 전노협을 결성하였다. 이날 노태우는 보수3당의 합당을 선언하였다. 이 당시 민주노조진영 내 전노협 추진그룹의 위상 설정을 보면, "첫째, 제2 노총의 건설이나 노총의 민주화를 위한 투쟁 중 양자택일을 해야 하는 것은 아니라는 점, 둘째, 기본적으로 노총과의 관계에 대하여 고정적인 인식을 할 필요는 없다는 점이다. 이분법적인 사고에 대한 비판으로 지역노조협의회를 해체하고 기존 노총의 시협의회와 통합해야 한다는 노총민주화론은 자칫하면 자주적인 노조운동의 전열을 분산시킬 위험을 갖는다. 또한 제2 노총론 역시 문제가 있다. 따라서 이제는 민주노조운동의 구심을 명확히 하는 데 모아져야 한다"는 것이다.

변혁주체의 형성과 관련하여 노동운동 내에서 산업별노조 조직건설논쟁은 매우 중요한 의미를 지닌다. 왜냐하면 노동조합의 조직내용, 활동방향을 규정하는 관건적 사안이기 때문이다. 여기서는 산업별노조체제 구축을 위한 객관적, 주체적 조건의 변화에 대한 논의를 생략한다.

1990년대의 노동운동 위기론 논쟁을 통해 확인되는 바와 같이 당시 노동조합운동은 고양국면에서 이미 벗어나 정체 또는 침체국면에 와 있다는 해석이 지배적이다. 즉 조직률 감소, 지역별, 산업별 연대와 전국적 통일의 취약성, 노동전선의 분열, 상급조직의 지도역량 문제, 공동투쟁과 통일투쟁의 내실있는 추진의 부진 등 해결해야만 하는 과제가 한 두 가지가 아니다. 그래서 1980년대 논쟁에서 드러난 것처럼 경제투쟁과 정치투쟁의 올바른 결합문제가 제기될 수밖에 없다. 즉 사회개혁투쟁의 강력한 전개 미달, 과학적인 운동이념이나 노선의 미확립, 노동운동 정치역량의 증대와 정치적 진출을 위한 조직적, 정책적 지도와 전개 곤란, 민족민주운동, 민중운동의 발전을 위한 주도적 역할 수행의 과제 등 변혁주체로 재정립하기 위한 부단한 문제풀이 과정이 진행되어야 하는 것이다.

그렇지만 지난 20년 이상 노동운동은 기로에 선 위기와 기회를 동시에 맞고 있다는 게 노동운동의 변혁지향성을 가늠해 보게 만든다. 전통적 산업의 퇴조와 함께 '노동의 종말', '노동과잉사회', '무기력한 죄수'를 논하는 주장과 해석이 있다 그래서 각국 노동운동의 대응전략이 제시되어 실시되고 있다. 예를 들면 독일 노총(DGB)의 '강령 개혁과 조직 현대화', 호주노총(ACTU)의 '전략적 조합주의로의 전환과 직업별 노조 통합', 남아프리카공화국 민주노총(COSATU)의 '사회적 조합주의 정립과 조직 강화', 일본의 노조 통합과 연구소 창립 등이 그것이다. 1990년대 남한의 경우에는 진보정당 논쟁과 노동운동 위기론 논쟁이 있었지만 생산적인 논의에 이르지는 못했다고 평가할 수 있다.

이 와중에 나타난 노동운동론의 사례를 검토해 보면 암묵적이지만 1) 사회적으로 책임이 있는 노동조합운동, 2) 국민적 조합주의, 3) 사회적 조합주의, 4) 사회운동적 노동조합주의 등이 있다는 점을 알 수 있다. 사회적으로 책임이 있는 노동조합운동은 이미 1960년대 이래 보수적 노동운동으로 한국 사회에 부식되었다는 점에서 이 글에서는 재론하지 않는다.

위와 같은 사회변혁론과 노동운동의 활성화 된 이후의 변화된 정세와 과제를 살펴보자. 1980년대 중반 이래 정보화와 세계화, 지방분권화와 개혁적/수구 보수적 정권의 등장과 퇴장이 있어 왔다. 상기한 바와 같이 작업자의 기술, 세계적인 무역 경쟁, 산업 인구 통계, 고학력 등 개인주의화되는 노동자의 필요와 욕망에 주목할 필요가 있다.

아울러 노동자의 다양한 요구와 기대에도 눈을 돌려보아야 한다. 그리고 노동조합과 노동운동에 대한 관점과 이해의 변화도 참작되어야 한다. 예컨대 조합민주주의를 위한 투쟁을 다시 한번 전개해야 한다. "이론적으로 노동조합은 밑으로부터 위로 지배되는 민주적 기구이다. 그러나 실제로 노조는 정도의 차이는 있으나 전국 수준의 간부의 지배를 받는 관료들에 의해 위로부터 밑으로 통치되는 과두제적 조직이다."

그렇지만 이제 노동운동의 정치세력화 또는 노동자계급의 정치운동에 대해서 다시 한번 더 엄밀한 검토가 있어야 할 것이다. 이미 제도정당의 형태로 민주노동당-민주노총, 사회민주당-한국노총 등의 노조-정당간 결합, 제휴, 연대가 전개되고 있다. 이것은 노동조합과 제도정당의 결합방식, 말하자면 노동자운동중심의 제도정당인가, 아니면 정당 중심의 노동조합운동인가라는 비교적 오래된 논쟁을 요구하는 문제이다.

그래서 과학적 운동론의 조건에 관심을 기울여야만 한다. 그것은 '상대와 나'에 대한 올바르고 정확한 역량의 평가―계급 역관계, 정치역량, 세력판도, 총체적, 전국적 인식, 정치적 대변자 존재 유무―와 세계경제(특히 중국경제)와 남북관계, 국민 대중의 의식과 정서에 대한 판단, '1948년 체제' (국가보안법 등 반민주악법 체제로 반공우익보수사회체제)의 극복, 완화국면 여부, 유화/억압국면, 자본주의 발전단계, 시기와 공간에서의 계급투쟁, 대중투쟁, 민중투쟁(다계급 연합운동) 등 다차원의 종합적 안목이 요구된다.

이제 사회구조의 변혁을 위한 노동정치, 노동자계급 정치의 활성화, 이를 위한 진보적 민주세력을 집결시키는 진보적 민주연대에 기초한 비제도적 투쟁정당의 성격을 지닌 변혁적 계급정당이 필요하다.

1990년대 후반에 제기된 사회운동적 노동조합주의의 가능성과 현실성을 따져 보도록 하자. 이런 논의의 배경은 서구사회에서 신사회운동의 특성으로 주장되어 온 것에 대한 재평가로부터 시작된다. 아래로부터의 적극적 참여, 직접민주주의적 조직체계, 환경 및 여성, 인종문제 등에 대한 관심, 기존 정치체계에 종속되지 않는 능동적 정치성 등이 그것이다. 그래서 노동조합운동의 전세계적 재구성 논의가 진행되었다. 이미 신자유주의에 도전하는 노동운동의 진출이 있었다. 프랑스의 1995년 총파업, 한국의 1996~97년 총파업, 남아프리카 공화국과 브라질에서의 노동운동, 미국과 캐나다에서의 새로운 노동운동의 흐름 등이 그것이다.

사회운동적 노동조합주의의 지향은 다음과 같이 소개된다. "이것은 노조를 통해 조합원들이 자신들의 형상 요구를 요청할 수 있을 뿐만 아니라 능동적으로 자신들의 공동체와 국가 내에서 근로 민중들에게 영향을 미치는 모든 것들을 위해 싸움을 주도할 수 있는 어떤 견인차로 노조를 만드는 것을 의미한다. 운동적 노동조합주의(movement unionism)는, 협상 교구들의 형태, 노조 활동들의 범위, 변화의 쟁점들에 대한 태도, 그리고 무엇보다도 패배를 겪을지도 모르지만 파괴될 수는 없는 보다 거대한 운동에의 헌신 등을 포함한다"(Sam Gindin 1995, 268).

사회운동적 노동조합주의는 정치적 노동조합주의나 사회민주주의적 연합주의에서 조합원들을 수동적 존재로 대하는 것과 다른 것이다. 이 노선은 사회운동 뿐만아니라 가두투쟁과 지역문제에 대하여 노조와 조합원들의 능동적 역할을 강조한다. 다른 사회운동들과 함께 계급적 비전과 운동을 강조한

다. 다른 사회운동과의 더 강력한 접착제로, 공세의 주도자로 노동자 대중들
의 능동화(activation)이며, 자기동원을 지속할 능력이 상대적으로 부족한 사
람들, 빈민층, 실업자층, 임시직 노동자들, 주민 조직들을 동원하기 위해 사
회의 피억압자들과 피착취자들 중 가장 강력한 부분, 즉 일반적으로 조직된
노동자들인 사람들을 참여하고 활약하게 만드는 어떤 능동적인 전략지향을
함축한다.

그래서 자본주의적 세계화(전지구화)에 저항하는 현재의 노동자반란에 주
목한다. 이런 반란은 지구적 지배 3극(미국, 유럽, 일본)에 걸쳐 지구의 북반
부와 남반부에서 모두 발견된다. 이들은 계급협조주의적이고 관료적인 지도
부에 도전하고 있다. 노동자계급 내부의 차이들에 대한 인식과 그것의 포용
을 강조한다. 좀더 광범한 빈곤층의 지역사회로 확장하고 있다. 민주주의와
연대, 동원의 연계를 요구한다. 그런 부문 초월적(cross-sectoral)이고 이데올
로기 초월적(cross-ideological) 운동의 차원이나 계기들이 발견되고 있다.

그래서 노조 민주주의의 중요성은 더욱 커진다. "보다 강력한 경제적, 사
회적 세력들과 대결하는 과정에서 민주주의는 연대를 건설하고, 책임성을
수립하며, 적절한 전략들을 결정하기 위한 하나의 수단이다. 이 모두는 노동
자와 노조의 이해들을 지속시키고 발전시키는 것이 관건이다. 노조 민주주
의는 노조 활동주의나 전투성의 동의어가 아니다"(Eisenscher 1996).

사회운동 노조주의의 구성기반을 보면 그 활동영역은 공장 문을 더 널리
뻗어나가며 그 요구들은 광범한 사회적, 경제적 변화를 포괄하는 노동운동
에 대한 것이다: 즉 단체협상과 계급적 이해들을 일치시키기; 노동조합의 실
천들을 국제화, 세계화하기; 세계 노동시장을 아래로부터 조절하기; 신자유
주의에 대항하는 노동의 정치를 실현하기; 주식(Stocks)과 배당(Shares)을 활
용하기; 세계적 규모의 사회운동적 조합주의의 흐름을 형성해 나가기 등에
역점을 두어야 한다.

이상에서 살펴본 변혁주체론의 역기능은 특히 노동자의 반지성주의(anti-
intellectualism)를 부추겼다는 것으로, 실체도 없으면서 공안당국의 제물 또

는 속죄양이 되었다는 점이다. 그럼에도 변혁주체론의 기능은 논의의 확산과 그 계몽적 효과에 있는데, 무엇보다도 학생운동의 활성화와 노동자-대학생연대, 청년학생공동투쟁의 성과를 낳았다는 것이다. 따라서 변혁주체론의 기승전결과 흥망성쇠는 한국 사회운동의 이면사이면서 복기(復碁)해야 할 사회적 실험장(social experimentation)이었다고 할 수 있다.

## 4. 비판적 평가를 위한 검토

이 글은 변혁주체의 형성과 관련하여 노동운동논쟁을 사례로 하여 이론의 생산과 실천과정의 논의를 검토하였다. 이에 대하여 간단한 검토작업을 시도해 보고자 한다. 1970년대 이후 한국 사회의 변혁주체론은 첫째, 사회운동 내외에 상당한 학습 유발효과와 계몽적 역할을 다하였다. 비록 변혁주체론이 정치적 성과로 물질화되는 데까지는 이르지 못했지만, 운동론의 전개과정에서 많은 활동가와 연구자들에게 일정한 지적 접근과 연구를 자극하여 왔다. 그러나 변혁주체론을 비롯한 사회구성체론이나 사회변혁이론은 그것을 생산하고 실천하는 정치적 주체형성, 이들에 의한 지도력(leadership)을 발휘힐 기회를 맞시 못하였다.

둘째, 변혁주체론은 사회운동 내부와 학계에서 치열한 경쟁과 분화의 과정을 반복해 왔다. 예컨대 사회과학계에서 운위되었던 계급구조론도 변혁주체의 계량화를 위한 기초작업의 하나로 검토되었다. 즉 생산구조 속의 기능에 의해 나타나는 모순과 계급구조, 변혁주체 형성의 토대를 구상하기 위한 모순과 계급구조를 구별할 필요가 있다는 점이다. 그래서 이들 간 관계와 실제 연대와 동맹은 매우 적실한 정치 역학에 의해 좌우되는 것이며, 민중에 대한 이해와 평가가 달라지는 것이다(한상진 1987). 이 과정에 사회이론가와 맑스-레닌주의자, 과학적 사회주의자들이 등장하였다. 여기서 문제는 대중을 사로잡을 수 있는 이론, '무기로서의 이론'을 구성하였는가 여부이다.

셋째, 그동안 변혁주체론은 초기에 소수 선각자의 관념적 추상적 논의에서 시간이 지날수록 세련화, 구체화되는 과정을 거쳐 논쟁의 다각화를 보여왔다. 그리하여 변혁주체론은 자본주의 연구나 계급구조, 정세분석과 함께 정치적 실천의 지렛대를 제공하여 왔다. 그러나 일부 좌파들은 종종 경제주의에 빠지게 되었고, 때로는 과도한 정치투쟁으로 말미암아 억압적 국가기구의 탄압에 빌미를 제공하기도 하였다.

넷째, 저항담론은 현재 체제의 성격 규정을 위한 민주주의 논쟁, 파시즘 논쟁, 자본주의 논쟁, 노동운동과 사회운동의 저항, 이를 위한 진보정치세력화 논쟁, 전선 논쟁, 대안으로서의 사회주의 논쟁, 혁명과 개량주의 논쟁, 한국 사회 특유의 미국과 북한과의 관계 정립을 둘러싼 논쟁으로 비화, 발전하였다.

저항담론 생산자의 일부는 제도정치권에 진출하여 보수정치에 봉사하거나 지배체제에 투항하여 일신의 안위와 착취계급의 이익에 충실한 집단의 일부가 되었다. 또 다른 부류는 제도야당을 통해 현실정치에 입문하여 일정한 개혁정치를 위해 중간계급의 권익향상과 유지를 위해 민중적 대의를 무시하는 작태를 벌여 나갔다. 반면 담론생산자의 소수파는 운동정치에 살아남아 완고한 자세로 계급정치를 고수함으로써 자신의 입지를 스스로 제약하며 생존의 기로에 서 있다. 다수파는 민족문제 해결과 민족통합에만 경사됨으로써 전사회적 모순 극복에 동참하지 못하고 있다. 변혁주체의 당사자들은 국제자본의 세계화 공세와 신자유주의의 수탈 구조 위에서 대량 해고와 감원, 실업으로 인해 경제적, 사회적 차원에서 신음하면서도 그 고통의 실체를 직시하여 대항하지 못하고 단기적 문제 해결에만 급급함으로써 대자적 계급해방과 사회변혁의 전망을 스스로 무너뜨리고 있다.

이와 같은 변혁주체 논쟁의 성과와 특징을 다시 한번 정리해 보자. 첫째, 변혁주체논쟁의 적극적 의미는 아래로부터의 변화, 근본적인 변동을 추구하였다는 데 있다. 말 그대로 사회변혁을 위한 정세분석, 타도 대상과 운동 주체의 설정을 통하여 실현되어야 할 사회상을 제시하려고 시도하였던 것이다.

둘째, 변혁주체론의 대두를 통해 새로운 계급(new estates)이 출현한 것을 들 수 있다. 이들은 새로운 언어공동체(speech community)를 구성하였으며 새로운 문화생산자로서 기능하였다. 이들에 의하여 주의가 깊은 비판적 담론문화(culture of careful and critical discourse, CCD)의 생산이 이루어졌다. 이들은 새로운 문화자본의 중요성을 제시하고 창출하여 유통구조를 구축하면서 소비하였다(굴드너 1990).

셋째, 이들의 주장은 해방적, 평등주의적, 공동체주의적 발전 전망과 비전을 중시하였다. 그리고 '민중적인 것' 과 '민족적인 것' 의 구별과 융합을 시도하였다. 자율관리과 계급동맹, 민족통합, 새로운 시민사회운동에 대한 관계 설정 등 여러 가지 대안들과 씨름하면서 국면 돌파를 시도해야 했다.

넷째, 이들은 새로운 패러다임(paradigm shift)을 모색하고 창조하려고 시도하였다. '정상과학' 으로 작동하지 못하는 수수께끼 풀기에 도전하였으며, 정상과학의 위기를 창출하면서 새로운 대안 문제풀이에 골몰하였다.

다섯째, 이들에 의해 작성된 새로운 사회를 위한 그랜드 플랜 또는 그랜드 디자인(grand plan or design)은 사회운동, 즉 민중민족운동 영역 내의 공동체에서 의제 설정자(agenda setter)의 기능을 수행하였다. 이들은 공통의 에토스(ethos)를 바탕으로 지식과 이론을 중시하였는데, 이 가운데 이론적 지식보다는 실천적 지식을 강조하였다.

그러나 이 변혁주체 논쟁은 정세 분석과 전망에서의 정치적 낙관주의, 혁명적 낭만주의를 드러냈으며, 조직관의 문제를 낳기도 하였다. 국가자본주의와 관료독재의 실상에 대한 접근과 인간 본성에 대한 깊은 관심과 이해에 많은 허점과 한계를 안고 있었다. 또한 이들은 대중조직과 정치조직, 전위조직과 전위정당, 전위와 전위의 핵심인 직업적 혁명가, 활동가와 혁명가, 대중정당과 전위정당, 대중운동조직과 혁명운동조직을 면밀하게 구별하지 못했고, 차이와 유사점, 그 조직들 간의 전화와 발전, 연계에 대하여 심사숙고하지 못하고 혼재한 점이 없지 않다. 그래서 이들은 한편으로는 혁명가(revolutionary)로, 다른 한편으로는 맑스주의자(marxist)로 남아 있게 되었다. 이들은 최초의 '과학적 사회주의자' 라기보다는 최후의 '공상적 사회주의자' 에 가까운 것이었다. 실천하는 사회주의자야말로 혁명적일 수 있다.

혁명가의 관심은 과거가 아니라 현재이며 미래의 일이다. 현재의 문제는 과거의 문제로부터 발원하는 것이며, 미래의 문제는 현재로부터 파생한다. 따라서 역사에 대한 체계적 해명과 인식은 현재의 문제를 해명하는 지적 틈새를 제공해 줄 것이다. 현재에 대한 천착이야말로 미래를 여는 열쇠를 쥐는 일이 될 것이다. 사회변혁은 지금 여기에 주어진 최악의 조건과 상황에서 최상의 것을 얻기 위해 최적의 길을 찾아 나서는 데서 비로소 시작되는 것이다.

# | 참고문헌 |


권형철. 1990. 『한국변혁운동논쟁사』. 일송정.

김경숙 외. 1986. 『그러나 이제는 어제의 우리가 아니다』. 돌베개.

김금수. 1986. "70년대 노동자계급의 상황과 성장". 『한국 노동문제의 상황과 인식』. 풀빛.

김금수 · 박현채 외. 1985. 『한국노동운동론 1』. 미래사.

김대환 외. 1990. 『80년대 한국사회대논쟁집』(『월간중앙』 1990년 신년호 별책부록). 중앙일보사.

김삼수. 1999. "1960년대 한국의 노동정책과 노사관계". 한국정신문화연구원 편. 『1960년대 한국의 공
    업화와 경제구조』. 백산서당.

김삼수. 2002. "박정희 정권 시대의 노동정책과 노사관계— '단결금지' 의 노동정책과 노사협의제". 한
    국사회경제학회. 『사회경제평론』. 제18호. 풀빛.

김영수. 1988. 『한국사회 변혁운동론의 모색: CA그룹의 자기비판과 새로운 전망』. 백산서당.

김영수. 1999. 『한국 노동자 정치운동과 민주노조운동간의 연대관계: 1970년대에서 1995년까지』. 한국
    외국어대 정치외교학과 박사학위논문.

김용기 · 박승옥 편. 『한국노동운동 논쟁사: 80년대를 중심으로』. 현장문학사.

김인동. 1985. "70년대 민주노조운동의 전개와 평가". 편집부 편 『한국노동운동론 I』. 미래사.

김 준. 1999. "5 · 16 이후 노동조합의 재편과 '한국노총체제' 의 성립". 한국사회사학회. 『사회와 역
    사』. 제55집.

김지수. 1988. "한국여성노동운동의 현황과 과제". 『여성 2』. 창작사.

김진균. 1999. "1980년대: '위대한 각성' 과 새로운 주체형성의 시대". 『1980년대: 혁명의 시대』. 새로운
    세상.

김현상. 1987. 『현단계 노동운동론: 자주적 노동조합 건설운동』. 백산서당.

김형기. 1988. 『한국의 독점자본과 임노동—예속독점자본주의하 임노동의 이론과 현상분석』. 까치.

권형철. 1990. 『한국변혁운동논쟁사』. 일송정

나보순 외. 1983. 『우리들 가진 것 비록 적어도—근로자들의 글모음 I』. 돌베개.

노민영. 1994. "재벌 성장이 빚은 무법천지의 항쟁—1974 현대조선소 쟁의". 『우리네 일터』. 통권 7호.
    1 · 2월호.

녹두서평 편집부. 1989. "변혁운동의 사상이론 논쟁". 『녹두서평 3』. 녹두.

동일방직복직투쟁위원회 엮음. 1985. 『동일방직 노동조합 운동사』. 돌베개.

민영식. 1987. 『민주노조운동의 새출발』. 중원문화.

민정구 엮음. 1987. 『통일전선론』. 백산서당.

민주화실천가족운동협의회 편. 1989. 『80년대 민족민주운동 10대 조직사건』. 아침.

민중석. 1989. 『남한노동운동사 1』. 들녘.

민청련 편집부. 1985-1986. 『민주화의 길』. 9호. 10호. 15호.

박현채 · 조희연 편. 1989-1991. 『사회구성체 논쟁 I. II. III. IV』. 죽산.

피터 버거 · 리차드 노이하우스. 장석만 역. 1987. 『운동과 혁명』. 한벗.

이성형 외. 1991. "현대민주주의론". 『사회와 사상』. 27호.

이영민. 1988. 『현 단계 한국노동운동의 과제』. 죽산.

이진경. 1987. 『사회구성체논쟁과 사회과학방법론』. 아침.

이진경 외. 1988. 『민족자본가논쟁』. 벼리.

서관모. 1984. 『현대한국사회의 계급구성과 계급분화』. 한울.

서중석. 1985. "한국노총을 해부한다". 『신동아』. 4월호.

석정남. 1984. 『공장의 불빛』. 일월서각.

신인령. 1985. 『노동기본권 연구』. 미래사.

영등포산업선교회40년사 기획위원회. 1998. 『영등포산업선교회 40년사』. 영등포산업선교회.

영등포산업선교회 편. 1985. "소모임 활동을 어떻게 할 것인가". 『노동자』. 형성사.

원풍모방 해고노동자 복직투쟁위원회 편. 1988. 『민주노조 10년—원풍모방 노동조합활동과 투쟁』. 풀빛.

이원보. 2000. 『경제개발기의 노동운동(1961~1987)』.

이태호. 1982. 『70년대 현장』. 한마당.

이태호. 1983. "1970년대 노동운동의 궤적". 『실천문학』. 4호.

이태호. 1984. 『불꽃이여 이 어둠을 밝혀라: 70년대 여성노동자의 투쟁』. 돌베개.

장남수. 1984. 『빼앗긴 일터』. 창작과비평사.

전국민족민주운동연합. 1991. 『현 시기 노동운동의 방향 정립을 위하여』. 11. 16.

정대용. 1988. "재야민주노동운동의 전개과정과 현황". 한국기독교산업개발원 엮음. 『한국노동운동의
        이념』. 정암사.

정민 외. 1989. 『80년대 사회운동논쟁』. 한길사.

조진경. 1988. 『민족자주화운동론 I. II』. 백산서당.

조효래. 2002. 『1987년 이후 한국의 노동운동』. 노동연구원.

조효래. 2002. "노동운동의 과제와 전망". 『창작과비평』. 겨울호.

조희연 편. 1990. 『한국 사회운동사: 한국변혁운동의 역사와 80년대의 전개과정』. 죽산.

조희연. 1993. 『현대한국 사회운동과 조직: 통혁당·남민전·사노맹을 중심으로 본 비합법 전위조직
        연구』. 한울.

중앙일보. 1990. 『80년대 한국사회대논쟁집: 격동 80년대 한국사회를 움직인 92개 논쟁 대집성』(『월간
        중앙』 신년호 별책부록).

채만수·김장한 편. 1991. 『한국사회와 통일전선논쟁: 현단계 통일전선운동의 쟁점과 전망』. 죽산.

최병수. 1984. "노동운동의 평가와 새로운 전망". 『일터의 소리 1』. 지양사.

최장집. 1988. 『한국의 노동운동과 국가』. 열음사.

킴 무디. 2000. "미국노동운동은 부활하고 있는가". 『당대비평』. 2호.

편집부. 1988. 『항소이유서: 80년대를 꿰뚫는 양심수 10인의 외침』. 사상계.

편집부. 1989. 『학생운동논쟁사』. 일송정.

편집부 엮음. 1988. 『신식민지국가독점자본주의 논쟁 I』. 벼리.

한국기독교교회협의회. 1984. 『노동현장과 증언』. 풀빛.

한국기독교산업개발원 편. 1988. 『노동운동의 이념』. 정암사.

한국노동조합총연맹. 2002. 『한국노총 50년사』. 한국노총.

한국노총 중앙연구원. 1998. 『한국노동운동의 전망과 과제』. 한국노총 연구원.

한국민주노동자연합. 1994. 『한국노동운동사』. 동녘.

한상진. 1987. 『민중의 사회과학적 인식』. 문학과지성사.

한국신학연구소 편. 1984. 『한국민중론』. 한국신학연구소.

한국정신문화연구원. 1984. 『우리 현실과 좌경과격사상』. 한국정신문화연구원.

허상수 외. 1989. 『한국사회 변혁운동과 노동운동: 속 한국노동운동의 이념』. 정암문화사.

허성혁. 1988. 『민중민주운동론』. 참한출판사.


Berger, Peter L., and Richard J. Neuhaus. 1970. *Movement and Revolution*. Double day and Co. (장석만 역. 1987. 『운동과 혁명』. 한벗).

Dal, Russel J. and Manfred Kuecher, eds. 1990. *Challenging the Political Order: New Social and Political Movements in Western Democracies*. Polity Press (박형신 외 역. 1995. 『새로운 사회운동의 도전』. 한울아카데미).

Foss, Daniel A. and Ralph Larkin. 1986. *Beyond Revolution : A New Theory of Social Movements*. Bergin & Garvey Publisher. Inc. (임현진 역. 1991. 『혁명을 넘어서』. 나남).

Koo Hagen. 2001. *Korean Worker : The culture and politics of class formation*. Cornell Univ. 신광영 역. 2002. 『한국노동계급의 형성』. 창작과비평사.

Michael Eisenscher. 1996. *Critical Juncture Unionism at the Crossroads*. Center for Labor Research. Univ. of Mass. Working Paper.

Sam Gindin. 1995. *The Canadian Auto Workers: The Birth and Transformation of a Union*. Toronto.

Touraine, Alain. 1981. *The Voice and the Eye: An Analysis of Social Movement*. Translated by Alan Duff. Cambridge University Press.

Trotsky, Leon D. 1929/1962. *The Permanent Revolution and Results and Prospects*. Pioneer.

제 8 장
# 전선운동, 저항담론, 그리고 사회관계

은수미

## 1. 서론

지난 시기 한국 사회운동에서, 소수자 혹은 억눌린 자의 저항과 이를 위한 '연대' (solidarity)는 동맹·블록·전선·연합 등의 다양한 이름으로 불렸던 사회운동을 가능하게 하였을 뿐만 아니라 그것의 가장 중요한 전제였다.

우리는 기층민중운동의 가장 중요한 부문인 노동운동이 연대와 조직을 강화하여 보다 강력한 구심력을 확보하는 한편 견고한 연대틀을 구성하고 다른 한편으로는 단위 투쟁조직들을 강화하는 것이 시급한 과제라고 생각하며 우리는 노동운동의 광범하고 탄탄한 조직화를 성취하는 데 기여하는 길이 있다면 무엇이거나 우리의 힘을 보탤 것이다(민주·통일민중운동연합 성명서 1987).

이러한 전제는 최근까지 흔들림이 없는 듯이 보인다.

우리에게는 이 땅 민중의 뜨거운 염원이 있고, 노동자 농민을 중심으로 하는 강철 같은 연대가 있으며, 필승의 신념과 의지가 있다(전국민중연대 출범선언문

2003).

　그러나 그와 같은 연대성이 변화했거나 혹은 와해되고 있는 것은 아닌가 하는 우려도 만만하지 않다. 2001년 '시민사회단체연대회의' (연대회의)와 '민족자주 · 민주주의 · 민중생존권쟁취 전국민중연대준비위원회' (전국민중연대)가 동시에 출범한 것을 시민운동과 민중운동의 정치적 차별성과 운동방향의 이질성의 표현으로서의 시민연대와 민중연대로 구분하면서 부정적인 평가를 하는 것이 그 단적인 예이다(정종권 2001b). 또 2003년 6월 25일 조흥은행–신한은행 합병문제를 둘러싸고 촛불시위를 벌였던 "신한은행 노조가 조흥은행측의 합리적인 구조조정이 선행되지 않을 경우 합병에 반대할 수 있다는 입장"을 밝혔던 것은 많은 논란을 불러일으켰다(오마이뉴스, 6월 30일자). 게다가 현대자동차노조와 대우노조 등 일부 대기업노조가 산별 전환을 거부함으로써 연대와 포섭보다는 경쟁과 배제가 현실화한 것이 아닌가 하는 의문을 낳았다.

　물론 이와 전혀 다른 현상도 보인다. 1970년대부터 2003년 8월까지 결성되었던 주요 전선(연합)조직 150여 개 중의 대부분이 90년대 중후반 이후 형성되었을 뿐만 아니라 2000년대 들어와서는 폭발적으로 증가하고 있다(부록—표 8.1 참고). 이것은 사회운동의 급속한 분화가 동시에 새로운 통합을 열어나가는 동력으로서도 작동하는 것으로 보이며 연대에 관한 긍정적인 신호로 읽힌다. 또 조희연(2000)은 시민전선과 민중전선의 구분을 인정하지만 이것이 반드시 연대를 해체시키는 것은 아님을 강조한다.

　이 글의 문제의식은 바로 이 지점에서부터 시작된다. 즉 "전선(연합) 운동을 가능하게 하였던 사회운동의 연대는 약화되고 있는가?"가 글의 출발점이며, 이를 위해 70년대부터 2000년대 초반까지의 전선 혹은 연합운동을 담론과 관계, 양 측면에서 분석하고자 한다.

　이를 위해 첫째, 각 시기별 전선운동 담론의 특징을 살펴보고 거기에서 드러나는 연대의 원리와 기제를 밝혀보고자 한다. 둘째, 시기별 전선운동의 담론을 구성하였던 사회조직 상호간의 연결망의 특징을 추적함으로써 연대의 패턴을 규명하고자 한다. 셋째, 전선운동 담론의 역사적 변화 및 사회적 관계의 변화를 분석한다. 마지막으로, 이와 같은 변화가 연대원리와 어떤 상호관계를 가지는지를 규명할 것이다. 즉 담론과 연결망을 통해서본 사회운동의 연대의 원리의 변화가 연대의 약화로 이어지는지를 해명하는 것이다.

구체적인 분석방법은 언술분석과 연결망 분석으로 나누어지는데 언술분석의 경우 주요 선언문에 사용된 주요 단어, 그 단어의 빈도수, 단어와 단어 간의 연관쌍 등을 통해 이루어질 것이며, 연결망 분석은 다차원적 연결망과 관계와 상징의 연결망 접근이 핵심이다. 이를 위해 사용된 자료는 첫째, 주요 전선(연합)운동조직의 발족선언문과 비공식 혹은 공식 전선논쟁 문서들과 둘째, 전선조직 및 전선조직에 참여한 개별단체들의 현황자료이다.

## 2. 70년대 이후 전선(연합)운동 개괄

1970년대 이후 전선(연합)운동은 조직적으로 급증하는 양상을 보이고 있다.

---

부록-표 8.1(전선연합운동조직: 1969–2003. 8, 총 155개)

---

현재까지 확인된 전국적인 전선(연합)운동조직 155개 중 결성연도가 확인된 148개를 시기별로 살펴보면 70년대 6개 조직에서, 1980년대에 28개 조직으로 확장되고 1990년대에 들어서면 57개로 급증한다. 이 추세는 2000년대에도 계속되고 있고 지역의 전선(연합)조직까지 고려한다면 그 수는 훨씬 많을 것이다. 이것을 사안별 연대기구와 상설적 연대기구로 나누어 살펴보면 다음의 표와 같다(표 8.2).

[표 8.2] 유형별 전선조직의 수

| | 70년대 | 80년대 | 90년대 | ~2003. 8. | 총 수 |
|---|---|---|---|---|---|
| 총 전선조직 | 6 | 28 | 57 | 57 | 148 |
| 상설적 연대 | 4(67%) | 5(18%) | 4(0.7%) | 4 | 17 |
| 사안별 연대 | 2(33%) | 23(82%) | 53(99.3%) | 53 | 131 |

위의 표에서 2000년대를 뺀다하더라도 전선(연합)조직의 급증은 두드러진다. 그런데 그 내부를 보면 사안별 연대조직이 1990년대에 들어서면 전체조직의 99%를 차지할 정도로 많아진다는 것을 알 수 있다. 즉 전선(연합)운동조직의 급증은 바로 사안별 연대조직의 활성화에 있었던 것이다.

다음으로 이슈의 분화 양상도 급속하다. 1970년대에는 민주주의와 인권이 주요 이슈였고 80년대도 그 양상은 유사하다는 점에서 일반적(universalistic)인 이슈가 주를 이루었다고 하겠다. 그러나 90년대 들어오면 민주주의와 인권의 이슈가 더욱 세분화될 뿐만 아니라 교육, 전쟁반대와 평화, 통일, 보건의료, 여성, 언론, 정보통신, 문화, 가정폭력, 노사관계, 실업 및 사회보장, 부패추방 등 구체적(particularistic)인 이슈 영역으로 분화한다.

또한 참가조직수도 70년대의 경우 하나의 전선운동조직에 참여하는 단체는 지역단체까지 합쳐서 최대 25개 내외로 구성된 반면, 90년대 중후반에 접어들면 대개 100여 개의 조직이 항상적으로 참여하고 많을 경우 1,000개에 가까운 조직참여를 보이기도 한다. 사회운동조직의 양적 확산과 분화가 동시에 통합을 형성 또한 확대시키고 있음을 확인할 수 있는 것이다. 하지만 이것을 곧바로 연대의 강화로 해석하기에는 무리가 따르며, 전선운동의 또 다른 측면에 주목할 필요가 있다.

'상설적'인 연대기구와 '사안별' 연대기구로 나뉘는 전선운동조직 중 상설적인 연대기구의 차원에서의 전선은 대체적으로 단일하고 통합적이었던 것이 7, 80년대의 특징이었다. 70년대의 대표적인 전선조직인 '민주주의와 민족통일을 위한 국민연합'은 윤보선, 함석헌, 김대중을 공동의장으로 하고 사회운동조직 및 재야인사, 야당인사 까지도 포함하는 단일조직이었다. 80년대 들어서서 문익환을 의장으로 하는 '민주통일국민회의'와 민중지향적 '민중민주운동협의회'가 나란히 존립하였지만, 이것은 1985년 '민주·통일민중운동연합'(민통련)이라는 통합조직으로 재구성된다. 여기서도 여전히 야당인사의 참여가 개방되어 있었고 이러한 전통은 1987년 '민주헌법쟁취 국민운동본부'(국본)로까지 이어진다. 이후 야당(인사)의 이탈이 정당운동의 수준에서의 조직 분화를 가져오기는 했지만 상설적 연대기구의 수준에서 본다면 오히려 민중지향적 단일조직이 강화된다. 그래서 1989년 전국민족민주운동연합(전민련)과 이후의 1990년 '민자당일당독재분쇄와 민중기본권쟁취를 위한 국민연합'(국민연합), 뒤이은 1991년 '민주주의민족통일전국연합'(전국연합)의 출범은 민중지향적 전국 단일전선의 보다 완성된 형태로까지 이해되었다.

그러나 1994년 경실련이 주도한 '한국시민단체협의회'(시민협)가 민중조직을 배제한 채 한국부인회나 한국선명회 등 보수적 우익단체까지 포함하여 출범함으로써, 상설적인 연대기구의 수준에서 시민전선과 민중전선의 분리가 수면 위로 부상하였다. 물론 사안별 연대기구의 차원에서는 끊임없이 시민석 조직과 민중적 조직이 결합하였고, 또 1996년과 1997년의 총파업시기의 '노동법·안기부법 개악철회와 민주수호를 위한 범국민대책위원회'나 연석회의의 경우 1,000여 개의 노동·민중·시민조직을 망라함으로써 이러한 시민전선과 민중전선의 분리는 약화되는 듯 하였다. 민주노총과 참여연대가 1997년 민주개혁사회단체 연대회의를 함께 구성한 것도 이러한 경향을 반증하는 듯이 보였다.

하지만 1999년 노동·민중조직을 중심으로 한 '투자협정·WTO뉴라운드 반대 국민행동'과 시민운동조직을 중심으로 한 'WTO협상국민연대'가 동시에 출범함으로써 시민전선과 민중전선의 양립이 재차 확인되었다. 게다가 2000년 총선시기 민중조직이 배제된 총선시민연대과 출범하고 2001년 연대회의와 전국민중연대가 발족함으로써 양 전선의 분리는 움직일 수 없는 현실이 되었다.

결론적으로 1970년대에서부터 2000년대까지의 전선조직은 시간과 강도에서는 장기적이고 지속적인 연대로부터 일시적이고 단속적인 연대로 변화해왔다는 점에서 약화되었지만, 단속적인 연대의 빈도가 급증하였다는 점은 또한 특징적이다. 이것이 전체 연대의 패턴에서는 어떻게 나타나는가를 보여준 것이 다음의 그림이다(그림 8.1). 이 그림은 2001년에 결성된 전선(연합)운동 조직 17개 중 참가 단체가 모두 확인된 대표적 8개 전선조직에 참가한 211개 단체를 대상으로 연결망분석을 한 결과 중의 하나이다.[1]

우선 2001년 전선운동 조직 17개는 표 8.3과 같다(이중 ★부분이 분석대상인 8개 조직).

[표 8.3] 2001년 17개 전선조직

| 시 기 | 조직명칭 |
|---|---|
| ★2001-02-27 | 시민사회단체연대회의 |
| 2001-03-00 | 부당한 보험료 인상 반대와 건강보험개혁을 위한 노농시민단체공동대책위원회 |
| 2001-03-00 | 민족자주와 독도주권수호를 위한 연대회의 |
| ★2001-03-09 | KBS 강철구 성폭력사건공동대책위원회 |
| ★2001-03-14 | 민족자주 · 민주주의 · 민중생존권쟁취 전국민중연대 준비위원회 |
| ★2001-03-15 | 6.15 공동선언 실현과 한반도 평화를 위한 통일연대 |
| 2001-03-30 | 신문개혁국민행동 |
| 2001-04-17 | 지방자치개혁연대(자치연대) |
| 2001-10-11 | 민중복지, 노동권 · 생활권 쟁취를 위한 연대 한마당조직위원회 |
| ★2001-10-16 | 단병호위원장 석방대책위원회 |
| ★2001-10-22 | 민간인학살 특별법제정을 위한 전국공동대책위원회 |
| ★2001-10-23 | 집회와 시위의 자유 완전쟁취를 위한 연석회의 |
| 2001-11-15 | 정의로운 사회를 위한 시민운동협의회 |
| 2001-11-15 | 국가기간산업 민영화(사유화) · 해외매각저지를 위한 범국민대책위원회 |
| ★2001-12-01 | 민간의료보험 저지와 건강보험 강화를 위한 공동대책위 |
| 2001-12-06 | 정보통신소비자 권익 찾기 시민행동 |
| 2001-12-13 | 금강산을 사랑하는 범국민연대 설립을 위한 준비위원회 |

1) 자세한 분석방법은 부록의 〈참고 8.1〉 2001년 사회운동연결망 분석방법 소개를 보면 된다.

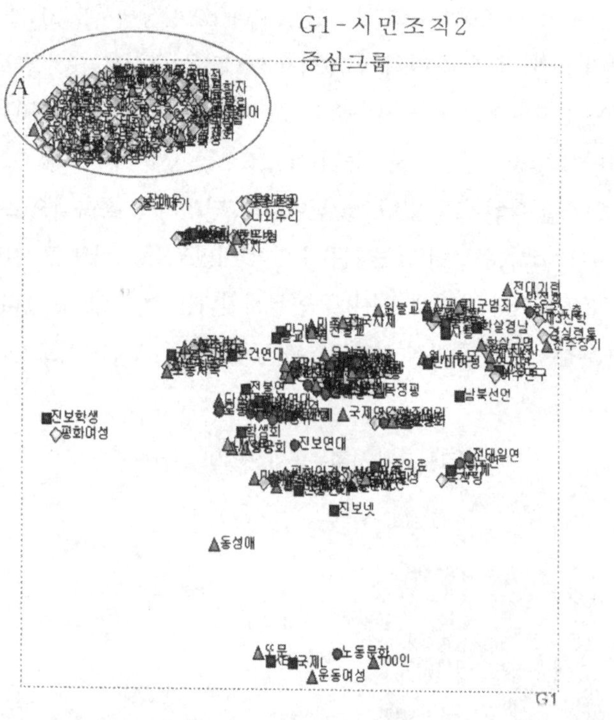



이 그림에서 나타나는 것처럼 상위의 매개중심성을 갖는 8개 조직(민언련, 민교협, 문화개혁연대, 참여연대, 인의협, 녹색연합, 민변, 환경운동연합)을 제거하고 사회조직 상호 간에 분화가 있는지를 bi-component를 통해 확인하였지만 그 결과는 1이었다. 즉 단속적인 연합과 높은 연합빈도라는 특징을 갖는 사회운동의 상호관계를 연결망 분석을 통해보면 전체가 하나의 그룹을 형성하는 연결망 패턴으로 나타나는 것이다. 물론 특정 조직들, 예를 들어 그림의 A조직처럼 자유주의적 성향을 가지는 시민조직이 끼리끼리 모이는 경향을 보이기는 하지만 전체적으로 이분화 양상은 나타나지 않았다. 게다가 211개 단체의 연결망 밀도(density)가 0.581, 총연결수 10,009라는 것은 상당

히 강한 연결망으로 해석할 수 있다.

다음으로 이 그림을 clique을 해보면 그 내부에 크게 세 개의 하위그룹이 형성되는 것을 알 수 있다. 그림 8.2는 clique 60 이상에서도 211개 중 110개의 단체가 크게 세 개의 하위그룹(G1, G2, G3)을 형성하는 것을 보인다. 이 중 경실련 등으로 대변되는 자유주의적 시민조직이 별도의 그룹(G1)을 구성하며 나머지 노동·민중·친노동적 시민조직들이 두 개의 그룹 G2, G3에 분포되어 있음을 확인할 수 있다. 또 참여연대, 민우회 등 초록색으로 표시되는 시민조직이 G1으로 모여 있는 자유주의적 시민조직(노란색 표시)과 노동·민중조직(붉은색과 파란색 표시)을 연결시킨다는 것을 알 수 있다. 이들 조직이 없을 경우 자유주의적 시민조직과 노동·민중조직은 서로 연결되지 않

[그림 8.2] 사회운동의 연결망 2-clique

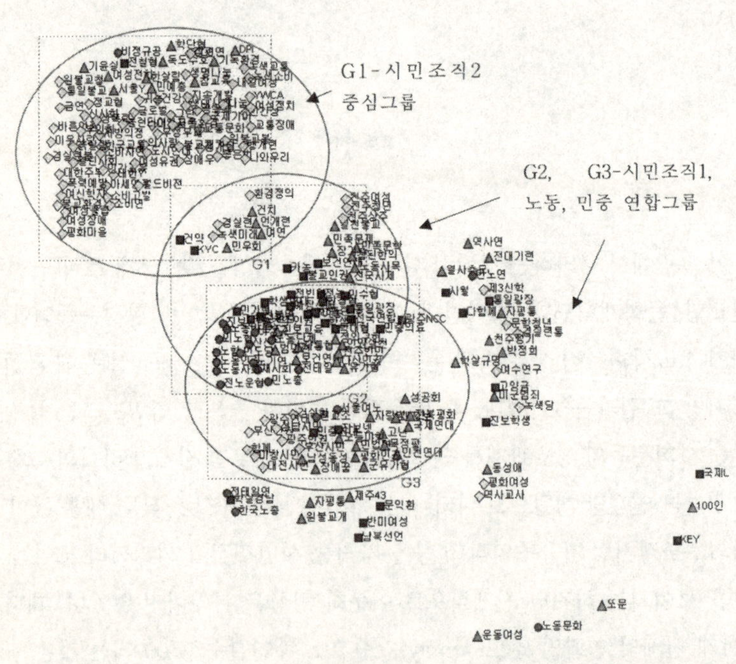

는다. 그런 점에서 내부 분절을 확인할 수는 있지만 이러한 내부 분절이 전체
적인 연결망의 분절이나 약화를 의미하는 것은 아님은 이미 그림 8.1에서 확
인한 사실이다. 따라서 상설적 연대기구 수준에서의 시민연대와 민중연대
조직의 동시 출범 및 사안별 연대기구 수준에서 단속적이고 잦은 연대가 한
편으로 상쇄작용을 일으켜 전체적인 강한 연결망을 형성하나, 다른 한편 그
내부의 하위그룹 차원에서는 분절을 보이는 패턴을 형성함을 알 수 있다. 때
문에 연대의 약화나 해체라는 해석은 매우 단선적인 것이다. 그렇다면 연대
의 약화를 우려하는 목소리는 과장된 것인가? 이 문제를 다음 절에서부터 풀
어나갈 것이다.


## 3. 전선담론분석 1—전선논쟁

### 1) 전선논쟁의 역사

전선논의는 80년대 중후반 이후 본격적으로 전개되었다. 그것은 크게 '개
념·이론적' 논의와 '실천적' 논의로 분류되는데 전자가 첫째, 개념논의, 둘
째, 사회성격과 계급배치에 기초한 전선유형 논의 등으로 구성된다면, 후자
는 첫째, 전술운용논의, 둘째, 지도부 구성, 가입범위, 연대운동의 수준, 조직
체계 등에 주목한 실질적 통일전선체 결성관련 논의 등으로 대별된다(채만
수·김장한 편 1990; 허성혁 1988; 일송정편집부 1990; 김운영 1987; 김찬
1989). 이를 시기별로 보면 표 8.4와 같다.

이 논쟁을 개괄하면 몇 가지 특징을 알 수 있다. 하나는 전선논쟁 중 최근
까지 반복되었던 가장 중요한 주제가 민중연합—민주연합 논쟁[2]이었다는 점

---

2) 이것은 하나의 전선(민중통일전선론)과 두 개의 전선논쟁(민주연합전선론), 독자후보/비판
   적 지지, 독자적 정치세력화와 민주대연합 결성 등으로 약간 상이하게 나타나지만 그 본질
   은 동일하였다.

[표 8.4] 전선논쟁의 변화(1960년대부터 2000년대에 이르기까지)

| 시 기 | 주요 내용 | 특 징 | 분화/통합 |
|---|---|---|---|
| 통일혁명당 시기 (1960년 후반 ~1970년 초반) | 민주화를 위한 공동투쟁체로 전선을 파악 | 논쟁 부재 | 민중운동의 형성 |
| 남민전 시기 (1970년대 중후반) | 전략적 통일전선체의 건설을 제1의 목표로 함 | 논쟁 부재 | |
| 민통련으로 전환 (1980년대 초반 ~중반) | * CNP논쟁<br>* 민통련 지도부구성, 조직체계, 연합의 수준에 대한 논쟁 | 사회성격 논쟁 시작 | 민중운동과 재야·야당세력의 대단결 |
| 국본으로의 전환 (1980년 중후반) | * 직선제개헌 슬로건 채택여부(혁명 방식—폭력성 여부와 혁명성격 논의)<br>* 야당의 참여 여부(주요 모순과 동맹세력 논의) | 사회성격논쟁 중 계급관계 부각 | 민중운동과 재야·야당세력의 대단결 |
| 1987 대선 전후 | * 민통련 해체를 통한 민중연합 건설론과 민통련을 통한 민주연합 건설론(하나의 전선론—민중주체민족민주전선과, 두개의 전선론—민족민주전선과 국민전선의 반영)의 전면화<br>* 비판적 지지/ 후보 단일화/ 독자후보(민주연합이나 민중의 독자적 정치세력화로 대립)<br>* 사구체 논쟁(NL-PD, ND-PD)의 전면화 | 사구체 논쟁 및 야당과의 관계 부각 | 야당의 이탈과 민중세력의 강화<br>--------- |
| 1988 총선이후 | * 전국 단위 상설공투기관 건설안—투쟁과 조직에 기초한 민중연합 건설(전민련 결성 최초제안)<br>* 합법정당 논쟁1: 1) 계급정당론과 계급연합정당론 2) 전술전당과 전략적 노동당 | | |
| 국본해체(1988 ~1989) | * 국본해체론—민중연합즉각건설론/ 국본강화론(국본개조론과 민통련 강화론) | | |
| 전민련과 민중당 결성(1989~1990) | * 전민련 위상논쟁: 1) 상설공투체 2) 낮은수준의 통일전선체 3) 혁신전당의 모태 → 2)안으로 수렴, 전민련 결성<br>* 전민련 지도력 구성: 1) 의장단을 재야원로로 구성하고 단일한 지도력 형성 2) 의장단을 지역 및 부문의 실질 대표로 구성 3) 절충안 → 3)안으로 수렴<br>* 조직형태: 연합체와 협의체 → 연합체 안이 수용<br>* 합법정당 논쟁2: 1) 시기상조론(민주대연합) 2) 즉각결성론(독자적정치세력화)<br>* 합법정당 논쟁3: 1) 독자정당반대-첫째, 시기상조론 둘째, 전민련내 정치위원회(민주연합당추진위원회) 결성 2) 독자정당찬성—첫째, 전민련 내 민족민주정당추진위원회 결성. 둘째, 전민련이 독자정당 지원<br>* 합법정당 논쟁4: 민주연합당이냐 민중정당이냐 | 사구체 논쟁 및 야당과의 관계/ 전선유형논쟁 | |

계속

| 시 기 | 주요 내용 | 특 징 | 분화/통합 |
|---|---|---|---|
| 국민연합, 전국연합 시기(1990~1992) | *국민연합 결성 논쟁: 전민련강화론/ 국민연합강화론/전민련. 국민연합 통합재편론 →통합 재편에 따라 국민연합 결성 | | |
| 14대 총선 시기 (1992) | *후보출마 논쟁: 민주대연합론-야당과의 연합(독자후보반대)/ 독자후보론-독자후보 출마 | | 민중전선 내부의 분화: '전선체 수준'에서의 통합과 '정당 수준'에서의 분화 |
| 1992년 대선 시기 | *후보출마 논쟁: 범민주후보단일화론(독자후보반대론)/ 민족민주후보추대론(개방적 독자후보론/제한적 독자후보론)/ 전면적 독자후보론(사퇴하지 않는 민중후보전술) | | |
| 1990년대 중반 | *시민운동과 민중운동 논쟁 | | |
| 1997년 대선 시기 | *후보출마 논쟁: 야권후보지지론/제3후보론(국민후보 혹은 우리후보론)/독자후보론 | | |
| 2000년 | 후보출마 논쟁: 직접적 개입불가론(낙천낙선운동-장외압력론)/ 노동자 중심의 민중후보론(독자후보론) | | |
| 2000년 이후 | *후보출마 논쟁: 시민후보(시민정당)론→시민운동의 정치세력화/ 노동자 중심의 민중후보론(독자후보론)/ 직접적 개입 불가론 | 전선논쟁 약화·소멸—후보출마논쟁으로만 유지 | 민중전선과 시민전선의 공존 |

이다. 이것은 한편으로는 야당과의 연합문제로도 나타났고, 다른 한편으로는 사회성격 및 계급배치논쟁과 곧바로 연결되어 민족자본가 논쟁을 촉발시키기도 하였다. 이것은 시민운동의 등장과 더불어 그 구도가 약간 변화하는 것으로 보이지만 그 본질은 여전히 지속되었다고 하겠다. 예를 들어 97년 대선시기의 야권후보 지지론과 우리후보론 그리고 독자후보론도 야당과의 연합문제는 민중연합과 민주연합 논쟁을 기본으로, 여기에 시민운동의 성장에 따른 '우리후보론', 즉 시민운동과 민중운동의 관계문제가 제기된 구도라고 할 것이다.

하지만 90년대 이후의 민중연합–민주연합 논쟁이 80년대와 상이한 점은 사회성격, 계급배치 등으로까지 논쟁이 확장되는 현상은 완전히 사라진 채 오직 선거시기 후보 출마를 둘러싸고 야당과 연합할 것인가 라는 문제로만 표출되었다는 것이다. 연대가 1) 누가 2) 누구와 3) 무엇을 위해 4) 어떤 것을 극복하고 5) 어떻게 결합할 것인가라는 다섯 가지 측면을 구성하고 있다 한다면, 90년대 이후의 전선논쟁은 오직 누구와 연대할 것인가라는 문제로만 축소되어 온 것이다.

두 번째로 90년대 중후반에 들면 전선논의는 선거참여 및 정당결성의 문제와 관련해서 일어나긴 하지만 실질적인 전선체, 즉 상설적 연대기구의 형성을 둘러싸고는 사실상 논쟁이 벌어지지 않는다는 것이다. 예를 들어 연대회의와 전국민중연대의 경우 어떤 전선조직을 만들 것인가에 대한 광범위한 논의가 벌어지고 그 과정에 많은 사회단체들이 참여하면서 연대기구가 형성되는 기존의 방식과 달리, 영향력 있는 특정 시민조직과 민중조직의 주도 아래 상이한 연합조직이 만들어진 것이다. 게다가 사실상 '전선' 개념을 사용하지 않으며 전선논의도 시민운동과 민중운동의 성격, 관계논의로 대체되었을 뿐만 아니라 그것조차도 큰 영향력을 갖지 못한다. 이와 같은 특징을 전선논쟁 그 자체에 대한 분석을 가지고 좀더 자세히 살펴보겠다.


## 2) 전선논쟁과 연대

### (1) 통일전선 개념의 사용

사회운동의 연대를 민중연합과 민주연합 그리고 그 기초로서 '통일전선'으로 개념화 한 것이 1980년대 전선논쟁의 특징이다. 그 대표적인 예는 다음과 같다.

통일전선은 '여러 계급·계층(그리고 그들의 이익을 대표하는 정당·집단)이 계급적 이해나 정치적 견해, 세계관 등의 차이에도 불구하고 공통의 목표를 위해

공통의 적에 대항하여 싸울 목적으로 만드는 공동전선(공동투쟁의 형태·조직)'
이다.……또한 통일 전선이 발전하기 위해서는 노동자계급의 전투성과 헤게모
니의 강화, 노동자와 농민 및 기타 근로대중과의 계급동맹 확립, 강대한 노동자
계급의 전위당 건설 등이 불가결한 조건이다"는 개념규정은 별무리 없이 받아들
여질 수 있다(채만수·김장한 편 1990, 37).

이것을 좀더 요약한 것이 아래 문장이다.

지배계급에 맞선 피지배계급 연합……일상적 시기에 각계각층의 민중운동이
지배권력과 투쟁하기 위한 민중연대의 틀……노동자계급이 다른 계급과 계층을
당면 변혁운동의 기치 아래 결집시켜내는 틀……(김윤수 1990, 194~196).

따라서 사회운동의 연대를 통일전선으로 개념화하는 것의 특징은 1) 지배
/피지배, 착취/피착취의 '사회적 적대'를 근간으로 하고 있으며 2) 계급·계
층 간의 결합을 조건으로 하되 3) '노동자계급 중심성'을 전제하고 4) 국가
권력의 혁명적 개조 등이다. 따라서 전선이라는 개념을 사용하여 연대를 표
현한다는 것은 이 4가지 특징을 전제한다는 것을 의미하며, 연대와 관련된
논쟁은 이 각각의 지점에서 벌어졌다.

## (2) 독자성과 계급연합을 통해서 표현되는 연대

이와 같은 점에서 당시의 연대는 사회적 적대 해소의 유일한 방식으로서
국가권력 장악을 목표로 하며, 그런 점에서 정치적 이해에 입각한 일종의 계
급연합이다. 또 누가 그 중심에 서는가와 누구와 연합하는가가 중요한 일종
의 정치체라고 하겠다. 예를 들어 민주연합과 민중연합(혹은 민중통일전선)
및 그와 관련된 수식어의 개념쌍을 살펴보면 첫째, 자유민주주의적 부르주
아지(야당)와의 '민주대연합론'과 노동자계급 주도의 '민중대연합론,' 둘

째, 개량주의적 통일전선과 변혁적 민족민주전선, 셋째, 야당과 연합한 국민전선(정치투쟁 담당)과 민족민주운동 단체 및 대중의 민족민주운동전선(민중생존권투쟁 담당)으로 이분화된 '두개의 전선론'과 노동자계급 주도의 '민족민주 전선론' 등으로 요약할 수 있다(김창희 1990 참고). 즉 자유주의적 부르주아지(야당)-민주-개량주의-국민이라는 개념쌍과 노동자계급-민중-변혁-민족민주 개념쌍은 당시의 연합의 성격과 원리를 표현하는 것이라 하겠다.

이것은 오랫동안 논란이 되었던 '독자성'과 '계급연합' 개념에서도 뚜렷하게 나타난다. 우선 민주연합론의 핵심인물 중의 한 사람이었던 김근태의 경우 '독자성'을 "민주주의 실현을 위한 민족민주운동 조직의 구축"이라고 한다(『사회와 사상』, 1990년 20호, 115). 이에 반해 민중연합론을 제기하였던 김창희는 독자성을 "노동자계급의 여타 계급과의 차이로부터 오는 독자성의 보장, 즉 「노동해방」사상을 자유롭게 선전 선동하고 이를 위한 독자적 조직활동이 보장"이라고 한다(김창희 1990, 377).

또 전자의 경우 독자성은 공간에 따라 완전히 보장될 수 없고 특히 의회공간에서는 "독자성이 부분적으로 훼손당하는 것도 감수해야 하며……독자성의 훼손과 기존 제도권 정치세력이 갖는 지배성을 어떻게 극복할 것인가가 문제로 대두되는데 그것은 그(민주연합당) 내부에 민족민주운동의 대의를 실현하는 계보나 블록을 조직화시키는 것으로 해결가능하다"고 한다(『사회와 사상』, 1990년 20호: 116) 이에 반해 후자는 계급연합을 "노동자계급과 여타계급과의 연합"을 의미하며 통전 역시 유사하다고 본다. 또 이때 연합의 기준은 노동자계급의 독자성을 보장할 수 있느냐에 있다. 보장되지 않을 경우 연합하지 않는다는 것이다(김창희 1990, 377).

따라서 전자는 누가 중심에 서는가와 관련하여 노동자계급 중심성의 문제가 불분명한 반면, 후자는 그렇지 않다. 또 양자는 누구와 연합하는가에 관해서도 차이를 드러내는데 바로 이 점이 두 입장으로 하여금 수년을 격렬하게 논쟁하게 하였으며, 이 논쟁은 당시 연대의 핵심적인 기준을 드러내는 것이라고 할 수 있다. 그러나 이와 같은 차이에도 불구하고 당시의 연대는 정치적 연합체이자 계급연합체이며 민족민주운동 조직과 여타 조직의 연합체를 지향한다는 점에서는 동일하다. 즉 적대 해소를 위한 정치적·계급적 조직체로서의 연대개념이었던 것이다. 그러나 1987년 이후 사회변화는 무엇보다 시민사회의 부활과 더불어 다양한 계급, 계층, 집단으로의 분화 및 그동안 계급, 계층에 의해 가려졌던 개인으로서의 시민을 사회의 전면에 등장시켰다. 그런 점에서 기존의 전선논의에서는 전혀 나타나지 않았던 민중–시민 개념, 민중사회–시민사회 개념 논쟁이 대두된 것은 자연스러운 것이다. 이것을 90년대 전선논의에서 좀더 구체적으로 살펴보자.

### (3) 1990년대 전선논의의 변화

90년대 중반은 전선논의와 관련하여 가장 흥미로운 시기이다. 우선 전선개념 자체가 거의 사라지기 때문이다. 이것은 통일전선으로 표현되는 연대원리의 근간인 1) 사회적 적대 2) 계급·계층 간의 결합 3) 노동자계급 중심성 4) 국가권력의 혁명적 개조문제 등이 사실상 연대의 원리로부터 사라졌다는 것을 의미한다. 또 이것은 "기존 연대의 해체"를 반영하는 것으로도 해석될 수 있다. 두 번째로 시민–시민사회–시민운동과 민중–민중사회–민중운동이라는 개념 및 개념 간의 접합이 쟁점이 된다.

하나의 극단인 김세균은 시민–시민사회–시민운동과 민중–민중사회–민중운동을 접합 불가능한, 대립적인 개념쌍을 구성하고 접합 불가능성 혹은 시민개념을 민중개념으로 해소할 것을 주장했다. 이것은 오세철도 유사하다. 다음으로 또 다른 극단인 김성국은 '시민–비계급적 시민의식, 타협적 계급의식–자율성' 등의 개념쌍을 사용함으로써 기존의 민중 개념과 구분하며 시민 개념의 손을 들어준다. 또 이 양극단 사이에서 양 개념을 접합시키려는 다양한 시도가 있다. 예를 들어, 유팔무는 변혁지향적 시민사회운동과 체제내화된 시민사회운동으로 접합하며, 조희연은 민중적 시민사회와 시민적 시민사회로 접합한다. 또 그 접합이 시민—시민사회—시민운동을 중심에 놓은 접합이냐, 아니면 민중—민중사회—민중운동을 중심에 놓은 접합이냐의 차이는 존재한다(유팔무 · 김호기 엮음 1995).

시민—민중 논쟁은 누가, 누구와, 무엇을, 어떻게 등으로 나누어볼 수 있는 연대의 원리 중에서 가장 기초적인 '누구'의 문제가 제기된 것으로 해석할 수 있다. 이것은 민중으로 대변되었던 기존 연대의 주체가 와해되었다는 것을 의미하는 것이다. 하지만 기존의 주체 와해가 새로운 주체 형성으로 나아간 것으로는 보이지 않는다. 왜냐하면 시민개념은 여전히 추상적으로 남아 있기 때문이다. 이 시민이 부르주아적 개인인지 국가시민인지 혹은 양자 이외의 다른 것을 지적하는지는 불분명하다. 오히려 시민개념은 구체적인 민중이 아닌 세력 모두를 지칭하기도 하고, 민중지향적인 것과 구분되는 다른 것을 지칭하기도 하는 부정을 통해 구성되는 개념이다.

그렇다해도 시민개념은 기존의 민중으로 대변되는 집단개념과는 구분된다는 점에서 '개인'이 등장할 공간을 만든다. 동시에 연대관계의 변화를 반영할 것으로 추정할 수 있다. 이와 같은 시민—민중 논쟁의 이면에서 만들어지는 연대관계의 패턴을 추정할 수 있게 해주는 것이 2001년 노동연결망 분석 사례이다.[3]

그림 8.3은 2001년 민노총 중심의 연결망을 민노총을 배제한 209개 단체 clique을 통해 분석한 것이다. 우선 210개 조직으로 구성된 이 연결망의 밀도는 0.429로 그림 8.1과 그림 8.2의 사회운동연결망 밀도(211개 조직의 밀도 0.581)보다 약하다. 그리고 clique 9 이상에서 노동조직과 시민조직 1, 2로 구성된 사회적 연결망은 노동조직과 시민조직 2 간에 분절이 보이지만, 그것이 시민조직 1의 매개를 통해 완충됨을 확인할 수 있다는 점에서 그림 8.1과 유사하다. 반면 그림 8.1, 8.2에서 나타나지 않았던 노동내부 연결망은 정규직 노조로만 되어 있고, 파란색으로 구분된 비정규직 노조가 완전히 배제된다

---

3) 분석방법은 부록 〈참고 8.2〉 2001년 노동연결망 분석 소개를 보면 된다.

[그림 8.3] 2001년 민노총 중심연결망의 분절

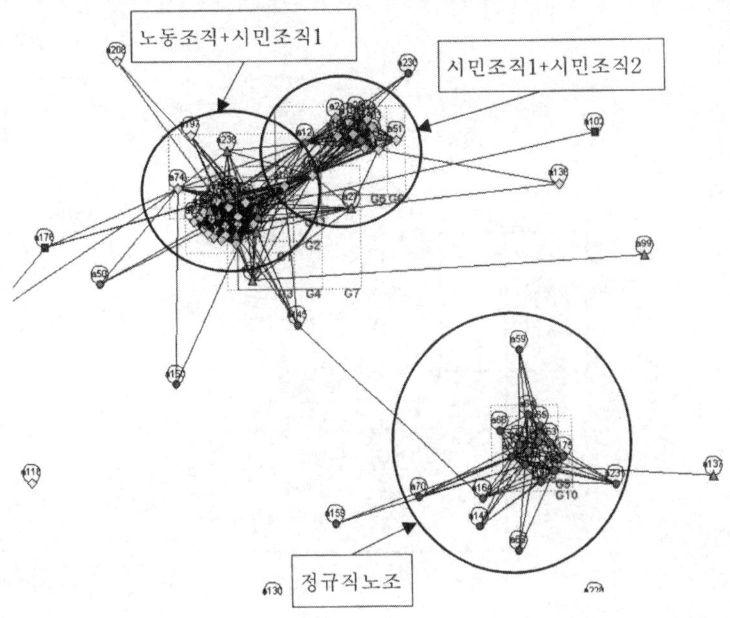


는 것을 보여준다.

그림 8.3의 특징은 노동내부 연결망 만을 분석한 그림 8.4에서 더욱 확실히 드러난다.

이 연결망은 2001년 민노총 중심연결망 중 민노총을 제외한 노조와 노동 단체만을 추출하여 재분석한 것이다. 여기서는 크게 두 가지 그룹과 배제되는 한 가지 그룹이 드러나는데 정규직 중심그룹, 노동조직중심 그룹 그리고 배제되는 비정규직 그룹이다.

결국 1990년대 이후 다양한 연합운동이 활성화됨에도 불구하고, 최대쟁점 인 비정규직의 경우 사회적 연결망과 노동내부 연결망 모두에서 상대적으로 배제된다는 사실을 확인할 수 있다. 이것이 1990년대 이후 노동연결망의 전 형적인 특징인가에 관해서는 역사적 분석이 보다 요구된다. 그러나 연대의

[그림 8.4] 2001년 민노총 중심 연결망—노동내부 연결망 분절

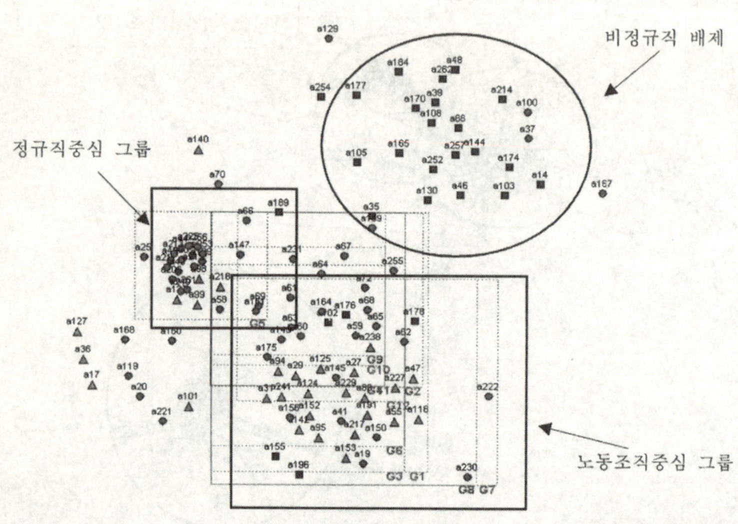



패턴 중의 하나임은 분명하나, 이러한 연대의 패턴이 지배적일 것인가가 좀
더 규명되어야 할 것이다.

마지막으로 1990년대에 접어들면 전선 논의의 주체가 변화한다. 1980년대
전선논의가 사회운동조직의 성원들에 의해 직접적으로 수행된다면, 사라진
전선논의를 대체한 시민사회론은 학계의 이론적 논의로 바뀐다. 담론이 그
것에 참여하고 담론을 형성하는 주체의 위치에 따라 변화한다는 것을 고려
한다면, 논쟁 주체의 변화 역시 엄밀하게 해석해야 한다.

결론적으로 1980년대 전선논쟁을 통해서 본 연대의 원리는 1) 사회적 적대
2) 계급·계층 간의 결합 3) 노동자계급 중심성 4) 국가권력의 혁명적 개조
등이었다. 이것은 사회적 적대, 즉 독재의 해소라는 정치적 이해에 기초한 계
급 계층적 연합체가 당시의 연대의 논리였다는 것을 보여준다. 따라서 전선
개념이 사라진 것은 이와 같은 연대논리의 약화 혹은 소멸을 의미하는 것이

다. 그런 점에서 지금까지의 전선논쟁은 '전선' 개념으로 대변되었던 정치적 결사체로서의 연대논리의 약화를 대변하는 것이다. 이것은 상설적 연대기구에 비해 사안적 연대기구가 활성화되고 단속적인 연대가 강화된 것에서 나타난다. 또 민통련–국본–전민련–전국연합, 한국시민단체협의회–민중연대, 시민사회단체 연대회의로 이어지는 상설적 연대기구조차도 민중연대와 시민연대로 분화된다는 점에서 전선논쟁은 더 이상 설 땅을 잃었다 할 것이다.

하지만 이미 앞에서 지적하였듯이 이것을 연대의 약화로만 규정할 수는 없다. 관계의 수준에서는 연대의 약화라기보다는 기존 연대적 질서의 와해와 새로운 연대적 질서의 모색이라고 보는 것이 타당할 것이다. 그러나 이러한 새로운 연대적 질서의 모색이 기존의 주체에 포함되지 못하는 새롭게 생긴 집단들과 개인들까지를 포괄하는 광범위한 연대 질서와 논리로 발전하는가 하는 문제는 논란의 여지가 크다. 다음으로는 성명서 분석을 통해 연대패턴 및 전선논쟁에서 드러나는 문제점들을 좀더 자세히 규명해보고자 한다.


## 4. 전선담론분석 2–발족선언문과 강령

### 1) 분석대상

전선논쟁에서 나타나는 연대논리의 변화와 정체성 문제를 이번에는 발족선언문 등을 통해서 살펴보고자 한다. 선언문 혹은 강령의 분석은 다음 13가지를 대상으로 한다.

[표 8.4] 분석대상 선언문과 강령

| 시 기 | 선언문 이름 |
| --- | --- |
| 1978-07-05 | 민주국민선언—민주주의국민연합 발족성명 |
| 1979-03-01 | 민주구국선언—3.1 성명 |
| 1984-06-29 | 민중의소리 창간사—민중민주운동협의회 기관지 창간사 |
| 1985-05-10 | 민주 · 통일민중운동 선언—민주 · 통일민중운동연합 |
| 1987-05-27 | 민주헌법쟁취 국민운동본부 결성선언문 |
| 1987-07-06 | 민주헌법쟁취 노동자공동위원회 성명서 |
| 1989-01-21 | 전국민족민주운동연합 결성선언 |
| 1991-12-06 | 민주주의민족통일전국연합 강령전문 |
| 1994-09-12 | 한국시민단체협의회 창립선언문(안) |
| 2000-01-12 | 정치개혁시민선언문—총선시민연대 |
| 2001-02-17 | 시민사회단체연대회의 창립선언문 |
| 2001-03-14 | 전국민중연대 출범선언문 |
| 2001-04-17 | 지방자치개혁연대 발기문 |

## 2) 분석내용과 선언문의 특징

선언문을 대상으로 한 언술분석은 선언문에 나타나는 단어를 참여주체 지칭 개념, 주요목표 지칭개념, 목표달성을 위한 수단지칭 개념 그리고 극복(타도)대상 지칭개념 등으로 크게 나누고 각 단어의 빈도를 측정하며 각 단어가 어떤 단어와 인접(연관)하였는지를 살펴본다.

다음으로 연관 단어쌍들이 선언문 전체의 구성상에서 차지하는 위치와 문장의 맥락 속에서 차지하는 위치를 구분한다. 그러나 여기서는 주로 참여주체 지칭개념—주요목표 지칭개념—수단지칭 개념 등의 연관쌍에 집중하고 극복대상 지칭 개념은 빈도만을 가지고 살펴보고자 한다.

## (1) 1970년대 성명 발족성명

  1970년대의 선언문은 민주주의 국민연합 발족성명과 민주주의와 민족통
일을 위한 국민연합 발족성명의 두 가지를 대상으로 하였다. 분석결과는 다
음 그림과 같다.

[그림 8.5] 언술분석 1—1970년대 성명서

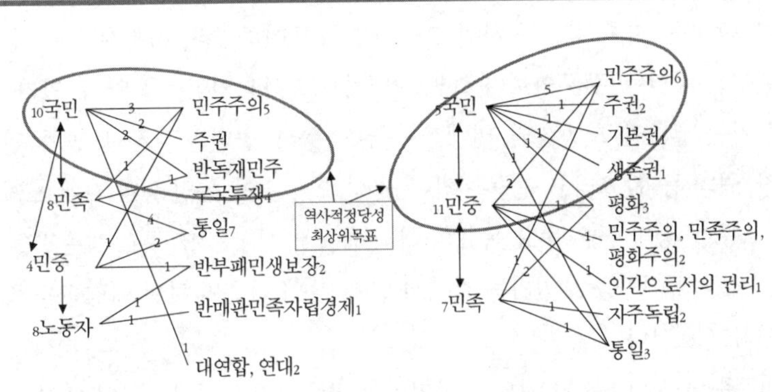


  민주주의 국민연합 발족성명의 경우 가장 많이 쓰여진 참여주체 개념은
국민(국민, 민주국민, 반독재민주국민)으로 총 10회이고, 다음으로 노동자 8
회, 민족 8회, 농민 4회, 민중 3회, 도시빈민 · 봉급생활자 · 학생 · 교수 · 기자
가 각 1회이다. 다음으로 주요 목표지칭 개념은 민주주의 6회, 통일(과 통일
문제) 7회, 반독재민주구국투쟁 4회, 민생보장운동 3회, 민족민주언론 2회,
주권 2회, 민족민주민생, 반독재민주화투쟁, 민주구국항쟁, 권익옹호운동, 생
존권보장, 자립적국민경제, 공동선, 인간다운 삶, 정의, 평화사회, 자유언론
등이 각 1회씩 사용되었다.

  그렇다면 상위의 참여주체 개념과 목표지칭 개념이 어떻게 연결되는가를
보자. 가장 높은 빈도를 보인 국민은 가장 높은 빈도를 보인 민주주의와 3회

같이 쓰였고, 또한 높은 빈도를 보인 반독재민주구국투쟁과 2회 그리고 주권과도 2회 연관쌍을 구성하였다. 동시에 인간성, 3.1정신과 4.19반독재민주구국투쟁, 주권, 주권재민 등과도 연관쌍을 구성하였는데, 이렇게 국민과 연관된 쌍은 발족의 역사적 정당성을 언급하고 목표를 정의하는 문맥에 집중적으로 사용되었다. 따라서 국민-민주주의 연관쌍은 가장 상위 개념쌍으로 나타난다. 이것은 국민이 대연합, 연대 등의 개념과도 동시에 쌍을 이루고 있다는 점에서 지지된다.

다음으로 민족은 통일 및 민주주의와 연관쌍을 형성함과 동시에 민족언론, 민족교육, 자주외교 등 하위 요구사항을 표현하였다. 따라서 민족-통일 연관쌍은 국민-민주주의보다 하위 개념쌍으로 사용되었음을 알 수 있다. 또 노동자는 생존권, 노동삼권, 민생보장, 권익 등과, 농민은 생존권, 농협, 민생보장, 권익 등과, 그리고 민중은 참여, 창의, 민주주의, 통일 등과 같이 쓰였는데, 노동자, 농민 등은 주요 목표의 하위 목표를 이루는 또 주로 생존권을 다루는 쌍들과 연관을 보였다는 점에서 민족-통일 다음의 하위 개념쌍을 형성하였다고 보인다.

민주주의와 민족통일을 위한 국민연합 발족성명(민주구국선언)에서는 이와 약간의 차이가 나타난다. 우선 가장 많이 쓰여진 참여주체 개념은 민중이 11회, 민족이 7회, 국민이 5회이다. 또 주요 목표의 경우 민주주의 14회, 평화 6회, 통일 4회, 민족주의 · 민주주의 · 평화주의 3회, 기타 반독재민주구국투쟁, 기본권, 생존권, 언론출판집회결사의 자유, 권리와 복지 등이 각 1회씩 사용되었다.

그러나 가장 높은 빈도를 보인 민중이 가장 높은 빈도를 보인 민주주의와 개념쌍을 형성하고 있는 것은 아니다. 그보다는 빈도가 현저히 떨어지는 국민이 민주주의와 5회에 걸쳐 쌍을 이루면서 주요 목표를 나타내는 문맥에 집중되어 있다. 반면 민중은 3.1운동, 평화, 외세배격, 민주공화, 세계평화, 민중적 자유와 권리, 민주주의, 반독재민주구국투쟁, 인간답게 살 권리, 권리와 복지 등과 폭넓게 쓰이고 있다. 그러나 민중은 3.1운동이라는 역사적 사건을 서술할 때에만 주격조사가 붙는 참여주체로 사용되고 대부분은 수식어로 사용되어서 상위 개념을 형성한다고 보기 어렵다. 또 민족은 자주독립, 민주주의 이념, 통일 등과 함께 쓰였는데 역시 수식어로 사용되는 경우가 많았다.

결국 국민은 주격조사가 붙어 주권자, 민주회복, 민주정부 등과 함께 쓰여 상위 개념쌍을 이루고 있으나 그 빈도수가 제한적이며, 민중개념이 그 빈도수가 높아지고, 민족개념은 별다른 변화를 보이지 않고 있다. 따라서 국민-민주주의가 여전히 최상위 개념쌍이나 민중개념이 점차 부각되고 있다는 점에서 민주주의 국민연합의 선언문과 차이가 있다.

마지막으로 극복대상 개념의 빈도를 보면, 민주주의국민연합 선언문에서는 독재권력(2회), 억압(4회), 유신체제(2회), 독재(3회), 영구집권(1회), 민주질서파괴(1회) 등 독재 개념이 13회 사용되었으며, 신식민주의(1회), 외세의존(1회), 매판적 경제질서(1회), 이민족자본(1회) 등으로 외세 관련 개념이 보인다. 민주주의민족통일국민연합의 경우도 1인독재/ 유신체제/ 1인절대권력/ 장기집권/ 1인영구집권 등 독재관련 개념이 7회 쓰인다는 점에서 반독재가 형상화되어 있음을 확인할 수 있다. 그런데 외세 관련개념은 여기서도 매판적 부패특권(1회) 등으로 매우 추상적이며 빈도수가 적다.

결론적으로 국민-민주주의-독재가 주요 개념쌍으로 쓰인 것이 70년대 담론의 특징이다. 즉 70년대의 담론에서 '국민' 은 민주주의-주권-반독재민주구국투쟁 등과 연결되면서 최상위 개념으로 자리잡는다. 그런데 민주주의국민연합에서 국민은 대외적으로는 민족과 같은 개념으로 쓰이며, "민중, 특히 노동자와 농민, 도시빈민과 봉급생활자의 생존권" 이라는 표현에서 알 수 있듯이 구체적 실체인 민중 및 노동자 등의 상위개념이다. 여기서 민중은 민중지향성 등의 특정 가치를 지칭한다기보다는 아직은 구체적 실체로서의 민중을 지칭하는 것으로 보인다. 그러나 이들을 서민으로 표현하지 않았다는 점에서 당시 전개되었던 민중론의 반영을 읽을 수 있다.

하지만 민족통일국민연합의 성명서에서 국민은 민족 및 민중과도 동일한 개념으로 쓰이기 시작한다. 특히 민중 개념의 상승이 눈에 두드러지는데 국

민의 하위개념이자 생존권을 억압받는 구체적 실체로서의 집단이었던 민중
이 더 추상적인 가치를 담보하는 상위개념으로 등장하는 것을 알 수 있다. 민
족통일국민연합이 김대중, 윤보선, 함석헌을 공동의장으로 하고 있는 야권
및 사회운동조직의 결합체였다는 점에서 이와 같은 민중개념의 부상은 1980
년대를 예고하는 것이라 하겠다. 따라서 당시의 민주주의가 단지 자유주의
적 이데올로기로만 사용되었다는 규정은 좀더 세밀하게 분석해야 한다. 일
단 선언문에서의 1970년대의 국민-민주주의 쌍은 민중지향적 성격을 드러
내기 시작하는 맹아기적 개념이었다고 보인다.

또 하나 해석이 필요한 것은 민족개념이다. 민족개념은 민주주의 국민연
합의 성명서에서는 국민의 대외적 개념이자 하위개념으로 사용된다. 그러나
민족통일국민연합의 성명서에서는 국민-민족-민중이 거의 같은 수준의 개
념으로 사용되고 있다.

여기서 민중론의 발전과 분화를 거론하는 다음과 같은 언급에 주목할 필
요가 있다.

> 1970년대 소시민적 민중논쟁을 주도……이들은……② 계급문제를 염두에 두
> 되 민중과 민족을 동일한 범주로 인식했다는 점 ③ 민중과 계급개념의 차별성을
> 강조했다는 점 ④ 사회적 제관계의 복합적 모순관계로 민중을 인식했다는 점 ⑤
> 민중의 내부구성에서 노동자 헤게모니를 필연적으로 전제하지 않았다는 점에서
> 공통적인 문제의식을 공유한다(역사비평편집위원회 엮음 2000, 347~348).

이것은 민족통일 국민연합의 성명서에서 민중을 언급하는데 그대로 반영
되는 것으로 보인다. 그러나 이 민중개념조차도 공식적인 선언문에서는 최
상위 개념으로 언급되고 있지 않으며 그것은 국민으로 표현된다. 이것은 민
중이라는 개념을 공식적으로 사용하기 힘들었던 당시의 정세를 반영하는 면
도 있겠지만, 그보다는 제도권 정당으로서의 야당의 주도성을 의미한다고
볼 수 있다. 또 1970년대 민중개념 중 정창렬의 경우 "민중을 계급·계급역

량의 연합체라는 점에서 객관적 사회적 실체이며 기본모순과 부차적 모순의 관계변화에 따라 내부구성이 항상 변동하는 정치적 운동사적 개념이라고 규정"하고, 또한 "의식면에서 민중은 하부구조에 의해 수동적으로 규정당하는 계급 · 계층에 그치지 않고, 스스로 새로운 저항의 주체로 정립해 나아가는 주체적 자기창출의 존재"라고 한다(역사비평편집위원회 엮음 2000, 348~349).

이 역시 공식적 선언문에서는 뚜렷하게 드러나지 않는다. 이렇게 공식적 선언문과 비공식적 논쟁에서의 민중개념 표현 여부 및 민중개념을 사용하는 방식의 차이는 야당과 구분되는 사회운동의 자기정체성이 제대로 확립하지 못하였던 현실을 반영하는 것이라고 보인다. 그런 점에서 1970년대 사회운동은 야당까지를 포함하는 광범위한 연대에 기초하여 자신의 독자적 성격을 정립하는 맹아기였다고 추론할 수 있겠다.

### (2) 1980년대—민중민주운동협의회(민민협)

1980년대 들어오면 민중개념이 최상위 개념으로 부각되기 시작함을 알 수 있다. 민민협 기관지 창간사에서는 민중이 26회, 민족 11회, 노동자 2회, 그리고 지식인 · 종교인 · 시민 · 학생 · 기자 · 국민 · 공무원 · 군 · 농민 · 어민 · 실업자 · 어민 · 병사와 순경 · 봉급생활자 · 영세상인 · 도시빈민 · 중소생산업자가 각 1회씩 사용되었다. 또 주요목표로서는 민주주의가 12회, 자유와 권리가 2회 쓰임으로써 사실상 민주주의가 14회라는 가장 많은 빈도수를 보인다고 할 수 있다.

다음으로 연관쌍을 살펴보면 민중은 주격조사가 붙어 역사, 제목소리, 새시대, 민주주의, 우리 자신, 자유와 권리, 생존권, 인간다운 삶, 민생 등과 같이 쓰였다. 이것은 민중이 정당성과 목표를 드러내는 최상위 개념이자 가치지향적 개념일 뿐만 아니라 생존권과 결부된 구체적 실체개념으로까지 폭넓게 쓰였다는 것을 알 수 있다. 특히 총 11회 쓰인 민주주의와는 6회, 민생(운동)과는 2회가 쓰였다.

다음으로 민족은 소유격 조사와 함께 수식어로 사용되었고 그것과의 연결 쌍은 각각 1회씩 함께 쓰인 삶, 명운, 얼, 존엄, 통일, 한핏줄, 한형제, 우리의 문화 등이다. 그리고 문맥 및 전체 창간사 구성에서 역사적 정체성과 정당성을 드러내는 부분에 위치한 중위개념으로 이용되었다. 결론적으로 국민 개념이 거의 사라지고 민족보다 민중이 최상위 개념으로 쓰이는 것은 1970년 대의 두 성명서와 가장 두드러진 차이를 보이는 것이다. 이것을 그림으로 나타내면 다음과 같다.

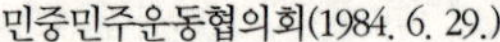

[그림 8.6] 언술분석 2—민민협 기관지 창간사

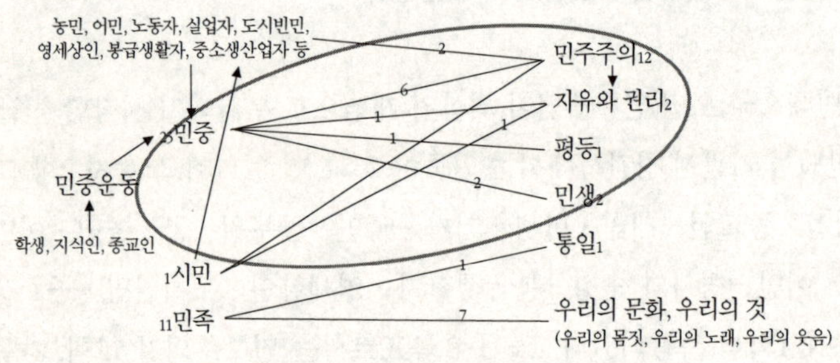


여기서 최상위 개념으로 쓰인 '민중'의 의미는 명확하게 두 가지다. 하나는 가치지향적인 개념으로서 일종의 대자적 민중인데, "학생, 지식인, 종교인들의 역동적인 민중운동에의 치열한 자기투신은 민중의 날이 오고 있음" 등의 문장에서 민중이 민중운동, 민중의 날 등으로 대변되고 있는 것이 그 대표적인 예이다. 그에 반해 "농민과 어민, 노동자와 실업자, 생업박탈자, 병사와

순경, 봉급생활자, 영세상인, 도시빈민, 중소생산업자 등을 포함하는 절대다수 민중"은 구체적인 실체를 지칭하는 개념이다. 때문에 이 개념은 "민중의 인간다운 삶" 등의 민생운동과 연관된다.

또 민중이 하위개념으로 쓰일 때는 구체적인 실체개념만을 지칭하는 것이 대부분이었다면, 상위개념으로 쓰이는 순간 양자의 의미를 동시에 갖는 것을 알 수 있다. 그리고 이때부터 민중 개념을 쓰는 것과 그렇지 않은 것은 담론뿐만 아니라 구성세력에서도 분명한 차이를 보이는 것으로 해석할 수 있다. 더불어 이 성명서에서 단 한번 나오는 시민개념은 앞뒤 맥락에서 인간으로서의 자유와 권리 그리고 민주주의와 연관되는 한편, 민중의 구체적 실체 중 "노동자, 학생, 기자, 공무원 그리고 군"과 연관된다. 이것은 시민이 구체적 실체를 지적하는 민중의 일부를 구성하는 것으로 인식되었음을 알 수 있다. 때문에 이때의 시민은 민중과 대별되는 개념으로서 구분 정립되어 있는 것이 아니다.

또한 민중-민주주의와 연관되는 쌍은 민주주의의 성격을 규정하는 것으로 해석될 수 있지만, '민중민주주의' 라는 구체적 개념으로까지 사용된 것은 아니라는 점에서 주목된다. 그러나 자유보다는 평등 및 부패특권의 개념이 자주 사용된다는 점에서 자유주의적 민주주의 개념과는 다른 내용을 갖는 것은 확연하다. 결국 민중-민주주의 쌍은 당시 연대의 성격을 기존의 그것과 뚜렷이 구분해준다. 그러나 이때의 민중에 노동자계급의 주도성이 전제되어 있지 않다고 보이며, 또한 엄밀하게 계급적 범주라기보다는 억압받는 피지배세력이라는 의미에서 사용한다는 점에서 당시의 연대가 '전선' 개념의 구현체로까지 발전한 것은 아니라고 해석할 수도 있다.

마지막으로 극복대상 개념을 보면 독재관련 개념이 4회, 외세관련 개념이 매판과 강국 등으로 2회 쓰이고 있다. 이것은 극복대상 개념에 있어서는 반독재 이상의 뚜렷한 상이 존재하지 않으며 70년대 담론으로부터 발전은 보이지 않는다고 할 것이다.

## (3) 1980년대—민주 · 통일민중운동연합(민통련)

　　민통련의 선언에서는 민족 31회, 민중 23회, 노동자 · 농민 · 도시빈민이 각 5회 사용되었다. 또 중간계층과 종교계가 각 3회, 상인과 봉급생활자 그리고 지식인이 각 2회, 또 국민대중이 1회 쓰였다. 주요 연관쌍을 이룬 목표지칭 개념을 보면 민족통일 · 통일 · 통일지향 · 평화통일 등 통일 관련이 20회, 민주 · 민주화 · 민주화운동 · 언론출판집회결사의 자유 · 인권 등 민주주의 관련이 13회, 연대 · 친교 · 공생 · 상호보완 · 협조 · 협동 · 통합운동 · 조직적역량 등 연대 관련이 10회, 민족자립경제 · 자주 · 주체적 생존 · 자주적 민족국가 · 정치적 독립 · 경제적 자립 · 문화적 자주성 등 자주 관련이 22회 등이다. 이것을 그림으로 살펴보면 다음과 같다.

[그림 8.7] 언술분석 3—민주 · 통일민중운동선언

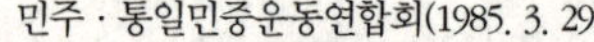

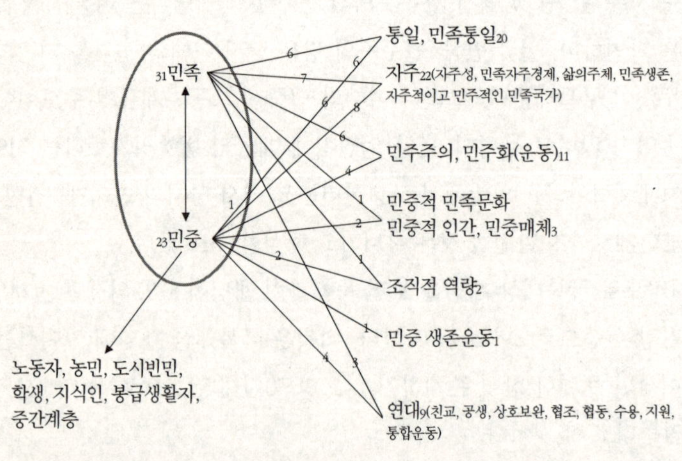

이 선언문의 특징 중 하나는 민족과 민중이 거의 동일한 개념으로 연결된
다는 것이다. 우선 첫 두 문장에서 민족은 외세로부터 삶을 위협받고 있는 주
체로, 민중은 내부적 수탈로부터 삶을 위협받고 있는 주체로 서술되고 "민중
정서로 민족의 가슴을 적셔 민족의 끝내 민족이도록 하는 민족문화의 현실
이……완전히 찢어지고 있다" 라고 표현된다. 다음으로 두 개념이 함께 쓰이
거나("민족 민중 생명파괴"), 혹은 각각이 상대의 실체인 것("민족의 삶의 주
체인 생활하는 민중", "민족적 삶의 실체인 민중의 광범위한 조직적 역량")
으로도 표현된다. 또한 민족의 주요 성원으로서 민중이 기술되기도 한다.

그러나 역사적 전통 부분에서는 "갑오농민전쟁, 3.1 민족해방운동, 4.19 민
주·민중혁명, 유신체제 아래서의 가열한 민주화운동, 그리고 1980년 5월의
장렬한 광주민중항쟁은……연면한 민족운동의 전통" 이라고 할 뿐만 아니라,
그 바로 밑에 "민족운동의 전통은 민주화운동과 민족통일을 통한 민족적 숙
원의 해결을 요구" 한다고 기술한다. 즉 민족운동이 보다 상위개념으로 해석
될 여지도 있는 것이다.

하지만 목표지칭 개념에서 민주가 11회인 반면 자주 22회, 통일 20회로 많
이 쓰였고, 이 개념들이 모두 민족 및 민중 개념과 쌍을 이루고 있다는 것은
민통련 시기에 이르면 자·민·통과 민중민주가 함께 섞여 있다는 것을 의
미한다. 그런 점에서 민통련의 선언문은 국민이나 시민개념과는 구분되지
만, 민중론 내의 민족모순과 계급모순 논쟁, 민중개념 논쟁을 봉합하는 양식
이라고 할 수 있다.

선언문의 또 다른 특징은 연대개념이 매우 빈번할 뿐만 아니라 상당히 광
범위하게 사용되고 있다는 점이다. 또 연대개념은 자연과 인간의 공존을 의
미하는 것에서부터 제3세계 민족과의 연대를 지향하는 것으로까지 확장된
다. 따라서 이 시기에 이르면 전선의 원리에 입각한 연대개념이 광범위하게
쓰인 것으로 판단할 수 있다.

마지막으로 극복대상 개념을 보면, 이 선언문에서 '제국주의' 라는 표현이
뚜렷하게 나타나고(제국주의열강, 외세, 강대국패권, 국제열강, 다국적 기업,

사대주의, 매판문화) 관련 개념이 14회 쓰인다. 또 독재관련 개념은 국내독
재독점세력, 독점지배집단, 군사독재정권, 장기독점, 독재, 비민주적 정치구
조 등이 총 10회 사용되어서 반제 반독점의 요구가 현실 선언문에 반영되었
음을 알 수 있게 한다.

결국 민통련의 시기에 이르면 전선운동은 민중적 지향을 갖지만 민족모순
과 계급모순 문제가 여전히 쟁점이 되고 있고(그런 점에서 노동자계급의 주
도성은 전제되어 있지 않으며), 반면 광범위한 사회운동의 연대 및 국제적 연
대가 당위로서 전제되기 시작하였다. 또한 반제반독점 요구가 뚜렷하게 개
념화되는 것으로 해석할 수 있다.

## (4) 1980년대—민주헌법쟁취국민운동본부(국본)

국본의 성명서는 민통련이나 이후의 전민련과 비교해볼 때 오히려 1970년
대의 선언문 수준으로 후퇴한 것으로 보인다는 점에서 주목된다. 또한 국본
산하 노동위원회의 그것과 비교해보면 상이한 성격의 단체들이 연합한 최소
공약수가 국본이었음을 확인할 수 있다.

우선 국본의 성명서는 국민이 9회, 민족 6회 사용되었을 뿐 여타의 주체지
칭 개념은 없다. 구체적 실체이든 혹은 가치지향적인 성격을 띠든 민중 및 그
관련 개념도 존재하지 않는다. 또 처음으로 '개인'과 '정파'라는 표현이 사
용된 것도 특징이다.

그러나 동일시기에 결성된 노동자공동위는 국본 산하 조직임에도 불구하
고 상당히 다른 담론을 구성하고 있다. 우선 주체를 보면 노동자와 민중이 16
회, 노동자만 독자적으로 쓰여진 것이 26회, 노동자와 민주투사 6회, 국민 6
회, 노동운동단체 3회, 농민과 학생이 각 2회, 시민과 민족 그리고 노동투사
가 각 1회씩이다.

이것은 민중 개념이 직접적으로 언급되지 않고 있는 국본 성명서와 확연
히 구분된다. 뿐만 아니라 노동자와 민중이 "노동자와 민중"으로 함께 표현

된다는 것과, 이와 별도로 노동자개념이 동시에 사용되고 있다는 것에도 주의할 필요가 있다. 여기서 민중은 노동자에 종속적이거나 최소한 등치개념으로 사용되고 있다. 또 단결 개념이 "노동자는……전 민중과 굳게 단결"이라는 문장에서 1회 사용되고, "전체 민중운동의 새로운 각오와 굳은 단결"이라는 표현도 연이어 보인다. 그리고 "노동자와 민주투사" 혹은 "노동자 민주투사"라는 표현도 특징적이다. 결국 이것은 노동자계급의 중심성을 표현하는 담론구성이라는 점에서 다른 어떤 성명서와도 구분된다. 즉 전선개념의 구현이라는 측면에서 보면 민헌노위 성명서가 그 대표적 사례다.

더욱이 국민이라는 단어는 "노동자들은 비로소 주권을 가진 국민"이라고 사용되거나, 아니면 전경과 최류탄에 대한 비판에서만 사용된다. 즉 국본에서 가장 많은 빈도로 쓰인 국민이 동일한 시기 산하조직의 성명서에서는 노동자의 정치적 권리를 규정하거나 여타 세력을 포괄적으로 지칭하는 것으로만 쓰이고 있다. 이것은 노동자공동위원회 참여조직⁴⁾이 노동단체뿐만 아니라 매우 급진적인 노동조직까지를 포괄하고 있다는 점에서 설명이 가능하다. 비공식적인 전선논쟁에서 격렬하게 벌어졌던 노동자 중심성 개념이 급진적 노동조직에 의해 국본 산하 노동위원회에서 공식적으로 표현된 것이다.

연관쌍을 비교해보면 그 차이가 좀더 두드러진다. 국본성명서에는 민주의 관련개념이 민주화, 민주주의, 민주개헌, 민주정부, 민주헌법 등 모두 15회 나오며, 민주주의의 구체적 내용이 주로 민주개헌이나 민주헌법으로 표현되고 있다는 점에서 당시 가장 중요한 의제가 되었던 직선제개헌 논의가 반영되어 있음을 알 수 있다. 그러나 '국민-민주주의' 연결쌍이 최상위 개념쌍으로 존재한다는 것은 민중적 지향을 갖는 민주주의와 민중적 지향을 갖는 전

---

4) 노동자공동위 참여조직은 청계피복노조, 한국기독노동자총연맹, 한국기독노동자서울지역연맹, 한국기독노동자인천지역연맹, 한국여성노동자회, 전태일기념사업회, 박종만추모사업회, 박영진열사추모사업회, 한국노동자복지협의회, 한국노동자복지협의회인천지역협의회, 영등포산업선교회, 인천산업선교회, 한국산업선교회, 카톨릭노동사목전국협의회, 한국카톨릭노동청년회전국연합회, 카톨릭노동청년회인천교구연합회, 인천지역민주노동자연맹 등 14개 조직이다.

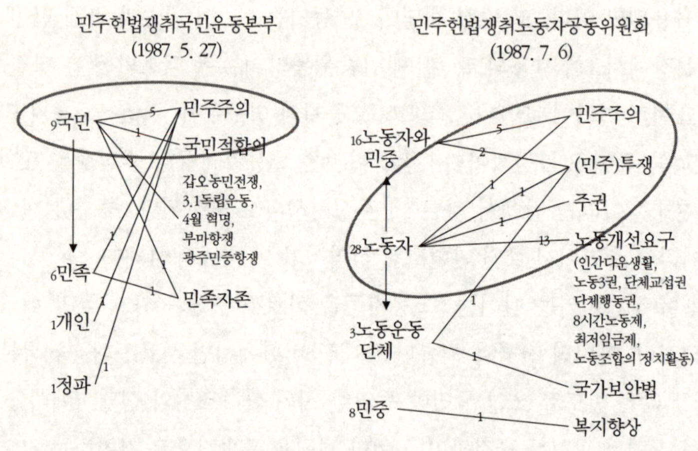



선조직의 결성 경향이 최소한 국본에서는 후퇴하였다는 해석을 가능하게 한다. 이것은 야당참여 문제와도 연관된다는 점에서 6월 항쟁의 한계를 고스란히 반영하는 것으로 볼 수도 있겠다.

그러나 노동위는 매우 다르다. 노동위 성명서에서 '노동자' 혹은 '노동자와 민중'과 쌍을 이루는 목표지칭 개념은 민주주의(자주화된 민주사회, 자주적 민주정부, 민주주의, 민주헌법, 민주화) 관련 개념이 11회, 노동관련 요구(임금인상, 인간다운생활, 노동 3권, 단결권, 단체교섭권, 단체행동권, 8시간 노동제, 최저임금제)가 14회 등이다. 이것은 민주주의를 민주헌법, 민주정부 등 매우 추상적으로만 명기하고 있는 국본의 성명서와는 상이하다. 마지막으로 극복대상 개념을 보면, 국본 성명서와 민헌노위의 주요 개념은 독재다. 또한 양 성명서 모두 제국주의 개념이 거의 보이지 않는다는 것이 특징이다.

결국 '국민—민주주의'와 '노동자와 민중—민주주의'라는 최상위 개념이 국본 내에서 공존하였고 민주주의 해석도 상이하지만, 국본의 대표성명서에서 전자가 채택됨으로써 담론상의 위상관계가 '국민—민주주의'가 좀더 상위를 점한다는 것을 확인할 수 있다. 이것은 국본 내에서의 노동운동 조직의 위상을 반영하는 것일 뿐만 아니라, 국본의 주도세력이 민중지향적인 기존의 사회운동의 정체성과도 어느 정도 구분된다고 할 것이다. 또한 국본성명서에서 나타나는 개인 혹은 정파 개념은 야당까지를 포괄하는 전선조직의 최소공약수가 국본임을 반증하는 것이라 하겠다. 하지만 야당의 이탈한 후 결성된 전민련은 국본과 또 다른 담론을 보여준다.

### (5) 80년대―전국민족민주운동연합(전민련)

이 결성선언에서는 민중이 9회, 노동자와 민족 그리고 농민(농어민)이 각 4회, 교사 2회, 청년학생과 문인, 종교인, 법조인, 언론인, 의료인, 과학인, 중소상공인, 해외동포, 범국민, 빈민, 시민 등이 각각 1회 쓰였다. 그런데 이 선언문에서 두드러진 특징은 민중과 근로민중이라는 개념이 동시에 사용되며, 근로민중은 '노동자, 농민 등'으로 지칭된다는 것이다. "근로민중이 운동의 중심이 되고 청년학생들이 투쟁의 동력이 되며, 양심적인 교사, 문인, 종교인, 법조인, 언론인, 의료인, 과학인들과 중소상공인, 해외동포들이 참여하는 애국적 민족민주운동역량의 총집결체로 나아갈 것이다"라는 문장이 대표적이다. 다른 한편 근로민중은 "민족사 변혁의 주체"로서도 표현되어 보다 상징적이고 대자적 주체로서의 민중개념과 이어지는데 "민중해방", "6월 항쟁의 민중역량" 등의 표현이 그것이다.

또 구체적인 실체로서의 민중을 이끌어갈 단일대오, 연합운동, 총집결 등의 표현이 연관쌍으로 존재한다. 더불어 이러한 민중개념의 상징적이고 조직적인 구현체로서의 전민련을 지시하는 글귀가 포함된다. 그리고 전민련은 "근로민중의 생존권을 가로막"는 국가보안법 등등을 폐기할 것이 결의된다. 그런 점에서 근로민중 = 전민련 = 계급, 계층의 연합체라는 것이 뚜렷하게 표현되는 첫 번째 선언문이라고 할 것이다. 그러나 여기에서도 노동자계급의 중심성을 전제하는 민중민주주의 개념이 공식적으로는 나타나지 않는다는

전국민족민주운동연합(1989. 1. 21)

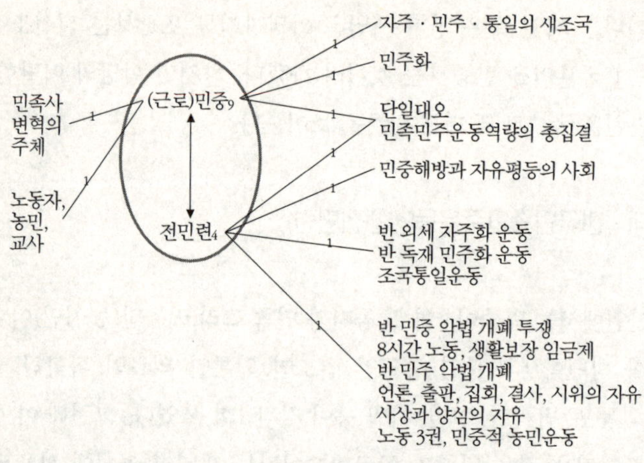


점에 주목할 필요가 있다.

그리고 근로민중과 대변되는 '시민'이라는 개념이 사용되는 선언문이기도 하다. 예를 들어 "조국의 진정한 민주화는 민중의 생존권과 시민 각자의 민주적 제권리가 전면적으로 보장"이라는 표현이 그것이다. 즉 근로민중은 생존권과 직접적으로 연결되는 개념이며, 그런 면에서 '각자의 민주적 제권리'와 연결되는 시민과 구별되는 것이다. 마지막으로 극복대상 개념을 보면, 독재가 주요개념이고 신식민주의가 2회, 반외세자주화가 1회 사용되어서 제국주의개념이 독재의 하위 개념으로 사용되었음을 알 수 있다.

결론적으로 전민련 시기에 오면 국본의 이중성이 소멸되고 민중―민주주의-반독재와 반제가 연대의 원리로 확고해진다는 것을 알 수 있다. 또 이 시기에 이르러 연대는 계급연합체로서의 연합조직으로 표현된다고 하겠다. 즉 사회적 적대에 기초한 연대의 원리가 구현되는 것이다. 그러나 비공식적으로 무수한 논쟁의 대상이었던 노동자 중심성은 민헌노위를 제외한다면 사실상 공식적인 선언문에서는 뚜렷하게 나타나지 않는다.

### (6) 1990년대─민주주의민족통일전국연합

전국연합의 짧은 전문에서는 민중이 6회, 민족 2회, 노동자와 농민 그리고 애국적 민주세력이 각각 1회씩 나오며 전국연합은 2회이다. 그리고 민중투쟁이 5회, 투쟁이 4회, 반미자주화(투쟁)와 민중생존권(투쟁)이 각 3회, 참된 민주사회 2회, 조국통일 2회, 자주적 민주정부가 2회 등이다.

여기서도 민중 개념의 이중적 의미는 그대로 유지된다고 보이는데, 변화는 주요목표 개념에서 나타난다. 우선 목표 개념에서 '투쟁'이 매우 강조되고 동시에 '자주' 개념의 빈도가 매우 높아지는 반면, 오히려 민주주의 개념은 줄어든다. 때문에 민중─자주 개념이 오히려 상위에 자리잡으면서 민주주의와 연결되는 것이 특징이다. 이것은 주체는 유지되나 목표가 흔들리거나 혹은 변화하고 있음을 의미하는 것이다. 또 연대 역시 애국민주세력의 단결

[그림 8.10] 언술분석 6─전국연합 결성선언

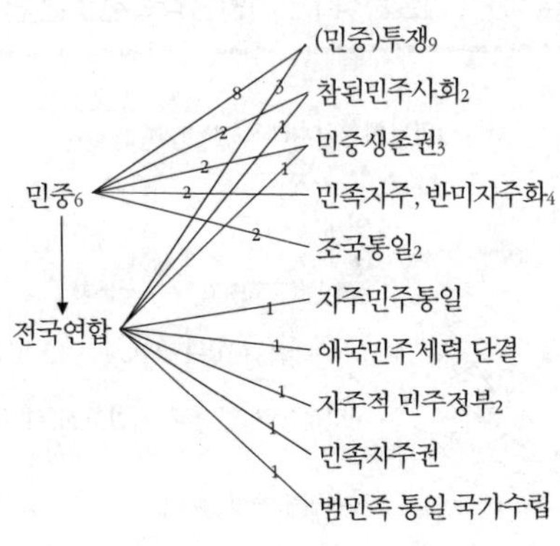

등으로 약간의 변화를 보이고 있다.

따라서 이 선언문은 전민련의 그것과 별다른 차이를 보이지 않지만, 연대의 측면에서는 기존의 원리가 조금씩 해체되고 있음을 드러낸다고도 해석할수 있을 것이다.

### (7) 1990년대—한국시민사회단체협의회(시민협)

전국연합이 계속 온존하고 있었던 1990년대 중반에 결성된 시민협의 선언문은 전선의 분화 및 전선개념의 약화를 보여줄 뿐만 아니라, 사회운동 내부에 새로운 연대조직이 부각되었음을 알리는 신호이다.

이 선언문에서 시민개념이 사용된 것은 모두 26회이다. 그러나 시민개념은 독자적으로 사용되지는 않았고 시민운동(13회), 시민단체(10), 시민사회(3) 등으로 쓰여 시민이 구체적 실체이기보다는 특정 지향성을 지칭하는 개념이며 구체적 실체를 의미할 때는 운동, 단체, 사회 등과 함께 쓰인다는 것을 알 수 있다. 또 여타 주체 개념은 민족이 1회, 국민이 2회 쓰인 것을 제외하고는 찾아볼 수 없으며, 이 개념들 역시 문맥에서는 극히 보조적인 맥락에

[그림 8.11] 언술분석 7—시민협창립선언문(안)

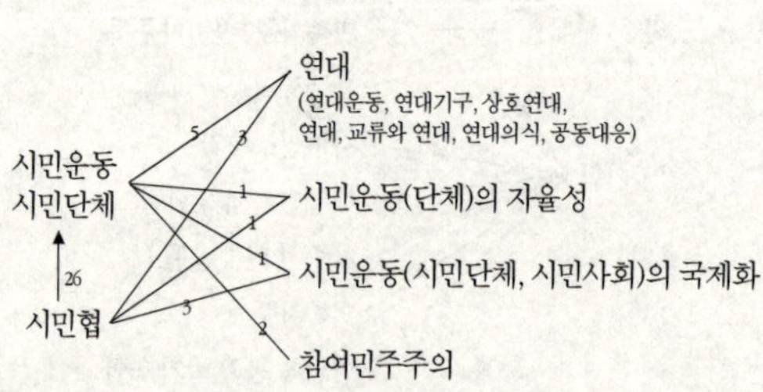

서 사용되었다.

다음으로 특징적인 것은 연대운동(2회), 연대기구(1회), 교류와 협력·상호연대(1회), 연대(1회), 교류와 연대(1회), 연대의식(1회), 공동대응(1회) 등 연대관련 개념이 모두 8회 사용되며, 이것이 주요한 목표 중의 하나로 제기되고 있다. 또 다른 주요 목표로는 시민운동권 혹은 시민단체의 자율성(2회), 시민운동의 국제화, 참여민주주의(2회)이다. 따라서 기존의 최상위개념이었던 민주주의가 다른 개념들과 같은 위상으로 하락하고, 연대, 자율성, 국제화 등이 상위개념으로 부각된 것이 특징이다. 게다가 극복대상 개념은 아예 보이지 않는다.

결론적으로 이때부터 상설적 연대기구 수준에서 민중과 시민 중 어떤 개념을 쓰느냐가 확연히 구분되는 상징 수준에서의 분화가 나타난다고 하겠고, 주요 목표 역시 민주주의라는 개념 외의 것으로 점차 대체되지만 그 성격을 규정하기는 쉽지 않으며, 기존의 극복대상 역시 완전히 소멸한 것으로 해석할 수 있다.

게다가 시민 개념의 구체적 내용이 지칭되고 있지 않다는 것이 특징인데, 이것은 격렬했던 시민-민중 논쟁을 떠올린다면 다시 한번 공식적인 선언문과 비공식적인 논쟁에서의 간극이 나타난 것으로 간주할 수 있다. 즉 새로운 주체 개념으로서의 시민조차도 정확히 규정되기 힘들 정도로 1990년대 이후의 사회운동의 연대의 성격을 한마디로 규정하기 어려웠던 것이다. 또한 민중개념 대신 시민이 사용되고 그와 더불어 다양한 형태의 연대개념이 제기되는 것은, 계급연합으로서의 기존의 연대, 적대에 기초한 연대가 붕괴되지만 그 자리에 시민사회를 재조직하는 연대의 원리가 등장하지 못함으로써 기존의 연대 개념에서 단순히 연합한다는 의미의 '기능'만이 남는다. 사회적 분화가 새로운 연대를 요구하지만 그것이 형식적이고 기능적인 수준에서만 이루어지기 때문에, 결과적으로 보다 통합적인 연대의 원리는 존재하지 않는다.

결국 1990년대는 전국연합과 시민협의회라는 상이한 상설적 연대기구가 온존하면서 사회운동 내부에 민중연대와 시민연대로의 분화를 낳았다고 할 수 있다. 또한 이것은 기존의 전선개념 및 전선개념이 함의하였던 정체성과 연대가 뒤흔들림을 의미하지만 그것을 대체할 새로운 대안이 존재하지 않으면서, 한편으로는 상설적 연대 수준에서 사회운동의 분화와 사안적 연대수준에서의 사회운동의 통합이 동시에 일어났다고 하겠다. 또 이것은 기존 연대의 해체와 기능적이고 형식적 차원에서의 연대의 활성화를 의미하지만, 시민사회 전체를 재구성하는 연대원리가 존재하지 않고 그를 위한 목표 역시 불분명함으로써 연대의 위기, 혹은 연대의 와해라는 우려를 낳았다고 보인다. 이것은 2000년대에도 지속되었다.

### (8) 2000년대 — 총선시민연대(총선연대)

총선연대의 정치개혁 시민선언문은 총선이라는 특정 시기에 만들어졌다는 점에서 사안별 연대로 분류할 수도 있겠지만, 총선시민연대가 이후 정치개혁시민연대로까지 발전한다는 측면에서는 상설적대기구로 분류하는 것이 타당하다고 본다. 또한 이 선언문은 앞의 시민협에서 나타난 특징이 보다 두드러진다는 점에서 세심한 검토가 필요하다.

시민선언문에서는 유권자(16회), 시민(시민사회, 시민의 힘, 시민사회단체, 시민)이 5회 사용되었다. 여기서 유권자는 '정치적 시민권을 가진 시민'으로 해석되어도 무방하다는 점에서 시민관련 개념이 모두 21회 쓰였다고 할 수 있겠다. 그 외에는 국민개념이 1회 쓰였을 뿐 여타의 주체지칭 개념이 없다. 또 주요목표는 개혁관련 5회, 참여민주주의 2회, 새로운 시대·새천년·새정치 등이 10회 사용되었다. 결국 유권자─개혁, 새로운 시대가 하나의 쌍을 형성하고 있다고 할 것인데, 이미 시민협 선언문에서 보였던 목표의 불분명함이 여기서도 두드러진다고 하겠다.

새로운 시대 = 낡은 정치의 청산으로 또 이것이 참여민주주의로 해석되겠지만, 이것은 1970년대의 민주주의 수준에서 사실상 한걸음도 더 나아가지 못하고 있음을 입증한다.

또 극복대상 개념을 보면 '낡은' 이라는 개념이 매우 자주 등장한다(예를 들어 낡은 정치, 낡은 정당, 낡은 선거풍토, 낡은 정치제도, 낡은 선거제도, 낡은 편견, 구정치). 그 외에 미숙한 정치, 부패무능정치, 부패무능불성실, 소외, 권위주의 등이 나타나는데, 이것은 사실상 극복대상이 정확히 규정되어 있지 않다는 것을 의미한다.

여기서 극복대상이 규정되지 않는다는 것이 연대에 끼치는 영향을 평가해 본다면, 사안별 연대처럼 단속적이거나 혹은 이해에 입각한 연대 이상의 광범위한 연대의 불가능성을 나타내는 것이라고 할 수 있다. 더불어 90년대 이후 거론되었던 극복대상으로서의 '신자유주의' 개념이 주요 상설연대기구의 선언문에서 표현되지 않는다는 점에 주목해야 한다. 즉 신자유주의 개념조차도 사실상 최상위의 극복대상개념으로 구성되지 않았다는 것은 1990년대 연대의 위기와 연관된다 하겠다.

[그림 8.12] 언술분석 8—정치개혁시민선언문

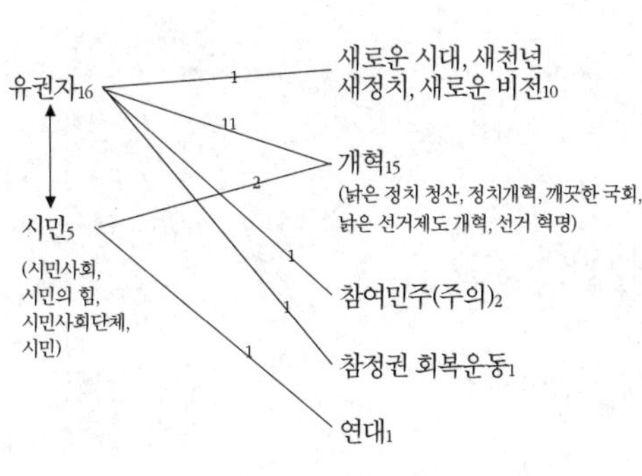

(9) 2000년대—시민사회단체연대회의(연대회의)

상설 연대기구로서 전국민중연대(준)와 비슷한 시기에 출범한 시민사회단체 연대회의는 이와 같은 한계를 그대로 반영하고 있다.

여기서도 누가(주체), 누구와, 무엇을 목표로, 어떤 것을 극복하고, 어떻게 연대할 것인가와 관련하여 새로운 연대의 원리가 전혀 정착되고 있지 못하다는 것을 알 수 있다. 시민은 아직 정확히 개념이 규정되어 있지 않고, 개혁과 참여민주주의의 의미도 불투명하며 극복대상은 여전히 낡은 틀, 낡은 정치, 구체제, 획일화, 관료화, 부정부패, 사회적 양극화, 편견, 차별 등으로 광범위하다. 따라서 기존의 연대원리는 해체되었으나 새로운 연대원리는 아직 나타나지 않았고, 이것이 사안별 연대의 형성을 오히려 활성화시키고 있는 것으로 추정할 수 있다.

[그림 8.13] 언술분석 9—연대회의창립선언문

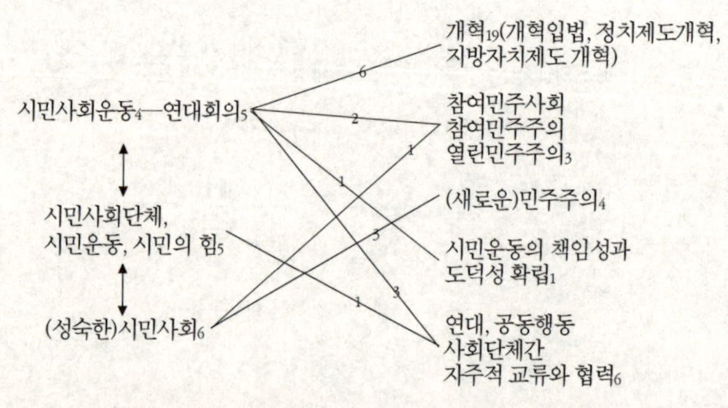

## 5. 결론

이 글에서는 한국 사회운동의 연대를 전선운동 및 담론구성 그리고 사회운동조직 관계 등을 통해 살펴보았다. 그 특징을 몇 가지로 정리해 보면 다음과 같다.

첫째, 1970년대에서부터 현재까지 30여 년에 걸쳐 전선운동조직은 급속하게 확대되었으며, 전선운동에 참여하는 조직 수 및 이슈 영역의 확장이 확인된다. 그러나 그 내부로 들어가 보면 1) 상설 연대기구보다는 사안별 연대기구의 활성화가 두드러지며, 연대의 형태가 장기적이고 지속적인 연대보다는 일시적이고 단속적인 연대로 바뀌고 있음을 확인할 수 있다. 2) 상설 연대기구 수준에서 이분화가 이루어졌으며 3) 연결망 패턴에 있어서 사회운동의 강한 연결망이 나타나고 있지만, 그 내부에는 하위그룹 간의 분절이 보일 뿐만 아니라 노동내부에서는 비정규직 등의 고립이 뚜렷하다.

둘째, 담론의 차원에서 보면 연대 문제는 좀더 복잡하다.

1) 우선 전선개념으로 대표되는 기존 연대의 원리는 지배/ 피지배, 착취/ 피착취의 '사회적 적대'를 근간으로 하고 있으며, 계급·계층 간의 결합을 조건으로 하되 '노동자계급 중심성'을 전제하고 국가권력의 혁명적 개조를 목표로 한다. 이러한 연대의 원리는 80년대 말 전민련 시기에 노동자계급 중심성이 전제되지 않는 수준에서 완성된다고 보인다. 민중-민주주의-반독재반제라는 개념쌍이 공식적인 출범성명서에서 확인되는 것이 하나의 증거이다.

2) 하지만 90년대에 접어들면 기존의 연대의 원리는 급속하게 해체된다. 이것은 전선개념이 아예 소멸하고, 전선논쟁 중 최근까지 반복되었던 가장 중요한 주제인 민중연합-민주연합 논쟁이 오직 선거 시기 후보출마를 둘러싸고 야당과 연합할 것인가라는 문제로만 나타난다는 사실에서 확인된다. 즉 1990년대 이후의 전선논쟁은 오직 누구와 연대할 것인가라는 문제로만 축소되어, 광범위한 사회적 제 문제를 담보하는 연대의 원리로서 자리잡지 못한다. 다른 한편 실질적인 전선체, 즉 상설 연대기구의 형성을 둘러싸고도

더 이상 논쟁이 벌어지지 않는다. 이것은 연대회의와 전국민중연대의 결성 과정에서 단적으로 나타난다. 이들 조직의 결성은 어떤 전선조직을 만들 것인가에 대한 광범위한 논의가 벌어지고 그 과정에 많은 사회단체들이 참여하면서 연대기구가 형성되는 기존의 방식과 달리, 영향력 있는 특정 시민조직과 민중조직의 주도 아래 상이한 연합조직이 만들어진 것이다. 마지막으로 90년대 초중반의 가장 커다란 논쟁이었던 시민-민중 논쟁은 사실상 기존의 전선논의와 성격을 달리하는 것이었다. 결론적으로 '기존'의 연대의 약화는 뚜렷하다고 보겠다.

3) 기존의 전선담론-연대의 원리의 소멸은 적대적이며 계급·계층적이고 정치적인 연합으로부터, 비적대적이고 비계급적이고 비정치적인 연대로 변화했다. 그러나 이러한 새로운 연대의 성격과 주체, 그것의 역할에 대한 논의는 아직 진전되고 있지 않다. 더불어 이러한 연대는 사회 변화에 따라 새롭게 등장한 집단 및 개인을 포함하는 광범위한 연대로 나아가지 못함으로써 상층연합의 수준에 머무르고 있다고 보인다. 때문에 이와 같은 연대와 일상 속의 개인 혹은 집단들 사이에는 상당한 괴리가 존재한다. 따라서 이러한 괴리를 극복할 새로운 연대의 원리와 연대의 실체가 마련되어야 한다는 것은 분명하다. 연대의 위기는 기존 연대원리의 해체나 시민-민중연대의 분화에 있다기보다는, 현재의 연대가 시민사회 전체를 포괄하지 못하고 이것을 재구성하는 데로 나아가지 못한다는 점에 있는 것이다.

셋째, 결국 현 시기 연대는 기존의 연대가 약화되었다는 것이 아니라 새로운 연대가 형성되고 있지 못하다는 점에서 분명히 위기이다. 더불어 현재는 주체에서부터 원리와 목표에 이르기까지 연대가 재구성되어야 하며, 동시에 그것이 시민사회의 재구성, 민주주의의 재구성으로까지 나아가야 한다고 보인다. 이와 관련하여 서유럽에서 발전해온 연대 개념을 살펴볼 필요가 있다. 유럽적 전통에서의 연대개념은 본래 사법적인 개념이었다. 그것은 '연대채무'라는 로마법적인 전통에서 최초로 확인된다. 이것이 자유와 평등 사이의 분열을 보충하는 새로운 사회적 통합이념이자 상징적 자원으로서 등장한 것은 19세기 프랑스 사회철학에서였으며, 그 대표적인 인물은 뒤르켕이었다. 뒤르켕 사회학이 의도하는 것은 개인이 근원적으로 사회적 존재이며, 따라서 개인은 사회적 존재로서 사회에 대해서 의무를 지고 있다는 것이며, 이 역 또한 성립되어 개인과 사회 사이에 어떤 근원적 적대도 존재하지 않으며, 양자는 상호를 부양하는 긍정적인 관계를 넘어서서 거의 존재론적인 융합에 이르게 되는 것이다. 따라서 이러한 연대이론이 프랑스에서 복지국가 출현의 이념적·정치적 기초로 발전하고, 연대가 투쟁하는 이데올로기들에 대한 조화로운 대안으로서 자신을 제시하는 사회적 도덕성과 사회적 제도의 어떤 화해된 유형과 밀접히 결합되어가는 것은 당연한 귀결이라 하겠다(김종엽 1998, 198~202).

한국에서 발전해온 연대의 원리는 분명 이와 같은 사회통합적 개념과는 구분된다. 또한 사회통합적 연대의 원리로 시민사회를 재구성해야 한다는 것 역시 한국 사회 현실에서의 적절성을 검토해야 한다. 하지만 분명한 것은 기존의 연대원리가 무너진 자리에서 새로운 연대의 원리가 만들어져야 한다는 점이다.

# | 참고문헌 |

## 국내문헌

강동운. 1992. "현 시기 통일전선운동의 원칙에 대한 사적 고찰". 산업노동정책연구소. 『사회와 노동』. 창간호. 이웃.

강이수. 2003. "90년대 여성운동과 연대 그리고 정체성의 문제". 『저항. 연대. 기억의 정치 2』. 김진균 편. 문화과학사.

구도완. 1991. "포스트 마르크스주의와 민주주의". 한상진 편저. 『마르크스주의와 민주주의』. 사회문화연구소.

김동영. 1986. 『타오르는 민주성화』. 형성사.

김성기. 1993. "포스트모더니즘의 사회이론에 관한 연구-료타르. 보드리야르. 라클라우/무페를 중심으로". 서울대 사회학과 박사학위 논문.

김영범. 2002. "요스타 에스핑 안데르센-사민주의 정치이론에서 복지국가 사회학으로". 김호기 편. 『현대 비판사회이론의 흐름』. 한울.

김영수. 1993. "현 시기 민족민주운동의 쟁점과 진로". 『정세연구』. 통권 제 47호.

김운영. 1987. "통일전선에 관한 몇 가지 문제". 『통일전선의 전략과 전술』. 아침.

김윤수. 1990. "통일전선의 발전을 위한 노동자계급의 임무". 단국대학교 교지편집위원회. 『단원』. 20호.

김종엽. 1998. 『연대와 열광』. 창작과비평사.

김종엽. 1988. "80년대 통일논의에 대한 언술분석의 한 시도-빼쉐의 방법을 중심으로". 서울대 사회학과 석사학위 논문.

김 찬. 1989. "전민련 논의의 전개와 통일전선론의 발전". 『민족민주운동』. 창간호. 아침.

김창우. 1992. 『민주대연합과 통일전선운동』. 두리.

김창희. 1990. "민중통일전선 결성투쟁의 역사와 민연추. 국민연합의 진로". 『노동해방문학』. 복간호.

김태호. 1990. 『90년대의 도약-청년학생운동』. 조국.

김형욱. 1997. "정당건설의 기초축성과 97년 대선투쟁의 원칙과 내용". 한국민주청년단체협의회 편. 『자주의길 5』. 보탬.

노민철. 1990. "80년대 통일전선운동과 민중당의 위상". 단국대학교 교지편집위원회. 『단원』. 20호.

도천수. 1992. "노동자통일전선과 민주노동운동의 진로". 산업노동정책연구소. 『사회와 노동』. 창간호. 이웃.

문학이론연구회 엮. 2002. 『담론분석의 이론과 실제』. 문학과 지성사.

박상훈. 1989. "정당운동의 이론적 기초." 한국사회연구소 엮음. 『대중정당-민족민주대중정당의 이론과 현실』. 백산서당.

박선웅. 2002. "스튜어트 홀-이데올로기와 재현의 정치". 김호기 편. 『현대 비판사회이론의 흐름』. 한울.

박재민. 1988. "한국사회 통일전선론에 대한 재검토". 『현실과과학』. 제1집. 새길.

서관모. 1988. "식민지반봉건사회론과 신식민지 국가독점자본주의론의 계급분석". 『현실과 과학』. 2집. 새길.

소문상. 1992. "전국연합 대의원대회의 의의와 향후과제". 민족민주운동연구소. 『정세연구』. 통권 제 39호. 11월호.

송성명. 1997. "우리후보로 대통령선거에 참여하자". 『자주의 길』. 5호.

신금호 외. 1987. 『전환—6월 투쟁과 민주화의 진로』. 사계절.

신진욱. 2002. "클라우스 오페-복지국가와 시민사회의 제동능력과 딜레마". 김호기 편. 『현대 비판사 회이론의 흐름』. 한울.

양현아. 1991. "새로운 사회운동(new social movements)의 전개와 논리-생태계운동과 여성운동을 중 심으로". 서울대 사회학과 대학원 석사학위논문.

연세춘추기획부 편. 1988. 『한국 민족민주운동의 쟁점』. 세계.

오세중. 1992. "대선시기 정세전망과 민족민주운동의 대응전략". 민족민주운동연구소. 『정세연구』36호.

유 연. 1989. 『새로운 상황 새로운 준비—공장소조와 노동자투쟁』. 백두.

유팔무. 2001. "비정부사회운동단체(NGO)의 역사와 사회적 역할". 『시민사회와 시민운동 2-새로운 지평의 탐색』. 한울.

유팔무 · 김호기 엮음. 1995. 『시민사회와 시민운동』. 한울.

윤원영. 1990. "G. Dimitrov의 반파시즘 인민전선론에 관한 연구—코민테른 7차 대회에서의 논의를 중 심으로". 서울대 정치학과 석사학위논문.

이승철. 1989. "현단계 민중통일전선-모든 역량을 '전국민족민주운동연합'의 깃발 아래로". 『사상운 동』. 창간호. 한마당.

이용우. 1993. "프랑스 공산당의 변화와 인민전선의 기원". 서울대 서양사학과 석사학위논문.

이종석 · 임영태 · 정민 외. 1990. 『90년대 한국사회의 쟁점』. 한길사.

장기표. 1989. "나는 왜 합법정당 결성에 나서는가". 『사회와 사상』. 11월호. 통권 제 15호.

장상환. 2001. "4 · 13 총선. 진보정당과 시민운동". 『시민사회와 시민운동 2-새로운 지평의 탐색』. 한울.

장상환 · 서관모 외. 1987. 『현단계』. 제1집. 한울.

정관용. 1991. "민족민주운동의 위기는 어디서 오는가?". 『말』. 5월호.

정종권. 2001(a). "시민운동에 내한 비판적 평가". 『시민사회와 시민운동 2-새로운 지평의 탐색』. 한울.

정종권. 2001(b). "시민연대와 민중연대의 간극에 대하여."

정철희. 2003. 『한국 시민사회의 궤적—1970년대 이후 시민사회의 동학』. 아르케.

정태석 · 김호기 · 유팔무. 1995. "한국의 시민사회와 민주주의의 전망". 유팔무 · 김호기 엮음. 『시민 사회와 시민운동』. 한울.

정태윤. 1991. "민주연합정부수립을 위한 긴급제안". 『말』. 6월호.

조진경. 1988. 『민족자주화운동론 1』. 백산.

조희연. 1993. "민중운동과 시민사회. 시민운동". 『실천문학』. 겨울호.

조희연. 2000. "시민사회와 NGO: 민주주의 이행과 NGO의 변화". 부산대학교 사회조사연구 제16회 콜로키움 발표문.

조희연. 2001. "시민사회의 정치개혁운동과 낙천 · 낙선운동". 『시민사회와 시민운동 2-새로운 지평 의 탐색』. 한울.

채만수. 1990. "민주연합과 민주정부 수립의 길". 민족민주운동연구소. 『정세연구』. 제12호.

채만수·김장한 편. 1990.『한국사회 통일전선논쟁—현단계 통일전선운동의 쟁점과 그 전망』. 죽산.

최동규. 1991a. "전선운동의 발전을 위한 제언". 민족민주운동연구소.『정세연구』. 통권 20호.

최동규. 1991b. "'92~93년. 민중의 정치세력화와 민주대연합". 민족민주운동연구소.『정세연구』. 통권 26호.

최동규. 1991c. "권력재편기를 앞둔 전선질서 재편에 관한 몇 가지 원칙". 민족민주운동연구소.『정세연구』. 통권 23호.

최동규. 1992. "대중투쟁 강화에 기초하여. 민주대연합과 범민주후보 단일화를 실현하자!".『정세연구』. 통권 36호.

최장집. 2002.『민주화 이후의 민주주의』. 후마니타스.

한승헌·이근성 엮음. 1984.『유신체제와 민주화운동』. 춘추사.

허성혁. 1988.『민족민주운동론』. 참한.

황인성. 1993. "대의원대회 이후 전국연합의 당면과제".민족민주운동연구소.『정세연구』. 44호.

## 국외문헌

러셀 J. 달턴·만프레드 퀴흘러. 1996. "새로운 사회운동과 정치질서-장기적 안정성의 구축을 위한 변화?". 러셀 J. 달턴·만프레드 퀴흘러 엮음. 박형신·한상필 옮김.『새로운 사회운동의 도전』. 한울.

아담 쉐보르스키. 1991. "역사적 현상으로서의 사회민주주의". 한상진 편.『마르크스주의와 민주주의』. 사회문화연구소.

알렌 스코트. 1991. "새로운 사회운동과 조합주의 논쟁: 사회적 봉쇄와 정치적 참여".『새로운 사회운동과 참여민주주의』.

클라우스 오페. 1993a. "복지국가와 사회주의의 미래에 대한 성찰". 이병천·박형준 편저.『후기 자본주의와 사회운동의 전망』. 의암출판.

클라우스 오페. 1993b. "새로운 사회운동: 제도정치의 경계에 대한 도전". 이병천·박형준 편저.『후기 자본주의와 사회운동의 전망』. 의암출판.

클레만더스. 1996. "종래의 사회운동과 새로운 사회운동의 연계구조". 러셀 J. 달턴·만프레드 퀴흘러 엮음. 박형신·한상필 옮김.『새로운 사회운동의 도전』. 한울.

Macdonell. Diane. 1992. 임상훈 역.『담론이란 무엇인가』. 한울.

Molyneux. Maxine. 1998. "Analysing Women's Movement". *Development and Change*. Vol. 29.

## 자료 및 정기/부정기 간행물

2001 민주공동체 실천 사업 평가— '2001년. 한국시민사회의 도전과 과제' http://www.civil.go.kr/record/achievment/g3con-1-7.htm

권운상. 1989.『녹슬은 해방구 1』. 백산서당.

경제정의실천시민연합. 1996.『경실련 창립6주년 기념자료집』.

녹두편집부. 1989. 『애국민주운동론-자주언론논문선』. 녹두.

동아일보. 1990. 『선언으로 본 80년대 민족 · 민주운동』(『신동아』 1월호 별책부록).

민족민주운동연구소. 1989. 『민족민주운동』. 창간호.

민족민주운동연구소. 1990. 『정세연구 11호』.

민족민주운동연구소. 1991. 『정세연구 23호』.

민족민주운동연구소. 1992. 『정세연구 29호』.

민족민주운동연구소. 1992. 『정세연구 30호』.

민족민주운동연구소. 1992. 『정세연구 35호』.

민족민주운동연구소. 1992. 『정세연구 36호』.

민족민주운동연구소. 1992. 『정세연구 37호』.

민족민주운동연구소. 1992. 『정세연구 38호』.

민족민주운동연구소. 1993. 『정세연구 44호』.

민족민주운동연구소. 1993. 『정세연구 46호』.

민주주의민족통일전국연합. 2000. 『민』. 1월호.

민주주의민족통일전국연합. 1997. 전국연합통신 117호.

민주주의민족통일전국연합. 1997. 전국연합통신 114호.

민주주의민족통일전국연합. 1996. 전국연합통신 96호.

민주주의민족통일전국연합 정책위원회 편. 1992. 『개혁과 전진의 길-사회개혁의 방향과 당면과제』.
       민주주의민족통일전국연합.

민주이념연구소. 1989. 『급진운동권 용어 해설집』. 원일정보.

민중진영단일정당추진위원회. 1992. 『민중의 나라』. 4호.

민중회의. 1992. 『민중회의소식』. 30호.

사계절 편집실. 1987. 『전환-6월투쟁과 민주화의 진로』. 사계절.

사상운동 편집실. 1989. 『사상운동』. 창간호.

『사회와 사상』. 1989년 11월. 통권 제 15호.

『사회와 사상』. 1990년 4월. 통권 제 20호.

성남민청련. 1988. 『성남민청련자료집』. 성남민청련 창립대회 자료.

세계편집부. 1988. 『민족민주운동의 전망 제1집-88년 상반기 운동평가』. 세계.

『신동아』. 1988년 8월호.

역사비평편집위원회 엮. 2000. 『논쟁으로본 한국사회 100년』. 『역사비평』. 통권 50호 기념 별책. 역사
       비평사.

『월간 길을 찾는 사람들』. 1992년 11월호.

『월간 말』. 1997년 9월호.

『월간 조선』. 2000년 3월호.

『월간 흐름』. 1988년 11월호.

6월 민주항쟁 10주년 사업범국민추진위원회 엮음. 1997. 『6월 항쟁 10주년 기념자료집』. 사계절.

인천지역민주노동자연맹. 1988. 『노동자의 길』제 29호.

일송정편집부. 1989. 『조직노선 2』. 일송정.

일송정편집부. 1990. 『조직노선 3』. 일송정.

전국민주노동조합총연맹. 1996. 『사업보고·자료모음』.

한국기독교사회문제연구원 편. 1988. 『대통령선거투쟁-민족민주운동의 논리와 실천』. 민중사.

한국사회연구소 엮. 1989. 『대중정당-민족민주대중정당의 이론과 현실』. 백산서당.

[표 8.1] 전선(연합)운동조직: 1969~2000. 8.(155개 조직)

| 결성시기 | 조직명칭 |
| --- | --- |
| 1969-00-00 | 삼선개헌반대범국민투쟁위원회 |
| 1971-04-00 | 민주수호국민협의회 |
| 1973-11-05 | 구속학생대책위원회 |
| 1974-11-27 | 민주회복국민회의 |
| 1977-12-29 | 한국인권운동협의회 |
| 1978-07-05 | 민주주의국민연합 |
| 1979-03-01 | 민주주의와 민족통일을 위한 국민연합(민국련) |
| 1984-06-29 | 민중민주운동협의회(민민협) |
| 1984-10-16 | 민주통일국민회의 |
| 1984-11-30 | 고박종만열사 추모위원회 |
| 1985-03-29 | 민주통일민중운동연합(민통련) |
| 1985-07-13 | 학원탄압공동대책준비위원회 |
| 1985-08-12 | 학원안전법반대투쟁 전국위원회 |
| 1985-11-14 | 고문 및 용공조작저지 공동대책위원회(고문대책위-1985) |
| 1985-11-20 | 민주헌법쟁취원원회 |
| 1986-02-11 | KBS-TV 시청료거부 기독교범국민운동본부 |
| 1986-05-15 | 반외세 · 반독재 · 민족민주헌법제정민중회의생취 투쟁본부 |
| 1986-09-29 | 시청료거부 및 자유언론공동대책위원회 |
| 1986-10-17 | 고문 및 용공조작저지 공동대책위원회(고문공대위) |
| 1986-10-21 | 미일경제침략저지 범국민운동연합 |
| 1987-05-23 | 고박종철군 고문살인은폐조작규탄 범국민대회준비위원회 |
| 1987-05-27 | 민주헌법쟁취 국민운동본부(국본) |
| 1987-07-06 | 민주헌법쟁취 노동자공동위원회 |
| 1987-07-12 | 노동조합민주화실천위원회 |
| 1987-11-23 | 군부독재종식을 위한 노동자선거대책위원회 |
| 1987-11-23 | 군정종식 · 단일화쟁취 국민협의회 결성 |
| 1987-12-19 | 부정선거무효화투쟁범국민회의 창립 |
| 1988-04-09 | 반민정당총선투쟁 민주연합(총투련) |
| 1988-05-10 | 광주학살진상규명 및 책임자처벌 범국민공동투쟁위원회(공투위) |

계속

| 결성시기 | 조직명칭 |
| --- | --- |
| 1988-05-17 | 광주학살 부정비리 진상규명 및 책임자처벌을 위한 서울민주투쟁연합 (서민투련) |
| 1988-06-01 | 광주학살 책임자처벌을 위한 범국민진상조사단(광주진조단) |
| 1989-01-21 | 전국민족민주운동연합(전민련) |
| 1989-00-00 | 강경대열사폭력살인규탄 및 공안통치종식을 위한 범국민대책회의 |
| 1989-00-00 | 공명선거실천시민운동협의회 |
| 1989-05-01 | 노태우정권 퇴진을 위한 공동투쟁본부 |
| 1990-04-21 | 민자당 일당독재분쇄와 민중기본권 쟁취를 위한 국민연합(국민연합) |
| 1990-11-16 | 한국정신대문제대책협의회 |
| 1991-05-00 | 강경대열사폭력살인규탄 및 공안통치종식을 위한 범국민대책회의 |
| 1991-05-00 | 5월 투쟁공동대책위원회 |
| 1991-05-00 | 공안통치분쇄와 민주정부수립을 위한 국민회의 |
| 1991-06-15 | 공안통치분쇄와 민주정부수립을 위한 범국민회의 |
| 1991-09-26 | 한반도비핵군축실현과 전시접수국지원협정저지를 위한 공동대책위원회 |
| 1991-12-06 | 민주주의민족통일전국연합(전국연합) |
| 1992-07-03 | 민중후보추대와 진보정당건설을 위한 민중연대 |
| 1992-07-14 | 민주대개혁과 민주정부 수립을 위한 국민회의(국민회의) |
| 1992-09-30 | 민중대통령후보 선거대책본부 구성을 위한 전국제단체 연석회의 |
| 1993-00-00 | 교육개혁연대회의 |
| 1994-00-00 | 교육개혁과 교육자치를 위한 시민회의 |
| 1994-00-00 | 의료보험 통합일원화와 보험적용확대를 위한 범국민연대회의 |
| 1994-06-09 | 원진레이온 살인기계 중국이전 반대 대책위 |
| 1994-06-20 | 한국인권단체협의회 |
| 1994-07-19 | 학문·사상·표현의 자유수호를 위한 공동대책위원회 |
| 1994-08-31 | 할당제도입을 위한 여성연대 |
| 1994-09-12 | 한국시민단체협의회(시민협) |
| 1994-09-30 | 방송개혁을 위한 범국민연대회의(방송개혁국민회의) |
| 1995-00-00 | 올바른 교육을 위한 범국민연대회의 |
| 1995-06-01 | 부당한 공권력반대와 노동인권보장을 위한 범국민대책위원회 |
| 1995-08-28 | 정치개혁시민연합(발기인대회) |
| 1996-01-12 | 민중운동탄압분쇄와 민주기본권 쟁취를 위한 범국민 대책회의 준비위원회 |
| 1996-04-02 | 공정 방송 실현과 MBC 강성구 사장 퇴진 촉구 범국민 대책위원회 |
| 1996-04-18 | 정보통신 주권수호와 재벌독점 방지를 위한 범국민대책위원회 (PCS범국민대책위) |
| 1996-06-13 | 외국인노동자인권보장과 외국인노동자상담소탄압에 대한 공동대책위원회 |
| 1996-06-22 | '음반 및 비디오에 관련한 법률' (음비법) 개폐를 위한 대책위원회 (음비법 대책위) |

계속

| 결성시기 | 조직명칭 |
| --- | --- |
| 1996-08-00 | 가정폭력방지법 제정추진 범국민운동본부 |
| 1996-09-20 | 민주적 노사관계와 사회개혁을 위한 공동대책위원회 |
| 1996-11-02 | 민주적 노사관계와 사회개혁을 위한 범국민대책위원회 |
| 1996-12-29 | 노동법·안기부법 개악철회와 민주수호를 위한 범국민대책위원회 |
| 1997-00-00 | 겨레사랑북녘동포돕기범국민운동 |
| 1997-03-27 | 원진직업병 전문병원 설립과 직업병 환자 보상기금 확보를 위한 공동대책위원회 |
| 1997-04-28 | 생활개혁실천범국민협의회 |
| 1997-05-08 | 민주개혁사회단체연대회의 |
| 1997-07-22 | 국민건강권확보를 위한 범국민연대(건강연대) |
| 1997-11-06 | 한국대인지뢰대책회의 |
| 1997-11-11 | 언론·출판·학문·사상 표현의 자유 수호를 위한 공동대책위원회 |
| 1998-05-00 | 전국실직노숙자대책종교시민단체협의회 |
| 1998-05-00 | 실업극복시민운동협의회 |
| 1998-05-21 | 교육개혁시민운동연대 |
| 1998-08-27 | 언론개혁시민연대 |
| 1999-03-00 | 고용실업대책과 재벌개혁 및 IMF대응을 위한 범국민운동본부 |
| 1999-03-00 | 국민기초생활보장법추진연대회의 |
| 1999-03-30 | 의약분업실현을 위한 시민대책위원회 |
| 1999-04-29 | 올바른국가인권기구 실현을 위한 민간단체공동대책위원회 |
| 1999-07-15 | 에바다정상화를 위한 연대회의 |
| 1999-07-20 | 사법개혁을 위한 시민사회단체연대회의 |
| 1999-08-24 | 반부패국민연대 |
| 1999-09-08 | 국정감사모니터시민연대 |
| 1999-09-11 | 국민건강을 위한 시민연대 |
| 1999-09-15 | 투자협정·WTO 뉴라운드반대 국민행동 |
| 1999-09-28 | 국가보안법폐지 국민연대 |
| 1999-10-06 | 불평등한 SOFA 개정 국민행동 |
| 1999-10-12 | WTO협상범국민연대 |
| 1999-10-28 | 전국실업극복단체연대회의 |
| 2000-01-12 | 2000년 총선시민연대 |
| 2000-03-05 | 비정규직여성 권리찾기운동본부 |
| 2000-03-14 | 민중생존권쟁취, 사회개혁, IMF반대범국민운동본부 |
| 2000-03-28 | 이주·여성인권연대 |
| 2000-04-01 | 신자유주의반대 민중생존권쟁취 민중대회위원회 |
| 2000-04-06 | 민주화운동정신계승국민연대 |

계속

| 결성시기 | 조직명칭 |
| --- | --- |
| 2000-06-07 | 건강치아연대 |
| 2000-06-26 | 비정규직노동자기본권보장 및 차별철폐를 위한 공동대책위원회 |
| 2000-07-26 | 국감시민연대 |
| 2000-08-12 | 국민건강권 수호와 의료계 폐업철회를 위한 범국민대책회의 |
| 2000-09-06 | 부패방지입법시민연대 |
| 2000-09-20 | 조선일보반대시민연대 |
| 2000-09-22 | 호주제 폐지를 위한 시민연대 |
| 2001-02-27 | 시민사회단체연대회의 |
| 2001-03-00 | 부당한 보험료인상반대와 건강보험개혁을 위한 노농시민단체공동대책위원회 |
| 2001-03-00 | 민족자주와 독도주권수호를 위한 연대회의 |
| 2001-03-09 | KBS강철구성폭력사건공동대책위원회 |
| 2001-03-14 | 민족자주 · 민주주의 · 민중생존권쟁취 전국민중연대 준비위원회 |
| 2001-03-15 | 6.15 공동선언 실현과 한반도 평화를 위한 통일연대 |
| 2001-03-30 | 신문개혁국민행동 |
| 2001-04-17 | 지방자치개혁연대(자치연대) |
| 2001-10-11 | 민중복지, 노동권 · 생활권 쟁취를 위한 연대 한마당조직위원회(연대한마당조직위) |
| 2001-10-16 | 단병호위원장석방대책위원회 |
| 2001-10-22 | 민간인학살 특별법제정을 위한 전국공동대책위원회 |
| 2001-10-23 | 집회와 시위의 자유 완전쟁취를 위한 연석회의 |
| 2001-11-15 | 정의로운 사회를 위한 시민운동협의회 |
| 2001-11-15 | 국가기간산업 민영화(사유화) · 해외매각저지를 위한 범국민대책위원회 |
| 2001-12-01 | 민간의료보험저지와 건강보험 강화를 위한 공동대책위 |
| 2001-12-06 | 정보통신소비자권익찾기시민행동 |
| 2001-12-13 | 금강산을 사랑하는 범국민연대설립을 위한 준비위원회 |
| 2002-02-04 | 양심에 따른 병역거부권 실현과 대체복무제 개선을 위한 연대회의 |
| 2002-03-13 | 인터넷국가검열반대공동대책위원회 |
| 2002-04-09 | NMD · TMD 저지와 평화실현 공동대책위원회 |
| 2002-04-11 | 2002 선거감시연대회의 |
| 2002-04-12 | 반인권반민주악법테러방지법안폐기를 촉구하는 96개 인권시민사회단체 |
| 2002-04-17 | 2002년 월드컵 남북공동개최를 위한 범국민운동본부 |
| 2002-08-29 | 민간인학살진상규명 전국사회단체협의회 |
| 2002-09-04 | 비정규직철폐 100만 서명운동본부 |
| 2002-09-09 | 외국인이주노동자공대위 |
| 2002-09-18 | 2002 대선미디어공정선거 국민연대 |
| 2002-09-24 | 대선유권자연대 |

계속

| 결성시기 | 조직명칭 |
| --- | --- |
| 2002-11-26 | 경제자유구역법폐기를 위한 범국민대책위원회(준) |
| 2003-00-00 | 반전평화비상국민회의 |
| 2003-01-17 | 정치개혁시민사회단체연대회의 |
| 2003-02-19 | 집회현장에서의 경찰폭력 근절과 황재윤 농민 실명위기사건 공동대책위 |
| 2003-04-03 | 울진원전반대 범국민대책위 |
| 2003-04-14 | 일인일적 실현 공동연대 |
| 2003-04-29 | 전국핵발전소핵폐기장반대 대책위원회 |
| 2003-05-21 | 민족자주 · 민주주의 · 민중생존권쟁취 전국민중연대 창립 |
| 2003-07-08 | 네이스(NEIS)반대와 정보인권수호를 위한 공동대책위원회 |
| 2003-07-15 | 일방적 금융구조조정 및 조흥은행 졸속 해외매각 저지를 위한 공동대책위원회(이하 공대위) |
| 2003-07-15 | 장애인교육권연대 |
| 2003-8-00 | 해외민주인사 명예회복과 귀국보장을 위한 범국민 추진위원회 |
| 2003-08-05 | 원폭2세환우(患友) 문제 해결을 위한 공동대책위원회 |
| 2003-08-06 | 미디어연대 |
| 2003-08-22 | SBS족벌세습저지범국민대책위 |
| 2003-08-29 | 민간인학살진상규명 사회단체협의회 |
| 0000-5-12 | 유전자조작식품반대생명운동연대 |
| 일시불명 | 우리쌀지키기범국민대책회의 |
| 일시불명 | 공공의료기관의 올바른 개혁과 국민건강보장을 위한 범국민 대책회의 |
| 일시불명 | 한국전쟁전후 민간인학살 진상 규명과 명예회복을 위한 범국민위원회 |
| 일시불명 | 참여와 자치를 위한 시민연대회의 |
| 일시불명 | 매향리 미공군 폭격장 폐쇄를 위한 범국민대책위 |

## 〈참고 8.1〉 2001 사회운동연결망 분석

2001 사회운동연결망 분석은 8개의 전선조직에 참여한 211개의 단체를 대상으로 행(전선조직)×열(참여 단체)의 affiliation matrix를 구성한 결과이다. 자료분석 방법을 간략하게 소개하면 우선 해당 8개의 전선조직은 다음과 같다.

| | 시기 | 조직명칭 |
|---|---|---|
| 1 | 2001-02-27 | 시민사회단체연대회의 |
| 2 | 2001-03-09 | KBS강철구성폭력사건공동대책위원회 |
| 3 | 2001-03-14 | 민족자주 · 민주주의 · 민중생존권쟁취 전국민중연대 준비위원회 |
| 4 | 2001-03-15 | 6.15 공동선언 실현과 한반도 평화를 위한 통일연대 |
| 5 | 2001-10-16 | 단병호위원장석방대책위원회 |
| 6 | 2001-10-22 | 민간인학살 특별법제정을 위한 전국공동대책위원회 |
| 7 | 2001-10-23 | 집회와시위의자유완전쟁취를위한 연석회의 |
| 8 | 2001-12-01 | 민간의료보험저지와 건강보험 강화를 위한 공동대책위 |

　　여기에 참여한 211개 단체를 단체명, 참여, 결성시기, 성격1, 성격2 등으로 나누어 coding 하였다. 다음이 그 예이다.

| | 조직 명칭 | 전선(연합) 참여 | 최초 결성 | 최종 결성 | 시기 | 성격 1 | 성격 2 |
|---|---|---|---|---|---|---|---|
| 1 | (사)좋은벗들 | 1, 5, 8 | 1996-12-12, 우리민족서로돕기불교운동본부 | 1999-05. 좋은벗들 | 4 | 4 | 2 |
| 2 | 21세기 진보학생연합 | 8, | | | 6 | 3 | 5 |
| 3 | 건강사회를 위한 치과의사회(건치) | 1, 5, 6 | 1987-10 연세민주치과의사회, 1988-04 청년치과의사회 | 1989-04-26 두 단체 통합 | 2 | 3 | 3 |
| 4 | 건강사회를 위한 보건의료단체대표자회의 → 건강권실현을 위한 보건의료단체연합: 보건연합(준)-건강사회를 위한 약사회 등 6개 단체 | 3, 4, 5, 7 | 1990 | 2001-06-16 | 2 | 3 | 3 |
| 5 | 건강사회실천운동협의회 | 6, 7 | 1993-07-02 | | 3 | 4 | 3 |
| 6 | 건강을위한시민모임 | 1, | 1995-10-12 | | 4 | 4 | 3 |
| 7 | 걷고싶은도시만들기시민연대 | 1, | 1996-06 | | 4 | 3 | 8 |
| 8 | 경실련통일협회 | 4, | 1994-01-18 | | 3 | 4 | 2 |
| 9 | 경제정의실천불교시민연합 | 1, | 1991-07-13 | | 3 | 4 | 1 |
| 10 | 경제정의실천시민연합(경실련) | 1, 5, 8 | 1989-07-08 | 1989-07-08 | 2 | 4 | 3 |
| ... | ... | | ... | | ... | ... | ... |

이때 결성시기는 최초 결성시기를 기준으로 {0: 조선·일제시대~1949년
까지 1: 1950~1972. 2: 1973~1990. 1(전노협창립까지) 3: 1990. 2~1994.
8(참여연대 창립직전까지) 4: 1994. 9~1999. 5: 2000년 이후부터 현재까지 6:
모름}으로 나누어 coding 하였다.

그리고 성격1은 조직의 강령(혹은 선언문), 연혁, 결성목표, 활동내용, 주요
참여인사 등의 자료에 기초하여 {0: 노조 혹은 노동단체 1: 기층민중 조직 혹
은 지원조직 2: 시민조직 1—친노동적 시민조직 3: 시민조직 2—자유주의적
시민조직}으로 구분하였다.

마지막으로 성격 2는 {0: 노농빈 기층민중 1: 인권. 종교 2: 통일 3: 의료. 사
회복지 4: 종합시민. 지역시민 5: 교육·학생·학술 6: 문화 7: 언론·정보통
신 8: 환경·교통·주택 9: 정치·법·경제개혁 10: 여성·소비 11: 친정부·
모름} 등이다.

이와 같은 자료를 가지고 다차원적인 '관계와 상징의 복합적 연결망 구성
체' 방법에 기초하여 분석하였다.


## 〈참고 8.2〉 2001년 민주노총중심연결망 분석

이 자료는 2001년 민주노총의 회의, 세미나, 심포지움, 공청회, 집회 등에서
참여자(참여단체)가 분명히 명기된 사건 52개를 가지고 각 사건에 참여한 단
체를 열로, 또 각 사건의 주요 이슈를 행으로 하는 행×열 affiliation matrix를
구성하여 분석한 것이다.

52개의 사건에 1번 이상 참여한 단체는 모두 210개이다. 이중 노조조직은
중앙의 민노총과 지역, 산업, 업종, 현장 조직을 모두 대상으로 한 반면, 사회
운동조직의 경우는 중앙만을 대상으로 하였다. 그 이유는 다음과 같다.

민노총 중앙의 활동이 크게 두 가지로 나뉘어지는데, 하나는 현장, 지역, 업
종, 산업에 있는 노조들과 함께 한 활동이었고, 다른 하나는 다른 사회운동 조

직과 함께 한 것이다. 여기서는 전자를 노동내부 연결망으로 분류하고 후자를 사회적 연결망으로 분류하여, 노동내부 연결망에서는 정규직과 비정규직 그리고 노동조직 상호의 연결망에 집중하였고, 사회적 연결망은 민노총 중앙과 다른 조직들 간의 연결망에 주목하였다. 그런데 사회적 연결망에 있어 지방조직의 경우 중앙조직이 참여할 때 형식적으로 함께 그 이름을 올리고 있기 때문에, 지방조직을 삭제해도 연결망에는 어떤 영향을 주지 않는다. 그런 점에서 노동내부 연결망은 현장까지 확인되는 반면 사회적 연결망은 중앙차원의 연결망만 확인된다.

다음으로 주요 자료를 보면 아래와 같다.

행-이슈(자료 예)

| issu | 번호 | 날짜 | 이름 | 분류 | 참여방식 | 주최 | 주관 혹은 참여단체 |
|---|---|---|---|---|---|---|---|
| 2 | L1-101 | 2001-01-16 | 미조직특위 제1차 회의 | 회의 | 조직원 참여 | 민노총 | 별도 표기 |
| 5 | L1-102 | 2001-02-19 | 미조직특위 제2차 회의 | 회의 | 조직원 참여 | 민노총 | 별도 표기 |
| 7 | S2-136 | 2001-03-08 | 2001년 정세와 민중운동 진영의 과제 | 정세 토론 회 | 단체, 개인 참여 | 신자유주의반대·민중생존권쟁취 민중대회위원회 | 별도 표기 |
| ... | ... | ... | ... | ... | ... | ... | ... |

52개의 사건에서 확인되는 이슈를 크게 두 가지—일반적(universalistic) 이슈와 구체적(particularistic) 이슈로 나누고, 그것을 다시 세분하여 4개의 이슈와 8개의 이슈로 구분하였다. 위의 표의 왼쪽이 그렇게 구분한 이슈의 번호이다.

또 아래의 표는 참여한 단체 210개의 자료 예이다.

열―단체(자료 예)

| | 단체명 | 참여(조직) | 참여(개인) | 최초결성 | 최종결성 |
|---|---|---|---|---|---|
| A1 | 2001년 산재추방의 달 공동사업 추진위원회 | 77, 78 | | 2001 | 2001 |
| A2 | 21세기 생협연대 | 73, 74, 75 | | 1998-03-00 | 2002-06-00 |
| A3 | 6.15 남북공동선언실현과 한반도 평화를 위한 통일연대(통일연대) | 156 | | 통일연대 2001-03-15 | |
| … | … | … | … | … | … |

이렇게 만들어진 자료를 affiliation matrix로 coding하여 다차원적 연결망에 기초하여 쌍대성(duality)의 원리를 이용한 '관계와 상징의 연결망 복합체' 접근으로 분석하였다.

—1980년대 이후 '민주연합파' 로부터 분화와 자립을 중심으로

조현연

## 1. 들어가는 글

한국 사회에서 '독자적 진보정치세력화' 는 새로운 세상을 꿈꾸는 운동집
단이 있는 한 지속적인 실천 과제이자 핵심적인 화두일 수밖에 없다. 우선 그
것은 보수독점의 정치구조와 그로 인한 '보수의 과잉대표성' , 그리고 엘리
드 특권정치를 주요 특징으로 하는 기성 정치의 현실, 즉 사회적 약자의 권익
을 반영하지도 못하고 또 급격한 사회적 변화 추세에 대응하지도 못하는 정
치의 지체 그 자체에서 비롯한다. 다음으로 그것은 분단과 종속의 극복, 한반
도 평화와 민중 주체의 자주적 평화통일의 실현이라는 시대적 과제의 슬기
로운 해결을 위해서 그러하다. 나아가 그것은 진보정치운동의 궁극적인 목
표, 즉 노동자와 민중의 사회적·정치적 주체 형성과 정치권력의 획득, 그것
을 통한 '세상 바꾸기' 를 실현하기 위해서는 결코 회피할 수 없는 과제라는

1) 이 운동과 관련해 그 동안 사용된 용어로는 합법적 대중정당, 합법정당, 진보정당, 혁신정당,
민족민주대중정당, 민족민주합법정당 등 다양했다. 이처럼 용어 사용상의 혼란, 다양성 자
체가 이 연구 주제와 관련된 논의와 실천의 복잡성을 잘 반영한다고 할 것이다.

점에서도 그러하다.

이러한 과제를 실현하기 위해 한국 사회의 진보정치세력은 냉전분단반공체제와 국가권력의 지속적인 억압, 그리고 자본주의적 성장에 따른 사회관계의 재구성에 대응하여 다양한 모습으로 자신의 정치적 존재를 나타내 왔는데, 이 과정에서 진보정치세력화의 실천과 저항담론의 구성에 영향을 준 계기는 다섯 가지였다. 이데올로기 지형과 저항적 실천의 불구화를 가져온 한국전쟁, 다양한 진보적 실천과 담론 양산의 계기로서의 1980년 5월 광주, 선거정치 및 합법 정치 공간에 대한 발상 전환의 계기인 1987년 정치적 개방, 방향의 상실과 지적 혼란을 가져온, 그러나 새로운 출발을 향한 진통의 계기로서의 현실사회주의권의 붕괴, 그리고 대중조직의 공개적 지지를 통한 최초의 합법진보정당 결성의 계기가 된 1996~97년 노동자 총파업투쟁 등이 바로 그것이다. 이러한 역사적 계기와의 대면과 많은 우여곡절을 겪으면서 진보진영은 지난 2002년 16대 대통령 선거를 통해 이른바 '진보정치 100만 표 시대의 개막'을 알리게 되었는데, 그것은 합법 정당의 형태를 띤 진보정치운동이 비로소 대중들로부터 그 정치적 실체를 인정받음으로써 정치적 시민권을 획득했다는 것을 의미한다.

이러한 성과가 나오기까지 진보정치세력화를 향한 실천 과정은 한마디로 좌절과 실패로 점철된 고난과 역경의 정치적 궤적을 그려왔다고 할 수 있다. 그 직접적이고도 일차적인 원인은 국가권력의 집요한 감시와 탄압과 방해의 누적된 효과였지만, 보다 근본적인 원인은 대중적 기반의 취약 또는 결여에 있었다. 그 결과 보수 독점의 정치적 결빙구조의 유지 속에서 정치사회의 폐쇄성은 온존되었으며, 진보정치세력에게 정치적 진입 장벽[2]은 무척 높을 수밖에 없었다.

---

2) 립셋과 로칸에 따르면, 새로운 정치세력이 정치사회에 진입하기 위해서는 정당성의 문턱(비판 등 정치적 자유의 인정 여부), 통합의 문턱(정치적 시민권 여부), 대표성의 문턱(독자적 대표성 확보의 용이성 여부), 다수결의 문턱 등 4개의 문턱(thresholds)을 넘어야 한다(Lipset and Rokkan 1967, 27; 손호철 1999, 359 참조).

그러나 진보정치운동의 좌절과 패배와 지체의 원인은 여기에서 멈추지 않
는다. 무엇보다 그 실천 주체와 관련된 문제들이 생략되었기 때문이다. 실천
주체를 분석 대상으로 한다고 할 때, 핵심적인 관심 영역은 다음 두 가지이
다. 즉 진보정치세력 내부의 '차이 속 연대' 의 실패, '연대의 빈곤' 현상을
규명하는 것이 그 하나라면, 다른 하나는 자유주의 정치세력과 그에 견인 ·
포섭된 이른바 '민주연합파' 로부터의 분화와 독자적 자립화의 과정을 분석
하는 것이다. 이 글은 자유주의 정치세력과 민주연합파가 노동자와 민중의
독자적 정치세력화를 향한 실천을 어떻게 위축, 좌절, 지체시켜 왔는지를, 그
리고 합법 진보정당운동이 자유주의 정치세력과 민주연합파로부터 어떻게
분화와 자립을 이루어냈는지를 주로 담론정치의 차원에서 분석하는 것을 기
본 목적으로 한다.[3]

이를 위해 나는 기본적으로 서로 연관되어 있는 세 가지 문제들에 대해 주
목하고자 한다. 첫째, 민주연합파의 '진보정당 무용론' 과 '진보정당 시기상
조론' 에 대한 것이다. 둘째, 1987년 이후 주요 대통령 선거와 국회의원 총선
거에서 '민주연합파' 의 정책 연합과 '범민주 단일후보' 전술, 특히 '비판적
지지' 론 등이 진보정치세력화를 위한 정치적 실천에 미친 영향에 대한 분석
이다. 셋째, 진보진영으로부터 이탈한 이른바 '재야 입당파' 의 정치적 선택
과 행태가 진보정치세력화에 미친 부정적 영향에 대한 비판적 분석이다.

나는 민주연합파 및 재야 입당파가 구사해 온 담론정치와 정치적 행위가
그 의도와는 상관없이 결과적으로 보수 독점의 정치적 결빙구조의 온존 · 강
화 및 진보정치세력화의 좌절과 지체에 직접적으로 영향을 주었다고 본다.
따라서 이 글은 "진보진영의 실천에 있어서 선결과제이자 핵심적인 관건은
노동자 계급을 비롯한 민중의 사회적 정치적 주체 형성과 함께, 무엇보다 민

---

3) 사실 이 글은 처음에는 이 두 관심 영역을 동시에 분석하고자 했다. 그러나 쟁점을 보다 선
명하게 하기 위해 후자의 측면을 중심으로 글을 구성하는 것으로 방향을 선회했다. 따라서
내부 연대의 빈곤이라는 전자의 측면에 대해서는, 필요할 때 언급하는 정도로 한정했다.

주변혁을 지향하는 진보적 민중운동세력이 자유주의 세력에게 '탈취' 당한 민주화투쟁의 역사적 헤게모니와 노동자 민중의 정치적 대표성을 획득하는 것"(조현연 2002a, 84)을 기본 관점으로 하고 있다.

이러한 문제의식 하에 나는 우선 '금단·배제의 정치' 지형 하에서 진보정당운동의 역사적 단절에 대해 살펴본 뒤, 1980년대 이후의 시기를 '합법 진보정당운동의 모색기–정치적 실험기–독자적 정립기' 로 구분, 저항담론의 정치와 관련한 주요 쟁점을 분석한다. 특히 1987년 이후를 분석의 본격적인 시기로 삼은 것은 ① 기본적으로 사회 대중운동의 양적·질적 성장이 어느 정도 이루어지고, ② 그간 사회적 약자의 정치적 대표를 자임해 온 제도권 야당에 대한 기층 민중들의 불만과 불신이 광범위하게 존재하며, ③ 권위주의적 독재 정치체제가 탈권위주의화 과정을 밟으면서 합법 정치공간이 확장되고 선거정치의 위상이 격상되었을 뿐만 아니라, 특히 ④ 선거지형과 진보정치세력화를 둘러싼 민주연합파와 독자 창당파의 논쟁과 갈등이 첨예하게 드러난 시점이 바로 이 때부터였기 때문이다.


## 2. '금단·배제의 정치' 지형과 진보정당운동의 역사적 단절

### 1) 한국전쟁과 '보수 독점의 정치구조' 의 역사적 형성과 결빙

1950년 한국전쟁은 식민지 시대에서 비롯되어 해방공간에서 심화된 계급 간, 체제 간, 모순이 중첩되어 최종적으로 폭발한 역사적 사건이었다. 한국전쟁이 휴전으로 일단락된 후 한국 사회가 정치적으로나 이데올로기적으로 극우 중심의 비대칭 구조를 지니게 된 것은 필연적이었다. 냉전분단반공체제의 고착화가 그것의 집약적 표현이었고, 이 체제는 모든 사회구성원들에게 반공규율이라는 자기검열의 기제를 우선적으로 강제하였다. 뿐만 아니라 그것은 정치지형을 '금단의 정치' 로, 박정희 정권 출범 이후에는 '금단의 정

치'와 결합된 '배제의 정치'로 주조해냈다.[4]

바로 이러한 '금단과 배제'의 정치지형 속에서 제도권 정치는 오랫동안 보수 독점의 정치구조로 결빙되었으며, 그 결빙효과(freezing effect) 속에서 정치적 대립구도는 절차적 민주주의의 수준—그것마저도 아주 제한적인—에서 독재 대 민주의 선을 따라 형성되었다. 그것은 한편으로는 자유민주주의적 규범과 권위주의적 독재통치라는 실제 사이의 괴리에 기반을 둔 지배체제의 정당성을 둘러싼 대립과 갈등으로 표출되었다. 그리고 다른 한편으로 정치적 대표체계의 제도화는 남북 간 극한적 대결의 분단질서와 종속적이고 천민적인 자본주의의 틀, 그리고 친미·반공이라는 이념적 스펙트럼 내에서 보수적 여야 정치세력 간의 갈등으로 한정된 채 구조화되었다. 즉 1970년대까지 한국의 정당정치는 한마디로 "철저히 보수세력 일변도의 정치였고 그들 사이에는 오직 지위의 차이만으로 여야가 나누어져 있을 뿐이지 적어도 이념적인 수준에서는 극히 원시적인 분화만 이루어져 있는 정치"(송복 1990, 178~184 참조)이자, 사회계급 내에 직접적인 기반이 없는 기형적인 정치가였던 것이다.

일반적으로 절차적 민주주의가 지켜지는 나라에서 정당정치는 이중적인 역할을 동시에 수행한다. 국민대중의 투표에 의해 형성된다는 점에서 국민대중의 정치적 의사를 대표하는 역할이 그 하나라면, 다른 하나는 국가권력과 지배블록에 절차적 정당성을 부여해준다는 점에서 권력의 지배를 정당화하는 역할이다. 이와는 달리 절차적 민주주의가 쉽게 부정되는 나라에서 정당정치는 폭력적 억압통치를 은폐하기 위한 정치적 외피에 불과하기 때문에 실질적으로 정치과정에서 정국 운영을 주도하는 핵심적인 부분이 되지 못한다. 이런 경우 정치란 제도권 정당정치 공간보다는 이른바 '거리'에서 주요하게 형성될 수밖에 없으며, 한국도 여기서 결코 예외가 될 수 없었다. 오히

---

4) 여기서 금단의 정치란 급진적인 정치사회세력의 비공식화 내지는 제거 위에서 전개되는 정치의 불구화를 의미하며, 배제의 정치란 우익적 정치 프레임 내 반독재파의 축출의 정치를 의미한다. 금단의 정치, 배제의 정치에 대해서는 조희연·정태석(2001) 참조.

려 한국의 경우 이러한 특성이 더욱 심화된 채 정당정치의 비활성화와 여당 중심의 폐쇄적 정당정치로 표출되었다. 이러한 사실은 한편으로는 제도권 정치가 국민대중을 끊임없이 배제시켰음을 의미하며, 다른 한편으로는 오히려 국민대중으로부터 제도권 정당정치가 지속적으로 소외되었음을 의미한다(조현연 1999, 63~64 참조).

## 2) 진보정당운동의 좌절과 침묵

보수가 독점한 정치적 결빙구조의 역사적인 형성과정을 보면, 이는 진보정당운동의 좌절과 동전의 양면을 이룬다고 하겠다. 한국전쟁 이후 자유당과 민주당으로 이루어진 당시의 보수정치체제를 위협하면서 최초로 등장한 진보정당은 죽산 조봉암의 진보당이었다. 그것은 남한의 자본주의체제와 북한의 사회주의체제로부터 독립한 제3의 노선을 추구하여 선거를 통해 대중적 검증을 받은, 즉 합법공간에서의 진보정당운동의 현실적 가능성을 확인한 정당이었다.

진보당은 "노동자·농민을 중심으로 진보적 근로인텔리, 중소상공업자, 양심적 종교인 등의 광범위한 근로대중의 정치적 집결체이며 국민대중의 이익실현을 위해 투쟁"하는 정당으로서 기존의 극우보수정당들이 주장한 무력 북진통일에 대해 평화적 방식에 의한 조국통일의 실현을, 공산독재는 물론 자본독재를 배격하는 진정한 민주주의 체제의 확립과 책임있는 혁신정치의 실현을, 그리고 생산분배의 합리적 계획을 통한 민족자본의 육성 등을 주요 강령으로 내걸면서(정태영 외 1999 참조), 1956년 정부통령 선거에서 216만 표라는 놀라운 성과를 거두었다. 선거 결과는 자유당과 민주당이라는 정당으로만 나뉘어 있을 뿐 그 이념과 정책에서 대동소이한 여야 보수정치를 긴장시키면서 위기감을 조성하였다. 바로 이러한 정치적 위기감이 진보당 간부의 일제 검거, 당의 등록 취소, 급기야는 간첩 혐의가 덧씌워진 당수 조봉암의 사형 집행이라는 정적 제거로 귀결되었다. 보수야당의 묵시적 동조,

자신들의 생존 여부를 결정짓는 반공의 절대적 위력을 재삼 확인하며 그것에 복종할 수밖에 없는 심리적 공포를 경험한 대중들의 침묵 등, 진보당 사건은 바로 왜곡되고 굴절된 당대의 정치지형을 고스란히 반영한 것이었다.

한편 1960년 4월 혁명을 계기로 민중운동이 활성화되고 정치공간이 확대됨에 따라, 진보정당운동이 다시 재기할 수 있는 조건이 조성되었다. 이러한 새로운 조건 속에서 7.29총선 참여와 5대 민의원 진출 등을 당면 목표로 하여 진보세력의 정치세력화가 적극 모색되었다. 이러한 움직임은 해방정국의 중간좌파와 중간파가 중심이 되고 진보당에 참여한 인사들과 1950년대 말부터 등장하기 시작한 진보적 경향의 청년들이 합류하는 형태로 이루어졌다. 진보정치세력이 정치무대에 다시 등장하게 됨에 따라 정치지형은 외형상으로는 '보수 대 진보'의 구도로 잡히고, 7.29총선도 민주당과 사회대중당의 경쟁 형태로 전개되었다. 그러나 선거 결과 진보세력은 민의원의 경우 당선자 5명, 득표율 6.6%를, 참의원의 경우 당선자 3명, 득표율 3.3%를 획득하는 데 그쳤다. 이후 통일방안과 조직노선 상의 이견 등을 해소시키지 못한 가운데 진행된 진보세력의 정치운동은, 5.16군사쿠데타로 등장한 박정희 군부독재 정권의 철퇴를 받는다.

1960년대 초 진보정당들을 볼 때, 두 가지 흥미로운 사실이 눈에 띤다. 우선 당시 모든 진보정당들의 경우 '민주사회주의' 내지 '민주적 사회주의' ─ 물론 민주적 사회주의라는 것이 무엇을 의미하는가에 대해서는 일정한 차이가 있었다─를 이념적 노선으로 들고 나왔다는 점이었다. 이것은 해방정국과 한국전쟁을 거치면서 급진좌파세력들이 대부분 괴멸되고 사회민주주의자들과 같은 온건좌파세력이 주로 살아남을 수 있었다는 역사성에 기인하며, 또 분단 현실과 국가보안법 등 법적 제약으로 인해 설사 더 급진적인 이념을 가지고 있었더라도 그것을 공개적으로 표방할 수 없었기 때문이었다.

다른 하나는 1980년대~90년대의 진보세력과는 달리, 4월 혁명 공간에서의 진보정치세력은 모두 보수야당과의 정책연합이나 비판적 지지라는 입장이 아니라 독자적 진보정당 건설 노선을 추구했다는 사실이다. 그것은 기본

적으로 친일 지주들을 중심으로 한 한민당에 뿌리를 두고 있는 보수야당에
대한 역사적 기억, 야권통합운동과 후보단일화 과정 및 진보당 사건 등에서
보여준 민주당의 반민주적인 태도, 독자적인 자기 정체성에 대한 진보세력
의 강한 집착 등에 기인(손호철 1999, 352~353 참조)한다고 할 수 있다.

아무튼 1960년 4월 혁명에 의해 상대적으로 개방된 정치적 공간이 5.16군
사쿠데타에 의해 강제적으로 닫히면서, 진보정치운동은 군부독재정권의 정
치적 필요성에 의해 그 존속이 허용된 정치적 장식물에 불과한 '사이비 또는
의사 합법진보정당'으로 변질되거나,[5] 아니면 정치적 시민권의 박탈 속에서
비합법 전위정치조직의 형태로 지하화된 채 공개적 테러독재체제의 희생양
이 되면서 오랜 침묵의 세월을 보낼 수밖에 없었다. 이런 시대 상황에서 합법
진보정당운동의 성장이란 불가능한 일이었으며, 그것은 사회적 고립화에 따
른 진보정치 담론 확산의 구조적 한계, 확산 메카니즘 부재의 필연적 귀결인
자기폐쇄적 담론의 양산, 이론과 실천의 지속적인 쌍방향 소통을 통한 자정
과정의 결여 등을 나타낼 수밖에 없었다.

## 3) '야누스의 두 얼굴'로서의 보수 야당[6]과 정체성의 빈곤

보수 독점의 정치지형에서, 그리고 진보정치운동의 좌절과 역사적 단절

---

5) 5.16쿠데타 이후 의사 진보정당에 대해 한 논자는 이렇게 비판적으로 평가하기도 한다. "보
다 열악해지고 고도로 강화된 정치·이데올로기 지형과 통제 속에서 올바른 의미의 진보적
대중정당은 전무했다고 할 수 있다. 그것은 진보적 대중정당의 필요조건인 최소한의 진보성
과 최소한의 대중성을 충족시킨 정당이 하나도 없었다는 것을 의미한다.……진보적 대중정
당운동의 온전한 발전이 봉쇄되면서 소위 '혁신'과 '진보'를 내세운 제정치세력들은 명목
적 존재로 전락되거나 그 자신의 대의를 심각하게 손상당하게 되었다는 점이다.……결국 이
시기에 소위 '혁신'과 '진보'를 내세운 정치세력에 대한 국민대중의 정치적 불신과 무관심
은 계속적으로 증폭되게 되었으며 그로 인해 '보수-혁신'의 의제적 대립구도가 지배세력에
의해 추진될 정도로 '진보', '혁신'의 대의가 대중적으로 훼손되었다는 점이다"(고성국
1989, 88~89).

6) 이에 대해서는 조현연(1997, 34~36) 참조.

속에서 지난 권위주의 독재 시절 민주화투쟁의 정치적 상징은 사실상 보수 야당으로 대표되어 왔다. 그러나 보수야당의 정치적 행태의 면면을 보면, 그 것은 '야누스의 두 얼굴' 처럼 양면적인 정치집단으로서의 이율배반적인 특 성을 지닌다. 즉 반독재 민주세력의 한 구성주체로서의 긍정적 얼굴이 그 하 나라면, 다른 하나는 사회 발전과 역사 진보와는 관계없이 단지 집권을 향한 당리당략을 기본 특징으로 하는 권력기회주의 정치집단으로서의 부정적 얼 굴이라 할 것이다. 이러한 보수야당의 특징을 살펴보면 우선, 인맥에 따른 배 타적인 붕당적 성격과 계파 보스들을 정점으로 하는 파벌적 충성서약 집단 으로서, 타협파와 비타협파 간의 내부 갈등, 지배블록의 분열공작에 의한 통 합과 분열의 반복 등을 꼽을 수 있다. 이와 관련해 한 논자는 국가의 직접적 인 관장 하에 있었다고 할 수밖에 없는 취약한 정치사회에서 야당 역시도 노 동자와 농민, 나아가 그것의 명시적 묵시적 계급기반이었던 중소자본가 집 단으로부터도 스스로를 자립화시키는―산발적인 인적 · 지역적 연계에 국 한시키는―것을 오히려 자기존립의 방편으로 삼을 수밖에 없는 역리가 빚어 지고 있다(임영일 1992 참조)고 지적한 바 있다.

한편 보수야당은 한국의 지배질서를 유지하는 데 매우 중요한 역할을 수 행해 왔다. 합법 진보정당이 존립할 수 없는 폐쇄적인 정치 상황에서 다양한 사회적 이해와 불만을 공식적으로 표출하도록 허용된 유일한 정치조직인 보 수야당은, 그 존재만으로도 사회적 약자인 민중들의 모든 불만이 합법적으 로 표현될 수 있다고 각인시킴으로써 상당한 체제유지 기능을 해온 셈이었 다. 이와 함께 보수야당은 민중운동세력을 분열시키는 역할을 수행했을 뿐 아니라, 그들의 제도적 진입을 차단하는 기능을 수행하기도 했다.

그러나 다른 한편으로 국가의 억압적 통치가 일상화되고 장기화함에 따라 보수야당은 저항의 정치적 응집인자로서 일정한 역할을 하였고, 이 과정에서 스스로 '민주적 대중정당' 으로 내세울 수 있었다. 물론 그것은 합법 진보정 당을 원천적으로 배제한 보수 독점의 정치구조가 역사적으로 결빙됨으로써 생겨난 구조적 효과였다. 이처럼 권위주의 독재통치가 강화될수록 보수야당

의 반독재 민주화투쟁의 상징적인 정치적 대표로서의 역할도 증대하지 않을
수 없게 된 것은, 한국현대사의 하나의 아이러니이자 계급정치사의 비극이라
고 할 수 있다. 그러나 뚜렷한 역사적 비전과 대안 및 이념적 자기 정체성을
갖지 못한 채 '승리지상주의로 무장한 권력기회주의 집단'으로서의 집권욕
이 투쟁에 나서게 하는 직접적 동인이었기 때문에, 조성되는 정치 상황에 따
라 이들이 동요하는 것은 당연한 것이었다. 아래 지적은 이러한 사실을 잘 드
러내준다.

> 한국현대사를 살펴볼 때, 보수야당이 민족민주운동의 선두에 서서 투쟁하려고
> 했다거나 민족적, 민중적 요구를 제대로 수행하려고 했던 흔적은 찾아볼 수 없
> 다. 다만 1979년 이른바 선명노선의 기치를 내걸고 투쟁한 것과 1986년 이후 헌
> 법투쟁 시기의 일련의 원외 투쟁 등 예외적인 사실이 있기도 하다. 그러나 사실
> 이것조차 예외가 아니라 그들의 계급적 속성의 다른 한 측면을 보여주는 것에 불
> 과하다. 1979년이나 1986년 모두 청년·학생·노동자를 선두로 한 대중투쟁이
> 고양되어 나가고 민중들의 불만이 점증해 나가자 그때서야 비로소 어처구니없
> 게도 대중의 우두머리로 자처하고 나섰을 뿐이다.……이처럼 그들은 대중투쟁
> 을 선도하여 지도하지 못하며 대중투쟁이 일정 정도 발전한 후에만 투쟁의 대오
> 에 겨우 합류하기 시작하여 투쟁의 키를 부여잡고 자유주의적이며 부분적인 개
> 혁으로써 자신의 집권에 유리한 공간을 조성하려고만 한다(민주화실천가족운동
> 협의회·민족민주운동연구소 편 1989, 211).

보수야당의 양면성과 그 정치적 상징성 등은 민중운동세력에게 지속적인
고민거리였다. 사실 자유주의 정치세력으로서 보수야당과 진보적 민중운동
세력 간의 관계 설정의 문제야말로, 1980년대 이후 운동진영을 여러 정파의
노선으로 갈리게 하는 주범 가운데 하나였던 것이다. '주요타격방향', '일면
투쟁 일면단결', '전략적 연대냐 전술적 제휴냐', '타격을 통한 분할 견인'
등등을 둘러싼 진보진영 내부의 치열한 논쟁과 실천과정은 그것을 잘 보여

준다.[7]

## 3. 합법 진보정당운동의 모색기: 80년 5월 광주에서 87년 정치적 개방까지

### 1) 1980년 '5월 광주' 와 민주변혁운동의 반성적 자기 성찰

1979년 10.26 사건 이후 한국 사회는 국가의 내부 균열과 민중의 이해를 대변할 대체권력의 미성숙이라는 힘의 교착 상황 속에서, '박정희 없는 박정희 체제', '독재자 없는 독재체제' 의 존속과 해체를 둘러싸고 복잡한 투쟁이 시작됐다. 이러한 상황에서 다단계 쿠데타를 통해 권력을 장악한 것이 신군부였으며, 5.18은 이 같은 신군부의 권력 장악에 대해 마지막 장애물인 민중세력을 굴복시키는 과정에서 발생한 유혈항쟁이었다. 그리고 그것은 결국 전두환 정권이라는 구체제의 반동적 복원으로 귀결되었다.

그러나 1980년 5월 광주는 단지 비극으로, 패배로만 끝난 것은 아니었다. 그것은 민중운동의 반성적 자기성찰의 계기이자, 독자적인 진보정치세력화의 흐름을 역사적으로 복원해내는 도화선이 되었다. 진보정치세력화와 관련해 1980년 5월 광주는, 우선 1970년대까지의 민주화운동이 국가권력과 체제자체에 대한 변혁운동으로서의 성격을 갖지 못했음을 알려주었다. 즉 억압적 정치권력과 경제적 불평등에 대한 양심적이고 도덕적인 비판은 있었지

---

7) 이러한 논쟁과 실천 과정에서 야당과 민족민주운동과의 관계 설정은 다음과 같은 세 가지 시각으로 구분될 수 있다.: ① 범민주연합에서 야당의 역할의 상대적으로 중요시하면서, 특히 민주당(YS)과 평민당(DJ)의 차이를 강조하고 평민당과의 제휴에 적극적인 견해. ② 범민주연합을 위해 야당과의 연대가 중요하되 일단 민족민주세력과의 차별성을 확인한 연후에, 그것도 민족민주운동세력이 정당이라는 구체화된 조직적 실체로서 자기 정체성을 확인한 뒤 연대의 문제를 검토해야 한다는 견해. ③ 보수지배세력과 민족민주세력과의 '정면대결의 전장' 에서 야당의 의미는 극히 부차적이라는 견해(김태일 1990, 52).

만, 정치권력의 획득이나 구조 자체의 변혁에 대한 역사적 전망과 대안 창출의 의지가 없었다고 하는 인식의 획득이 그것이었다. 다음으로 그것은 기층 민중들의 자연발생적이지만 역동적인 투쟁을 체제변혁적 투쟁으로 전화시킬 목적의식적 전위가 부재했다는 반성으로 나타났다. 즉 5.18민중항쟁을 통해 대중들의 혁명적 진출과 잠재적인 변혁역량을 확인함으로써, 이러한 민중의 투쟁을 올바른 방향성 속에서 지도할 수 있는 전위세력 및 선도조직의 필요성, 자연발생적이고 고립분산적인 봉기와 투쟁의 통일적 지도의 필요성에 대한 인식이 생기게 되었다. 이것은 1970년대 민주화운동의 지도력에 대해 팽배한 불신과 궤를 같이하는 것이기도 했다.

물론 이러한 인식이 곧바로 진보정치세력화를 향한 독자적 실천으로 나아간 것은 아니었다. 전두환 5공 독재 시절 반독재 민주대연합에서 헤게모니를 장악한 것은 DJ와 YS로 상징되는 자유주의 야당세력이었으며, 진보세력은 이들 자유주의 야당세력을 보조하는 역할 이상을 해내지 못했기 때문이다. 이것은 특히 선거국면에 대한 민중운동세력의 대응에서 여실히 드러났는데, 1985년 2.12 총선과 1987년 12월 대선은 그것을 잘 보여준다.

## 2) 선거투쟁과 민중운동진영

### (1) 1985년 2.12 총선과 민중운동의 두 가지 딜레마

2.12총선 당시 선거제도는 의석 수 확보 차원에서 이미 집권여당이 승리를 확정짓고 있었다. 1구 2인의 동반 당선을 제도적으로 보장하고 있는 중선거구제, '비(非)비례적'인 왜곡된 비례대표제로서의 전국구제도, 선거운동의 법·제도적 제약, 불균형한 선거구제도 등이 그것이었다. 이러한 왜곡된 선거지형은 두 가지 쟁점을 둘러싸고 민중진영을 딜레마에 빠뜨렸다. 선거보이콧론 대 선거활용론이 그 갈등의 하나라면, 다른 하나는 야당에 대한 태도와 관련된 갈등이었다.

우선 민중운동세력은 선거에 대한 전략, 즉 선거참여 문제를 둘러싸고 딜 레마에 빠졌는데, 당시 많은 활동가들은 선거참여는 전두환 군부독재의 지 배를 정당화해 주는 것 이외에는 아무 것도 아니라는 인식을 갖고 있었다. '선거는 지배체제의 재생산 과정'이라는 명제에 근거하고 있는 이러한 선거 거부론의 경향에는 기본적으로 보수야당에 대한 불신과 이른바 '선거혁명 론'에 대한 부정이 내재해 있던 것이 사실이었다. 즉 파쇼체제 하에서의 선 거에 참여하는 것은 결과적으로 그 체제를 인정하게 되거나, 아니면 기껏해 야 보수야당의 주도권을 강화시켜 대중정치의식의 변혁적 고양에 걸림돌이 된다는 것이었다. 이와는 달리 선거 참여를 주장하는 선거활용론자들은 선 거는 지배체제의 재생산과정이기도 하지만, 동시에 민중의 정치적 저항이 표출되는 공간이므로 적극 활용할 것을 주장하였다. 즉 총선투쟁의 기본방 향을 대중의 정치의식 고양으로 설정하여 민주화와 민중문제를 부각시키며, 보수야당과 군부독재세력 간의 대립을 첨예화시켜 지배블록의 고립화를 꾀 해야 한다는 것이었다.

한편 보수야당과의 제휴문제를 둘러싸고 민중운동세력 내부에는 신민당 과의 제휴투쟁론과 선주체투쟁론 간의 의견 차이가 있었다(류청하 1992, 70 ~71). 먼저 제휴투쟁론은 대중의 정치의식이 급격히 고양되는 선거시기에 민중운동세력도 선거공간에 직접 참여해야 하며, 이를 위해 보수야당과 적 극적으로 제휴해야 한다는 입장이었다. 즉 민중운동 내부의 연대는 일시적 으로 희생하더라도 보수야당과 직접적으로 제휴하여 광범한 대중투쟁을 전 개함으로써 군사독재에 보다 심대한 타격을 가하고, 그 과정에서 적극적인 선도적 투쟁을 수행하면 대중의 정치적 각성과 민중운동에 대한 광범한 지 지를 획득할 수 있다는 것이었다.

반면 선주체투쟁론은 "제휴를 반대하지는 않지만 변혁운동의 주체가 확실 히 서지 않은 상태에서의 무원칙한 제휴는 운동의 헤게모니를 잃어버리게 한 다"(박현채·조희연 편 1989, 125)면서, 보수야당과의 관계보다 민중운동권 내부의 연대강화와 주체역량 강화에 우선해야 하며 그것을 바탕으로 보수야당과의 제휴도 가능하다는 논리였다. 그리고 민중운동 내부의 합의 수준과 주체역량이 미약한 상태에서 섣부른 제휴는 성과를 민중운동으로 수렴시키지 못하고, 대중에게 개량주의적 환상만을 부식시킬 위험이 있다고 반박하면서 민중운동의 독자적 원칙을 강조했다.

### (2) 1987년 대선: 민중운동진영의 분화 · 분열의 정치적 계기

이러한 운동진영 내부의 견해 차이와 갈등은 1987년 6월 민주항쟁에서 13대 대선에 이르는 시기를 통해 전면적으로 표면화되기에 이르며, 특히 13대 대선은 운동진영의 분화와 분열의 정치적 계기였다. 민중운동의 입장에서 봤을 때, 6월 민주항쟁과 뒤이은 대선 국면은 멀게는 한국전쟁 이후, 가깝게는 1980년 이후 당면한 정치적 위기에 목적의식적으로 대응한 최초의 경험이자 최대의 정치투쟁이었다. 더욱이 그 목적의식적 투쟁은 이제까지의 사상이론투쟁의 관념적인 경향을 불식하고 헌법투쟁 이후의 '구호 싸움'에서 벗어나, 당면한 투쟁을 중심으로 각양각색의 색조를 띠고 총체적인 전술로서 역사 앞에 등장하기 시작했다(한국사회연구소 엮음 1989, 31).

이처럼 대선과정을 통해서 민중운동이 전면적인 분화와 분열의 경향을 표출한 배경에는 무엇보다도 민중운동 자체의 성숙된 역량이 있었다. 민중운동세력은 1980년대 초의 좌절과 국가적 탄압을 계기로 한국 사회의 성격과 모순에 대한 이해를 심화시키면서 투쟁을 지속해 왔고, 이를 통해 양적으로나 질적으로나 괄목할만한 성장을 해 왔다. 그러나 이러한 성장의 과정은 동시에 우리 사회의 성격과 모순, 그리고 그 해결을 위한 전략과 전술에 대한 의견 차이를 발생시키고, 내부의 노선 투쟁이 강화되면서 분화되고 분열되어 가는 과정이기도 했다.

그럼에도 분열의 전면적 가시화는 기본적으로 두 가지 요인으로 인해 제약되고 억제되었다. 우선 국가에 의한 억압통치의 일상화로, 그것이 국가와 민중운동 간에 고도의 긴장을 강요함으로써 민중운동진영 내부의 갈등이나 분열의 원심력을 상대적으로 낮은 수준으로 제약하면서 민중운동 내부의 연대를 유지시키는 요인으로 작용했던 것이다. 그러던 것이 6월 민주항쟁의 결과로 국가적 탄압이 어느 정도 이완됨으로써, 내부의 갈등과 분열이 전면적으로 현실화될 수 있는 필요조건을 획득했던 것이다. 다음으로 그것은 이전까지의 노선 논쟁이 가지고 있던 높은 추상성 때문이기도 했는데, 이는 많은 사람들을 논쟁의 현장과 그에 따른 분열로부터 상대적으로 자유로울 수 있게 했다. 그러나 대선 과정은 아주 구체적인 것이어서 누구나 쉽게 접근할 수 있는 것이었고, 또 참여하는 모든 사람들에게 일정한 입장의 선택 또는 결단을 요구하는 것이기도 했다. 이러한 점에서 1987년 대선투쟁 국면은 이미 필연적으로 예비되고 나아가 어느 정도 현실화되고 있던 운동진영의 분화와 분열이 전면화될 수밖에 없는 충분조건을 형성했던 것이다.

이처럼 민중운동의 분화와 분열이 전면화될 수 있는 필요충분조건이 형성된 대선투쟁 국면에서, 민중운동진영은 민중연대 전선과 독자후보전술을 중심으로 민중의 독자성을 견지하는 가운데 민중후보와 양 김씨의 후보단일화를 추동하려는 소수파로서 '좌파' 노선과, 민중의 독자성을 부차화한 채 DJ에 대한 비판적 지지나 YS에 대한 지지를 내장한 양 김씨의 후보단일화를 주창하는 다수파로서 '민주연합' 노선으로 대별되었다. 후보 전술을 둘러싼 비판적 지지론, 후보단일화론, 독자후보론은 그것의 현상적 가시화였으며, 결국 '비판적 지지'는 DJ에 대한 비판 없는 무조건적 지지로, '후보단일화'는 결과적으로 YS에 대한 지지로 변질되었다. '민중후보 추대론' 역시 민주당과 평민당 등 자유주의 정파들을 철저한 반군부 독재투쟁으로 견인하는 데는 무력한 것으로 드러났다. 세 후보 전술 모두 소기의 성과를 이루어내지 못한 채 실패로 끝나고 만 것이었다.

## 4. 합법 진보정당의 정치적 실험기

### 1) 1987년 정치적 개방과 정치적 보수지배체제의 온존

1987년을 기점으로 위로부터의 보수적인 민주화 이행의 경로 속에서 한국 사회는 권위주의 독재의 시대를 벗어나기 시작한다. 그러나 1987년의 정치적 돌파 이후 지배의 변형주의(transformism)적 재편을 통한 정치적 보수지배체제의 온존 속에서 민주개혁의 지체가 지속됨으로써, 민주주의의 발전이 중층적으로 질곡된 채 실질적 내용의 수준에서 오히려 민주주의의 퇴행성이 증폭되어 온 것 역시 부정할 수 없는 사실이었다. 즉 대중적 저항이 혁명적 민주정부의 수립으로 발전하지 못한 상황에서, 선별적 억압과 선택적 포섭의 동시 구사라는 저강도 전략에 의해 위로부터의 보수적 변형 민주정부가 출현하게 된 것이다. 그 결과 '변화 없는 기성 보수정치 → 민주주의의 퇴행성 증폭 → 기성 보수정치에 대한 극단적 환멸과 불신의 대중적 심화 → 조직화된 정치적 대안의 부재 속에서 대중들의 정치적 집합행동의 포기 → 기성 보수정치의 정치독점의 지속' 이라는 부정적 연쇄의 악순환이 반복되어 왔다.

바로 이러한 정치 상황에서 민중운동진영은 세 가지 정치적 실험을 시도하였다. 보수야당과의 민주대연합 논리와 '정치적 대표체' 론을 앞세우면서 진행된 반합법 전선체 운동, '투항적 이탈' 로 끝난 재야 입당파의 정치적 선택, 독자적인 합법 진보정당운동이 그것이었다. 이 가운데 합법 진보정당 건설의 움직임은 이후 여러 주·객관적인 요인들의 복합적 작용에 따라 이전에 기대할 수 있었던 것에 훨씬 미치지 못하는 수준에서 전개되었고, 그 과정은 연속적인 실패로 점철되었다.

합법진보정당 운동의 실패 요인은 크게 두 가지로 구분할 수 있다. 우선 외부 요인으로 보수 독점의 정치적 결빙구조 효과, 자본의 득세에 따른 사회적 관계의 파편화·개별화, 법·제도적 제약 등을 꼽을 수 있다. 다음으로 주체적 내부 요인으로 ① 현실 사회주의체제의 붕괴를 계기로 진보진영에 속했

던 많은 인사들이 변혁의 전망을 포기하고 진보진영에서 이탈하기 시작한
점, ② 보수정치세력이 자신의 정치적 기반을 강화하기 위해 진보세력을 자
신의 진영으로 적극 포섭한 점, ③ 민주개혁을 위한 자유주의 야당세력과의
연합을 중시한 이른바 '민주연합파', 특히 '비판적 지지파'가 진보세력 내부
의 다수파를 형성하는 가운데 진보세력의 독자적 정치세력화에 강력하게 반
대한 점(김세균 1999 참조), ④ 독자적 진보정치세력화 내부의 '차이 속의 연
대'가 빈곤한 점, ⑤ 초보적 권익 옹호를 위한 노동조합운동 수준의 노동운
동은 크게 성장·발전했지만, 거기에 상응할 만큼 노동운동의 정치화가 이
루어지지 못한 점 등을 지적할 수 있다.

　정치에 대한 일반 대중들의 이율배반적인 태도, 즉 한편으로는 기성 보수
정치 질서에 대한 불신과 환멸을 느끼면서도 다른 한편으로는 기성 보수 정
치에 안주해버리는 선택을 하는 이중적 태도는 자연스런 귀결이었다. 설득
력 있는 정치적 대안이 존재하지 않을 때, 대중들이 '현실로부터의 탈주'를
쉽게 포기해버리는 것은 어쩌면 당연한 일이기 때문이다.

## 2) 합법 진보정당 건설 논쟁과 정치적 실험의 실패

### (1) 저항적 담론정치와 진보정당무용론·시기상조론 대 독자창당론의 갈등

　합법 진보정당의 건설 과정은 이중적 과정으로 진행될 수밖에 없었다. 한
편으로 그것은 운동의 헤게모니를 장악해 온 다수파(주류)로서 '민주연합
파'의 야권통합 및 민주대연합 전술의 악순환적 반복 및 '투항적 이탈' 경향
의 가속화 속에서, 자유주의 정치세력으로부터의 분화와 자립의 과정이었
다. 다른 한편으로 그것은 소수파(비주류)의 연속되는 실패와 좌절을 극복하
는, 합법 진보정당운동의 독자적 자기 정립을 통한 새로운 희망 창출의 과정
으로 진행되었다.

　합법 진보정당 건설에 관한 논의는 1980년대 이후 진보진영 내에서 산발

적으로 진행되어 오다가, 1987년 6월 항쟁과 13대 대선 및 정치적 개방이 진행되면서 조직적으로 시작되었다. 즉 6월 항쟁이 5공 독재의 의사개량화 조치로 사실상 실패로 끝났으며, 그 한계의 절감 속에서 진보세력의 조직화와 의식화 그리고 통일전선의 구축이 시급하다는 판단 아래, 일부 진보세력은 노동자와 민중의 독자적 정치세력화 문제에 집중하기 시작한 것이다.

사실 합법 진보정당 건설 논의는 상호 치열한 논쟁과 갈등과 대립을 거듭하였다. 한 논자의 지적처럼, 그 갈등의 정도는 생각 이상으로 심각한 후유증을 낳았다.

그렇다. '진보정당'과 '비판적 지지'라는 두 단어는 87년 민주화 이후 현재에 이르기까지 한국의 현실을 고민해 온 모든 사람들의 피를 끓게 하고, 열띤 논쟁에 혈압을 올리게 하는가 하면, 피를 나눈 한 때의 동지들이 서로를 증오하게 하고 '원수'가 되게 한 시대의 표상어들이다. 그래, 어느 때부터인가 우리는 서로 다른 길을 가면서 이 문제를 될 수 있으면 피해 가려고 노력해 왔다(손호철 2002, 195).

이처럼 합법 진보정당에 대한 논의나 실천은 전체 민중운동진영의 요구와 합의를 반영한 것이 아니었으며, 또 그럴 상황도 아니었다. 왜냐하면 논의의 필요성과 진보정당의 현실적 요청은 있었지만, 무엇보다도 '이중의 정치적 과잉대표성'이 구조화된 상황에서 이것을 뒷받침할 만한 실질적인 힘이 부재했던 것이다. 즉 사회 전반적으로는 집권여당에 의한 '보수의 정치적 과잉대표성'이 있었던 반면, 민중적 이해와 요구와 관련해서는 제도권 보수야당에 의한 일종의 '정치적 과잉대표성'이 존재하고 있었기 때문이다. 결국 주류와 비주류 모두가 독자적인 진보정당 건설을 추구했던 1960년대 초와는 달리, 1980년대 이후 비주류인 민중민주주의(PD)세력만이 독자적인 진보정당의 건설을 모색했을 따름이었다. 다수파인 민족해방(NL)세력은 진보정당 무용론 또는 시기상조론을 앞세우면서 합법진보정당 건설에 반대하고 민주대연합의 관점에서 자유주의 야당세력과의 정책 연합 내지 특히 DJ와의 연대를 중시한 비판적 지지 노선을 추구(손호철 1999, 354 참조)하였으며, 그 결과는 독자적 정치세력화 운동의 소수파 운동으로의 '전락'이었다.

이 과정을 합법 진보정당 건설을 둘러싼 '저항담론 및 대안담론의 정치'를 통해 보다 구체적으로 살펴보도록 하자.

먼저 다수파로서의 민주연합파는 진보정당 무용론 또는 시기상조론을 지속적으로 유포했다. 진보정당 무용론은 식민지반봉건 또는 식민지반자본주의 사회론의 시각에 입각해 독자적인 정치권력의 성립과 국가주권의 행사가 '미제국주의에 의해' 제한당하고 있는 '식민지적 상황'에서, "합법정당의 성립 자체가 정권의 철저한 탄압으로 파괴되거나, 아니면 변혁운동을 오도하여 대중을 분열시키는, 둘 중 하나의 길밖에 걸을 수 없다"(임영일 1990, 56)고 보고 있다. 시기상조론의 경우는 기본적으로 합법정당의 필요성을 형식적으로는 인정하면서도 기층 대중운동의 상대적 취약성, 개량 국면의 불안정성, 전민련으로 대별되는 통일전선조직의 취약성, 그리고 영등포 을구 재선거의 경험 등을 근거로 합법정당 건설이 시기상조라는 입장을 취함으로써 결과적으로 합법진보정당 무용론과 그 궤를 같이했다(채만수 · 김장한 편 1990 참조).

민주연합파는 합법 진보정당 건설 대신에 전국연합 강화론과 부문 대중운동 강화론 등 반합법전선체 중심론을 고수하면서[8] 당면의 주요 과제로 민주 대 반민주의 대립 구도의 유지와 민주대연합 노선,[9] 그리고 야권통합 우선론

---

8) 정태윤(1993, 191)은 "진정한 민주개혁과 정권교체를 이루기 위해서는 지역의 굴레를 넘어서는 진정한 '국민적 수권정당'이 구축되어야" 한다면서, 전국연합 강화론에 대해 이렇게 비판하고 있다. "이는 그 주관적 의지와는 달리 실제로는 아무 내용 없이 공염불로 끝나버릴 개연성이 크다는 점을 지적해두고자 한다. 이 전국연합 강화론은 사실상 문제에 대한 새로운 대안이 아니라 문제에 대한 '현실안주적 관성적 반응'일 뿐이다. 보다 냉엄히 말한다면 전국연합은 변화된 국내외 정세에 대한 대응능력을 상실했음이 이미 판명된 낡은 조직에 불과하다. 이 방향에서 실제로 이루어낼 수 있는 것은 아마도 그다지 많지 않을 것이다."

9) 이에 대해 NDR론의 이정로는, "현시기에 운위되고 있는 민주대연합론은 모호한 민주-반민

을 표방하였다. 다시 말해서 통일전선체를 중심으로 단결하고 실천적 성과를 축적해가면서 중장기적으로 정치적 구심조직을 분화해 나가야 한다는 태도를 견지한 것이었다. 이와 함께 제도야당 특히 그 중 상대적 진보성을 보이고 있는 평민당의 국민전선 내로의 견인 역시 당면 주요 과제임을 분명히 했다.[10] 이러한 인식 속에서 대표적인 시기상조론자라고 할 수 있는 김근태는 독자정당 노선에 대해 이렇게 비판하기도 했다.

(재야운동 침체의 첫 번째 원인은) 87년 6월 항쟁 이후 지배세력의 전술적 후퇴로 조성된 유리한 조건 속에서 재야세력이 제반 민주세력과의 단결에 기초하여 국민적 지지와 동의를 넓혀나가야 했음에도 불구하고 정치세력화를 둘러싼 분열로 인해 국민대중으로부터 정치적·도덕적 권위와 신뢰를 상실한 데 있다. 제도야당을 지배세력과 동일시했던 보수 대 진보의 정세관에 입각한 독자정당 노선은 재야운동 내부적으로는 심각한 분열을 초래하였고 국민대중으로부터 전체 재야운동이 고립되는 결과를 가져왔다(김근태 1995. 201).

이러한 민주연합파의 논리와는 달리 합법 진보정당 건설의 흐름은 대체로 세 가지 경향, 즉 ① 합법정당은 민족민주운동이 합법공간인 의회공간을 활용하는 전술에 불과하기 때문에 합법정당은 다른 지도체가 지도하는 '전술조직'이라는 견해, ② 합법정당 그 자체를 전략적 조직체로 설정하거나 변혁

주의 대립구도를 좀더 선명하게 만들자는 것이 아니라, 불철저한 보수야당을 견인하는 것을 중심에 두는 것이라는 점에서 완전히 잘못된 방침"으로, "현 시기 가장 중요한 문제는 '범민주연합'(민주대연합)의 형성이 아니라, 노동자 계급 중심의 '민주진영의 구조 개편"이며 "지금 보수야당을 견인하는 것은 전혀 중요한 문제가 아니다"고 주장하기도 했다(이정로 1989 참조).

10) 이 입장은 우리 사회를 보는 기본 관점의 문제 및 전민련 내의 이른바 '두 개의 전선론'과 깊이 연관된 것으로, 두 개의 전선론이란 근본적 민주변혁과 통일을 위한 민족민주전선과 군부독재 종식의 당면 과제를 위한 국민전선의 이중 전선론이라고 할 수 있다. 실제로 이 입장은 제도권 야당, 특히 DJ를 민주변혁과정에 여하히 끌어들일 것인가의 문제를 고민하는 가운데 정리되었다(임영일 1990, 56 참조).

운동의 어떤 다른 조직체보다 우위에 있는 조직으로 설정하려는 견해, ③ 합법정당과 민중운동연합이라는 반합법조직을 변혁운동에 있어서 두 가지의 주요한 조직적 무기로 설정하는 소위 '양날개론'으로, 현 시기에서 합법정당은 미성숙한 정치적 구심조직이지만 자기 발전 속에서 전략적 조직체의 한 부분으로 성장할 수 있다는 견해로 나타났다. 전반적으로 볼 때, 합법 진보정당 결성 찬성론은 한국 사회의 식민지성에 대한 부정, 민족민주운동의 주체 역량에 대한 낙관적인 평가, 기층대중운동의 성장과 활성화에 대한 큰 기대, 개량국면의 장기지속 가능성 등 정치국면에 대한 낙관적인 평가와 추진주체의 역량에 대한 자신감 등을 중요한 논거로 하고 있었다.

좀더 자세히 살펴보면, 결성 찬성론자들의 경우 1980년대의 민주화운동, 특히 1987년 6월 항쟁에서 얻어낸 대중적 정치공간의 확대를 주요하게 받아들이며, 활성화하고 있는 기층대중운동의 성장을 적극적으로 평가한다. 그 위에서 현단계 민주화운동의 '위기'는 성장하고 있는 운동세력과 대중의 진출이 의회민주주의의 틀 내에서 그것을 수렴할 믿음직한 '대체 정치세력'의 부재─대안의 부재─로 인해 기회주의적인 제도야당에 의해 농단될 수밖에 없는 상황에서 연유한다고 본다. 따라서 민주화의 단기적 과제인 '군정 종식'을 위해서는 책임있는 대체 정치세력이 합법 진보정당의 결성을 통해 대안을 제시하여 '광범위한 대중을 새로 결집하고 훈련' 해낼 수 있어야 하며, 운동역량을 볼 때 이를 위한 물질적·이념적 및 인적 자원의 동원에 한계를 느낄 정도는 아니라고 판단한다.[11]

한편 제도권 야당에 대한 합법 진보정당 추진론자들의 태도는 결성 반대

---

11) 주체역량의 미성숙, 상대적 취약성을 근거로 한 결성 반대론자들의 주장에 대해, 찬성론자들은 "어떤 조직건설의 전제조건으로서 그 조직이 기반하는 대중의 '충분한' 성장을 든다는 것은 '조직'이 역으로 대중의 '충분한' 정치적 성장 자체를 도모한다─합법정당이 아직 덜 성숙된 민중역량을 역으로 끌어올리는 조직적 무기가 된다─는 것을 간과하는 평론가적 관점이며, 조직 건설의 실제적 가능성은 조직화의 의식적·실천적 준비로 나아가기 위한 '최소한의 조건'이 구비되면 된다"고 하면서, 그 정도의 역량은 이미 성장했으므로 적절한 역량의 배치로 합법정당을 건설해야 한다고 말하기도 한다(권형철 정리 1990, 250).

론자들의 그것과 첨예한 대조를 이루고 있는데, 즉 현재의 야당들은 기본적으로 '지역당'에 불과하며, 특히 양김씨의 사당(私黨)의 성격을 벗어날 가능성이 전무한 상태에 있음을 고려할 때 더 이상 의회정치의 장을 그들에게 맡겨둘 수 없다는 것이었다(임영일 1990, 60). 나아가 의회주의적 개량주의화의 우려에 대해서도, 이들은 '개량주의'는 비판받아야 하지만 의회를 포함한 합법영역에서의 투쟁을 경시하거나 거부해서는 안되며, 합법성의 확보는 투쟁의 산물이면서 동시에 지배세력에 대한 공격의 토대를 구축하는 것이라고 주장한다.

결론적으로 '진보정당 무용론'과 '진보정당 시기상조론'은 한국 사회의 기본 성격에 대한 잘못된 이해 및 1987년 이후 정치적 상황의 변화와 정치적 개방의 효과에 대한 인식상의 오류와 함께, '현대정치 = 정당정치'에 대한 몰이해 및 '전선체 = 정치적 대표체'[12]라는 잘못된 설정 속에서 이루어졌다는 점에서 심각한 문제점을 지닌다고 할 수 있다. 단적으로 독자적인 정당정치를 통하지 않고서는 그동안 배제되고 억압되어 온 노동자와 민중 등 사회적 약자의 이해를 정치적으로 대변·대표할 수 없다는 점과, 정당조직이야말로 오랫동안 역사적으로 학습되어 온 '일상의 환상과 거짓으로부터의 집단적·조직적 탈주'를 위한 대중들의 정치적 학습의 주요한 무기라는 사실에 대해 무지했거나 아니면 그것을 의도적으로 무시한 것이었다.

---

12) 김근태, 전국연합 류의 '정치적 대표체'론—예컨대 전국연합은 이에 참여하고 있는 대중단체들의 단순한 연합기구가 아니라 이를 넘어서는 '민족민주운동의 정치적 대표기구'라는 것—에 입각한 이른바 '전선론'은 운동의 발전을 질곡하는 가장 중대한 현실적 문제라고 할 수 있다. 그것은 이른바 정치적 대표체로서 전국연합의 모든 활동이 '대중단체간의 현실적 연합운동의 지평'이 아니라 '민족민주운동의 일반적인 전략전술적 지평'에서 이루어짐으로써 대중조직들이 자기 대중들로부터 현저히 고립되는 결과적 폐해를 초래했다는 것, 그리고 대중 조직 탄압의 빌미를 국가에 제공하는 결과를 가져왔다는 사실에서 그러하다. (정태윤 1993, 194 참조).

## ⑵ 합법진보정당 건설의 정치적 실험과 실패 과정

이처럼 상이한 정세 인식과 기본 노선상의 차이가 운동의 실천 속에서 상호 충돌과 갈등을 빚는 것은 어쩌면 필연적인 것이었다고 할 수 있다. 독자적인 합법진보정당운동은 1988년 민중의 당 창당과 특히 1989년 8월 영등포 을구 재선거 참여를 계기로 이루어진 합법정당 결성 논의로부터 구체화되기 시작했다. 그러나 사실 이 시기는 정당 건설보다는 대선에서의 패배를 극복하고 분열된 운동진영을 통일시키고자 하는 조직적 욕구가 훨씬 강했으며, 따라서 선거 시기 운동진영의 참여전술 수준에서 합법정당이 제기되었다고 할 수 있다.

1987년 6월 항쟁 이후 진보세력의 독자적 정치세력화를 추구한 세력은 대체로 두 가지 흐름으로 구분될 수 있다. 즉 '합법적인 진보적 대중정당' 건설을 옹호한 세력이 그 하나라면, 다른 하나는 진보정치운동의 전략단위로서 '비합법 사회주의 전위정당' 을 건설하고 선거공간 등과 관련해서는 진보세력의 투쟁과 선전, 세 확산의 기회로 활용하자는 '선거활용론' 을 주창한 세력이 그것이다. 먼저 전자의 흐름을 살펴보자.

야권통합론에 밀려 대세를 얻지 못한 채 주춤하던 독자적 정치세력화론은 1989년 8월 18일 영등포 을구 재선거 참여를 직접적인 계기로 전국민족민주운동연합(전민련) 내부에서 합법진보정당 결성 논의가 본격화됨에 따라 새로운 돌파구를 마련하게 된다. 1989년 1월 21일 결성된 전민련은 민족민주운동의 정치적 구심체로 부상함으로써, 독자적 정치세력화를 위한 일대 전진으로 받아들여졌다. 그러나 정세 변화에 대처해 가는 기동력과 지도력의 부재, 이에 더하여 주요 간부들의 구속과 수배 등 탄압이 집중되면서 전민련의 지도력과 투쟁력은 현저히 약화되었다. 이러한 상황에서 전개된 합법정당 결성 문제를 둘러싸고 전민련 내부에는 합법정당 결성 반대론과 결성 찬성론이라는 두 가지 흐름이 공존하고 있었으며, 이 가운데 주요 흐름은 결성 반대론이었다.

결국 정치위원회 설치안과 합법정당 결성론이 충돌한 가운데, 그리고 논의가 공개적으로 조직화되지도 못하고 운동진영 내부의 다양한 의견들이 충분히 제시되고 활발히 토론되어 최소한의 합의의 형성으로 이어지지 못한 채, 1989년 9월 전민련 중앙위원회는 "정당 결성에 참여하고자 하는 조직 내 성원은 직책을 사임하고 추진토록 한다"는 정당 결성론을 묵인하는 내용의 조정안을 결정하였다. 그리고 이후 1990년 3월에 개최된 전민련 제2기 대의원대회는 정치세력화 안건을 공식적으로 부결시키게 된다. 이 일련의 과정에 대해 임영일은 이렇게 비판하고 있다.

전민련이 이 문제(제도권야당과의 관계 설정 및 그에 따른 내부의 견해차—인용자)의 해소를 회피하고 특히 내부적 이견의 외화 자체를 가리기에 급급하여 '하고 싶은 사람들은 나가서 하라'는 식의 무책임한 결론을 제출하기에 이르렀던 셈……합법정당운동이 민주화운동 전반의 현재적 상황에 비추어 과연 운동의 개량화 혹은 운동 이념의 개량주의화를 초래할 것인가의 문제를 둘러싼 논쟁은 별로 유효한 것으로 보이지 않는다. 그보다는 합법정당의 결성이 일단 '기정사실화'된 이상, 이를 여하히 견인하여 87년 대통령 선거 이후의 악몽과도 같았던 민주화운동세력의 부끄러운 분열과 그로 인한 대중적 신뢰의 상실의 경험을 되풀이하지 않고, 전체 운동의 발전 특히 기층대중운동의 발전과 그것의 올바른 정치세력화를 통한 운동의 지도중심 건설에 기여하게 하느냐의 문제가 아닐 수 없다(임영일 1990, 55~58).

어쨌든 1989년 9월 전민련 중앙위원회의 조정안이 내려지자, 이우재, 장기표, 조춘구 등은 '새 정당 창건을 위한 임시연락사무소'를 설치하여 민중정당 건설의 주체들을 모으기 시작했다. 이후 연락사무소는 이미 민중의 당과 한겨레민주당이 통합하여 결성한 '진보적 대중정당 건설을 위한 준비모임'(1989. 9.)과 통합하여 '진보정당 결성을 위한 정치연합'을 발족하기에 이른다. 1990년 4월 13일 '민중의 정당 건설을 위한 민주연합추진위원회'(민연추)를 결성한 이들은, 야당과 통합하자는 집단—야권통합파 또는 선통합파—이 이탈한 가운데 6월 21일 6대 창당원칙—민중주체, 민주쟁취, 민권수호, 민주세력연합 주도, 민중재정 확립, 진취적 당풍 확립—을 천명하고, 시기상조, 분열의 모습이라는 비난 속에서 1990년 11월 3일 '민중당'을 창당—창당 당시 51개 지구당에 2천여 명의 당원 참가—하게 된다.

한편 후자의 흐름, 즉 '비합법 사회주의 전위정당'과 '선거활용론'의 결합 노선은 기본적으로 인천지역민주노동자연맹(인민노련)과 남한사회주의노동자동맹(사노맹) 등이 주도했다. 그러나 현실 사회주의의 몰락과 한국사회의 민주주의 이행 및 그에 따른 정치적 개방 등이 계기가 되어, 인민노련은 1991년 7월 '노동계급'과 '삼민동맹' 등과 함께 '한국사회주의노동당 창당준비위원회'를, 그리고 12월 15일 '한국노동당 창당준비위원회'를 결성—총 29개 지부를 구성했고, 3,520명의 발기인 대부분이 노동운동의 주체들이었으며, 발족 당시 당원의 수는 4천여 명에 달했다—한 것을 계기로 '신노선'을 채택함으로써 노선 전환을 단행했다. 구CA계열이 주축을 이룬 사노맹 역시 애초에는 '대중적 전위정당' 건설노선을 추구했지만, 이후 사회당추진위(사추위)를 통해 공개적 활동을 전개하면서 자신의 노선을 변경시켰다.[13] 그 과정에서 1992년 2월 한국노동당과 민중당의 통합이 성사되었으며, 통합 민중당은 1992년 14대 총선에 참여하기에 이른다. 그러나 51명의 후보를 낸 통합 민중당은 출마지역 평균 득표율 6.5%인 가운데 1명의 당선자도 내지 못하고 득표율 미달로 법적 해산을 당하게 된다.[14]

---

13) 이에 대해 이광일은, 한국노동당의 노선 전환에 이어 사노맹의 노선 수정은 진보정치세력들이 합법적 공간에서의 정치활동을 정치세력화의 중요한 경로로 설정하는 하나의 전환점이 되었으며, 그것은 '구좌파' 활동의 일단락을 의미하는 것(이광일 2003, 337)이라고 말하고 있다.

14) 민중당 해산 이후 진보정당추진위원회(진정추)를 결성한 인민노련 세력—이와는 달리 구민중당 주도세력은 합법적 진보정당 건설을 포기하고 대부분 보수정당으로 자신의 소속을 옮겼다—은 1992년 14대 대선에서 다른 진보정치세력과 함께 민중후보운동을 전개하였으며, 1993년 5월 16일 제정파들 간의 연합체로 조직된 민중정치연합(민정련)에 참여했다. 그

### 3) 선거전술 논쟁: '범민주연합후보'론 대 '독자후보'론

　정치적 개방 이후 선거정치의 위상이 높아짐에 따라 선거 참여를 둘러싼 진보진영의 논쟁은 첨예하게 이루어졌으며, 특히 1992년 대선을 앞두고 민주연합파와 독자창당파 간의 선거전술 논쟁은 그 대표적인 사례라고 할 수 있었다.

　선거전술에 대한 구체적인 평가는 기본적으로 '구체적 상황에 대한 구체 분석'에 바탕해서 이루어져야 한다. 이와 관련해 손호철의 다음과 같은 지적은 시사하는 바가 크다.

　선거에 임하는 민중운동의 전략은 단순한 당파성이나 원칙에 의해 판단될 수 있는 것이 아니라 구체적 정세와 다양한 대안의 득실, 대안별 결과의 확률 등에 대한 과학적이고 체계적인 분석에 의해 이루어져야 한다. 더 구체적으로 선거를 통해 민중운동이 획득할 수 있는 목표는 크게 보아 ① 민중운동의 발전에 유리한 객관적인 정치 지형의 형성, ② 주체적인 역량 강화 내지 주체 형성이라는 두 가지이다. 문제는 이 두 목표는 특정 전략을 선택함에 따라 서로 모순될 수 있는 바, 이 중 어느 것이 시급한가, 특정 전략이 어느 것을 얼마만큼 얻을 수 있는가, 또 그 전략이 그 목표를 가져다줄 확률은 얼마 만큼인가에 대한 종합적인 평가가 전략 선택의 지침이 되어야 한다(손호철 1993, 227).

　이와 관련해 내가 특히 주목하는 것은 진보진영 다수파인 주류의 '우경적'인 노선에 따른 진보진영의 분열, 즉 진보진영의 다수파인 NL세력이 독자정당 건설에 반대하여 보수야당에 대한 비판적 지지 노선을 취함으로써 결과

---

러다가 '민중연대론'과 '정치연합론'의 내부 충돌 속에서, 진정추 세력은 사회당 추진위 세력과 통합하여 '진보정치연합'(진정연)을 결성한 반면, 진보운동의 개량주의화·사민주의화 반대 입장을 천명하면서 동시에 '공개적으로 활동하는 변혁적 투쟁정당' 건설을 지지하는 '좌파 속의 좌파'를 자임한 '민중회의' 계열은 '노동정치연대'를 결성해 활동했다.

적으로 합법 진보정당운동의 실패에 중요한 일익을 담당했다는 사실이다.

1992년 14대 대선에서 진보진영은 독자적 민중후보와 범민주 단일후보라는 두 가지 정치적 실험을 시도했다. 비주류 소수파에 의해 주도된 전자의 실험, 즉 1992년 14대 대선 당시 진보정치세력화 운동은 '전면적 독자후보론'을 주장하면서 백기완을 민중독자후보로 선출하였다. 전면적 독자후보론은 "기존 야당의 보수화와 한계 속에서 야당의 승리와 민간민주정부의 수립 가능성은 기대할 수 없으며, 범민주 후보단일화론이나 야당과의 연합을 목표로 하는 전술적 차원의 개방적 독자후보론은 결국 부르주아 야당에 대한 지지 내지는 추종론에 불과한 것"이며, "승산에 관계없이 야당과의 차별화 전략과 사퇴하지 않는 전면적 독자후보전술을 통해 민족민주운동의 차별성을 부각시키고 민중의 독자적 정치세력화를 이루어내야 한다"고 주장했다.

독자적 민중후보 전술을 주도한 세력은 진보정당추진위원회, 민중회의, 사회당추진위원회 등이 결합한 백기완 민중후보진영으로 진보진영의 비주류 소수파였다. 이들의 실험은 1980년대 이후 한국정치에 존재해 온 '민주-반민주'와 '진보-보수'라는 두 개의 대치선이 '민주-반민주 = 진보-보수'라는 하나의 대치선으로 수렴한, 즉 한국정치에서 '자유민주주의의 완성'이라는 과제까지도 진보적 민중운동이 달성해야 할 몫이 되어버렸다는 의미를 지니고 있었다(손호철 1993, 220). 이처럼 올바른 의제와 구도 설정에도 불구하고, 독자후보진영은 전국연합의 독자후보 반대 결정의 영향 탓이라고는 하지만 전노협 등 기층대중조직의 적극적인 지지를 획득하지 못하는 한계를 노정했다. 그리고 득표면에서도 전체 투표자의 1% 수준인 23만 7,000여 표를 얻는 데 그치고 말았다. 또한 낮은 득표율보다 더 심각한 문제는, 이러한 진보정치적 실천이 역사적 경험의 축적에 실패한 채 단절의 역사로 마감되었다는 데 있었다.

한편 후자의 실험은 전국연합으로 상징되는 주류적 흐름에 의해 '민중 주도의 민주대연합을 통한 민주정부의 수립'이라는 목표 아래 민주당과의 '민주대개혁과 민주정부 수립을 위한 정치연합'의 추진으로 나타났다. 그 핵심적 논리는 범민주세력의 단일전선 형성과 그에 기초한 '범민주 후보단일화'를 도모하는 속에서, 민주대개혁을 할 수 있는 민주후보이자 당선가능한 민주후보로서 김대중을 내세운다는 것이었다(전국연합 1992 참조). DJ로의 범민주 후보단일화를 주장한 김근태는, "'승리할 수 있는 민주대연합 후보'를 세워내고자 한다"면서 "민주대연합 내부에서 민주당 후보가 현재로선 유일하고 압도적인 우세를 보이고 있는 것이 사실"(김근태 1995, 115)이라며 그것을 이렇게 옹호하고 있다.[15]

바로 직전의 총선에서의 독자정당과 독자후보 실험이 완전히 침몰하였으며, 그러한 실험을 둘러싸고 재야세력은 격렬한 진통을 겪었다. 이런 상황 속에서 자기의 통일된 독자후보를 내는 것은 가능하지 않았다. 개인적으로 이런 상황을 넘어설 수 있기를 희망하였으나 운동 내부의 다수의 견해를 고려할 때 독자적인 후보의 출마는 가능하지 않았다. 그래서 차차선으로 후보가 없는 정치연합이 불가피하였다(김근태 1995, 186).

우리의 꿈은 자유 · 민주주의 · 통일 실현과 민중의 참여가 보장되는 제도 아래에서 민중 삶의 개선이다. 이러한 우리들의 오래되고 깊은 꿈은 민주대연합의 승리를 통한 민주정부의 실현을 통해서만 실현될 수 있다. 이것은 지난 80년 광주민주화운동과 87년 민주항쟁을 완성시키는 것이다(김근태 1995, 116).

---

15) 이와 유사하게 그 과정 및 결과에 대해 "최선의 선택"이었고 "오히려 선전(善戰)을 한 것"이라는 평가가 나오기도 했다(오연호 1993, 53에서 재인용). 또한 이번 실험은 ① 그 과정에서 분열보다는 단결의 모습을 보여준 점, ② 대선투쟁을 통해 지역조직 구심체를 마련한 점, ③ 부분적이기는 하지만 지역감정에 눌려 있던 계층의식이 되살아난 점, ④ 대중의 헌신적이고 자발적인 참여와 대중 정서에 걸맞는 투쟁이 이루어진 점, ⑤ 정치협상을 통해 전국연합의 실체를 알린 점, ⑥ 민민운동이 선거과정에서 '절제'와 유연성을 보인 점, ⑦ 민주당 개혁파 의원이 선전한 점, ⑧ 운동방식이 과학화된 점 등의 성과가 있었다는 자족적인 견해가 제기되기도 했다.

또한 역으로 김근태는 독자후보노선에 대해서 이렇게 비판하고 있기도 하다.

정치적 민주주의가 오지 않았고 합법 제도정당이 이루어질 수 없는 상황이라
는 것이 분명한데도 불구하고 이것을 이론적인 가정으로 채택하고 실현해나가
는 과정 속에서 우리 운동은 분열하게 되었습니다. 그리고 이것은 분열로 끝난
것이 아니라, 그런 제도 공간 속에서의 독자정당의 반복된 실험을 통해서 그것을
추진했던 분들의 정치적 권위가 손상되었을 뿐만 아니라 전체 민족민주운동 세
력의 위신에도 결정적 손상이 왔던 점을 말하지 않을 수 없습니다(김근태 1995,
129). 잘못되고 참혹하게 실패한 독자정당 전술, 독자후보 전술로 말미암아 당사
자들은 물론 전체 재야운동의 정치적 위신이 결정적으로 훼손된 것이 오늘의 현
실입니다(같은 책, 154).

그러나 사실은 그렇지 않았다. 기존 야당의 한계를 인정하면서도 민주대
연합의 실현만이 민자당의 장기집권 음모를 분쇄할 수 있는 유력한 방도가
될 수 있다는 민주연합파의 정치적 선택은, 김대중과 민주당에 대한 단순 지
지로 종결된 가운데 결과적으로 DJ의 당선 가능성의 환상 속에서 진보적 민
중운동의 주변화에 막대한 기여를 한 최악의 선택이었다. 그것은 진보적 민
중운동이 기층대중조직을 중심으로 독자적으로 민주 대 반민주의 구도와 6
공심판을 주도해 보수적 선거지형을 변화시키는 한편, 기층대중을 조직해내
고 대중운동을 활성화시킬 수 있는 소중한 기회를 DJ와의 정책연합을 통해
스스로 포기하고 만 셈이기 때문이었다. 이처럼 1992년 대선에서 '민중 종속
의 민주대연합'이자 민주당 정책의 일방적 수용에 불과한 것으로 판명된 전
국연합 등 민주연합파의 전술상의 오류는 분명한 것이었다. 더군다나 성공
을 전제로 할 경우 범민주 단일후보 선거전술은 '최선의 선택'일지 모르지
만 실패할 경우 그것은 '최악의 선택'일 수밖에 없다는 점에서, 결과적으로
전국연합은 결정적인 오판을 한 것이었다.

또 하나 집고 넘어가야 할 것은, 독자후보 노선에 대해 "20만 표 남짓한 결

과를 보고도 진보정당을 결성한다면 그것은 스스로 '구경거리'와 주변화를 자초하는 것"이라는 식의 주장(오연호 1993, 53에서 재인용)이다. 이러한 주장은 전국연합 등 NL세력의 범민주 후보단일화 전술 그 자체가 진보세력의 '주변화'에 막대한 기여를 했다는 사실을 간과했다는 점에서 심각한 문제를 지니고 있다. 민주연합파는 대중조직을 중심으로 독자적으로 민주 대 반민주 구도와 6공심판을 주도해 선거지형을 변화시키는 한편, 기층대중을 조직해내고 대중운동을 활성화시킬 수 있는 소중한 기회를 '뉴DJ플랜'이라는 이미지 정치를 선택한 민주당과의 연합을 통해 스스로 포기하고 말았다.

민중 주도 민주대연합이라는 이름 아래 후보전술이라는 정치운동이 대중운동의 기폭제가 아니라 오히려 '족쇄'가 되어버린 셈이며, 김근태의 주장과는 달리, 결국 전체 진보운동의 정치적 위신을 결정적으로 훼손시킨 것은, 독자후보전술을 선택한 흐름보다는 오히려 민주연합파의 잘못된 선택에서 찾아야 한다.

### 4) '재야 입당파'의 '투항적 이탈'과 정치적 효과

한편 민주주의 이행 국면은 앞서 말한 것처럼 지배의 재구조화와 변형주의적 재편을 통해 지배와 저항의 관계 변화를 일정하게 수반한다. 이러한 점에 비춰볼 때 1987년 이후 민주주의 이행의 과정은, 특히 기존의 제도정치에 의해 포섭되지 않는 운동정치의 급진화·혁명화를 저지하고 민중투쟁의 완화와 체제내화, 그리고 제도정치 내로 비제도권적 운동정치를 선택적으로 포섭하는 식으로 변형주의적 재편을 통해 국가와 제도정치의 합리화가 도모되는 과정—특정 국면에서 보수정치세력이 운동정치를 상징하는 개인이나 집단의 일부를 포섭하는 식으로 보수정치의 지배적 지위를 유지하는 전략이자 보수정치의 정당성을 획득하는 과정—이기도 한 것이다. 그람시의 표현을 빌리자면, 이 과정은 국민적 차원의 동의 철회와 민중적 저항에 의해 야기된 지배의 위기를 극복하기 위한 지배의 자기혁신 과정—지배의 위기에 대

응하는 국가권력의 재조직화—으로, 이른바 일종의 수동혁명의 과정이라고
할 수 있다.

이와 같은 보수정치의 변형주의적 재편은 재야 입당파의 '투항적 이탈', 즉
진보진영으로부터의 이탈이자 보수야당으로의 견인·흡수라는 흐름을 추동
해냈으며, 그 '카멜레온'적 변신의 과정이야말로 진보정치운동을 약화시킨
주요 요인 가운데 하나라는 점에서 주목할 필요가 있다.

이와 같은 투항과 변신은 주로 진보정당 시기상조론을 주창해 온 민주연
합파 출신들과, PD계열인 민중당 당권파 출신들이 시도했다. 그 첫 테이프는
'평화민주통일연구회'(평민연)가 끊었다. 1987년 13대 대선에서 비판적 지
지론을 옹호한 이상수, 이해찬 등 98명의 재야 인사들은 1988년 2월 3일 평민
당에 입당하여 평민연를 결성하였으며, 뒤이은 13대 총선에서 15명의 국회
의원을 배출하였다.[16] 당시 평민연의 입당 논리는 다음과 같았다.

87년 대통령선거 시기 비판적 지지론의 연장으로서 평민당을 보수야당으로 치
부하는 것은 잘못이며, 평민당과의 제휴는 민중운동의 성장에 일조한다는 입장
이 대전제이고 또한 현재로는 국민의 참여 부족, 기층민중 미조직화, 경제적 토
대 부족이라는 이유 때문에 진보적 대중정당의 출현은 시기상조라는 논리가 뒷
받침된 것이다. 이러한 논리에 기초하여 중하류층을 중심으로 하는 국민의 의견
을 수렴·대변하는 정책정당으로 평민당을 개조하겠다는 것이 평민연의 입장이
었다(정기영 1988 참조).

그러나 평민연의 논리적 연원은 1987년 대선에서의 비판적 지지론과 동일
하였다. 오히려 비판적 지지론의 핵심이 자주적 민주정부의 수립을 위한 통일
전선전술에 있었다면, 평민연의 구성은 통일전선전술이라고 보기조차 힘든
비판적 지지였다고 할 것이다. 즉 평민연이 독자적이고 독립적인 조직 역량으

---

16) 한편 YS의 민주당에 입당한 노무현, 이인제, 강신옥 등도 의회로 진출하게 되면서, 재야입
    당파의 합법정치활동의 문은 활짝 열리게 되었다.

로 구성되어 평민당과의 연대를 한 것이 아니라, 평민당의 지도원칙 내에 포섭된 상태에서 이루어진 계보적인 조직 구성에 불과한 것(정관용 1989, 121)이었기 때문이다.

현실적으로 이들이 15명의 국회의원을 배출하기는 했지만 그것은 거의 대부분 평민당에 대한 대중들의 지지에 기반한 것이었고, 따라서 그 결과는 평민당의 강화에 불과한 것이었다. 즉 자신들의 정치적 기반이 될 수 있는 진보진영과 아무런 조직적 관계를 갖지 않은 현실로 인해 야당 내의 진보블록 활동이라는 것은 비현실적이며, 따라서 이들의 의정 진입이 양심적 인사의 개별적인 제도권 진출 이상의 의미가 될 수 없는 것이었다. 요컨대 독자적 정치세력으로서의 역할을 행사할 수 있는 토대가 전무했던 것이다. 결국 그것은 비판적 지지에서 '비판성'을 상실한 맹목적 지지에 불과한 것으로, 평민당의 보수화 경향을 견제하기는커녕 오히려 그에 흡수되어버린 이들의 정치활동은 그것을 잘 말해준다.

한편 전민련을 탈퇴한 합법진보정당 건설론자들의 모임인 '민중의 정당 건설을 위한 민주연합추진위원회'(민연추)는 제도야당과의 관계 정립 순서를 둘러싸고 선통합파와 선창당파로 분열되었다. 민연추를 탈퇴한 이부영, 제정구, 유인태 등의 선통합파는 야권통합을 주창하면서 '범민주통합 수권정당 추진회의'(통추회의)를 추진하였다. 그러나 그것이 실패로 끝남에 따라 통추회의는 1990년 12월 21일 공식적으로 해체되었고, 이후 이부영과 유인태는 '민주연합'을 거쳐 이기택의 옛 민주당과 참여하였고, 제정구는 DJ의 신민주연합당과 민주당의 통합 이후 민주당에 입당하였다. 결국 통추회의 참가자들은 통일적인 야권통합이라는 자신들의 주장과는 거리가 먼, 제도권 보수야당으로 흡수 내지는 견인되고 말았던 것이다.

김문수, 이우재, 이재오, 정태윤 등 구 민중당 당권파 인사들의 경우도 왜소한 진보정당이 아닌 거대한 진보정당을 만들자면서 민중당의 실질적인 해체를 주장한 뒤 얼마 안 가서 신한국당에 입당하게 되는데, 이들은 그 입당의 명분을 이렇게 밝히고 있다.

과거의 급진적 방법론은 잘못된 것이었다. 한국의 정치 현실에서는 독자적인 진보정당 진출은 불가능하다. 진보정치의 개념과 내용이 달라져야 한다. 진보는 상대적 개념이며 지금은 김 대통령(YS)의 개혁이 진보다. 적극적으로 개혁에 동참해서 개혁을 완성시켜야 한다

이러한 정치적 변신의 흐름 속에 이른바 '87년 성공의 신화'를 등에 업고 탄생한 '386세대'가 빠질 수는 없음은 물론이다. 대다수 민주연합파 계열의 학생운동 출신인 이들은 원내 교두보의 확보, 운동적 신념의 정치적 실현 등을 내세우면서 기성 보수정치권을 선택하였다.

그러나 이들의 변과는 달리, 그것은 민중투쟁과 진보운동의 역사를 희화화하고 극우 및 자유주의 보수세력에게 과신의 빌미를 제공하는 한국정치의 비극일 따름이었다. 물론 '자유민주주의 사회'에서 개인의 선택의 자유가 충분히 존중받아야 하는 것은 당연하다. 그럼에도 문제는 이들의 변신이 진보운동의 마지막 무기라고 할 수 있는 도덕적 자원마저도 보수세력에게 헌납함으로써 진보운동의 성장에 걸림돌이 되었다는 사실이다. 이들 개인의 '자유로운' 선택과 이후 이들의 표변적인 정치적 행보는 과거 그들이 한 때 몸담았던 진보운동의 역사적 정당성과 도덕성에 대한 불신을 자아내게 한 하나의 요인이 되었을 뿐만 아니라, 합법 진보정당운동 주체들에게조차 '기회주의자 · 출세주의자'라는 낙인을 찍는 하나의 원인이 되기도 했다.

## 5. 합법 진보정당의 독자적 정립기: 국민승리21에서 민주노동당까지

한국 진보정치운동의 역사는 한마디로 분열과 실패와 좌절의 역사였다. 그리고 1987년 정치적 개방 이후 민중진영의 세 가지 정치적 실험, 즉 민주연합파, 독자 창당파, 재야 입당파의 활동은 모두 실패했다고 평가를 내릴 수

있다. 물론 이러한 희망 부재의 역사는 그렇게 오래 지속되지는 않았다. 국민승리21운동에서 원탁회의를 거쳐 민주노동당에 이르는 정치적 실천 과정은 진보정치운동의 정치적 무기력을 극복케 하는 자신감의 활력소를 제공했으며, 이것을 계기로 합법 진보정당운동의 역사는 새롭게 다시 쓰여지기 시작했다고 할 수 있기 때문이다.

독자적인 합법 진보정당운동은 특히 '긴 과정의 마지막 의식(ceremony)'인 선거에서의 대중적 검증을 통해 정치적 시민권을 획득할 수 있었으며, 그것이 입증된 것이 바로 2002년 지자체 선거에서의 8.13%의 득표율과 16대 대선에서의 '진보정치 100만 표 시대의 개막'이었다. 이 과정은 국가적 억압과 제약의 극복 과정이자, 자유주의 정치세력 및 민주연합파로부터의 독자적 자기 정립 과정이었으며, 또한 급진좌파 계열의 비판으로부터의 자유화 과정이었다. 역으로 그것은 민선민간정부의 자유주의적 정치노선의 실체와 통치역량 결여의 증명 과정이자, 민주연합파의 내부 균열과 전선체운동의 '정치적 대표체'론의 비현실성에 대한 확인 및 그 정치적 영향력의 쇠락 과정이었으며, 동시에 재야 입당파의 투항적 이탈의 실체에 대한 확인의 과정이기도 했다.

## 1) 1996년 말~97년 초 노동자 총파업과 국민승리21

1995년 11월 민주노동조합총연맹(민주노총)의 출범은 계급적 대중운동의 조직적 발전에서 질적으로 한 단계 비약하는 것을 의미하며, 이후 1996년 말~97년 초의 노동자 총파업을 선도하였다. 이 역사적 총파업은 한 논자의 지적처럼, 노동자계급으로 하여금 부르주아정치에 대한 각성을 이루어냄으로써 한국에서 노동자운동의 만개와 노동자계급 정당의 출현을 최소한 10년 정도는 촉진시켰으며, 노동자계급 자체를 정치적으로 조직화할 긴박한 필요성을 인식시켰다. 또 최초로 민주주의 투쟁에서 다른 민중적 세력을 넘어서는 국민적 지도력을 행사함으로써 한국 노동자계급은 '경제·조합주의적 세력'을 넘어 '국민·민중적' 혹은 '헤게모니적' 세력이 되었다(손호철 1999, 380~381). 나아가 한국의 1997년 총파업은 전세계적인 차원에서 신자유주의와 자본에 대한 투쟁을 위한 노동자계급의 국제적인 연대의 중요한 디딤돌을 마련하기도 했다.

민주노총이 노동자와 민중의 독자적 정치세력화를 위한 국민승리21의 결성에 적극적인 지지와 참여를 결정한 것은 이러한 총파업 과정의 경험에서 비롯된 바가 컸다. 즉 노동법 개악 및 날치기 통과와 총파업에 대한 평가는 모두 '정치영역에서의 노동의 부재' 문제로 귀결된 것이었다. 국민승리21은 애초에는 15대 대선을 앞두고 민주노총과 전국연합과 진보정치연합이 주축이 되어 조직한 15대 대선 대책기구로서 출발했다. 이후 우여곡절 속에서 '노동자─민중의 정치세력화 진전을 위한 정치연대(준)'(정치연대)와 진보적 교수집단이 함께 참여한 가운데 '민주와 진보를 위한 국민승리21'이 1997년 10월 26일 정식으로 발족되어 15대 대선투쟁을 전개하였다.

1997년 15대 대선에서 논쟁의 핵심 지점은 한국정치의 정상화와 발전을 위한 관건적 정치 과제가 수평적 정권교체를 통한 지역주의 정치 문제의 해결인가, 아니면 보수 독점의 정치구조를 진보 대 보수의 정치적 경쟁 구도로 확립시켜내는 것인가 하는 것을 둘러싼 것이었다. 이 문제는 진보진영에게 딜레마를 가져다주었는데, 그것은 진보진영의 독자적 과제(전략적 과제)와 사회통념 수준이나 일반상식 수준의 평균적 과제(당면 과제)는 반드시 일치하거나 동일한 것이 아니라는 사실에서 비롯되는 것이었다. 즉 이 두 가지 과제는 상호 유기적으로 관련을 맺으면서도 상대적으로 분리되어 있는 것으로, 예컨대 한국 사회의 평균적 과제가 여야 간 수평적 정권교체인 경우에도, 진보진영의 과제는 이와는 질적으로 다른 정치적 주체 형성이나 독자적인 정치세력화일 수 있다는 것이다(조현연 1997b, 71).

이러한 선거 지형 속에서 국민승리21의 대선운동을 둘러싸고 불거진 주요 쟁점은 크게 두 가지였다. 계급적 색깔을 띠지 않은 선거운동에 대한 급진좌파의 비판적 문제 제기가 그 하나라면, 다른 하나는 DJ의 당선 가능성의 고조와 박빙의 승부 속에서 전국연합의 흔들림과 '신판 비판적 지지' 세력의 한 층 거세진 비판이었다.

먼저 전자와 관련해 주로 '정치연대' 등 급진좌파 계열에서 제기한 비판의 초점은 '일어나라 코리아!' 와 국민후보론 등 변혁적 전망을 갖지 않고 의회주의 정당·개혁적 국민정당 노선 중심의 '좌경화된 우파' 가 주도한 탈계급적이고 탈민중적인 대선운동 과정의 오류라는 것으로 집약되었다. 이른바 '일어나라 코리아' 사태와 관련해 손호철은, "선거는 그 유명한 '일어나라 코리아' 라는, 월드컵보다 4년 앞선 엉뚱한 월드컵 캠페인이 되고 만 것"(손호철 2002, 203)이라면서 국민승리21의 '애국주의' 경향에 대해 비판하고 있다. 그러나 '일어나라 코리아' 라는 선거 슬로건은 사실 '일어나라 노동자' 로 마감되는 일련의 프로그램의 일환으로 추진되었으며, 또 그 정치적 색깔의 문제보다는 오히려 국민승리21의 정치적 목표와 내적 여건에 부합하지 않는 과도한 홍보계획이 문제였다고 보는 것이 더 적절하다.

또한 15대 대선에서의 (민주노총과) 국민승리21의 이른바 '국민후보론' 은 노동자-민중후보와 대척점에 있는 것은 아니었다고 보는 것이 사실에 더 부합한다. 즉 국민승리21의 국민후보는 "한국 사회의 철저하고도 근본적인 개혁을 통해서만 자신의 삶을 개선할 수 있는 다수 민중을 대변한다는 점에서 민중후보이다. 또 수십 년간 기득권을 누려온 보수정치세력과 일선을 긋고 사회진보와 민주주의를 위해 정치세력화를 추구한다는 점에서 독자후보이다. 한편 국민후보는 정경유착과 지역패권주의, 그리고 보스 중심의 파벌정치를 반대하는 다수 국민의 희망을 대변한다는 점에서 유일하고 진정한 국민의 후보" 라는 성격을 지녔기 때문이다.[17] 이러한 점에서 국민승리21의 합법 진보정당운동이 탈계급적 국민정당 건설을 지향한다는 주장은 사실과는

---

17) 이와 관련해 이재영은 " '국민후보' 는 진보연합의 고유 상표나 마찬가지인 '민중후보' 에 대한 타 단체의 거부감을 최소화하면서도 독자후보 운동의 원칙과 목적을 견지할 수 있는 전략적 타협이었다. 나아가 92년 백선본 운동의 '관념적 과격성' 과 '자족성' 을 스스로 극복하겠다는 취지를 담고 있었다" (이재영 2002, 151)고 말하고 있다.

다르다고 할 수 있다.

한편 후자의 경우, 당시 민주연합론자들의 최대 고민은 대선에서 DJ를 지지하는 선택으로 참여했을 때, 과연 승리할 수 있겠는가에 대한 확신이 서지 않는 것이었다. 그리고 대선에서 패배하더라도 과연 그것을 감수할 만큼의 도덕성과 역사적 의의가 있는 것인지 하는 것이었다. '신판 비판적 지지' 론의 핵심은 "우리 시대의 진보는 DJ와 DJP를 지지하여 지역문제를 해결하고 수평적 정권교체를 이루어내는 데 역량을 총집중해야 한다" 는 것으로, 이 논리에 따르면 독자후보전술에 바탕한 정치세력화의 실천은 '이적 행위' 에 다름 아니게 된다. 이것은 다음 인용문을 통해 살펴볼 수 있다.[18]

김대중 씨에겐 그 누구도 따라올 수 없는 한 가지 큰 장점이 있다. 그건 여당후보가 대통령이 되면 우리나라의 망국적이라는 그 지역문제는 더욱 악화될 것이나, 김대중 씨가 대통령이 되면 대통령이 된 그 자체만으로 지역문제는 쉽게 해결될 수 있다는 점이다—수도권에 사는 호남 출신 사람들이 '나 전라도 출신이오' 라고 당당하게 말할 수 있게끔 숨통을 열어주는 것만으로도 우리 사회는 엄청난 진보가 가능하다는 것을 직시하자—행여 진보진영도 독자후보를 내겠다고 발버둥치지 마라. 97년 대선은 진정한 그리고 건설적인 3김 청산의 절호의 기회이다. 왜 그렇게 성급한가? 왜 이 몇 달을 못 참는가? 진보진영은 공정선거를 이루는 데 모든 노력을 경주하라(강준만 1997, 244~245).

18) 황태연의 경우도 미사여구를 동원하여 이와 유사한 논리를 유포하였다. 즉 "지역체제는 오늘날 진보와 반동을 판별하는 결정적 척도요 민주발전과 진보를 위한 중심적 매개고리" (황태연 1996, 116)로, "패권적 지역주의 대 저항적 지역주의의 대치선을 현 시기에 가장 중요한 대치선으로 선명화해야 한다" 는 것이다. 결국 "이전에 극우파쇼적 군사독재를 지탱해준 결정적인 지주대였을 뿐만 아니라, 오늘날은 한국의 극우보수적 문민정체를 뒷받침하고 있는 최후의 보루" 이며 동시에 "진보적 요소를 무력화시키는 결정적인 중화제" (황태연 1996, 100)인 영남패권을 타파하기 위해서는, 저항적 지역연합의 '상층연합' 과 진보노조와 '운명적으로 진보적일 수밖에 없는' 호남당의 계급적 '하층연합' 의 이중구조로 구성된 반지역패권의 정치연합이 필요(황태연 1996, 121)하며, 또 그것은 'DJ 대통령론' 을 중심으로 뭉쳐야 한다는 것이었다.

한편 과거 민주연합파의 본산이었던 전국연합의 경우, 1997년 2월 22일 6 기 정기 대의원대회에서 '민족민주진영의 독자적인 정치세력화'와 '민주적 인 정권교체의 실현' 및 '민족민주진영의 독자후보 진출'을 위해 '노력' 한 다는 대선 방침을 결의했으며, 6월 14일 6기 1차 임시대의원대회에서 1997년 대통령 선거방침안을 만장일치로 결정했다. 그 결정 내용은 아래와 같다.

> 전국연합은 민주노총 등 민주주의와 사회 진보를 위해 노력하는 제 세력들과
> 의 합의를 바탕으로 민주연합을 대표하는 '우리 후보'를 낸다.……민족민주운
> 동진영이 정치세력화와 민주적 정권교체라는 정치적 목표를 실현하기 위해서는
> 기존의 대선구도에 효과적으로 개입해 들어감으로써 변화를 주도해야 한
> 다.……이를 위해 전국연합은 신한국당에 반대하고 민주개혁을 열망하는 광범
> 위한 국민대중과 모든 민주세력을 폭넓게 결집하여 힘있는 민주연합을 형성하
> 고자 한다. '우리 후보'가 폭넓은 민주연합을 대표할 수 있어야 기존의 정치지형
> 과 대선구도의 변화를 주도하면서 범야권의 후보단일화 등 민주적 정권교체의
> 가능성을 폭넓게 열 수 있다.

그러나 이러한 방침은 상호 충돌의 가능성을 내장한 모호한 것이었는데, 사실 그것은 범민주 연합전선을 통한 민주적 정권교체의 불포기 선언과 같 았다. 이처럼 전국연합의 모호한 대선 방침은 결국 "운동 지침은 4번이지만, 투표 지침은 2번"이라는 이야기를 공공연하게 유포(이재영 2002, 157)시키는 데 일조하였다.[19]

결국 대선 결과 권영길 후보의 표는 대단히 실망스럽게도 30여만 표에 불 과한 것으로 나타났다. 물론 이것은 일차적으로는 박빙의 승부에 따른 유권

---

[19] 대선 직후 이창복(전국연합 상임의장, 국민승리21 공동대표), 유기홍(한청협 의장, 국민승 리21 대변인), 이인영(전국연합 정치부장, 국민승리21 조직부국장) 등 국민승리21운동을 함께 했던 비판적 지지 계열(민주연합파)의 적지 않은 활동가들은 'DJ에 대한 짝사랑'을 몸소 실천하기 위해 청와대와 민주당, 민화협으로 활동 공간을 옮기기도 했다.

자들의 '전략적 투표'의 결과로, 다수의 민주노총 조합원들조차 자신들의 위원장 출신 후보의 출마에 관심조차 두지 않을 정도로 역부족이었다. 나아가 국민승리21의 실험 과정에서 다시금 진보적 민중운동의 각개약진식 분산과 산개에 따른 부정적 효과가 확인되기도 했다. 즉 이 실험에 동참한 진보적 민중운동단체의 공동 결정이 결과적으로 '공동의 실천 → 결과에 대한 공동의 책임 → 한 단계 운동의 전진'이라는 연쇄고리를 만들어내는 데 실패함으로써, 특히 노동자와 민중에 대한 진보진영 전체의 도덕적 신뢰성과 역사적 책임성을 훼손시킨 채 소기의 성과를 획득하지 못했던 것이다.

그럼에도 국민승리21의 정치적 실험은 무엇보다 이전의 명망가 중심의 진보정당운동에서 벗어나 민주노총 등 기층민중 대중조직의 공식적 지지 결정과 결합된, 한국전쟁 이후 최초의 진보정당이라는 점에서 그 역사적 의미를 확인할 수 있다. 또 선거의 실패가 곧 정당 해체를 의미한 과거의 경험과는 달리, 좌절의 아픔에도 불구하고 그 맹아를 보존함으로써 민주노동당 창당으로 나아가는 가교 역할을 수행한 것이야말로 가장 큰 의의라고 할 수 있다.

## 2) 민주노동당 창당과 독자적 자립화의 성공

15대 대선 직후인 1998년 2월 21일 국민승리21 제2차 운영위원회는 "국민승리21은 진보정당 건설을 목표로 하는 정치조직으로 전환한다"고 결정했으며, 1998년 5월 20일 민주노총 임시대의원대회는 "국민승리21을 확대·개편하여 노동자 중심의 진보정당을 건설하기 위해 적극 지원, 연대한다"는 결의를 했다. 사실 이 민주노총의 결정에 힘입어 국민승리21이 이후 진보진영의 정치세력화를 주도적으로 추진해 나갈 수 있는 발판을 획득할 수 있었다.

한편 1998년 9월 17일 국민승리21 제3차 중앙위원회는 "진보정당 창당에 동의하는 모든 민주진보세력과 함께 늦어도 99년 5월까지 진보정당을 창당하며", "진보정당 건설에 뜻을 같이 하는 단체 및 개인들과 함께 98년 말까지 창당추진기구를 구성하여 진보정당을 공동으로 건설하기 위해 노력한다"는

결의를 했다. 이 결의를 실현시키기 위해 1999년 1월 25일 '진보정당 창당 제
안을 위한 (제1차) 원탁회의', 3월 14일 진보정당 창당 제안 2차 원탁회의, 4
월 18일 진보정당 창당 추진위원회 결성대회, 6월 13일 제2차 진보정당 창당
추진위원대회, 8월 29일 창당 발기인대회[20] 등이 잇따라 개최되었다.

　2000년 1월 30일 마침내 민주노동당 창립대회가 열리게 됨으로써 합법 진
보정당을 매개로 한, "민주 평등 해방의 새 세상을 향한" 정치적 실천이 이루
어지게 되었다. 민주노동당의 기본정신을 구현하고 있는 당 강령은 "자본주
의 질곡의 극복"과 "민족분단으로 인한 대립과 반목의 종식", "국가사회주의
의 오류와 사회민주주의의 한계의 극복"과 "사회주의적 이상과 원칙의 계승
발전"을 통한 "새로운 해방공동체의 구현", "남한 자본주의의 천민성과 북한
사회주의의 경직성의 극복", "노동자와 민중 주체의 자주적 민주정부 수립"
등을 그 핵심 내용으로 하였다.

　물론 이 창당 과정이 순조롭게 진행된 것은 아니었다. 원탁회의 진행 과정
에서 제기된 진보진영의 다양한 이견과 비판들은 그것을 잘 말해준다. 예컨
대 민주노총과 국민승리21, 전빈련 등이 조직적 참여를 결의한 반면, 전국노
동운동단체협의회(전국노운협)와 정치연대와 청년진보당은 참여에 부정적
인 입장이었다.[21] 전국연합 역시 시기상조론을 고수하며 참여에 부정적이었
는데, 그 이유를 이렇게 밝히고 있다.

　그동안 정당건설 논의과정에서 조직이 분열되고 역량이 파괴되는 일이 있었

---

20) 이 발기인대회에서 "민족자주 · 민주주의 · 평화통일을 실현하고, 민중이 주인되는 평등세
　　상 건설을 위해 노동자가 앞장서는 민중의 진보정당" 창당을 목적으로 하는 '(가칭)민주노
　　동당 창당준비위원회'가 정식으로 발족하기에 이른다.
21) '정치연대'의 경우, 합법정당의 창당에 부정적이고 노동운동의 계급적 정치적 발전을 위
　　해 새로운 정치조직이 필요하다는 당위론적, 원론적 논의를 내놓았다. 정치적 대중투쟁과
　　의회정치 활동을 대체적 관계에 둔다는 입장에서, 현재의 국민승리21이 중심이 되는 진보
　　정당 건설 움직임을 의회주의적 성격의 노동자 정치운동을 모색해 왔던 기회주의적 흐름
　　을 완성시키는 것으로 파악하고 있었다(정치연대 1999).

다. 변혁운동의 대의에 충실하고 앞장서서 개척할 지도력이 제대로 구축되지 못했고, 기층대중의 정치의식화가 충분히 성숙되고 최소한의 수준에서 통일되어 있지 않는 상황에서 성급한 정치세력화는 기층조직의 분열만을 초래할 뿐이므로 진보정당 건설은 시기상조이다. 또 선거는 변혁운동의 승리를 보장하는 중심적 투쟁형태가 될 수 없고, 항쟁전략은 여전히 유효하고 강력히 제기되어야 한다. 야당과의 연합이 더 이상 정치적 의미가 없는 시점에서도 기층대중이 진보정당 건설에 소극적인 이유는 선거중심의 제도권 정치활동보다는 강력한 대중투쟁을 원하기 때문이다. 선거투쟁이나 합법정당의 의의에 대해 부정하지 않지만 부차적 의미를 가지는 제도권 내 정치활동에 역량을 배치할 만큼 민중운동진영의 정치적 역량이 성숙되어 있지 않다. 지금은 노동자 농민을 중심으로 하는 기층민중에 대한 의식화 조직화사업을 기초로 광범위한 대중투쟁을 발전시키는 것에 우선적으로 힘을 기울여야 한다(박세길 1999).

주요 정치세력들의 진보정당운동에 대한 다양한 견해를 보면, 정치적 목표를 달성하기 위한 주요한 방법으로서 선거 등 기존 제도에 기반을 둔 정당활동과 대중투쟁 등에 대한 견해가 다르며, 또 대중과 주도세력의 준비 정도에 대한 평가가 다르다는 것을 확인할 수 있다. 그러나 특히 분명하게 드러나는 것은 자기 정파 내지 자기 조직의 유지에 주요한 관심이 있었다는 사실이다(장상환 1999, 33).

한편 손호철은 이 과정에 대해 이렇게 비판하고 있다.

국민승리21을 중심으로 한 새 진보정당 추진 세력의 밀어붙이기식 사업 추진 방식과 이에 코가 꿰어 끌려온 민주노총의 비주체적인 정치 방침이다. 즉 국민승리21은 충분한 대중교육과 쌍방적인 논의를 거치지 않고 내년의 총선 일정에 맞추어 "저지르면 민노총이 따라올 수밖에 없다"는 '저지르기주의'로 무리하게 창당 과정을 이끌어왔고, 민주노총 역시 국민승리21의 저지르기주의의 볼모가 되어 이에 끌려왔다(손호철 1999, 399).

그러나 이러한 비판과는 달리, 사실 진보정치운동에서 언제나 난관이 되고 있는 것은 오히려 "가장 늦게 합류하여 발언권을 최대화하는 최후 협상주의와 가장 빨리 발을 빼는 무책임주의"(이재영 2002, 153)이며, '공동 논의-공동 결정-공동 실천-공동 책임' 이라는 실천의 연쇄고리를 훼손시키는, 정파적 관점을 극대화한 행태라고 할 수 있다. 또한 국민승리21이 보인 여러 가지 한계와 문제점들은 의도적이었다기보다는 경험 축적의 부족으로 인한 시행착오적 성격이 강했다고 보는 것이 적절하다. 특히 주목할 만한 것은 민주노동당의 창당은 15대 대선에서의 '실패' 와 출세주의·기회주의·개량주의 등 온갖 비난에도 좌절하지 않은 채, 국민승리21이 '투쟁 속에서 건설하고 대중 속에서 성장하는 정당 건설' 의 원칙을 나름대로 유지하려 애쓴 결과였다는 것이다. 아래 한 일간지의 칼럼은 이와 관련해 시사해주는 바가 크다.

대안에 목말라하면서도 막상 대안을 자처하고 있는 정당에는 무관심한 현실에 대해서는, 일단 그 정당 관계자들이 반성해야 한다. 그러나 정치적 다양성을 창출해 정치구조를 능동적으로 개혁하려는 국민의 '깨어 있는 정치의식' 의 부족도 탓하지 않을 수 없다. 정치적 진보는 주어지는 것이 아니라 의도적인 노력으로 쟁취하는 것이다. 시민단체의 낙천·낙선운동이 정계에 기대 이상의 충격을 주었듯, 비록 소수 의석일지라도 기존 정당과 성격이 다른 정당의 정치인들이 국회에 진출한다면 그 자체만으로도 고여 있는 늪과 같은 한국정치에 놀랄 만한 자극제가 될 수 있을 것이다. 또 그것은 무성격의 기존 정당을 정책정당으로 변신시키는 계기가 될 수도 있을 것이다(유승삼 2000).

## 3) 2002년 16대 대선과 '진보정치 100만 표 시대' 의 개막

민주노동당은 창당 이후 '진보정치 100만 표 시대' 의 개막을 알리기 전까지 두 차례의 선거가 있었다. 먼저 2000년 16대 총선을 앞두고 민주노동당은 여야 합의로 선거법을 개악하고 이에 1인 2표 정당명부식 비례대표제 무산과 총선시민연대의 낙천·낙선운동으로 국민적 관심이 집중되면서 일종의 '개혁적 국민전선'을 구축하면서 난관에 봉착했다. 특히 울산북구 경선·인준파동은 결과적으로 울산북구뿐 아니라 여타 지역의 총선투쟁의 동력까지도 저하시키고 대중적 지지 획득의 어려움을 가중시키는 데 기여했으며, 급기야 내부 분열로 인한 원내 의석 확보의 실패는 당을 일시적인 위기 상황으로 몰아넣기까지 했다.

한편 2002년 6.13 지방선거에서 민주노동당은 창당 2년만에 총 218명의 후보가 출마하여 45명이 당선되는 성과를 거두었다. 또한 사상 처음 실시된 정당명부 선거에서 민주노동당은 전국 득표율 8.13%, 1,340,376표를 득표하였으며 16개 광역시도 가운데 9곳에서 광역비례대표 의원을 당선시키는—비례대표 1번을 모두 여성으로 할당함으로써 9명의 광역비례대표 의원들 모두 여성—약진을 이루어냈다. 특히 정당투표에서는 전국적으로 고른 득표로 자민련(1,072,429표, 득표율 6.5%)을 앞섬으로써 비록 지방선거 수준이긴 하지만 '제3당'으로 부상하였다. 이러한 선거 결과는 민주노동당이 비로소 정당으로서 자기 모습을 갖추게 되었다는 것과 함께, 선거에서 줄곧 '마의 2% 벽'을 넘지 못하던 진보정당이 처음으로 8.13%, 134만 표라는 지지를 획득함으로써 정치적 무기력증과 일종의 패배의식에서 벗어날 수 있는 계기를 마련한 것을 의미했다(조현연 2002b 참조).

6.13 지방선거의 성과는 민주노동당으로 하여금 2002년 16대 대선을 힘있게 준비할 수 있게 한 힘이 되었다. 2002년 16대 대선은 반전에 반전을 거듭하다가 그 대단원의 막을 내린 한편의 극적인 드라마였다고 할 수 있다. 한편으로 2002년 16대 대선의 기본 지형은 지난 1997년 대선과 등장 인물만 바뀐 채로 '이회창이냐 노무현이냐'라는 구도 속에서 형성되었다. 다른 한편으로 그것은 한나라당의 '부패정권 심판론', 민주당의 '새로운 정치', 민주노동당의 '진보정당 육성론·유일 선명야당 육성론'을 기치로 한 3각 경쟁의 정치적 대결 구도 속에서 전개되었다. 합법 진보정당운동과 관련해 16대 대선 결과를 압축한다면, 그것은 "민주노동당이 선명한 정책적 대안과 현장 속

실천을 통해 보여준 새로운 진보의 비전이라는 것이 과격하고 살벌한 어떤 것, 또는 이미 죽어버린 시대착오적인 것이 아니라 기성의 낡은 것을 대체할 수 있는 살아있는 생생한 대안으로서 자리매김할 수 있는 소중한 계기"(조현연 2003, 129)였다고 평가할 수 있을 것이다.

한편 이 글의 주제와 관련해 눈여겨봐야 할 것은, 노무현 지지로 나타난 이른바 '변종 비판적 지지론' 또는 '신판 비판적 지지론' 의 확산이다. 앞서 살펴본 것처럼 그동안 진보진영의 정치세력화, 진보정당의 위력적인 선거 실천에 있어서 최대의 장애물 가운데 하나는, 대안부재론과 상대적 진보성론으로 자기 무장한 비판적 지지적 사고였다. 이 논리는 16대 대선에서도 여전히 득세하였는데, 16대 대선에서 '신종 비판적 지지론' 이 내세운 무기는 두 가지였다. 호남 차별주의와 망국병인 지역주의 타파가 그 하나라면, 다른 하나는 반(反)이회창이었다. 이와 관련해 문성근은 이렇게 말하고 있다.

지금은 민족사의 최대 위기다. 정치는 지역구도로 갈려지고 민주화세력은 소수 정파로 나뉘어 움직일 기력을 회복하지 못하고 있다. 동학혁명 이후 투쟁 끝에 만족스럽지는 못하지만 민주정권이 탄생했는데도 별다른 진전이 없다. 현 정권은 부패한 정권으로 낙인찍혔고 국민은 민주주의에 대한 희망을 포기한 상태다. 이러한 상태가 굉장히 복잡하고 절망적인 것처럼 보이지만 사실 답은 단순하다. 바로 지역감정 때문이다(이광호 2002, 244에서 재인용).

문성근과 같은 사람들에게 답은 무척이나 단순하다. 즉 노무현 후보는 '지금까지 지역감정에 정면 대결해 온 유일한 정치인' 인 반면, 이회창 후보는 그것을 공고화해온 정당의 후보이기 때문에 노무현을 전폭적으로 지지하는 것이야말로 유일한 해답인 것이다. 진보정당운동을 통한 정책과 이념 중심의 정치적 경쟁구도의 재편, 그리고 이에 바탕해 지역균열의 계급균열로의 대체를 통한 지역대결구도의 해소라는 정상적인 길이자 최선의 길에 대해 이들은 무지하든가 아니면 설사 알고 있더라도 의도적인 무시전략으로 일관한다. '말로만 비판적' 지지자들의 경우 상당수가 비판적 지지를 하기 전에 이미 진보정당은 안 된다는 전제를 갖고서 출발하기 때문에, 그것은 어쩌면 당연한 선택인 것이다. 오랫동안 비판적 지지란 말은 곧 진보정당에 대한 부정의 표현이기 때문이었다.

지난 1997년 대선에서 "행여 진보진영도 독자후보를 내겠다고 발버둥치지 마라. 왜 그렇게 성급한가"라고 충고 아닌 충고를 한 강준만은, 2002년 대선에서도 '노무현 대통령 만들기'를 위한 노력을 아끼지 않았다. "제발 부탁하지만 민주노동당은 코에 손도 안 대고 코 풀려는 생각으로 행여 노무현 때려서 표 얻을 생각하지 말고 한나라당 때려서 민주당으로 표 이동시켜주는 동시에 민주당 때려서 민주당 표 빼앗아오는 전략을 택해야 할 것"(강준만 2002, 31)이라는 글은 그 하나의 예에 불과했다.

'비판적' 지지라고 할 때 그것은 조건부 또는 한시적 지지라는 느낌을 주는 것이 사실이지만, 실상은 '전혀' 그렇지 않다는 데 심각한 문제가 있다. 이에 대해 주대환은 "15년이나 계속되었던 군사독재 시절 사회주의자와 자유주의자는 반파쇼투쟁을 오랫동안 함께 해왔다.……자유주의자들이 사회주의자들과 결별하고 지금까지 정치권에 있던 자기 동지들과 합류하면서 명분을 세울 수 없으니까 궁색하게도 비판적 지지라고 했던 것"(주대환 2002, 32)이라고 하면서 이렇게 말하고 있다.

흔히 비판적 지지를 선언하는 사람들 대부분은 상당히 안정적이며 장기적인 지지자, 거의 무조건적인 지지자들이다. 그러면서 말로만 비판적으로 지지를 하고 있는 것이다. 그들을 나는 진정한 비판적 지지자가 아니라고 생각한다. 그럼에도 그들은 자신을 스스로 비판적 지지자로 인식하고 있다. 그래야 마음이 편한 것이다(주대환 2002, 28).

권영길 후보 사퇴를 종용하는 일종의 협박성 경고와 갖가지 비난과 흑색선전, 그리고 눈물의 호소 등 신종 비판적 지지론과 민주대연합의 논리에 시

달리면서도, 비록 아쉬움이 많이 남은 결과이긴 했지만 민주노동당은 16대 대선을 통해 일정한 성과를 거두었다. 이러한 성과는 변종 비판적 지지론의 득세에도 불구하고, '이제 더 이상의 비판적 지지는 없다', '더 이상의 비판적 지지는 있어서도 안 된다' 는 생각이 그간의 역사적 학습 속에서 만연되고 있는 사실을 확인시켜 준 것이다. 그것은 비판적 지지를 통해서는 '다른 세계가 가능하다' 는 것을 확인받을 수 없다는 것, 즉 야만적인 신자유주의 세계화에 따른 노동자, 민중, 서민들의 삶의 고통을 완화시키거나 해소시킬 수 없다는 것, 계급 이슈의 봉쇄와 진보적 정치세력의 배제로 특징되는 불구화된 한국정치의 모습을 사라지게 할 수 없다는 것, 국민정치적 차원에서 보더라도 비판적 지지를 통해서는 기성정당의 탈지역주의화와 부패정치 청산을 강제하는 정치적 계기를 마련하기가 쉽지 않다는 사실에 대한 자각의 산물이었다.

사실 박정희 독재통치 시대 이후 진보정당을 자처하는 정치세력이 대통령 선거의 주요한 변수로 등장한 것은 16대 대선이 처음이었다. 선명한 이념과 정책 대안을 기반으로 해서 노동자 등 사회적 소외계층, 피해대중을 중심으로 당세를 확장해 오던 창당 2년째의 민주노동당은 6.13지방선거에 이어 16대 대선에서도 신생정당으로서는 의미 있는 수준의 지지율을 올리는 데 성공했다. 특히 양강 후보가 박빙의 승부를 펼치고 있는 대선 지형에서 후보 당락에 적지 않은 영향력을 줄 정도의 정치력을 획득했으며, '제3당' 이자 대안의 정치세력으로서의 위치를 확고히 했다. 이에 따라 "50년대 진보당의 조봉암 후보 이후 한국 사회에서 '최초' 로 좌파 정당에 대한 인정과 지지가 사회적으로 인정받은 것", "전투에서는 졌지만 전쟁에서는 이긴 것", "당락을 떠나 유일한 승리자는 민주노동당" 이라는 평가가 민주노동당 안팎에서 나오기도 했다(조현연 2003, 126~127 참조).

물론 '정몽준 코미디' 로 인한 막판 사표 심리의 작동에 따라 최소 15만 표 정도가 지지 후보를 변경함으로써 얻게 된 3.9%의 득표율과 957,148표의 득표 결과는 큰 아쉬움이 남는다. 그리고 그 과정에서 일부 당원들의 지지 변경과 함께, 당 사이트에 집단적으로 게시된 강압적이고 무례하기까지 한 후보 사퇴 요구 등은 치유되기 쉽지 않은 상처를 남기기도 했다. 그리고 선거 결과 는 일부 노사모의 맹활약을 통해 통설처럼 전파되었던 논리, 즉 대선에서 민 주노동당의 권영길 후보가 노무현 후보의 표를 잠식할 것이라는 주장은 거 짓이며 오히려 역의 논리가 진실이라는 것을 입증하기도 했다(조현연 2003, 127).

아무튼 16대 대선을 통해 민주노동당은 잃은 것도 있었지만, 그보다 훨씬 더 큰 성과를 거둔 것이 사실이다. 우선 생산직을 중심으로 한 조직 노동자와 기층 서민들의 지지에 기초하여 진보정치 100만 표 시대를 열었다는 사실이 다.[22] 그리고 6.13 지방선거에서의 134만 표가 민주당의 실정과 정당투표제 에 힘입은 바 컸다면, 16대 대선에서의 95만 7천여 표는 거의 온전히 민주노 동당의 정치적 성장과 미래에 대한 확고부동한 지지표라는 의미를 갖고 있 다. 그것은 노무현이라는 인물 속에서만 '새 정치'의 대안을 찾아볼 수 있는 민주당과는 달리, 민주노동당은 인물과 당 모두 '새 정치'의 대안이라고 생 각하는 사람들이 우리 사회에 적지 않음을 시사하는 것이기도 했다.

다음으로, 대선 결과 좌파 정당, 진보정당의 정치적 시민권이 확립되었고 진보정치의 견고한 진지를 구축했다는 것도 성과라고 할 수 있다. 사실 그동 안 좌파 진보정치세력은 대중적인 관심의 대상이 되지 못하였고, 진보정당 의 정책과 이념을 국민들에게 보여줄 수 있는 기회조차 갖지 못했다. 그러나 '권영길 효과'라는 신조어가 보여주듯이 16대 대선을 통해 민주노동당은 국 민 대중을 상대로 부유세를 통한 빈부격차 해소, 무상교육과 무상의료, 군 감

---

22) 이전까지 여론조사 결과를 살펴보면 고학력, 상대적 고소득, 20~30대, 사무직과 생산·서
비스직 노동자, 그리고 학생들이 민주노동당 지지의 주축이었다면, 이른바 이번 대선을 통
해 저소득, 저학력, 고연령의 서민층에서 지지 대상의 변경 현상이 발생하고 있다는 점에서
대중적인 진보정당으로 발전해갈 수 있는 토대를 구축한 것이라고 할 수 있다. 울산 11.5%,
창원 9.2%, 거제 9.3%, 평택 8.1% 등 생산직 노동자 밀집지역에서 상대적으로 높은 득표율
은 이른바 계급투표전술과 핵심표적집단 득표전술의 병행이라는 득표 전술이 맞아떨어진
것을 보여주기도 한다(조현연 2003, 127~128).

축과 주한미군의 단계적 철수 등 과감하고도 선명한 정책 대안과 비전의 제
시를 통해 국민들에게 신선한 충격과 감동을 주었다. 그리고 진보나 좌파에
대한 부정적 이미지나 거부감을 씻어내고 공감대의 폭을 상당히 넓히는 등
진보적 정책정당으로서의 이미지를 크게 개선시키는 데 성공하였다. 그것은
대중들의 지지와 참여 속에 보수독점의 정당정치 지형과 엘리트 특권의 정
치구도를 변경해낼 수 있는 가능성을 열었다는 것을 의미한다.


## 6. 맺는 글

1987년 6월부터 시작된 지난 15년 간은 한 활동가의 지적처럼, '민주주의
혁명의 시대'였음에도 불구하고 어떤 면에서는 그 민주주의 혁명이 부르주
아 헤게모니 하에 진행된 민주주의 혁명이자 예방 혁명이었다는 점에서 일
종의 '지루한 민주화'로 전락(주대환 2003, 103 참조)된 측면이 없지 않다.
그리고 이처럼 지루한 민주화 속에서 보수 독점의 정치질서는 존속되었으
며, 또 진보정치세력화를 둘러싼 소모적인 논의가 되풀이되어온 것이다. 이
와 관련해 주대환은 이렇게 말하고 있다.

우리는 부르주아 민주주의 혁명의 식민지 종속국적인 특수성을 강조하고 부르
주아지의 대외의존성, 유약함으로 말미암아 당연하다고 본 민주주의 혁명에서
의 노동자 헤게모니, 민중의 주도성을 강조했지만, 사실은 1987년 6월 항쟁부터
부르주아 헤게모니는 관철되고 있었다고 보아야 할 것이다. 오히려 이미 1987년
12월 대통령 선거에서부터 이른바 민중운동을 함께 해온 진영 내에서도 비판적
지지파와 후보단일화파가 보수정당으로 충성을 맹세하고 달려갔으니 얼마나 부
르주아 헤게모니가 강한가? 그리하여 1987년 이후 15년 간 계속된 민주주의 혁명
은 노동자계급의 입장에서 보자면 타락이고 굴절이고 왜곡이겠지만, 자본가계
급의 입장에서 보자면 가장 모범적이고 성공한 부르주아 민주주의 혁명인 것이

다(주대환 2003, 106).

이러한 점을 염두에 두고 볼 때 한국 민주주의 구성 내용과 관련해 정당정치 혁신의 기본 방향은, 제도정치의 변형주의적 재편과 보수독점의 정당정치를 극복해내면서, 특히 다양한 사회적 이해와 갈등을 반영하면서 계급과의 단절을 극복한 새로운 정치를 어떻게 구현할 것인가 하는 점에 초점이 맞춰져야 한다. 이것은 한편으로 기성 제도정당의 탈지역주의적인 정상화와 진보정당의 제도정치 진입을 통해서 진보 대 보수의 개방적인 경쟁의 정치구도를 형성하는 것을 의미한다. 다른 한편으로 민주주의를 구성하는 정치가 제도정치로만 한정할 수 없다고 할 때 시민사회의 계급적·민중적·시민적 역동성이 운동정치로 표출되고, 그것이 제도정치와 자유롭게 쌍방향 소통하는 구조를 만들어내는 것이 중요하다. 이와 관련해 손호철과 주대환의 다음과 같은 언급은 차분하게 음미해볼 만하다.

이 같은 정치사회와 시민사회의 괴리를 고려할 때 진보, 보수의 입장을 떠나서 한국정치의 가장 중요한 과제는 진보정당이 성장하여 정치사회에 확실한 시민권을 획득하고 그동안 대표되지 못했던 민중부문의 목소리를 대변해주는 것이다. 이렇게 될 경우 정치사회의 비대표성이라는 문제를 해결할 수 있을 뿐 아니라 지역주의의 극복에도 크게 기여할 것이다. 즉 지역주의는 이를 대신할 다른 균열구조가 부상하지 않는 한 계속될 수밖에 없다는 점에서 현재의 '초계급적 지역연합'을 근대적 계급적 이익에 기초한 '초지역적 계급연합'으로 대치할 때 지역주의는 깨(어)질 수 있다(손호철 2003 참조).

우리가 살아가는 생활 자체가 정치다. 그런데도 정치를 혐오한다. 정치라면 더럽다고 경멸한다. 애써 무관심한 척한다. 실제로는 관심이 많으면서 관심이 없는 척한다. 그런 점에서 한국인의 정치에 대한 태도는 대단히 위선적이다. 바로 이런 태도로 인해 큰 재미를 보고 있는 것은 이른바 '시민단체'라는 간판을 단 정

치단체들이고 크게 망한 것은 진보정당들이었다.……경실련이나 참여연대나 비
슷한 이름을 단 지방의 시민단체들은 모두 사실상 정치단체였다. 그러면서도 한
사코 정치와는 관련이 없는, 중립적인 시민단체를 표방한다. 그래야 위선적인 한
국 사람들 사이에서 장사를 할 수가 있다. 진보정당은 노골적으로 정치를 하겠다
고 하니까 장사가 안 되는 것이다(주대환 2002, 114).

2002년 양대 선거의 결과, 특히 16대 대선에서 '진보정치 100만 표 시대의
개막'은 이러한 상황이 조금씩 균열되고 깨져나가고 있음을 보여주는 하나
의 징표라고 할 수 있다. 특히 "대안세력의 담론적 실천이 대중들에게 받아
들여지지 않은 것은 대안적 담론이 대중들의 정서가 가지고 있는 핵심요소
를 포섭하지 못했기 때문일 수도 있고, 대안적 담론을 대중들에게 전달하는
방법이나 방식이 잘못되었기 때문일 수도 있다"(정영태 1999, 43)고 할 때,
대중들의 정치의식의 균열과 성장은 이 두 측면에서 또는 어느 한 측면에서
변화가 일어나고 있음을 의미하는 것이라고 할 수 있다. 결국 "체제를 위협
하는 것은 독재의 정당성 붕괴 그 자체가 아니라 대항 헤게모니 조직, 즉 미
래의 대안을 위한 집합적 프로젝트"(쉐보르스키 1995, 114)라고 한다면, 그것
은 설득력 있는 정치적 대안의 집합적 프로젝트가 만들어지고 있거나 또는
이미 만들어졌음을 의미한다.

이제 남은 과제는 이러한 대안정치의 집합적 프로젝트를 강화시키고 확산
시키는 것이다. 어떤 사상이나 이념적 노선이 자신의 기본 골격을 유지하면
서 비판과 대안의 무기로 영향력을 행사할 가능성은, 새로운 역사적 비전의
창출과 구체적인 문제 해결의 정치적 능력에 달려 있다. 즉 각 시대가 제기하
는 문제에 대한 해답의 실마리를 제공하면서, 얼마나 폭넓게 대중의 구체적
인 삶에서 나타나는 문제를 제대로 읽어내고 그것을 정치적 힘으로 응집시
켜낼 수 있느냐 하는 능력에 달려 있는 것이다. 이런 점에서 시대적, 사회적
현실을 제대로 읽어내지 못하는 사상이나 노선은 지배의 논리에 대한 설득
력 있는 대안적 저항의 논리를 만들어낼 수 없다. 예컨대 항상 '지식인의 사

고’로만 머물면서도 ‘노동자계급의 관점’을 가장 잘 반영하고 있다고 말로만 내세우는 것은, 자신의 주장만을 합리화하고 정당화하는 데만 사용될 뿐 대중의 의식과 실천을 변화시키는 데는 실패할 수밖에 없다.

그러한 상황에서 현 합법 진보정당운동에 필요한 것은 ‘계급적 프로젝트’로서 정치적 실천을 중심에 놓으면서도, 동시에 한국정치의 후진성과 보수성을 극복하는 ‘국민적 프로젝트’의 실천 또한 확장해나가야 한다는 이중적 프로젝트에 대한 새로운 인식과 실천이다. 이 두 가지 과제 가운데 어느 한 쪽만을 일방적으로 강조하거나 양자택일식 선택을 강요하는 것은 편향적 실천으로 귀결될 수밖에 없으며, 또한 자유주의 정치세력의 각종 변종의 정치행위에 대한 의미있는 대안을 만들어내기가 사실 불가능에 가깝다고 할 수 있다.

이러한 문제의식 아래 진보운동의 정치적 구심을 자임한 민주노동당이 ‘당다운 당’으로서 자기 재정립을 통해 대중적 정치력과 영향력을 강화하기 위해서는, 무엇보다 당면 핵심과제로서 이른바 ‘NL 대 PD’라는 자기파멸적인 20세기형 낡은 정파적 대결구도를 극복하는 것에 힘과 지혜를 모아야 하지 않을까 싶다. 기성의 보수정치가 결코 새로운 희망의 정치를 창출해낼 수 없다고 할 때, 이 과제 해결의 성패야말로 합법 진보정당으로서 민주노동당이 스스로 표방한 시대적 사명을 제대로 수행할 수 있는지를 판단할 수 있는 시금석이기 때문이다. 그랬을 때 그것은 우리 현대사와의 열려진 대화, 특히 지나온 운동의 역사에 대한 반성적 성찰 속에서, 또 변화하는 시대적 현실 및 그것이 부과하는 새로운 과제와 지속적으로 만나면서, 특히 생활현장 및 생산현장과의 끊임없는 쌍방향 소통 속에서 그 해결의 실마리를 찾을 수 있을 것이다.

| 참고문헌 |


강준만. 1997. "'김대중 당선 불가론'의 허와 실". 『인물과 사상 2』.

강준만. 2002. 『인물과 사상 21─논쟁의 사회학』.

고성국. 1989. "한국의 민족민주대중정당 운동사". 한국사회연구소 엮음. 『대중정당: 민족민주대중정당의 이론과 현실』. 백산서당.

권형철 정리. 1990. 『한국변혁운동논쟁사』. 일송정.

김근태. 1995. 『희망의 근거』. 당대.

김세균. 1999. "한국에서 진보정당의 창설 및 의회 진출 가능성에 대한 연구". 98~99년도 한국의회발전연구회 지원연구논문.

김태일. 1990. "보─혁 갈등구조론과 민주─반민주 갈등구조론: 지배세력의 시각과 민민세력의 시각". 『90년대 한국사회의 쟁점』. 한길사.

류청하. 1992. "1985년 2·12총선─위협 당한 5공 군부독재". 역사문제연구소. 『역사비평』. 봄호.

민주화실천가족운동협의회·민족민주운동연구소 편. 1989. 『80년대 민족민주운동 10대 조직사건』. 아침.

박세길. 1999. "정치세력화에 대한 전국연합의 입장". 민주노총. 『정치세력화와 진보정당 건설 토론회 자료집』.

박현채·조희연 편. 1989. 『한국사회구성체논쟁 (I)』. 죽산.

손호철. 1993. "14대 대통령선거와 민중운동: 평가와 전망". 『전환기의 한국정치』. 창작과비평사.

손호철. 1999. "차이와 반복: 4·19혁명과 '6월 항쟁' 이후의 진보정당 비교". 『신자유주의시대의 한국정치』. 푸른숲.

손호철. 2002. "누구를 위한 비판적 지지인가?". 『이론과 실천』. 8월호.

손호철. 2003. "한국정치의 발전방향:진보적 시각". 서울대 한국정치연구소 제1회 한국정치포럼. 『한국정치의 보수와 진보』.

송 복. 1990. "이념갈등". 『한국사회의 갈등구조』. 현대문학사.

쉐보르스키(Adam Przeworski). 1995. "이행의 게임". 임현진·송호근 공편. 『전환의 정치, 전환의 한국사회』. 사회비평사.

오연호. 1993. "민족민주운동은 이제 무엇을 할 것인가". 『말』. 1월호.

유승삼. 2000. "대안정당에 주목하자". 『중앙일보』. 2월 11일자.

이광일. 2003. "한국의 진보정치운동, 시도의 양상과 좌절". 김진균 편저. 『저항, 연대, 기억의 정치 1』. 문화과학사.

이광호. 2002. "노무현 문제의 답은 민주노동당이다". 『노무현, 상식 혹은 희망』. 행복한책읽기.

이재영. 2002. "2002년에 돌아보는 1997년 대선". 민주노동당. 『이론과 실천』. 신년 특집호.

이정로. 1989. "합법정당을 둘러싼 세 가지 노선과 '노동해방' 진영의 계급연합 전술". 『노동해방문학』. 12월호.

임영일. 1990. "대중적 합법정당 건설운동의 쟁점: 대중적 합법정당의 시기상조론과 대체정치세력론". 『90년대 한국사회의 쟁점』. 한길사.

임영일. 1992. "한국의 산업화와 계급정치". 한국사회학회 · 한국정치학회 편. 『한국의 국가와 시민사회』. 한울.

장상환. 1999. "노동자 정치세력화와 진보정당의 필요성과 현실성". 한국사회과학연구소. 『동향과 전망』. 가을호. 통권 42호.

전국연합. 1992. 『연대와 전진』. 제10호. 10월호.

정관용. 1989. "87, 88년 민족민주운동의 활동 평가". 한국사회연구소 엮음. 『대중정당: 민족민주대중정당의 이론과 현실』. 백산서당.

정기영. 1988. "민중운동세력의 의회 진출 전술". 『동향과 전망』. 1호. 태암.

정영태. 1999. "논평—담론분석의 필요성과 방법". 한국사회과학연구소. 『동향과 전망』. 가을호.

정치연대. 1999. "새로운 정치조직을 함께 건설하자". 민주노총. 『정치세력화와 진보정당 건설 토론회 자료집』.

정태영 · 오유석 · 권대복 엮음. 1999. 『죽산 조봉암 전집 4 : 진보당 관련 자료』. 세명서관.

정태윤. 1993. "실패한 민중당, 소중한 교훈". 나라정책연구회 편저. 『한국사회운동의 혁신을 위하여』. 백산서당.

조현연. 1997a. "한국 정치변동의 동학과 민중운동: 1980년에서 1987년까지". 외대 정외과 박사학위 논문.

조현연. 1997b. "진보진영의 정치세력화와 15대 대통령선거". 한국정치연구회. 『정치비평』. 통권 3호. 가을 · 겨울호.

조현연. 1999. "진보정당의 역사적 실험과 1999년 진보정당 창당운동". 『황해문화』. 여름호.

조현연. 2002a. "한국의 민주화 과정과 정치적 보수지배체제의 재편". 『진보평론』. 11호. 봄호.

조현연. 2002b. "6 · 13 지방선거 평가와 16대 대선 전망: 민주노동당을 중심으로". 한국정치연구회. 『정치비평』. 하반기.

조현연. 2003. "16대 대선 과정 및 결과 제대로 보기". 『황해문화』. 봄호.

조희연 · 정태석. 2001. "한국 민주주의의 변동에 대한 이론적 이해와 분석틀". 조희연 편. 『한국 민주주의와 사회운동의 동학』. 나눔의집.

주대환. 2002. 『진보정당은 비판적 지지를 넘어설 수 있는가』. 이후.

주대환. 2003. "진보의 시대는 오고 있는가". 민주노동당. 『이론과 실천』. 1월호.

채만수 · 김장한 편. 1990. "통일전선운동의 전개: 민통련 · 국본 · 전민련". 조희연 편. 『한국사회운동사』. 죽산.

한국사회연구소 엮음. 1989. 『대중정당: 민족민주대중정당의 이론과 현실』. 백산서당.

황태연. 1996. "한국의 지역패권적 사회구조와 지역혁명의 논리". 한국정치연구회. 『정치비평』. 창간호.


Lipset, Saymor M. and Stein Rokkan. 1967. "Cleavage Structures, Party Systems, and Voter Alignments : An Introduction". in S. M. Lipset and S. Rokkan eds. *Party Systems, and Voter Alignments : Cross-national Perspectives.* New York : Free Press.

글쓴이

조희연 chohy@mail.skhu.ac.kr

현재 성공회대 사회과학부 교수 겸 NGO대학원 교수로, 학술단체협의
회 상임공동대표를 맡고 있다. 서울대 사회학과를 졸업했고 연세대 사
회학과에서 석사 및 박사 학위를 받았으며, 미국 남가주대학교(USC) 한
국학 객원교수와 영국 랑카스터 대학교 교환교수를 지냈다.

주요 논저로는 한국의 민주주의와 사회운동(저), 한국의 국가·민주주
의·정치변동(저), 계급과 빈곤(저); 한국의 민주주의와 사회운동의 동
학(편저); 한국사회구성체논쟁(편저), 국가폭력 민주주의 투쟁 그리고
희생(편저) 등이 있고, 그 외 다수 논문이 있다.

홈페이지 : http://dnsm.skhu.ac.kr


김정훈 kjhandam@hanmail.net

현재 한신대 학술원 연구교수 겸 민주사회정책연구원 연구교수로, 한국
산업사회학회 운영위원을 맡고 있다. 연세대 사회학과를 졸업했고, 동
대학원에서 사회학 박사 학위를 받았으며 사회민주주의연구회에서 활
동하고 있다.

주요 논저로는 시민사회와 시민운동 2(공편저), "한국전쟁과 담론정치",
"세계화와 통일민족주의", "1960년대 이후의 한국 사회 민주화와 사회
민주주의", "분단체제와 민족주의", "시민사회와 계급정치" 등 다수가
있다.

이광일 nanjangi@orgio.net

현재 성균관대 강사로, 한국정치연구회에서 연구위원으로 활동하고 있다. 성균관대 정치외교학과를 졸업했고, 동 대학원에서 정치학 석사 및 박사 학위를 받았다.

주요 논저로는 20세기 한국의 야만2(공편저), 국가폭력, 민주주의투쟁 그리고 희생(공저), 저항, 연대 기억의 정치(공저) 등이 있고, "대선과 정치구조의 변화: '보수 대 진보의 대립' 은 가능한가", " '우리 안의 파시즘론' 을 비판한다", "민주화이행, 80년대 '급진노동운동의 위상' 그리고 헤게모니" 외 다수의 논문이 있다.

허재영 mincchia@mail.skhu.ac.kr

현재 성공회대 사회문화연구원 연구교수로, 서울대 경제학과를 졸업하고 동 대학원에서 사회학 석사 및 박사 학위를 받았다.

주요 논저로는 "1990년대 후반 병원노조운동의 특성: 의제 설정과 활동 시각" 외 다수 논문이 있다.

김창진 koruskim@mail.skhu.ac.kr

현재 성공회대 사회과학부 겸 NGO 대학원 교수로, 연세대 정치외교학과와 고려대 대학원 정치외교학과를 졸업하고 러시아 학술원 역사연구소에서 정치학 박사 학위를 받았다.

주요 논저로는 광주민중항쟁 연구(공저), 현대 러시아의 이해(공저) 등이 있고, "러시아/소련에서 국가권력과 협동조합운동. 1905~1930"(러시아어) 외 한국정치와 러시아정치에 관한 다수 논문이 있다.

전효관 junk@haja.or.kr

연세대학교 사회학과를 졸업, 동 대학원에서 사회학 석사 및 박사 학위를 받았으며, Center for Asian and Pacific Studies(Univ. of Iowa) 초빙연구원, 서울시 하자센타 부소장 등을 지냈다.

주요 논저로는 "남북한 문화차이와 언론", "분단의 언어, 탈분단의 언어", "매체에 나타난 북한의 이미지" 외 다수의 논문이 있다.

허상수 hurss@mail.skhu.ac.kr

현재 성공회대 사회문화연구원 연구교수로, 한국산업사회학회, 한국과학기술학연구회 회원으로 활동하고 있다. 제주대 농화학과를 졸업하고 성균관대 사회학과 석사 및 고려대 사회학과 박사 학위를 받았으며, 한국사회과학연구소 연구기획위원, 참여연대 정책위원 등을 지냈다.

주요 논저로는 For the Truth and Reparations(편저), 한국민주주의와 사회운동의 동학(공저) 등이 있고, "노자관계의 변동과 전망", "한국 민주주의와 노동운동" 외 다수의 논문이 있다.

은수미 esumi@freechal.com, e-sumi@hanmail.net

서울대 사회학과를 졸업하고 동 대학원에서 석사학위를 받았으며, 동 대학원 박사과정을 수료했다. 현재 박사논문을 준비중이며 서울대 사회발전연구소 연구원으로 있다.

주요 논문으로는 "의식화조직, 사회운동 그리고 대항이데올로기", "2001년 한국의 노동연결망과 노동정치", "연결망 분석이 노동연구에 던지는 함의" 등이 있다.

조현연 hycho@mail.skhu.ac.kr

현재 성공회대 민주주의와 사회운동연구소장 겸 사회문화연구원 연구교수·민주자료관 운영위원으로 활동하고 있다. 한국외국어대 정외과를 졸업했고 동 대학원에서 정치학 석사 및 박사 학위를 받았으며, 학술단체협의회 정책위원장, 민주노동당 정책부위원장 등을 지냈다.

주요 논저로는 한국 현대정치의 악몽—국가폭력(저), 국가폭력 민주주의 투쟁 그리고 희생(공저), 20세기 한국의 야만(공편저) 등이 있고, "한국의 민주화 과정과 정치적 보수지배체제의 재편", "진보정당의 수권 전략과 '현실주의적 유토피아'의 길" 외 다수의 논문이 있다.

한국의 정치사회적 저항담론과 민주주의 동학
—한국 민주주의와 사회운동의 동학(4)

초판 1쇄 인쇄 2004년 8월 25일
초판 1쇄 발행 2004년 8월 30일

저자 / 조희연 편
펴낸곳 / 함께읽는책
펴낸이 / 양소연
주소 / 서울시 관악구 신림1동 1631-19
전화 / 02-852-7845
팩스 / 02-839-7846

가격 / 17,000원
ISBN 89-90369-32-0

• 잘못된 책은 구입하신 곳에서 바꾸어 드립니다.